U0862432

音乐学新视界丛书编委会

丛 书 主 编 黄汉华

编委会成员 郭声健 蒲亨建 冯长春

王海英 孔义龙 仲立斌

音乐学新视界丛书

近现代广东音乐家研究

冯长春　主　编
李明辉　副主编

暨南大学出版社
JINAN UNIVERSITY PRESS
中国·广州

图书在版编目（CIP）数据

近现代广东音乐家研究/冯长春主编；李明辉副主编．—广州：暨南大学出版社，2012.1
（音乐学新视界丛书）
ISBN 978－7－5668－0028－2

Ⅰ．①近…　Ⅱ．①冯…②李…　Ⅲ．①音乐家—人物研究—广东省—近现代—文集　Ⅳ．①K825.76－53

中国版本图书馆 CIP 数据核字(2011)第 223786 号

出版发行：暨南大学出版社

地　址：中国广州暨南大学
电　话：总编室（8620）85221601
　　　　营销部（8620）85225284　85228291　85228292（邮购）
传　真：（8620）85221583（办公室）　85223774（营销部）
邮　编：510630
网　址：http：//www.jnupress.com　http：//press.jnu.edu.cn

排　版：广州市天河星辰文化发展部照排中心
印　刷：湛江日报社印刷厂

开　本：787mm×960mm　1/16
印　张：20.25
字　数：397 千
版　次：2012 年 1 月第 1 版
印　次：2012 年 1 月第 1 次

定　价：48.00 元

（暨大版图书如有印装质量问题，请与出版社总编室联系调换）

总　序

本套丛书系以华南师范大学音乐学院音乐研究所为主体推出的一批学术成果，涉及音乐与舞蹈学中音乐美学、基础音乐教育、古代音乐史学、近代音乐史学、传统音乐、舞蹈理论与教学研究等多个研究领域，是近年来音乐学院学术团队承担各类省部级科研项目、主办学术论坛、参加国际国内会议以及指导各领域教学所获得的学术成果的一次展示。

音乐美学领域推出的成果将符号学理论引入音乐美学，将音乐与现实的反映问题和音乐符号意义问题作为核心，旨在为传统音乐美学研究中诸多问题找出新的诠释途径。基础音乐教育领域推出的成果以粤、港、澳三地音乐教育的现状和比较为内容，打造出三地常态化的良性音乐教育论坛机制和实践性、指导性研究模式。古代音乐史学领域推出的成果以音乐实物为主要对象，对钟乐的数理关系、岭南古乐及史学学科发展的相关问题进行较为深入的探讨。近代音乐史学领域推出的成果以近现代广东音乐家为研究对象，较全面、系统地展现广东音乐家对近现代中国音乐发展的贡献，反映当代音乐学者对近现代音乐与音乐家全面、客观的评价态度。传统音乐领域推出的成果以戏曲唱腔和传统音乐形态理论为研究对象，对京剧梅派和粤剧红线女唱腔，以及传统均、宫、调的理论与实践作出合理的评价和系统的分析。舞蹈理论与教学领域推出的成果以民族民间舞蹈研究为主要对象，结合民族民间舞蹈的教学研究及现代创编进行富有成效的应用性理论探索。

华南师范大学音乐学院音乐研究所成立于2007年3月，是一个以研究为主、教学为辅的研究实体。研究所现有在编研究人员8人，其中博士6人、硕士1人、在读博士1人，教授5人，结构健全、层次合理，在学术界已初步产生良好影响。本批成果反映了该团队学术研究的一个侧面，此后还有系列成果陆续推出。

黄汉华

2011年7月16日

群体的崛起

——近现代广东音乐家研究巡礼

（代序）

广东无论在政治、经济还是文化、艺术方面，都足以成为中国文化地理上极为重要的一个标志性符号。特别是晚清以降，随着开埠通商、基督教和西方政治、文化输入的影响，带有鲜明海洋文化传统特征的岭南文化在广东得到了进一步的嬗变和发展，勇于吐故纳新乃至带有强烈的批判意识、革命思想和敢为天下先的实践精神，成为岭南文化、广东精神在近代以来的一个鲜明标志。人是文化的创造者。岭南文化精神在近代中国历史发展进程中的重要推进作用，生动地体现在那些生长在这一文化传统中的一个个鲜活的历史人物身上。论及广东的历史人物，人们首先会想到出生于广东的洪秀全、康有为、梁启超、孙中山等一大批影响乃至改变了中国历史进程的政治家。毫无疑问，近代广东政治家群体的出现也是一种文化现象，这种文化现象的精髓就是开放的文化胸怀、政治气魄以及敢于批判和革命的勇气与坚韧不拔的实践精神。这种胸怀、气魄、勇气和精神同样反映在文化艺术的革新与创造中，近现代中国新音乐的发展就鲜明地体现出这一特点。

抛开广东音乐的传统不论，着眼于 20 世纪以来中国音乐的转型和新音乐文化的肇始与发展，我们会惊讶地发现，在广东这片土地上竟然诞生了一大批在中国近现代音乐史上贡献巨大、影响深远的音乐家！我们可以列出一串人们耳熟能详的广东籍音乐家名单：萧友梅、青主、陈洪、冼星海、马思聪、何安东、郑志声、李凌、廖辅叔，等等。这些音乐家中既有中国现代专业音乐教育的奠基者、西方音乐理论的引进者、新音乐创作的先行者，也有新音乐运动的推动者、音乐美学思想的新论者以及音乐指挥、音乐批评等领域的开拓者与佼佼者。我们甚至很难想象，如果缺失了上述广东籍音乐家的坐标图，中国近现代音乐文化的历史面貌将会是怎样的格局。可以毫不夸张地说，近现代广东音乐家的出现与成长是一个群体的崛起，这个崛起的群体为中国近现代新音乐文化的发展作出了不可替代的重要贡献！

当我们把以上述人物为代表的近现代广东籍音乐家的群体崛起作为一个文化现象来看待，特别是将其置于中国近现代新音乐文化发展的整体进程中加以考察时就会发现，近代以来的岭南文化、海洋文化和西学东渐的开放性文化语境，在上述音乐家群体中得到了非常鲜明的体现和发展。尽管有些广东籍音乐家在成名之后离开了广东，成为在全国乃至海内外具有重要影响的音乐家，但近代以来开放的岭南文化精神已经深深地烙在他们的音乐人生中，成为他们共同的文化标记。也正是这种面向世界、敢于创新的音乐精神，最终使以萧友梅、冼星海等为代表的广东籍音乐家成为中国近现代新音乐文化的领军人物，其重要的历史影响早已超越了广东地理与文化一隅。

如果进一步对上述近现代广东籍音乐家群体进行更为深入的考察，就会发现在他们身上集中体现出如下三个方面的共同特征：

一、欧风美雨的亲历者和西乐东渐的推动者

今日广东是中国改革开放的前沿，而在近代中国，广东也是最早开埠通商、引领风气之先的地方。作为两次鸦片战争的发生地，随着一系列开埠条约的签订，19 世纪中叶的广州逐渐成为东西文明交汇之处。在清廷日趋腐朽、欧风美雨东渐的历史境遇下，广东这片土地培育了最早一批睁眼看世界、敢于远涉重洋游学海外的有志之士。1847 年，广州青年容闳在黄埔港登上了一艘驶往美国的帆船，成为中国第一位留学生。八年后，他成为耶鲁大学同时也是美国和整个西方的首位中国毕业生。这个文化事件具有重要的象征意义和深远的辐射性影响。此后，一大批探索救国之道的仁人志士开始了前赴后继的西学之旅。外来文明的熏陶和敢于接纳、学习新事物的文化精神，也是近现代广东籍音乐家成为中国新音乐文化建设之精英与先进的重要因素之一。与容闳及其后学者一样为求新知，他们大都远涉重洋，东渡扶桑抑或西游欧美。比如曾先后留日、留德的萧友梅，留德的青主，留法的陈洪、马思聪、冼星海、郑志声等。他们有的毕业于专业音乐学院，有的则通过选修、自修等方式接受了较为系统甚至非常专业的西方音乐教育。何安东、廖辅叔、李凌等人虽没有留洋学习音乐的经历，但年少时在国内也受到了西方音乐文化的深刻影响，有的则较早和比较全面地在国内受到了西方音乐的熏陶与教育。因此，这些音乐家的共同点之一就是他们大都是欧风美雨和学院教育的亲历者，这也是他们日后成为新音乐文化发展的中坚力量的关键因素之一。

正是由于浸淫于西方音乐文化的亲身经历，这些音乐家才成为西方音乐文化

输入中国的推动者和传播者。尽管有的音乐家在特定历史环境中曾对西方音乐文化作过强烈的批判甚至否定，但这并非意味着他们是西方音乐文化的反对者和文化保守主义者。因此，在以萧友梅、陈洪、冼星海、马思聪、青主为代表的一大批音乐家的共同努力下，西方音乐理论及其实践通过音乐教育、音乐创作、音乐表演、音乐欣赏和音乐批评等方式，日渐在中国传播开来并日益产生重要的影响，最终使中国音乐文化的格局发生了深刻的变化。

二、中国音乐转型和新音乐文化建设的开拓者

创造俄罗斯民族乐派意义上的中国民族乐派，一直是萧友梅、陈洪等这一代音乐家的梦想。事实上，近现代音乐史上的一批具有重要影响的音乐家无一不以自己的音乐实践活动从不同方面促进了中国音乐从传统走向现代、从中国走向西方的历史转型。特别是20世纪以来，中国音乐文化格局的转变在音乐文化的方方面面得到了鲜明的体现。现代专业音乐教育的奠基与确立、西方音乐理论的全面输入、新的音乐思想的成长、新音乐创作与表演的实践等，无不显示了新音乐文化的迅速发展。上述广东籍音乐家在新音乐文化建设的各个领域均有着非常突出的贡献，有的甚至在多个领域成为一代翘楚。比如现代专业音乐教育、音乐学研究与新音乐创作的先驱，被誉为“新音乐的保姆”（刘雪庵语）的萧友梅；中国现代音乐美学的代表人物、作曲家青主；中国近现代小提琴音乐的代表人物、作曲家、音乐教育家马思聪，等等。笔者曾在《两种新音乐观与两个新音乐运动——中国近代新音乐传统的历史反思》（《音乐研究》2008年第6期、2009年第1期连载）一文中指出，中国近代音乐史上实质上存在着两个性质不同的“新音乐运动”：一个是以创建中国民族乐派为宗旨；另一个则以救亡与革命为鹄的。在这两种性质不同但同样都对近现代中国音乐文化产生重要影响的新音乐运动中，上述广东籍音乐家均成为不可或缺的一员，有的甚至成为其中的旗帜性人物。

三、与时俱进和高扬民族精神的爱国者

身处历史转型和民族解放洪流的境遇，20世纪三四十年代的音乐家们大都具有与时俱进的音乐思想和崇高的爱国主义情操与民族精神。与近现代中国所有音乐家的成长一样，上述广东籍音乐家的个人命运是与国家和民族的历史命运紧密联系在一起的，他们身上所闪耀出的崇高的爱国主义情操与民族精神，和他们的音乐成就一样值得载入史册。早在济南“五三惨案”爆发后，萧友梅就发表了近代音乐史上最早的抗日救亡歌曲之一——《国耻》；“九一八事变”特别是

"七七事变"后，萧友梅、陈洪、何安东、冼星海、马思聪、李凌等音乐家更是无不以音乐创作和音乐活动为抗日救亡的文化运动作出了重要的贡献，他们的音乐作品已经成为20世纪中国音乐创作中最能激发民族情感和具有高度历史价值的一部分。有的音乐家在抗战时期表现出崇高的民族气节，英勇不屈地经受住了日本侵略者的残酷折磨，比如以歌曲《奋起救国》而在华南地区和南洋一带产生重要影响的作曲家何安东。这样的人格魅力与铿锵有力、悦耳动听的音乐作品一样令人感动。

上述广东籍音乐家中有不少人英年早逝，但也不乏长寿者，有的一直到20世纪末还从事着音乐活动，因此，他们的共同特征一定不仅仅局限于上述三个方面。我们完全可以将其作为一个音乐家群体和音乐文化现象加以更为全面、深入地整体性考察与研究。当然，这种整体性研究绝非像本文这样一篇浅尝辄止的短文可以胜任。整体观照的起点必须立足于针对一个个音乐家的深入的专题性研究。也正因为如此，我们选取了有关萧友梅等近现代广东籍音乐家研究的富有代表性的一些学术论文，希望通过这样一个简单却不失学术严肃性的方式，比较集中地展示这些音乐家的音乐成就与历史贡献。此外，有关广东传统音乐新发展重要代表人物之一的吕文成的研究成果，我们也择取其一收入本书，以此略窥近现代进程中广东音乐家群体及其音乐成就的多样性。

事实上，近30年来，有关本书所选音乐家的研究可谓收获颇丰，不仅发表、出版了大量具有重要学术价值的论著，一些音乐家的纪念文集也已陆续出版或正在酝酿出版，如《萧友梅纪念文集》、《中国现代音乐教育的开拓者——陈洪文选》等；而在20世纪90年代向延生先生主编的《中国近现代音乐家传》一书中，上述音乐家的传记均可看到。因此，将有关这一音乐家群体研究的所有代表性文论汇集再版是既不现实也不可能的，我们仅仅挑选了迈入新世纪10年以来富有代表性的部分研究成果。即便如此，受篇幅和本书容量的限制，我们仍不得不忍痛割爱，大量研究成果未能选入，这种遗憾的心情远非说一句"挂一漏万"的套话可以形容。唯望学界广大同仁特别是在对上述音乐家群体研究中有过重要成果而未能选入本文集的学者们谅解。

在编选这本文集时笔者发现，关于广东籍音乐家群体的研究存在着比较严重的不平衡现象，或曰存在比较明显的"热点"和"冷点"现象。比如，关于冼星海、萧友梅、青主等人的研究成果近年来日趋丰富；而有关陈洪、何安东等人的研究则有待进一步深入；至于有关留法归国的指挥家、作曲家郑志声的深入研究则付之阙如。公开发表的有关郑志声的较为全面的介绍性研究迄今依然是王震亚先生先后在20世纪八九十年代发表的两篇文章。我们选取了其中一篇，希望由此引起学界对郑志声研究的兴趣。此外，早年留美学习钢琴、曾任教于上海国立音乐院且有音乐创作问世的钢琴家、音乐教育家王瑞娴也是一位被历史遗忘的颇有成就的广东籍音乐家。凡此种种无不反映了中国近现代音乐史研究的相对滞后。学术研究的难以推进，主要原因在于受文献资料所限，但由此进一步表明中国近现代音乐史研究中还存在不少需要深入开掘与研究的盲点，值得学界付出更大的努力。

本文集中所选论文有的是在史料方面进行了较大的开掘与突破，有的是在研究视角方面有了新的拓宽与延展，有的则在研究方法方面引入新的思考与尝试，有的甚至具有重要的史学补白意义，它们从不同角度展示了一个音乐家群体的艺术人生和音乐贡献。至于每一篇论文的内容与主旨，笔者不想在这里作过多的赘述与点评，读者自可品鉴与思考。需要说明的是，这些文章大都已在比较重要的音乐学术刊物上发表过，只有崔慧子的《何安东抗战歌曲研究》、翟颖慧的《陈洪早期音乐创作研究》和郭海霞的《欧漫郎其人其文考》三文，是已经通过答辩但尚未发表的硕士学位论文节选，论文的全貌可以在中国知网等相关网站上下载阅读。特别需要指出的是，尽管欧漫郎“可能是广东人”的观点还只是一种推测，其身份之谜有待进一步的考证和破解，但这并不影响我们将有关他的研究也一并收入本文集当中。因为20世纪30年代欧漫郎在广州乃至全国音乐界的影响以及他为新音乐运动所作出的努力，足以使他成为近现代广东音乐史和中国音乐史上不可跳过的一位音乐理论家。笔者曾在几年前对这位神秘的欧漫郎的音乐人生做过一番专门的调查与钩沉，但对其生平资料基本上是一无所获。如今，郭海霞的硕士论文已经在欧漫郎研究方面迈出了重要的一步，节选论文收入本书也是希望以此引起学界对欧漫郎研究的兴趣，从而推动欧漫郎研究特别是有关其生平的揭示取得实质性的突破。

最后，谨向为本文集提供论文的所有专家、学者表示感谢！也期待有关近现代广东音乐家群体的研究和中国近现代音乐史学取得更大的进步。

冯长春

2011年9月25日于广州

目　录

谈吕文成对广东音乐发展的历史性贡献

何　平[①]

［**题记**］吕文成是“广东音乐”发展中一位奠基性人物，2003 年 11 月，广东省中山市举行吕文成诞辰 105 周年纪念活动暨吕文成与广东音乐学术研讨会，应大会组委会之约，笔者撰写了此文，以表达对这位音乐前辈的敬意。在文中，笔者提出了吕文成应是与刘天华并驾齐驱的中国二胡发展史上里程碑式的人物的学术观点。这篇文章后来分别在不同刊物发表和全文转载。

2003 年是广东音乐一代宗师吕文成诞辰 105 年，之所以称吕文成为广东音乐一代宗师，绝不仅仅是因为吕文成突破性地改革了二胡这一传统民族乐器，以及创造性地探索出一整套极具南方特色的演奏风格，更重要的是，吕文成一系列的改革、创新，成就了一个新的音乐品种的发展和完善，从而开创了中国民族器乐演奏的新门径，广东音乐也即由此成为世人瞩目、影响遍及世界的中国民族音乐品种之一。

在中国近现代音乐史中，有两位二胡民族器乐音乐家已得到了音乐史学界的广泛认可，一位是刘天华（1895—1932），另一位是华彦均（阿炳）（1893—1950）。刘天华对民族器乐的贡献至少体现在以下四个方面：

其一，在民族器乐创作方面，有十首二胡曲，三首琵琶曲，两首丝竹乐合奏，这些作品对民族器乐的演奏尤其是二胡演奏技巧开拓了新的领域，体现出刘天华富于个性的创新精神和继承传统并学习西洋的探求精神。这些作品在演奏技巧、音乐结构、思想表达和中国传统文化等方面，都显示出与前人不同的更深层次的内涵。

其二，对二胡乐器本身及其相关领域所作的改革，如改良二胡的音色、音质，创造了弓法、指法、演奏符号，使记谱法规范化，采用固定音高定弦法等，促进了二胡艺术向学术层面的发展，并使二胡在高等音乐教育中占据了相当重要的地位。

---

① 何平（1953—　），男，博士，华南理工大学音乐学院教授。

其三，编写了包括47首练习曲在内的《南胡练习曲》及一套琵琶练习曲，为建立科学的教学体系奠定了重要基础。由此，二胡、琵琶从民间的口传心授方式的教育，步入了具有风格流派特征的整体教育体系的轨道。

其四，发起、主持了国乐改进社的刊物《音乐杂志》的编辑出版工作，使理论研究工作有了重要的宣传阵地，有效促进了中国器乐发展的理论性研究，由此又大大地促进了艺术实践工作的开展。

华彦钧作为生活于社会底层的民间艺人，他所创作的二胡、琵琶曲深刻反映了社会底层人们的悲怆心情及倔强性格，其音乐风格清新、刚劲。他所创作的《二泉映月》等三首二胡曲和《大浪淘沙》等三首琵琶曲都有着精湛的演奏技巧，在音乐结构上也较少套路而富于创造性，因而对丰富和发展二胡等民族器乐演奏和创作有重要贡献。

上述两位音乐家的贡献，显现出中国民族器乐的发展正如世界音乐发展的足迹一样，在风格流派的形成方面，体现出了四个方面的内涵：代表人物，包括创始人以及从事此项事业的大批专业人士；由教师和教材等构成的系统、完整的教育机制；完整的理论体系以及相应的理论研究；反映该风格流派和与之相适应的经典曲目。

从这个意义上看，广东音乐一代宗师吕文成，无论如何应是我国另一位对民族器乐的发展作出重大贡献的二胡民族器乐音乐家，他的历史地位应不在刘天华、华彦钧以下，即我国近现代音乐史中，刘天华、吕文成、华彦钧应是最具代表性的三位二胡民族器乐音乐家。

吕文成对我国民族音乐特别是广东音乐发展的主要贡献可归纳为如下五个方面：

其一，在民族器乐创作方面，吕文成谱写了《平湖秋月》、《步步高》、《醒狮》、《烛影摇红》等数以百计的脍炙人口并广为流传的广东音乐作品，这些作品显露出的韵味无穷的地方风格以及悦耳迷人的艺术魅力为广东音乐的完善、流传作出了历史性的贡献。

其二，其对高胡乐器的改革与创建是对胡琴艺术发展的里程碑式的贡献。吕文成当年（1926年）受小提琴音色及演奏技法的影响，将二胡丝线改换为钢线，将定弦音提高四度，进而影响了相关的演奏姿势和演奏方式，产生了新的音响、音色，创制了高胡这件乐器，从而改变了广东音乐传统“五架头”的组成，使广东音乐成为独具特色的南方民族器乐品种。吕文成不仅成功创制了一件新乐器，成为广东音乐高胡演奏艺术的奠基人，更重要的是他对二胡乐器的改革，促进了广东音乐的发展，并使这一发展有了质的飞跃。他对二胡乐器改革的贡献决不亚于刘天华。

其三，吕文成一生演唱、演奏录制的乐曲及广东音乐数量众多，据统计有270多张唱片。这些唱片为广东音乐的传播起到了非常巨大的作用，更为研究广东音乐、发展广东音乐留下了珍贵的史料，使广东音乐的教学工作有了第一手音响资料教材。

其四，尽管吕文成从未在学校内任职，也并不以教学为生，但吕文成还是口传心授地带出了一些学生（如香港的冯华），这些学生已成为广东音乐发展的中坚力量，影响波及海外。

其五，吕文成不仅擅长演奏，还曾写过一些粤语歌曲并带头演唱，亦被认为是香港粤语流行歌曲的先驱人物，其演唱的一些粤剧子喉曲目已然成为经典。可见吕文成远非一般意义上的演奏家，而是一位有着渊博学识和音乐涵养的艺术家。

广东音乐作为我国民族器乐的一个品种，已完全超越了一种风格流派的范畴。在广东音乐的发展历史进程中，吕文成所作的贡献是不可低估的。他是集创作、演奏（演唱）、乐器改革、教学于一身的一代宗师，他还是第一位专以广东音乐的演出和创作而不依附于其他工作为生的音乐家，他创作的作品较刘天华多，在作品的情感表达方面较华彦钧丰富，不仅有反映市民生活情趣的、描写景致的作品，更有表达爱国主义热情的作品。他一生的经历涵盖了风格流派形成的三方面内涵：首先，他是广东音乐的重要代表人物，专门从事广东音乐创作和演出；其次，他创作了与该风格流派相适应的经典曲目；最后，他创作、录音的乐谱、音响资料已成为广东音乐教学必不可少的教材和资料。尽管吕文成本人对广东音乐的发展及高胡演奏艺术的发展没有系统的理论研究著述，但他所留下的乐曲、录音已成为研究广东音乐发展的最重要的资料，为理论研究打下了一定基础和留下了相当广阔的空间。

今天我们纪念吕文成，重要的是学习他对艺术的敬业、忠诚和执著，在当今浮躁心态充斥社会、波及学界的时候，我们无论如何都应该继承吕文成的不断追求和探索的精神。广东音乐之所以有今天，正是因为有了千万个吕文成式的人物在默默地耕耘。我们要保护广东音乐这百花园中的艳丽奇葩并令其长久屹立于民族音乐之林，吕文成便是我们学习的榜样。

（原载《星海音乐学院学报》2004年第4期）

萧友梅“精神国防”说解读

——兼评贬抑“学院派”成说之历史谬误

居其宏[①]

去年发现、今年公开发表的萧友梅《国立音乐专科学校为适应非常时期之需要拟办集团唱歌指挥养成班及军乐队长养成班理由及办法》（以下简称《理由及办法》），虽是萧氏在1937年12月14日为国立音乐专科学校（以下简称“国立音专”）举办两个养成班陈述理由、提出办法而向当时国民政府教育部呈递的内部请示报告，但其中所论及的音乐美学思想和音乐教育思想，却为廓清中国近现代音乐史研究中一些聚讼纷纭的问题提供了一份极为宝贵的思想材料。因此，它之从历史尘封中被发现，是我国现代音乐史研究中一个具有重要意义的事件。

面对这份珍贵的历史遗产，当代学者应当怎样解读？特别是从他提出的“精神国防”之说中，人们可以引出何种结论？本文谨从以下三个方面谈谈笔者的读后感，以就教于各位同行与师友。

一、理由：是非常时期的非常之论，还是对功能主义的全面皈依？

在这份《理由及办法》中，萧友梅援引西方音乐史上的不少实例，进而得出“凡艺术都是实用的”这个令人惊骇的结论。他说：

严格地说来，凡艺术都是实用的。打开一部世界艺术史，一页一页地翻下去，艺术的实用表白得很清楚；……到了文艺复兴期，因为社会经济的进步和个人主义的逐渐发展，才有所谓“自我表现”的艺术，自拟古主义一直到唯美主义，虽然艺术家们都相信为了“自我表现”而努力，可是他们的艺术到底是各个时代的意识形态的反映或表现，直接或间接在替某种思想或主义作宣传……[②]

---

① 居其宏（1943— ），男，南京艺术学院音乐学院教授、博士生导师。

② 萧友梅：《国立音乐专科学校为适应非常时期之需要拟办集团唱歌指挥养成班及军乐队长养成班理由及办法》，以下引文凡是未标明出处者，皆引自该文，下不另注。

根据这个认识，萧友梅随即从消极和积极两个方面阐明了他对当时音乐现状的态度。

消极方面共列出四项，其中每一项都具有鲜明的针对性：

第一项是“打破传统的超然观念”，萧氏要打破的，是指超然于抗战之外的“为艺术而艺术”和“唯美主义”的音乐美学观念。

第二项是“打破技术万能观念”，萧氏要打破的，是指把音乐艺术神秘化、技术因素绝对化、不顾国事维艰空谈技术的“技术至上”观念。

第三项是“废弃作为奢侈品的音乐”，萧氏要废弃的，是指非为抗日救亡所急需而仅供个人消遣和玩赏的音乐。

第四项是“废弃一切个人主义的音乐”，这里显然是指那些远离抗日救亡大潮、专以“表现自我”相标榜的音乐作品。

在积极方面列出的十一项中，有三项事关音乐艺术功能及中国音乐整体战略和出路：

第一项是“提倡服务的音乐”，即大力主张彰显音乐艺术的服务功能，非常时期之音乐艺术必须服务于抗日救亡。

第十项是“从服务中建立中国的国民乐派”，这一点必须与《理由及办法》中另一句至关重要的话“只有如是，才可希望找到那二十年来无处寻觅的中国音乐的新生命”联系起来读才能理解其真意。“建立中国的国民乐派”是萧友梅归国以来孜孜不倦地追求的目标，经过20年的探索与实践，他终于发现，离开了为抗战服务这个总方针，20年来苦苦寻觅中国音乐新生命的努力竟无实现之望！因此，萧氏不得不把实现国民乐派理想的希望寄托在服务和实用的音乐之上。

第十一项是“跟随中华民族的解放而获得中国音乐的出路”，这句话尤为重要。它所传达的信息，较之第十项，语义更为深刻，思谋更为长远，两者不可等量齐观；否则，将两条合为一条便是，又何必将这一项单行列出，给予特别的强调？窃以为，将“中华民族的解放”当做“获得中国音乐的出路”的前提，有深意存焉。这里暂且按下不表。

上述所引文字之所以令人惊骇，是因为它们很容易给人造成这样的印象：作为国立音专校长的萧友梅，其音乐思想怎么会激进到与吕骥等“新音乐运动”领导人如出一辙，甚至连批判性的遣词用语也几无二致的地步？此文一出，是否意味着萧友梅其人在美学思想上对“自我表现”及所谓“抗战之外”的音乐的全面否定以及对功能主义的全面皈依？

笔者以为，弄清这两个问题，答案还需从抗日战争时期中国音乐界的一场大论战及萧友梅本人音乐思想的发展脉络中去寻找。

在20世纪30年代初至新中国成立前夕，我国音乐界围绕音乐本质、功能、技术等问题曾经发生过一场持续十余年的大论战。早在1930年，青主在《乐话》① 中提出"音乐是上界的语言"等观点。此论与共产党人关于音乐是战斗武器的主张大相径庭，乃遭到"新音乐运动"领导人吕骥《中国新音乐的展望》②等文章的严词批驳。汀石（即张昊）《从音乐艺术说到中国的实用主义》③、贺绿汀《中国音乐界的现状及我们对于音乐艺术所应有的认识》④、陈洪《随笔·战时音乐》⑤、陆华柏《所谓"新音乐"》⑥、李抱忱《建国的乐教》⑦ 等文，对"救亡歌曲"中把音乐艺术的服务宣传功能绝对化而否定其他审美功能，把歌曲体裁唯一化而忽视其他音乐品种，鄙弃作曲技术手段而导致创作质量粗鄙化等理论主张提出批评；上述文章和观点面世不久，立刻受到穆华（即吕骥）《反对毒害音乐》⑧ 及《答毒害音乐的唯心论者——汀石君》⑨、李凌《略论新音乐》⑩、天风《"救亡音乐"之外》⑪、赵沨《释新音乐——答陆华柏君》⑫ 等文的批评，上列天风的文章甚至公开宣布：

> "救亡歌曲"之外，不是别的，也还是抗日救亡的音乐，不管用什么形式，不管怎样处理题材，总之，都应该是抗日救亡的。一切"与抗战无关"的音乐——不管它是有意或无意地为接受敌人的欢迎的，或涣散自己的团结的，我们都要坚决反对。

回顾这场论战，双方争论的焦点其实并非音乐要不要为抗战服务的问题，而是怎样认识音乐艺术的本质以及在抗日救亡条件下如何更好地发挥音乐艺术功能的问题。即便站在今天的角度看，"新音乐运动"领导人提出音乐为抗战服务、

---

① 黎青主：《乐话》，商务印书馆1930年版。

② 吕骥：《中国新音乐的展望》，参见吕骥：《新音乐运动论文集》，光华书店1949年版，第5页。

③ 汀石：《从音乐艺术说到中国的实用主义》，参见张静蔚：《搜索历史——中国近现代音乐文论选编》，上海音乐出版社2004年版，第198—200页。

④ 贺绿汀：《中国音乐界的现状及我们对于音乐艺术所应有的认识》，参见《贺绿汀全集》编委会：《贺绿汀全集·第4卷》，上海音乐出版社1999年版，第41页。

⑤ 陈洪：《随笔·战时音乐》，载《音乐月刊》1937年第1卷第1号，第2—3页。

⑥ 陆华柏：《所谓"新音乐"》，参见张静蔚：《搜索历史——中国近现代音乐文论选编》，上海音乐出版社2004年版，第237页。

⑦ 李抱忱：《建国的乐教》，载《乐风》1944年第17号，第23—24页。

⑧ 吕骥：《反对毒害音乐》（写于1934年），参见张静蔚：《搜索历史——中国近现代音乐文论选编》，上海音乐出版社2004年版，第200—201页。

⑨ 吕骥：《答毒害音乐的唯心论者——汀石君》，参见张静蔚：《搜索历史——中国近现代音乐文论选编》，上海音乐出版社2004年版，第207页。

⑩ 李凌：《略论新音乐》，参见吕骥：《新音乐运动论文集》，光华书店1949年版，第46页。

⑪ 天风：《"救亡音乐"之外》，参见吕骥：《新音乐运动论文集》，光华书店1949年版，第55—57页。

⑫ 赵沨：《释新音乐——答陆华柏君》，载《新音乐》1940年第2卷第3期。

成为抗日救亡有力武器的主张仍是合理的，反映出非常时期国家和民族对于音乐艺术功能的特殊要求；但在肯定这种合理性的同时又必须指出，其主张又暗含着一种“唯武器论”的功能主义倾向——这种倾向在新中国成立后的和平建设时期甚至被发展到极致，结果竟成了实用本本主义思潮的美学支柱之一。正是由于在音乐本质和功能观上的分歧，“新音乐运动”长期以来被当做所谓“救亡派”和“学院派”的分水岭，而某些史家笔下所描绘的“学院派”形象，则是一帮对国家前途、民族命运漠不关心，只知躲在音乐艺术的象牙塔里不问世事、孤芳自赏，“毒害音乐”的资产阶级文人。

被当做“学院派”主要代表人物的萧友梅，当时并没有直接参与这场论战。这固然与他自称个人性格“生性是趋于实做一方面的”[①] 有关，对这类笔墨官司一向不热衷。但面对双方立场的激烈冲突，萧氏是否有鲁迅式“两间余一卒，荷戟独彷徨”的慨叹已无从得知，但不妨从他的思想发展脉络中去探寻其中堂奥。

萧友梅对音乐本质、功能的认识，从来就是一个情感论者。如他于1907年在日本发表的《音乐概说·总论》第五节“音乐的定义与分门研究”[②] 中，曾对欧西音乐理论家给音乐艺术下的定义“能感动人心之历时的美术”极表赞赏，称之“深知音乐性质”。1916年12月其在《〈哀悼引〉序》中称音乐“乃表示情感最有效力之物”。1925年3月12日中山先生逝世，萧氏乃将自度钢琴曲《哀悼引》改编为铜管乐曲《哀悼进行曲》以为悼念，并在《〈哀悼进行曲〉序》[③] 中介绍此曲的标题和构思时说：

> 全曲分三大段，前后两段各三十节发表哀悼感想；中段十六节改用大调，以雄壮声音描写“努力”、“奋斗”、“救中国”之意；尾声亦悲亦壮，末数音特别延长，表示无穷之悼意。此曲原名《哀悼引》，后因采用进行曲形式，故命名“哀悼进行曲”。

由此可知，无论在理论上还是在创作实践中，萧友梅始终如一地坚持其情感论美学的理论立场，终其一生而未有改变。从情感论美学出发，引出“服务”和“实用”的音乐功能观是顺理成章之事；萧氏之“借鉴西乐，改造旧乐，创

---

① 萧友梅：《〈乐艺〉季刊发刊词》，载《乐艺》1940年第1卷第1号。

② 萧友梅：《音乐的定义与分门研究》，参见陈聆群、齐毓怡、戴鹏海：《萧友梅音乐文集》，上海音乐出版社1990年版，第1页。

③ 萧友梅：《〈哀悼引〉序》及《〈哀悼进行曲〉序》，参见陈聆群、齐毓怡、戴鹏海：《萧友梅音乐文集》，上海音乐出版社1990年版，第138—139页。

造新乐”的“国民乐派”理想①以及他一生的音乐理论、创作与教育实践，正是立足于发展新音乐以改造国民性、振奋民族精神这一宏观的“服务”与“实用”功能观之上的。

然而，承认音乐艺术的“服务”与“实用”功能，有几个界限必须划分清楚：

其一，不能认为情感论美学与“自我表现”是两个相互排斥的美学范畴。实际上“自我表现”正是情感论美学极度高扬的浪漫主义思潮的应有之义，是浪漫主义作曲大师们张扬其个性、宣泄其情感的美学旗帜。

其二，不能把“自我表现”与音乐具有某种“服务”及“实用”功能对立起来，例如肖邦音乐被称为“花丛中的大炮”便是如此，浪漫主义时期许多标题音乐（如斯美塔纳的《我的祖国》、西比柳斯的《芬兰颂》等）也是如此。真正反对音乐具有“服务”和“实用”功能的是形式论美学（或称自律论美学）而不是情感论美学。

其三，“自我表现”与“唯美主义”不是同一范畴的美学概念，前者属于情感论美学范畴，而后者属于形式论美学范畴。“自我表现”论者可以在形式上追求或达到“唯美”，但唯美主义者却绝对不会赞同“自我表现”之说。

其四，音乐功能的“服务”与“实用”，其含义应有广狭之分。萧氏所谓“到了文艺复兴期，因为社会经济的进步和个人主义的逐渐发展，才有所谓‘自我表现’的艺术，自拟古主义一直到唯美主义，虽然艺术家们都相信为了‘自我表现’而努力，可是他们的艺术到底是各个时代的意识形态的反映或表现，直接或间接在替某种思想或主义作宣传”一段，说的正是这种广义的服务与实用功能；萧氏所举西方军乐队、国立音专开办两个养成班以及他提出的一系列具体建议，指的正是这种狭义的服务与实用功能。

萧友梅在陈述其理由时，在上述概念的使用中时有彼此混淆的现象发生，这在音乐学尚欠发达的当时是可以理解的，自当不必苛求于前人；但今人对之进行解读，若不加以界定和廓清，则容易造成困难，甚至有可能导致误解。

在萧氏以往的理论批评活动中，对于学术上的不同见解、创作实践中的不同风格、音乐生活中的不同做法，历来多采取尊重、支持的态度，从不轻易否定或武断批评。例如他为后来遭到吕骥等人强烈批评的青主《乐话》撰写序言时，盛赞此书“为音乐界开一条新路”，“以贯通欧西音乐的原理来谈音乐，则自始即无人作此种‘乐话’；然则先生此作，岂不更难能可贵吗?”② 到了1937年12

---

① 所谓萧氏之“借鉴西乐，改造旧乐，创造新乐”的“国民乐派”理想，并非萧氏原话，而是笔者从其一贯理论立场中概括出来的。

② 萧友梅：《黎青主〈乐话〉序》，参见陈聆群、齐毓怡、戴鹏海：《萧友梅音乐文集》，上海音乐出版社1990年版，第277页。

月，即与《理由及办法》呈递时间差不多同时，对音专出身的何士德、吕骥等人领导的抗日歌咏运动，萧氏也给予了积极的评价，称其纷纷组织歌队“有如春笋勃发不及计算”，“这真是最近音乐界一个最好的现象”①，赞赏之情溢于言表。

这些见诸公开出版物的文字表明，萧氏的音乐胸襟十分宽宏豁达，善容各家之见、兼采诸说之长而后成大家。不过问题也随之而来：是什么原因促使萧氏明确主张狭义的服务及实用功能、反对“自我表现”及所谓音乐上的“奢侈品”呢？萧友梅的这一立场，难道说明他已经从一个宽宏的情感论者变成一个“吕骥式”的功能主义者了么？

笔者以为，抗日战争的全面爆发、亡国灭种的现实危险，是促使萧氏美学立场发生变化的根本原因。面临日寇的入侵，当整个华北摆不下一张平静的书桌的时候，在沦陷的上海不得不躲进法租界办学的国立音专当然也摆不下一架演奏莫扎特的钢琴。萧氏作为校长和中国新音乐的领军人物，值此日寇铁蹄之下民不聊生、国将不国的非常时期，一切正常的音乐创作和教学秩序都已变得遥不可及，交响乐、艺术歌曲之类高雅音乐以及“自我表现”之类超然美学已成为“奢侈品”，广义的服务与实用远水解不了近渴，他不仅要为音专的生路计，更要为整个中国音乐的出路计，不得不对以往20年来中国新音乐之路进行痛彻的反思——他在这份《理由及办法》中阐述的音乐思想，正体现了萧氏适应时代变动、自觉转变办学方针的现实主义态度。不用说，就这些音乐思想和具体措施的整体而言，它反映了一位爱国音乐家主动承担民族责任感和历史使命感，以及不尚空谈、在自身能力可及的范围内为抗战做一些实际工作，献一颗肝胆相照的赤子之心。

同时，萧氏这些思想，既是他一贯思想在非常时期的阶段性发展，也是迫于时势不得已而为之的非常之论，因此是其音乐思想的特殊形态。他对音乐狭义服务与实用功能的强调以及对“表现自我”、“个人主义”、“超然观念”的批评，把抗战音乐之外的音乐品种都称为理应废弃的“奢侈品”之类表述，在合理性之外也的确包含着某些片面性，这些片面性使得这些论述在文字形态上与吕骥等人的功能主义音乐观有些类似。但千万不要因此而模糊了两者在本质上的区别——萧氏是在战时对音乐服务功能的策略性强化，而吕骥等人却将这种狭义的服务与实用功能发展为以“机械反映论”为哲学基础，“武器论”、“工具论”和“简单配合论”为基本特征的功能主义，并一以贯之地坚持到1949年新中国成立之后，直到改革开放新时期的90年代依然如此。

其实，萧氏在《理由及办法》中将其音乐思想的阶段性、策略性表述得很

① 萧友梅：《十年来音乐界之成绩》，参见陈聆群、齐毓怡、戴鹏海：《萧友梅音乐文集》，上海音乐出版社1990年版，第463页。

清楚：

总之，在这回大变动之后，民众和国家对于音乐的需求是格外的热烈……音乐教育应该迅速改变方针，以能适应目前伟大的需要为依归；以维系民众信念、团结全国人心、强调民族意识、激发爱国热忱为己任，努力迈进。

其中“音乐教育应该迅速改变方针，以能适应目前伟大的需要为依归”，一语道出了萧氏此文的立论是阶段性的“因时而变”。事实上，在此文前后直至萧氏逝世，在他公开发表的文论中论及音乐功能及抗战音乐相关问题时，对于“自我表现”、“个人主义”、“唯美主义”及所谓“奢侈品”之类主张和现象，再未出现类似的批评言词和极端化主张。

在吕骥等人尚未切实掌握唯物辩证法的时候，我们不能要求萧友梅言出必辩证。他为了强调问题的这一面，常常忽视问题的另一面，反而容易把问题说绝对了。倒是贺绿汀、陆华柏、陈洪等人在音乐本质和功能以及战时音乐的风格与体裁、内容与形式、生活与技术等问题上的见解显得客观些，也更少片面性。

二、办法：是非常时期的非常之策，还是对“精英教育”的根本否定?

萧友梅是我国专业音乐教育的拓荒者和第一所高等音乐教育机构——国立音专的创始人，实施“精英教育”，为国家培养和造就大批高水平的现代型音乐家是其办学的主导思想和基本方针，正因为如此，萧氏长期以来一直被视为我国音乐界所谓“学院派”的主要代表。

然而在这份《理由及办法》中，萧友梅继在音乐本质和功能问题上提出一系列激进观点之后，又对国立音专的办学方针提出一系列新的具体办法和举措。他在“积极方面”共提出 11 项办法，其中下列各项与音专办学思路有关：

提倡集团歌唱；提倡军乐队；实行音乐到民间去；实行音乐到军队里去；音乐人才普遍化；实用音乐人才巨量产生；音乐作品合时化；救亡作品巨量产生。

应该说，萧友梅提出的这些办法（包括请示开办的两个养成班在内），与他对音乐本质和功能问题上的认识在逻辑上是高度统一的——认识为推出这些办法提供理论依据，办法是落实这些理论认识的具体行动和举措。萧氏为解决两个养成班的办学经费问题，甚至提出削减音专其他专业办学规模甚至停办的计划，其决心之大，措施之坚决，力透纸背：

经费由本校原有经常费中支付之，本校原有各组班额概行尽量缩少或暂停，以所节省之经费为办集团唱歌指挥养成班及军乐队长养成班之用，不必另加经费。

……

原有各组各班之不欲停顿者，因学生及教员关系不能迁往内地，拟继续在沪办理，唯一至环境不容许时，则一律暂停，以全部经费办理上述二养成班。

综观这些具体办学举措，其中贯穿着一个基本办学思想，即把音专的办学方针由“精英教育”转变为“大众教育”，由“提高教育”转变为“普及教育”。这样的教育方针大转变竟然出自教育家萧友梅之口，究竟意味着什么？是萧氏在非常时期提出的非常之策，还是对音专“精英教育”一贯方针的根本否定？

这个问题首先应当从萧氏教育思想中寻找答案。

萧友梅是一个热忱的“教育救国”论者。通过开办现代型高等教育机关以开启民智、提高国民素质、增强民族意识、培养一代新人，是萧友梅教育思想的核心，这在他的诸多文论中有非常明确的表述；为了实践这一思想，萧友梅主持国立音专校务十余年，其殚精竭虑、历尽艰辛之状，凡亲历者无不为之动容；办学以来，为国家培养出众多高水平的音乐家，在中国新音乐文化建设中功勋卓著，其业绩有目共睹。限于篇幅，这里恕不详列。

有鉴于此，当此国家危难之秋，萧氏利用国立音专为抗战提供教育资源，竭己所能为建设“精神国防”培养实用音乐人才，既是实行“全民抗战”的实际行动，也是萧氏“教育救国”思想的合理延伸。

其次，从国立音专当时的处境看，上海沦陷，校址迁入法租界后，仍面临着各种难以想象的困难。据这次新发现的萧氏在1937年9月至1938年6月间致国民政府教育部部长王世杰、次长张道藩、高等教育司司长吴俊生等多件信函中（原件现存南京中国第二历史档案馆）披露：为避战祸，国立音专在1937年“八一三”淞沪战役爆发前夕，即8月9日至10日由市中心迁出，“除将学生成绩照片重要账簿册籍，学校贵重而易于移动之设备搬出外，其余如图书、乐器、校具教具留置校中者，为数尚多，估计价值二万元左右。今因我军退出市中心区，是项损失，势所难免”；同年9月2日，国立音专校舍“已中炮弹二处，女生宿舍已中炮弹一处，而男生宿舍及东西练琴室则尚未查明”；同年12月14日，即呈报《理由及办法》之当日，萧氏又报：法租界工部局以葡萄牙籍邻居“不喜练习音乐”为由，敦促音专再行迁址，萧氏多方奔走，乃以借用美专校舍、分散在教员住宅上课、音专不挂牌、个人名义借租校具存放地等办法，勉强逃过一劫；由于战事紧张，战费浩大，早在淞沪抗战前夕国立音专办学经费就已相当拮据，萧氏采取不足10人合班上课、无课时及未按时返校教师停发薪水、依授课钟点计酬等措施，尚能勉强维持。到了当年12月，国立音专因经费问题面临两种选择：其一，只发四成经费；其二，骤然下令停办，不发经费。对前者，萧氏称“仍可勉强对付”；若是后者，萧氏面对一群西籍教员自当穷于应付，乃不得不在括号中含泪加注一句“梅或届时有逃避之必要”云云——堂堂国立音专校长居然变成了躲债的杨白劳，其窘迫无奈之状，令人心酸。

面对这样的现实困境，继续沿袭国立音专原有的“精英教育”思路，实是一种真正意义上的“奢侈品”，在当时客观条件下已了无可能，在主观上也为一切爱国音乐家所不为。

因此，无论从国家抗战的根本大局计，还是从国立音专当下的生存出路计，萧氏之决定转换办学思路、动员国立音专这一教育资源服务于抗战、为国家培养更多实用音乐人才以为“精神国防”添砖加瓦，乃是具有爱国情怀和音乐思想理论修养的教育家所必然作出的唯一正确抉择。

其实，萧氏在《理由及办法》中已经明确指出，这种办学方针的转变，是阶段性、策略性转变，属于非常时期的非常之策，而不是对于“精英教育”的根本否定。他说：

> 单就音乐教育来说，高深专门人才的养成，现在不是时候了。养成一个专门人才，动辄需要五年十年的时间，而这种专门人才，在太平盛世固然是可宝贵的，在非常时期，则未必能在音乐上贡献于国家。

萧氏肯定，高深专门人才的培养在和平时期是“可宝贵的”，他在另一篇公开文章中曾说，即便是非常时期的音乐教育，“下列三方面均需顾到，即：一面培养音乐师资，一面奖励音乐天才养成专家，一面鼓励集团唱歌（为音乐比赛之一种）与音乐的团体生活（小规模的合唱、合奏）等”①，依然把“精英教育”列为不可忽视的内容。只是由于日寇入侵、环境巨变使得这种专业化的精雕细刻的精英教育模式在整体上已经“不是时候了”，迅速改变教育方针以适应时代大变动之急需，已不可避免：

> 总之，在这回大变动之后……音乐教育应该迅速改变方针，以能适应目前伟大的需要为依归……非常时期并不是可以忽略音乐教育，也许须要更加注重音乐教育，不过非常时期的音乐教育应该和平时有点不同，或竟完全两样。

请特别留意，在上文中，萧氏把音乐教育在战时与平时的区别表述得非常微妙：起先说“有点不同”，接着又说“或竟完全两样”，遣词用语益发肯定。在这里，萧氏不仅明确地指出了音乐教育迅速改变方针的“大变动”的时代背景，更清晰地阐明了音乐教育在战时与平时的不同——很显然，和平时期音乐教育在

① 萧友梅：《关于我国新音乐运动》，载《音乐月刊》1938年第1卷第4号。

本质上是以培养高深专门人才为目标的“精英教育”，而非常时期的音乐教育不得不转向“大众教育”和“普及教育”，更注重实用音乐人才的培养，以适应战时国家对音乐艺术的紧急需求；一俟民族解放战争胜利到来之日，高等音乐教育之恢复其本有的“精英教育”本质，自是情理中事——萧友梅在这份报告中所阐发的战时教育理念及其一贯的音乐教育思想、他主持国立音专十余年的教学实践和成果以及国立音专在战前战后的教育方针，都充分证明了这一点，而不能从中导出其他的结论。

现在我们再把话题重新返回到前文所举“跟随中华民族的解放而获得中国音乐的出路”这句话上来。此语是萧氏在积极方面开列的第十一项，也是最后一项，因而带有对积极方面进行总结的性质。萧氏曾在第十项中主张“从服务中建立中国的国民乐派”，第十一项又把中国音乐的出路寄希望于“中华民族的解放”，两者关系如何？窃以为，前者所谓之“服务”，乃狭义的服务，即从培养战时实用音乐人才入手，通过这类音乐家和抗战作品的“巨量产生”而将音乐艺术普及到广大民众中去，非如此便不能获得建立国民乐派的广泛基础；然战时环境是建立国民乐派的基础条件而非理想条件。而这理想条件，即便在最乐观的意义上也只有跟随中华民族最终解放之日、和平曙光降临之时才有可能真正获得。笔者作此判断的依据有三：其一，萧氏在这里使用的是“建立”而不是“建成”，萧氏精通中外音乐史，深知一国之国民乐派从创建到建成是一个漫长的过程，更不可能在战时环境下一蹴而就；其二，萧友梅是一个现代型专业作曲家和音乐教育家，深知民族乐派建成的标志不可能仅仅建立在从狭义服务中“巨量产生”的救亡歌曲的基础之上，它有着思想、艺术、风格、体裁、技巧高度发达等一系列整体性、综合性要求；其三，作为上述判断的一个重要佐证，萧友梅在1938年2月（即在呈递《理由及办法》后不到两个月）就曾公开预言：

> 吾国音乐空气远不如百年前的俄国，故是否在这个世纪内可以把这个乐派建造完成，全看吾国新进作曲家的意象与努力如何，方能决定。①

从这段话便可看出，萧氏对于建立国民乐派的复杂性、长期性是异常清醒的，当然断无可能将这一理想完全寄托于战时音乐。但有一点确定无疑——只有中华民族获得真正的解放，才能谈论中国音乐的出路问题。

三、救亡：是爱国音乐家的共同呐喊，还是“救亡派”的独家专利？

长期以来，我国音乐界对于“九一八事变”至抗战胜利这十余年间之音乐

① 萧友梅：《关于我国新音乐运动》，载《音乐月刊》1938年第1卷第4号。

思想、音乐创作、音乐教育的历史描述，一直存在所谓“学院派”和“救亡派”分立与对垒之说。尽管始作俑者并未对两者加以明确界定，但有一种似乎被约定俗成了的看法认为，“学院派”主要由一批受过西式音乐教育的专业音乐家组成，大多工作在沦陷区或国统区的高等音乐（艺术）院校，其音乐思想受西方资产阶级民主自由的影响较深，把音乐艺术特殊性说得玄乎其玄，鼓吹技术至上，其作品脱离时代、脱离生活、脱离政治、脱离人民，对国家危亡和全民抗战缺乏热情，满足于躲进象牙塔自我欣赏，其代表人物有萧友梅、黄自、贺绿汀等。“救亡派”主要由一批左翼音乐家和革命音乐家组成，大多活跃在救亡运动、抗日根据地及各个抗日战场上，他们大多没有接受过西式音乐教育的系统训练，但学习了马克思主义科学世界观，主张文艺必须成为革命斗争的武器，音乐艺术必须为政治服务、为抗战服务，其作品以革命群众歌曲为主，以其革命的政治内容和通俗浅显的音乐语言而深受群众欢迎，发挥了巨大的鼓舞作用，并为新中国的社会主义音乐奠定了前进方向，其代表人物是聂耳、张曙、冼星海、吕骥等。

应该说，在史料（对历史事实的记叙、评说及其文字载体——文献）层面上，这样的概括大致客观、公允地反映出长期以来音乐界对“学院派”及“救亡派”的主流看法。从20世纪30年代开始直到60年代前期，这种贬抑“学院派”的文献在音乐界出版物中随处可见。

然而，在史实（历史事实本身）这个层面上，这些贬抑“学院派”的成说已被证明是一个历史谬误，因为它不符合历史事实的本来面貌，经不起历史事实的检验。

在这份《理由及办法》被发现之前，萧友梅、黄自、吴伯超、贺绿汀、陆华柏、陈洪、李抱忱以及其他诸多被列入“学院派”的音乐家早就以其优秀的抗日救亡作品、鲜明的言论和抗日实际行动这些赫然存在的史实证明，某些故意贬抑“学院派”的成说是不顾历史事实的虚妄之言；而今《理由及办法》的公开面世，再次以无可辩驳的史实证明了这些成说的虚妄。

萧友梅在这份《理由及办法》中，把一个爱国音乐家的爱国情怀、民族意识以及对于音乐艺术在抗日救国大背景下应取的态度、立场、方针和策略作了明确的论述。除了前已引述的文字之外，最为精彩、最具思想闪光的论点莫过于他提出的“精神国防”理念：

国防不单是有了飞机大炮便可成功，有了这些武器，还要靠忠心的壮士来使用他，而民族意识之觉醒，爱国热忱之造成，实为一切国防之先决条件……历史昭示我们，不只要建设一道巩固的物质上的国防，并且须建设一道看不见、摸不着而牢不可破的精神上的国防：即民族意识与爱国热忱的养成。

萧氏把民族意识的觉醒和爱国热忱的养成称为“精神国防”，认为只有建成这道牢不可破的“精神国防”，才是建设一切国防、战胜入侵强敌、争取民族解放的先决条件。

在这样的宏观认识前提之下，萧氏把抗战时期我国音乐艺术明确无误地定位为“精神上的国防的建设者”，认为音乐艺术是“建设精神上的国防的必需的工具”。

“精神国防”这个见解之所以精辟，是因为他看到了物质因素之外的精神因素的伟力，看到了比飞机大炮更为根本的是唤起民众同仇敌忾的抗日自觉，认为只有把精神国防与物质国防置于同等重要的地位才能最终战胜日寇。

“精神国防”这个见解之所以精辟，是他不但在理论上作如是观，而且在行动上亦如是做，把音乐创作、音乐教育自觉置于“精神国防”大旗之下，审时度势地强化音乐艺术的服务功能，及时转变办学方针，采取各种实际措施，使音乐艺术成为“精神国防”的有力一翼，动员国立音专这个宝贵的高等音乐教育资源效力于国家和民族的抗日救亡大业。

因此，“精神国防”是这份《理由及办法》的总纲，萧氏在这份报告中提出的一切理由及办法，都是以建设“精神国防”这个总纲为出发点和最后归宿的。其中搏动着的一腔报国之志、一颗赤子之心，不仅渗透于字里行间，也深深感动着今天的读者。

由此我们可以断言，“精神国防”的提出以及这份《理由及办法》中所有的理由及办法都在证明一个基本事实：在面临亡国灭种危险的非常时期，“救亡”是一切具有爱国良知的音乐家所发出的共同呐喊，而不是“救亡派”的独家专利。由此也可以断言，以是否创作革命群众歌曲作为“救亡派”和“学院派”的划分依据，进而得出截然不同的褒贬结论，不仅与历史真相不符，也违背了中国共产党人的抗日民族统一战线的基本原则，因此，某些强加于“学院派”头上的一切贬抑不实之词，应予推倒。

当然，在这个前提下也必须指出，萧氏的《理由及办法》毕竟只是一份内部报告，既未公开发表也未在当时的音乐界产生过实际影响，而他关于开办两个养成班的设想，也因未获当局批准而无法付诸实施。但作为研究萧友梅音乐思想的重要史实和史料，它的被发现，对我国现代音乐史研究具有重要的历史价值和思想价值，不可低估。同时还必须指出，综观我国音乐界在整个抗战时期的“救亡音乐”（包括国立音专、其他院校师生及所有爱国音乐家所创作的以抗日救亡为主题的各种体裁和形式的音乐作品在内），就达到的思想艺术高度和产生的深远社会影响而言，占主流地位的还应首推中国共产党人领导的“新音乐运动”；而就培养富有深厚音乐修养、较全面地掌握了专门音乐技能的高级音乐人才，为新中国的音乐创作、音乐教育、学术研究及各项音乐事业打下坚实基础而言，则首推以萧友梅、黄自、吴伯超等为代表所主持的学院教育，同样必须肯定。这才是历史主义的态度。

（原载《中国音乐学》2006 年第 2 期）

中国的第一首管弦乐

——萧友梅的《哀悼进行曲》及其他

梁茂春[①]

2008年，“中国交响乐世纪回顾暨第一届中国交响音乐季”活动即将全面启动。这是今年中国音乐界的重大活动之一，从5月到10月，将有数十个交响乐团先后在全国的十个城市举办交响音乐会，演奏中国作曲家在不同时期的优秀交响音乐作品。

笔者也参与了“中国交响乐世纪回顾暨第一届中国交响音乐季”的一些前期准备活动。当笔者开始考虑“中国交响音乐季”的内容时，有一个问题首先跃现在笔者的面前：究竟哪首作品是中国的第一首管弦乐，它产生于什么时候？

一、“《怀旧》第一”说

对于这个问题，历来曾有过不同的看法。20世纪90年代之前，一般认为黄自的序曲《怀旧》是中国第一首管弦乐作品。例如，王安国教授在1988年撰写《中国交响音乐创作，1946—1976》一文，其中曾说：“1929年，留学美国耶鲁大学的黄自，创作了中国第一部管弦乐队作品——《怀旧》。”[②]

此前，“《怀旧》第一”说曾经在中国近现代音乐史界维持了很长的时间。因为《怀旧》在黄自毕业的1929年，曾经由他的母校——耶鲁大学所在地的纽黑文交响乐团（又译“新港交响乐团”，New Haven Symphony Orchestra）演奏过，并获得了当地报刊的好评。这确实是中国管弦乐队作品第一次在国外舞台上的演奏。1930年11月，黄自回国后不久，《怀旧》又由上海工部局乐队在梅柏器的指挥下在国内演奏，萧友梅还为这次演奏专门写了文章——《黄今吾的〈怀旧曲〉》（“今吾”是黄自的字）。文章最后写道：“中国人的乐队作品，这是第一次在外国人主持的管弦乐队里得到公开演奏的机会。这岂不也是最值得一般

---

① 梁茂春（1940— ），男，中央音乐学院教授、博士生导师。

② 王安国：《中国交响音乐创作，1946—1976》，参见刘靖之：《中国新音乐史论集，1946—1976》，香港大学亚洲研究中心1990年版，第285页。

爱国的邦人君子欢喜的一回事吗！”[①]

萧友梅的文字写得非常客观，说这是中国人的管弦乐作品“第一次在外国人主持的管弦乐队里得到公开演奏”。因为他非常清楚，中国人创作的管弦乐曲，由中国人主持的管弦乐队已经在数年前就演奏过了。

二、“《新霓裳羽衣舞》第一”说

这里所说的“中国人创作的管弦乐曲”，是指萧友梅的《新霓裳羽衣舞》；“由中国人主持的管弦乐队”，是指20世纪20年代由萧友梅创办的北京大学音乐传习所管弦乐队。1923年12月17日，萧友梅亲自指挥北京大学音乐传习所管弦乐队演奏了他创作的《新霓裳羽衣舞》。但是这个重要的音乐史迹被历史掩埋了60多年，直到80年代后期，华裔音乐学者韩国锁运用他在海外寻找到的资料对北京大学音乐传习所进行系统深入的研究时，证据确凿地指出：萧友梅的《新霓裳羽衣舞》“是中国近代音乐史上第一首西式管弦乐曲”[②]。

此后“《新霓裳羽衣舞》第一”说很快替代了“《怀旧》第一”说，并得到了音乐史界的广泛认同。这一“新说”将中国人创作的管弦乐曲的时间提前了6年。萧友梅的《新霓裳羽衣舞》的总谱手稿也被发现——这是由萧友梅的侄女萧淑娴保存并提供，由文化部文学艺术研究院音乐研究所拍摄成显微胶卷保存下来的。一些学者开始对这部管弦乐手稿进行初步的研究，并撰写了学术论文。如1992年6月王安国教授写的《萧友梅器乐作品研究》一文中，专有一节对《新霓裳羽衣舞》进行了音乐学的分析。王教授说：“他（指萧友梅）的管弦乐曲《新霓裳羽衣舞》（Op. 39）从创作和首演的时间看，均早于黄自于1929年在美国创作的《怀旧》，因此，这部长达474小节（包括反复所占时值）的作品，实在应该算作中国的第一部管弦乐曲。”[③]

王震亚教授在《萧友梅音乐作品分析》一文中对《新霓裳羽衣舞》进行了比较深入的研究后指出：“1923年我国还没有多少人知道什么是管弦乐，更谈不上管弦乐曲民族化的问题。萧友梅是探索创作民族化的管弦乐曲的一位先驱。”[④]

“《新霓裳羽衣舞》第一”说从20世纪90年代一直维持到现在。2003年有人曾经提出要搞“中国交响乐80年回顾暨第一届中国交响音乐季”的宏伟计划，

---

① 萧友梅：《黄今吾的〈怀旧曲〉》，参见陈聆群、洛秦：《萧友梅全集·第1卷》，上海音乐学院出版社2004年版，第388页。

② 韩国锁：《北大音乐传习所研究》，载《音乐艺术》1990年第1期。

③ 王安国：《萧友梅器乐作品研究》，参见戴鹏海：《萧友梅纪念文集》，上海音乐出版社1993年版，第420页。

④ 王震亚：《萧友梅音乐作品分析》，参见戴鹏海：《萧友梅纪念文集》，上海音乐出版社1993年版，第293页。

就是按照“《新霓裳羽衣舞》第一”说设计出来的——从1923年产生了中国第一首交响音乐作品后，到2003年已经整整80年了。只是2003年的“非典”事件，让这一计划彻底搁浅了。

三、“《哀悼进行曲》第一”说

近年来关于萧友梅的研究进一步深入，萧友梅的新资料被进一步发掘了出来。目前已经有足够的资料可以推翻原先的“《新霓裳羽衣舞》是中国第一部管弦乐作品”的说法，而应代之“《哀悼进行曲》第一”说。

《哀悼进行曲》是萧友梅1916年在德国留学时谱写的一首管弦乐作品。主要的依据有以下两种：

第一是2004年汪朴从《教育公报》第四年第四期（1917年3月20日出版）上发现了《本部留德学生萧友梅学业成绩报告及请予研究期限一年理由书》一文，后转载于《人民音乐》2006年1月号上。这份“成绩报告”中提到：1916年，萧友梅在德国创作了多首乐曲，其中有“《哀悼引》一曲，追悼黄、蔡二先生（黄钟软调，洋琴军乐队及大乐队用）”①。其中“黄钟软调”今译“c小调”，“洋琴”即钢琴，大乐队即管弦乐队。看来当年萧友梅谱写的《哀悼引》既有钢琴曲，又有军乐队和管弦乐队曲谱。

图1　萧友梅在德国创作《哀悼进行曲》时留影，1916年12月摄于柏林。转载自黄旭东、汪朴编著的《萧友梅编年纪事稿》

第二是2007年7月上海音乐学院出版社出版的《萧友梅全集·第2卷·音乐作品卷》中，收入了《哀悼进行曲》的管弦乐总谱（第85—97页）和分谱（第98—111页），同时还刊有钢琴谱《哀悼引》和《哀悼进行曲》的铜管乐分谱。

上述两者互相佐证，文字记载和保存下来的总谱基本一致。因此可以确凿无疑地断定：1916年12月萧友梅谱写的管弦乐曲《哀悼进行曲》，是目前发现的中国作曲家创作的第一首管弦乐曲。

“《哀悼进行曲》第一”说又将中国作曲家创作管弦乐曲的时间提前了7年。

现在还没有找到《哀悼进行曲》在德国演奏过的文字记载。但是萧友梅亲自抄写了《哀悼进行曲》的全部分谱。假如没有演奏的机会，作曲家一般是不

① 萧友梅：《本部留德学生萧友梅学业成绩报告及请予研究期限一年理由书》，原载《教育公报》，1917年第4号，转引自《人民音乐》，2006年。

会花时间去抄写分谱的。保存下来的分谱就是可能被演奏过的证据。但是关于这一点还需要寻找更为有力的证明。

《哀悼进行曲》在国内演奏的确切日期是1925年3月28日，地点是北京景山东街北京大学第二院大礼堂。这次演奏时，节目单的曲目中增加了六个字——《哀悼进行曲》（悼孙中山先生）。这是一个特别的日子——孙中山先生于半个月前（1925年3月12日）在北京去世，为了纪念这位伟大的革命先行者（也是萧友梅的战友和导师），萧友梅和北京大学音乐传习所管弦乐队专门举办了一次以"纪念孙中山"为主题的"第19次演奏会"，演奏了贝多芬的《第三交响曲——英雄》、《爱格蒙特序曲》，肖邦的《葬礼进行曲》，以及萧友梅的《哀悼进行曲》等。可见萧友梅对孙中山这位老朋友和老战友怀着多么特殊而强烈的感情。当然，这次演奏的《哀悼进行曲》和他1916年谱写的总谱肯定有所不同，这是因为北京大学音乐传习所管弦乐队的编制不全（缺少大管和中提琴声部），需要根据这个特殊编制的乐队重新进行编配。

四、《哀悼进行曲》音乐分析

《哀悼进行曲》总谱的手稿原件现藏于上海音乐学院，写在12行五线谱上，共19页。

根据总谱首页的标示，乐队的编制为：长笛1、双簧管1、单簧管2、大管1、圆号2、长号1、定音鼓2、第一小提琴、第二小提琴、中提琴、大提琴、低音提琴。这是一个标准的单管制管弦乐队。

创作管弦乐《哀悼进行曲》的时候，萧友梅刚入柏林施特恩音乐学院"乐正科"和"作曲科"学习指挥和作曲。钢琴曲《哀悼引》和管弦乐曲《哀悼进行曲》都是学习作曲时的习作。萧友梅自编的作品号同为24号。

这一年，"辛亥革命"和"讨袁战争"的两位主要军事将领——黄兴①和蔡锷②相继去世，全国各地对他们的去世纷纷表示哀悼，留学德国的学生也准备集会追悼黄、蔡二人。萧友梅的《哀悼引》正是为了悼念这两位人物的去世而创作的。萧友梅手书的《哀悼引·序》中说："兹籍留德同学诸君有追悼黄、蔡二公之举，特仿 Beethoven 之 Trauermarsch 体作成一曲，聊表悼意，名曰《哀悼引》，二公有灵，其鉴吾志。"③

① 黄兴（1874—1916），长沙人。1905年和孙中山筹划成立同盟会。1912年南京临时政府成立时，任陆军总长兼参谋总长。1916年10月31日病逝。

② 蔡锷（1882—1916），湖南邵阳人。辛亥革命时在云南响应武昌起义，任云南军政府都督。袁世凯称帝时宣告云南独立，声讨袁世凯。1916年11月8日病逝。

③ 萧友梅：《哀悼引·序》，参见陈聆群、洛秦：《萧友梅全集·第2卷·音乐作品卷》，上海音乐学院出版社2007年版，第82页。

图2 萧友梅《哀悼进行曲》总谱的首页（上海音乐学院图书馆供稿）

《哀悼进行曲》全曲情绪哀伤，节奏沉重，充分表现了萧友梅这位同盟会会员（萧友梅1906年在日本加入孙中山领导的同盟会）对黄兴、蔡锷这两位革命前辈、老战友的深沉悼念之情。

管弦乐《哀悼进行曲》是带再现的三部曲式结构。第一段是慢板，c小调，节奏如葬礼中沉重的步伐。单簧管、第一小提琴和大提琴声部奏出缓慢、悲痛的主旋律，情绪凄楚欲绝。

谱例

同一主题转到 f 小调上进行发展后，又转回 c 小调结束第一段音乐。

中间乐段转入 C 大调，是一段明亮而雄壮的进行曲。萧友梅在 1925 年写的《哀悼进行曲 · 序》中说："中段 16 小节改用大调，以雄壮声音描写'努力'、'奋斗'、'救中国'之意。"① 乐队以饱满的和声和断奏，显示了内在的力度，象征着化悲痛为力量的决心。

在第一段音乐完整再现之后，还有一段尾声（Coda），音乐在悲壮的气氛中结束。全曲洋溢着真挚、悲痛的哀悼情感，以及奋起斗争的愿望，这是给人印象最深的地方。

另外，萧友梅又将此曲改编为铜管乐队编制。为铜管乐而写的分谱今收藏于南京中山陵园管理处。萧友梅在 1925 年 3 月 19 日所写的《哀悼进行曲 · 序》中说："此曲原为管弦乐队用，盖丝声哀，以奏悲曲较为相宜，唯吾国音乐教育尚在下种时期，国内只有一个——由北京大学附设音乐传习所导师与乐友社社员组织的——管弦乐队，故不得不改用军乐演奏。"② 作为中国最早的一首管弦乐曲作品，萧友梅的《哀悼进行曲》在创作上存在着明显的模仿痕迹，尤其是模仿贝多芬的《哀悼进行曲》。这属于音乐创作早期难以避免的现象，当时萧友梅尚在德国留学。

现在，管弦乐《哀悼进行曲》的总谱和分谱，以及铜管乐《哀悼进行曲》（悼孙中山先生）的分谱，都收入在《萧友梅全集 · 第 2 卷 · 音乐作品卷》中。

中国的第一首管弦乐曲《哀悼进行曲》采用的是一个政治题材——纪念政治界重要人物的题材，与黄兴、蔡锷、孙中山都挂上了钩。萧友梅在谱写这部作

---

① 萧友梅：《哀悼进行曲 · 序》，参见陈聆群、洛秦：《萧友梅全集 · 第 2 卷 · 音乐作品卷》，上海音乐学院出版社 2007 年版，第 112 页。

② 萧友梅：《哀悼进行曲 · 序》，参见陈聆群、洛秦：《萧友梅全集 · 第 2 卷 · 音乐作品卷》，上海音乐学院出版社 2007 年版，第 112 页。

品的时候，既受到了欧洲交响音乐传统，特别是贝多芬《第三交响曲——英雄》的深刻影响，也自然地接受了中国传统文化“文以载道”的深刻影响，其作品力求反映他的“民主主义革命”之道。这或许是一种象征——中国交响乐从一开始就承担了重大题材的使命，这个使命一直贯穿于20世纪的中国交响乐创作，并延续到现在。

五、管弦乐创作在亚洲

中国的管弦乐创作，从20世纪80年代之前的“《怀旧》第一”说，发展到90年代的“《新霓裳羽衣舞》第一”说，又变为今天的“《哀悼进行曲》第一”说，将中国的管弦乐创作时间整整提前了13年，即从1929年提前到1916年。这可以看做是中国近现代音乐史的三次小小的“重写”。“《哀悼进行曲》第一”说能够保持多长的时间呢？也许还会被推翻。希望能够有新史料的发现再来改写它。

萧友梅在德国写成管弦乐《哀悼进行曲》的1916年，实际上是萧友梅在学习欧洲音乐创作技法突飞猛进的一年，他在这一年中有许多项中国音乐的创举。例如，他谱写出了中国第一部弦乐四重奏《小夜曲》（四个乐章，作品20号）、创作了中国第一首军乐合奏曲《在暴风雪中前进》（作品23号）、第一首中国大提琴曲《冬夜梦无词曲》。这一年中他所创作的钢琴曲《夜曲》（作品19号）和钢琴曲《哀悼引》（作品24号），也属于中国作曲家创作的最早的钢琴曲之列。①因此，笔者觉得1916年可以称之为中国音乐史上的“萧友梅年”。

1916年产生的管弦乐《哀悼进行曲》，如果与亚洲其他国家的音乐创作情况相比，是怎样一种情况呢？

据知，日本第一部交响曲是1912年山田耕筰谱写的《凯旋与和平》，写于德国。

菲律宾的第一部管弦乐是F. 圣迪亚哥（Francisco Santiago）的《降b小调钢琴协奏曲》，创作于1924年。

韩国第一部交响曲是1936年金东振的《小提琴协奏曲》，但它只有钢琴伴奏谱。金东振的交响诗《挽歌》创作于1942年。

相比之下，中国第一部管弦乐的产生并不晚，只比山田耕筰的《凯旋与和平》晚了四年。山田耕筰（1886—1965）比萧友梅小两岁，1908年毕业于东京音乐学校，而萧友梅是1902年自费留学日本，在东京音乐学校选修钢琴和声乐，

---

① 现见中国作曲家发表的最早的钢琴曲，是赵元任发表于1915年第1期《科学》杂志上的钢琴小曲《和平进行曲》。萧友梅的钢琴曲《夜曲》和《哀悼引》，虽然在创作时间上比赵元任的《和平进行曲》略晚，但在曲式结构上比《和平进行曲》要大，钢琴技法上也要复杂些。

1909年获该校的“修了证书”，因此他们应该算是东京音乐学校的校友。山田耕筰于1910年4月至1913年9月留学德国，入柏林高等音乐学院；而萧友梅则于1912年11月至1919年10月留德，在莱比锡、柏林的几所大学学习音乐，并于1917年获得博士学位。山田耕筰的《凯旋与和平》和萧友梅的《哀悼进行曲》，都是他们留学德国时期的创作。可见，那时中、日两国的管弦乐创作都在起步时期，在亚洲都是处于领先的地位。受到当时“欧洲中心论”和“音乐进化论”的影响，日本抱着“和洋折中”的观念，在学习西洋音乐方面，步子走得比中国要更快些。

风起于青萍之末。将近一个世纪之前产生的《哀悼进行曲》，就像一粒微小的音乐种子，显示着中国交响音乐的初始状态。不管它在技法上多么简单，艺术上多么幼稚，模仿的痕迹多么明显，都不能磨灭它开创性的功绩。九十余年来，中国交响音乐的创作获得了巨大的发展，取得了令世界瞩目的辉煌成就，形成了一股强劲的“中国交响音乐之风”，足以能够自立于世界交响音乐之林。这正应了那句古语：其作始也简，其将毕也必巨。

（原载《音乐研究》2008年第2期）

萧友梅留日年份、回国日期及参加清廷考试时间考辨

——旧资料重读与新史料初探

黄旭东[①]　汪　朴[②]

在对萧友梅先生学术生平的研究中，有若干问题，学界至今还未有比较一致的看法，就连萧先生自己也有不同的记述。比如先生于何年赴日本留学，何年回国，又于何年参加清政府规定的留学生归国考试、考了几次等，就是其中的几个。本文拟就上述问题作一简要考辨。

一、留日年份

关于萧友梅去日本留学的年份，现有三种说法：

其一，据萧友梅的侄女萧淑娴保存的一份先生亲笔填写的“履历表”（以下简称“自述1”）[③] 说是“17岁赴日本东京留学”。按实足年龄算，当为1901年（若为虚岁则还要推前一年，为1900年）。

其二，据1921年6月北京大学音乐研究会编《音乐杂志》第2卷第5、6期合刊刊出的由萧友梅自己提供的相片和学术简历，记载为1902年赴日本（见图1）。

图1　萧友梅

其三，据留德博士孙海在德国莱比锡大学新发现的萧友梅在1916年博士论文答辩前亲笔写的学术经历（以下简称“自述2”）所说，“其后五年（14至19周岁），学于广州之中式中学并自此毕业。友梅之学术研究始于日本，于东京高等专科及大学学习六

---

① 黄旭东（1935—　），男，中央音乐学院萧友梅音乐教育促进会常务副会长。

② 汪朴（1937—　），男，中央音乐学院音乐研究所副研究员。

③ 戴鹏海：《萧友梅纪念文集》，上海音乐出版社1993年版，第104页。

年，终自文学院考试毕业。其后，于1910年夏回中国并参加第一次国家考试”①。这里虽没有明确地写出留日的年份，但从行文前后内容所记的经历来看，不难推算出他是1904年赴日本留学的。

三种说法相差好几年，但确切的、符合历史实际的只能有一种。现据我们所见到的相关资料，参照先生不同时期所写的自述进行比较，且从几个角度，并沿着萧友梅前后相续的学习经历来分析，我们认为，上述《音乐杂志》的记载是准确的，即先生的留日时间应是1902年10月。现辨析如下：

其一，在清政府的一份“各省官费私费毕业生姓名表”中，记载有：“萧友梅，广东，私费，光绪二十八年九月（即公元1902年10月）入国，帝国大学，光绪二十八年九月入学。”② 这是我们所见的最早一份有关萧友梅留日时间的文字记载。这里要说明两点：

首先，表中所记写的为扼要性的概略事实，而不是萧友梅在日本时期的所有学习经历；先生确实在“帝国大学”学习过，于1909年毕业，但并非说明先生1902年一入国就在“帝国大学”就读。先生在日本的学习经历即所读过的学校至少有四所，在“自述1”中写得很清楚：“先后在东京高等师范之附中、东京音乐学校肄业、毕业，中学后，经过法政大学之高等预科入东京帝国大学教育系，同时仍在东京音乐分校习钢琴（注：‘分’疑为‘学’字）。”③ 可见上述“姓名表”所记是概略，并非全部，不十分精确，但1902年10月即光绪二十八年九月留日的年份却是准确无误的。

图2　萧友梅于民国前九年（1903年）在东京照

其次，萧友梅初到日本的头几年是自费，即“姓名表”中已说清楚了的“私费”。据“自述1”可知，先生进的第一所学校为“东京高等师范之附中”，是家里出钱的，即私费；又没有读完，故后文说是“肄业”；接着进的是“东京音乐学校”。据先生自述，他之所以能进该校，实现他学音乐的理想，完全是在“不顾家庭的阻挠与反对”的情况下自己争取来的，其经费全靠半工半读和省吃俭用来解决的，并且他还用积攒的钱购买了一架钢琴，为此先生感到无比的幸福。④

① 孙海：《萧友梅留德史料新探》，载《音乐研究》2007年第1期。

② 张前：《中日音乐交流史》，人民音乐出版社1999年版，第384页。

③ 戴鹏海：《萧友梅纪念文集》，上海音乐出版社1993年版，第104页。

④ 《音乐家的新生活·绪论》，参见陈聆群、齐毓怡、戴鹏海：《萧友梅音乐文集》，上海音乐出版社1990年版，第382页。

其二，先生又是哪年进的东京音乐学校？据保存完好的《东京音乐学校一览》所载，先生是以“萧思鹤”的名字于1904年注册入学，选修唱歌和钢琴两科，同学中还有曾志忞、曹汝锦。先生在该校不间断地学了五年（跨六个年头）①，即1904年起至1909年7月“修了”为止。② 也就是说，先生在“东京高等师范之附中”肄业后，一边经“法政大学之高等预科”进了“东京帝国大学教育系”学习，一边仍在“东京音乐学校”学钢琴。

其三，在《萧友梅自编影集》中有一幅照片（编号为5），先生的亲笔文字说明为“民国前九年（即1903年）在东京照”。为说明拍摄的确切年份，紧接着先生又特别在文字后的括号内清楚地注明“时抵日之第二年”（见图2），也就是说，赴日是在1902年。

二、回国日期

在萧友梅从日本回国的年份上，也有三种说法：

其一，先生在“自述1”中说，“24岁（按实足年龄为1908年，虚岁为1907年）帝大毕业后返国”。

其二，在1921年6月北京大学音乐研究会编的《音乐杂志》第2卷第5、6两期合刊上说是“民国前三年（即1909年）毕业返国”。

其三，萧友梅的“自述2”则说是“于1910年夏回中国并参加第一次国家考试”。

究竟哪一种说法更符合史实呢？据我们所见的史料分析，应是1909年夏。据《萧友梅自编影集》中两张照片的文字说明：一张编号为8，记写为“民国前三年（即1909年）夏，时已毕业，行将归国矣”（见图3）；另一张编号为39，

图3　萧友梅于民国前三年（1909年）夏照

图4　毕业于东京帝国大学文科时，与教育系教授及同学合影

① 张前：《中日音乐交流史》，人民音乐出版社1999年版，第372—374页。

② 张前：《中日音乐交流史》，人民音乐出版社1999年版，第382页。

记写为“民国前三年夏，毕业于东京帝国大学文科时，与教育系教授及同学某君（日本人）合影”（见图4）。而据帝国大学颁发的“毕业证书”和东京音乐学校发的“修了证书”（见图5），也都清楚地写明为“明治四十二年7月”（即1909年，7月正是夏天）。

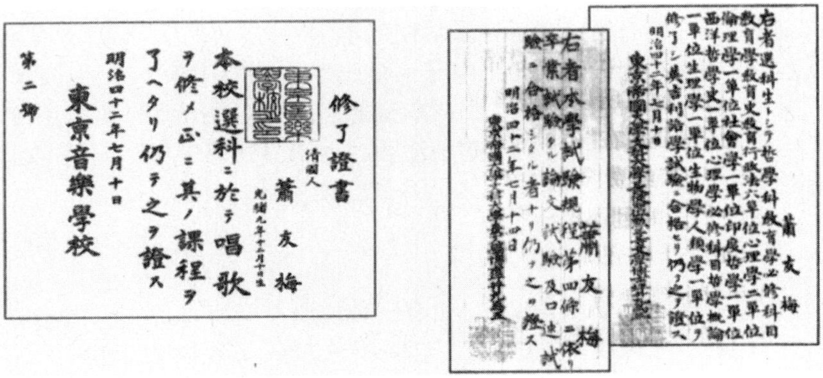
修了證書
清國人 蕭友梅 光緒九年十一月七日生
本校選科ニ於テ唱歌ヲ修メ正ニ其ノ課程ヲ了ヘタリ仍テ之ヲ證ス
明治四十二年七月十日
東京音樂學校
第二號

蕭友梅
右者本學試驗規程第四條ニ依リ卒業試驗論文試驗及口述試驗ニ合格シタル者ナリ仍テ之ヲ證ス
明治四十二年七月十四日

蕭友梅
右者選科生トシテ哲學科教育學必修科目教育學教育史教育行政法六單位心理學二單位倫理學一單位社會學一單位印度哲學一單位西洋哲學史一單位心理學必修科目哲學概論一單位生理學一單位生物學人類學一單位ヲ修了シ試驗ニ合格セリ仍テ之ヲ證ス
明治四十二年七月十日

图5 帝国大学及东京音乐学校颁发的毕业证书

清末“各省官费私费毕业生姓名表”中，亦记有萧友梅“宣统元年六月（即1909年7月）毕业”①。以上中日两种不同纪年法的年份，都与公元纪年完全一致。这样，“文字说明”与物证“毕业证书”和“修了证书”三者结合，确证了先生毕业于1909年。由此，也可说明“自述1”所写的“24岁（即1908年）帝大毕业”在年龄的计算上有误，此处不管是实足年龄还是虚岁都是与史实不符的。还有很重要的一个既有图片物证，又有文字记载的极具说服力的史料，这就是萧友梅1909年夏回国后的冬天，在天津不幸为洋车碾折右足胫骨，无法行走，卧床不起（见图6），医治了三个月，始能行动如常。萧友梅对自己这一遭遇车祸受伤的不幸事件记得极其清楚，车祸发生的具体时间、地点，先生的记忆是特别深刻的。这可从他为一幅躺在床上养伤时摄的照片亲笔所写的文字说明为证：先生将发生车祸的“年”（民国前三年，即1909年）、

图6 萧友梅因车祸受伤，卧床休养

① 张前：《中日音乐交流史》，人民音乐出版社1999年版，第384页。

"月"（十二）、"日"（二十九）及"地点"（天津北马路）都写得很具体、很明确。这幅躺在床上养伤的照片，是民国前二年（即1910年）正月（此处为阴历），即1910年2月10日（春节）至3月10日之间拍摄的（具体日期不详）。这又与所说"卧床医治三个月"基本相符。也就是说，萧友梅留日后于1909年夏毕业回国是毫无疑问的。

如果取"1910年夏回国"说，那么，发生"车祸事件"当在1910年冬了。而事实却告诉我们：该年冬天（11月5日），先生已出任视学官，冒着严寒，奉学部之命，即受学部派遣，与刘宝和、常顺等一起离京外出，到直隶、山西、山东三省视察学务去了。① 再从留学生回国后必须通过两次考试才能有官职，即有资格参加工作的规定来看，若是1910年夏回国，先生的两次考试在何时进行？按制度，第一次在学部，先生是赶不上了；第二次在保和殿，而此时萧友梅实际上已当上"小京官"，正在出题、监考呢。

三、考试次数和时间

根据清政府1906年拟订的《考验游学毕业生章程》和1908年拟订的《游学毕业生廷试录用章程》规定，凡在海外高等学校入学三年的游学生归国后，都须应考。考试分为两场，首场在学部举行，称"部试"；第二场在保和殿举行，称"廷试"或"殿试"。考试的时间安排沿袭原来科举中"春闱"、"秋闱"的习惯，一般"部试"在八月（阳历9月）举行，"廷试"则一般在四月（阳历5月）举行。

据此，按惯例，萧友梅参加两次考试的时间，也应为1909年9月和1910年5月。这里有唐景崇等为考试之事给皇上的两个奏折可以作证：

（1）1910年9月5日（宣统二年八月初二）在《唐景崇等为请派游学毕业生考试各科襄校官事奏折》中提到，本年将于八月初四（9月7日）进行分场考试。②

（2）1911年4月12日（宣统三年三月十四日）在《唐景崇等为请钦定廷试游学毕业生日期事奏折》中提到，上年（指1910年）二月十五，"臣部奏请钦定日期，奉旨，著于四月十五日（5月23日）考试"③。

由上述两个奏折所定的日期可以逆向推知，萧友梅1909年参加部试与1910

---

① 《北京紧要消息·学部又奏派视学官矣》，载《申报》1910年11月6日。

② 转引自《宣统二年归国留学生史料》，载《历史档案》1997年第2期，第56页。在《唐景崇等为请派游学毕业生考试各科襄校官事奏折》内提到本年将于9月7日（八月初四）进行分场考试，并拟请派翰林院编修、学部、外务部、农工商部、邮传部的主事与小京官担任襄校官，以分任各门拟题、阅卷之事。

③ 《唐景崇等为请钦定廷试游学毕业生日期事奏折》，载《历史档案》1997年第2期。

年参加廷试的时间，分别在当年的9月和5月。萧友梅经过两次考试后，依照《游学毕业生廷试录用章程》，被清政府任命为“七品小京官”，担任襄校官。在上述《唐景崇等为请派游学毕业生考试各科襄校官事奏折》开列的名单中，就有“小京官萧友梅”的字样[①]。也就是说，先生在通过第二次考试后，以“小京官”的头衔当上了“襄校官”，并参与了1910年9月举行“部考”时的相关学科的拟题、阅卷工作。写到这里，我们想再就归国时间补充一句：萧友梅1910年9月已担任“襄校官”即考官一事，再一次证明先生是在1909年而不是1910年回国的。先生在参与了1910年9月的“部考”工作后，按《视学官章程》，又被清政府任命为视学官，并于11月5日受学部派遣，离京外出视察学务去了。[②] 1911年7月13日，萧友梅完成北部三省视学任务回到北京。[③] 这也正与先生在“自述1”中所写的内容相符：“（东京）帝大毕业后，曾在北京任视学二年。”[④]

“自述2”中，在考试一事上，萧先生写为“1910年夏回中国并参加第一次国家考试（文科硕士），次年又过得以在京师供职之第二次国家考试。既过二次考试，遂于学部任视学”[⑤]。长期以来，近现代音乐史学界所见的有关萧友梅生平史料，只知先生从日本回国后，于1910年在保和殿参加过一次考试，即殿试，并留下了一张考试后在香山会馆拍摄的相片。而从这次孙海博士新发现的萧友梅亲笔自述史料可知，先生曾“两次”参加考试（虽然具体日期与我们掌握的史实并不相符），这就为研究萧友梅的生平事迹提供了极宝贵的史料。而我们在撰写《萧友梅编年纪事稿》的过程中，也发现先生按清政府规定，的确参加过如上所说的“两次”考试，印证、充实了孙海发现的“自述2”中的“两次”说。而且，我们所见的史料表明，考试时间（1909年9月与1910年5月）和出任视学官的时间（1910年11月）先后相连接。因为很明显，只有经过“两次”考试，才有资格在清政府中当官。据前一节的考证和本节的论述，既然萧友梅1910年9月已经以“小京官”的身份参与“部考”的拟题、阅卷工作，那就足以说明先生已通过了“两次”考试；如果先生是1910年考第一次，那就很明显与其实际上已于1910年冬至1911年7月出京视察学务工作相矛盾了。所以，“自述2”所写的考试日期，经不起上述确凿的考试时间与出任视学官时间的检验，明

① 在《唐景崇等为请派游学毕业生考试各科襄校官事奏折》内提到“兹查有翰林院编修某某、检讨某某、庶吉士某某学部员外郎某某、小京官萧友梅某拟请派为襄校官，以分任各门拟题、阅卷之事”，载《历史档案》1997年第2期。

② 《北京紧要消息·学部又奏派视学官矣》，载《申报》1910年11月6日。

③ 《京事近事·北省学务成绩之一斑》，载《申报》1911年7月14日。

④ 戴鹏海：《萧友梅纪念文集》，上海音乐出版社1993年版，第104页。

⑤ 孙海：《萧友梅留德史料新探》，载《音乐研究》2007年第1期。

显是有误的。

总而言之，根据我们以上所见资料，包括文字材料、毕业证书等图片物证和在天津车祸后拍摄的照片与文字说明及当年《申报》视察学务的相关报道等史料，经过梳理、鉴别，从不同的角度，且又顺着萧友梅前后相连的学习经历和工作日程，顺理成章地得出的结论是：先生留日年份为1902年10月；归国日期在1909年夏；参加清政府主持的归国留学生考试的时间，第一次在1909年9月，第二次在1910年5月。

以上是我们的分析辨正，提出来供史学研究与教学的同志以及感兴趣的读者批评指正。

四、一个问题

最后，我们想提出一个问题，就是萧友梅写于不同年份的多份亲笔自述，为什么会出现自相矛盾的说法？有的还不仅差一年。这究竟是什么原因？仅仅能用记忆有误或年龄计算上（虚岁、实岁）的差错来解释吗？孙海新发现的“自述2”写于1916年，是目前所见先生的自述中最早的一份，离留日与回国的时间最近，如从记忆上来说，应该是不会有误的。而自编影集的亲笔说明和“自述1”则写于20年代；而这基本相同的后两份（还有1921年《音乐杂志》的介绍）与最早的一份相比，为什么又会有如此明显的不同（包括在时敏学堂学习的时间）呢？这是萧友梅学术生平研究中很值得认真思考和探讨的一个问题。我们的体会是，对于任何史料，不能不信，但也不能全信。我们后人在引用前人留下的文字资料尤其是当事人的自述时也须谨慎，即必须尽可能地掌握更多的史料，联系人物的活动或事件的前因后果或各种关系，弄清事件的脉络，从不同角度、多方面地加以辨析、鉴别，这样得出的结论才有可能更接近、更符合史实。

（原载《音乐研究》2007年第3期）

萧友梅留德史料新探

孙　海[①]

一、缘起

2006年夏，因一次偶然的机会，笔者看到了《唤醒沉睡史料，还原先辈全貌》[②]中所摘录的《本部留德学生萧友梅学业成绩报告及请予研究期限一年理由书》（以下简称"《成绩报告及理由书》"）一文。这篇萧友梅于1917年2月13日[③]写于德国、同年3月20日刊载于北京《教育公报》[④]上的史料，立刻引起了笔者的极大兴趣。细细读来，有三点感受：其一，萧友梅所描述的论文点评和口试，笔者在德国大学从硕士到哲学博士的毕业考试中均亲身经历过，而现今的程序较之90年前变化并不算大，故从字里行间看到的是一幕幕真实的场景，颇有亲切感，同时又对他的德语论文充满好奇；其二，萧友梅所描述的学习内容和过程与今天的博士阶段有明显区别，倒是极似硕士过程，故很想借此机会一探究竟；其三，《成绩报告及理由书》中涉及外文（多为德语和拉丁语）的地方有29处，其中仅有8处单一词汇完全正确，余者均有不同程度的差错，有必要予以订正。

出于以上前两点感受，笔者最先想到的是国内的现成资料，于是求助于国内学者。但资料查询结果难以令人满意，且因此生出更多疑惑和不解：第一，关于萧友梅在莱比锡大学的博士论文，在已出版的《萧友梅全集》[⑤]、《萧友梅传》[⑥]等权威资料中，虽有廖辅叔教授的译文[⑦]，但对其论文德语文本的来龙去脉未加

---

① 孙海（1964—　），男，德国路德维希堡教育大学文化人类学博士，德国DECHIKUM（德中文化管理有限公司）总裁，德国巴登—符腾堡州教育、科研和艺术领域驻华代表。

② 汪朴：《唤醒沉睡史料，还原先辈全貌》，载《人民音乐》2006年第1期，第39—41页。

③ 据《成绩报告及理由书》中"考试既毕，于八月……九月……十月……十一月……至腊月底……故本月三日……于三月以前……唯已过十日"推断。

④ 汪朴：《唤醒沉睡史料，还原先辈全貌》，载《人民音乐》2006年第1期，第39—41页。

⑤ 陈聆群、洛秦：《萧友梅全集·第1卷》，上海音乐学院出版社2004年版。

⑥ 廖辅叔：《萧友梅传》，浙江美术学院出版社1993年版。

⑦ 陈聆群、洛秦：《萧友梅全集·第1卷》，上海音乐学院出版社2004年版，第42—142页。

详述。遍查其他有关萧友梅的研究文献，亦仅见其论文的德文标题被反复引用，论文原本何在？当时的主、副阅对其论文的具体评价是什么？第二，萧友梅留学德国莱比锡期间具体生活及学习的原始资料严重缺乏，唯有这份新发现的《成绩报告及理由书》描述了大致轮廓，但具体情况究竟如何？第三，查迄今有关资料文献，未发现论及其毕业的原始资料，却一致认为萧友梅于1916年7月答辩后即被莱比锡大学授予哲学博士学位。而这并不合德国学制体例。《成绩报告及理由书》中也说："将论文印本两百部呈缴大学，方得正式领凭。"这是一个见到毕业文凭即可解决的问题，但文凭何在？

缘于此，笔者把目光直接投向了莱比锡大学，德国人向来擅长完整地保存历史资料①，希望在这所萧友梅当年就读的大学可以有所收获和新的发现。果然，在接下来的两个月时间里，笔者在莱比锡大学分两次搜寻到了萧友梅在哲学系就读期间的原始材料，共计五个类别，18页。

二、新现史料及其释读

新发现的这些史料多数为手写或在印制好的表格内手写填充，少数为印制或用打字机填打；所用语言绝大多数是德语，一小部分为拉丁语，个别地方出现汉语、英语和日语拼音。这些文件在以往的国内外萧友梅研究文献中未见提及或引用，应该是首次发现，计有：

（1）1913年4月至1916年7月萧友梅每学期缴纳学费的单据，共3页。

（2）1913年4月入学和1915年5月更改专业时的注册登记表，共2页。

（3）1916年6月27日，大学正式接受萧友梅提交论文的确认文件，标志其正式进入论文评阅和考试程序。其附件包括1916年7月26日前数周，Riemann与Conrady就萧友梅口试事宜分别致副校长的亲笔函件、萧友梅亲笔简历，1916年7月26日口试现场Riemann、Conrady和Weule三位主考的考试记录，以及考试委员会对最后分数的正式确认等附件，共8页。

（4）1916年6月27日后至1917年2月1日，Riemann与Conrady对萧友梅博士论文的亲笔评语、考试委员会对论文分数的正式确认，以及所有相关人员的签名，共3页。

（5）1919年10月22日，莱比锡大学向萧友梅颁发的博士证书及附件，共2页。

现将这些史料择重要部分逐项释读如下：

---

① 以莱比锡大学为例，距今二百多年前大学即开始为每一位博士学生建立单独的"博士档案"，其中包括其注册、缴费、论文、考试等在校期间的原始材料。尽管其间几经战火，但自18世纪末至今几乎所有人的"博士档案"仍然保存良好。这是因为对于史料的保存，德国人不仅有视之为重的态度，而且有行之有效的措施和技术。

（一）缴费单据

缴费单据共三个单页，是印制好的表格形式。其中首页上填充的内容有姓名、系别、出生地、证件号码、注册日期、住址及离校日期。后两页因写有“续前”字样，则仅有姓名。从字体判断，以上内容均应为萧友梅自行填写。三页皆是缴费记录。各项具体内容简述如下：

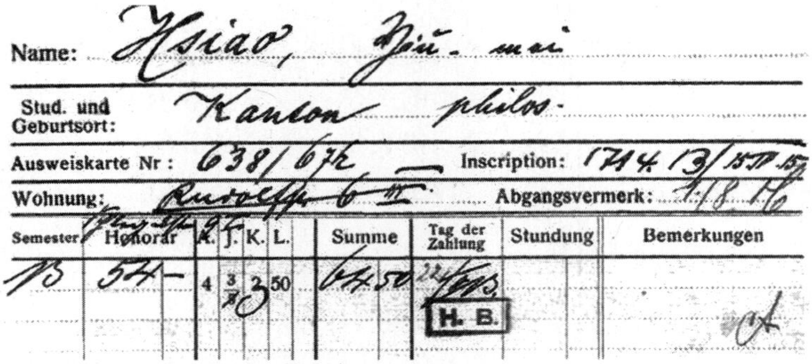
Name: Hsiao, Yiu-mei
Stud. und Geburtsort: Kanton philos.
Ausweiskarte Nr: 638/674 Inscription: 17/4.13/15/5.15
Wohnung: Rudolfstr. 6 III Abgangsvermerk: 1/8.16

Semester	Honorar	A.	J.	K.	L.	Summe	Tag der Zahlung	Stundung	Bemerkungen
13	54	4	3/8	3	2.50	64.50	22/4 1913 H. B.		

图 1　缴费单据首页的一部分①

（1）姓名按照德国习惯写成“Hsiao，Yiu-mei”，Hsiao 后面的逗号表示“Hsiao”是姓，而其后的“Yiu-mei”是名。此处没有像在简历或证书中那样正式地把他的字 Chopin（雪朋）也写上。

（2）出生地和系别分别填为“广东”② 和“哲学”。

（3）证件号之后有两个号码：“638/674”；注册日期后也有两个时间：“17/4.13/15/5.15”，从墨迹上不难看出是分两次填写。其中 638 和 17/4.13 是萧友梅于 1913 年 4 月 17 日最初以教育科为主科的注册号与日期，674 和 15/5.15 则是他于两年后的 1915 年 5 月 15 日将主科改为乐学及音乐史再次注册时的号码与日期。至于改科原因，《成绩报告及理由书》中有详细说明。

（4）至于住址，也同样变更过一次，最初是“Rudolfstr. 6 Ⅲ”，后改为“Schlegelstr. 9 Ⅰ”。

（5）所填离校日期为“1/8.16”，即 1916 年 8 月 1 日。

① 本文所刊图片均已获德国莱比锡大学授权专文使用，文献原件藏 Universitätsarchiv Leipzig。

② 原文 Kanton 在当时和现在的标准汉译都是“广州（市）”，当时广东（省）的写法是 Kwangtung 或 Kuang-tung。但在本次发现的史料中，“Kanton”一词在萧友梅笔下大多数情况下表示“广东”。例如在 Kanton 后面加 Provinz（省）而构成 Kanton Provinz（广东省）；但似乎也用来表示“广州”，例如简历中说在 Kanton 的中学读书。

（6）三页单据上共有7次缴费记录，分别为："13"年计104.5；"13/14"年计48；"14"年计53；"14/15"年计35；"15"年计33；"15/16"年计19；"16"年计46。德国大学学制，一年分为两个学期。例如，这里"13"表示1913年的夏季学期（理论上从当年4月1日至9月30日，包含假期在内，上课时间一般从4月至7月）；"13/14"则表示跨越1913年和1914年的冬季学期（理论上从当年10月1日至次年3月31日，包含假期在内，上课时间一般从10月至次年2月）。当时德国的货币为帝国马克（Reichsmark）。这样一共是7个学期共计338.5帝国马克。其实，当时莱比锡大学哲学系对读博士的学费有个框架规定，即"三学期毕业者至少200帝国马克，余者在300帝国马克之数"①，故338.5帝国马克可以说尚属正常。而这仅仅是学费，查当时哲学系规章，得知每位博士候选人从注册到毕业的过程中还有其他一些费用需缴纳，例如在提出论文并进入评阅和考试程序前即付80帝国马克（且"无论结果如何而不得索还"②）、论文主副阅各30帝国马克、口试主考每人15帝国马克等。

（二）注册登记表

注册登记表上的主要内容是：姓名、出生地、国籍、出生日期、中学毕业种类、注册日期、注册号、系别、住址、父亲状况、父亲住址、宗教信仰、以往就读过的大学及休学记录等。可以看出，两张注册登记表的内容均应为萧友梅亲自填写。

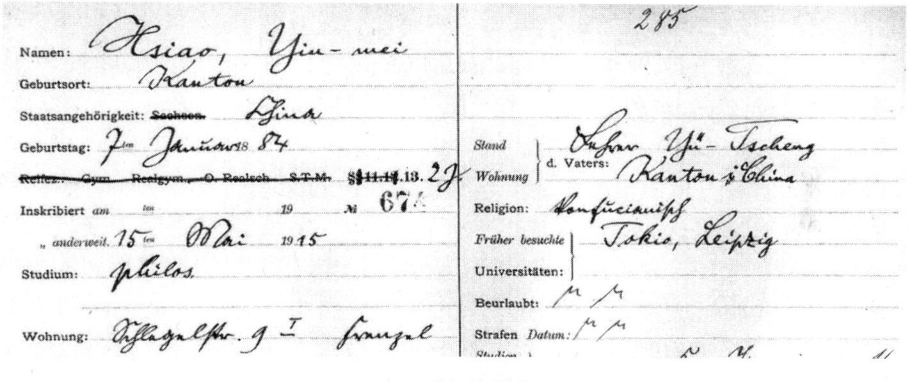
Namen: Hsiao, Yiu-mei
Geburtsort: Kanton
Staatsangehörigkeit: ~~Sachsen~~ China
Geburtstag: 7ten Januar 1884
~~Reifez.: Gym. Realgym. O. Realsch. S.T.M.~~ §11.11.13.
Inskribiert am ten 19 № 674
„ anderweit. 15ten Mai 1915
Studium: philos.
Wohnung:
285
Stand / Wohnung d. Vaters: Lehrer Yü-Tscheng / Kanton i/China
Religion: Konfucianisch
Früher besuchte Universitäten: Tokio, Leipzig
Beurlaubt:
Strafen Datum:

图2　1915年5月的注册登记表

① Blecher, Jens: Vom Promotionsprivileg zum Promotionsrecht. Das Leipziger Promotionsrecht zwischen 1409 und 1945 als konstitutives und prägendes Element der akademischen Selbstverwaltung. §4.2, Dissertation an der Martin-Luther-Universität Halle-Wittenberg, 2006.

② Blecher, Jens: Vom Promotionsprivileg zum Promotionsrecht. Das Leipziger Promotionsrecht zwischen 1409 und 1945 als konstitutives und prägendes Element der akademischen Selbstverwaltung. §4.2, Dissertation an der Martin-Luther-Universität Halle-Wittenberg, 2006.

（1）第一张登记表上的注册日期是1913年4月17日，注册号为638；第二张登记表上则分别为1915年5月15日和674号。此处可以印证萧友梅在《成绩报告及理由书》中之“遂改报乐学及音乐史为主科”的叙述。主要专业改变，故学号也随之改变。

（2）父亲状况填为“Lehrer，Yü-Tscheng”，即“教师，煜增”；住址则简单写成“中国，广东”。

（3）1913年的登记表上，宗教信仰一栏空白，而1915年的表上则填为“孔教”。

（4）1913年的表上，以往就读的大学只有“东京”，而1915年的表上多了“莱比锡”，应该指此时他即将毕业的莱比锡音乐学院。

（5）从两张表上所填和几次更新的地址可以看出，萧友梅自1913年4月至1915年5月，共搬家四次，先后有五个住址。①

（三）确认文件及其附件

这是一份极其正式的确认文件，是在印制好的行文上用打字机填打了萧友梅的个人资料。由副校长Herglotz签发，日期为“27. Juni 1916”，即1916年6月27日，与萧友梅在《成绩报告及理由书》中所述“论文于民国五年六月二十七日提出”吻合。据此确认件，哲学系才可以正式接受萧友梅提出的论文并为其指定主阅与副阅。

（1）确认件中萧友梅的名字被打写为“Chopin Hsiao-Yui-mei”，参照本次发现的其他史料可知，其中“Yui”应为“Yiu”之误。

（2）出生地原先打出的是“in Kanton（China）”，即“（中国）广东”，应是萧友梅自己的笔迹在in和Kanton之间加上了“Hsiang-shan，Prov.”，连起来即“（中国）广东省香山”。

（3）萧友梅在这里填报的住址，与他在5月份的又不同，为“Schlegelstr. 2”，并注明为“pt.”，即postalisch（通信地址）。换句话说，这仅是一个接收邮件的地址，很可能是萧友梅为了在他考试完毕离开莱比锡后仍然能够保持和大学的联系而使用的某个朋友的地址。查他之前的五个地址中，有一个地址注明为Pension（家庭旅舍）。家庭旅舍通常为有多余房间的德国家庭所开，价格低于正规旅馆而高于自己租赁房子。因家具器物等都配备妥善，还有可能提供两餐或三餐，所以家庭旅舍尤其成为外来游客短期居住的理想场所。在本次发现史料中出现的萧友梅的总共六个地址中，有两个地址都在Schlegelstr.（木槌大街），这两个地址至今尚存，位于当时莱比锡大学哲学系址西南约两公里处；其他四个地址今天则连街名都不复存在了。

① 1916年6月份的史料上虽然还有一个新地址，但仅为“通信地址”，故不计算在内。

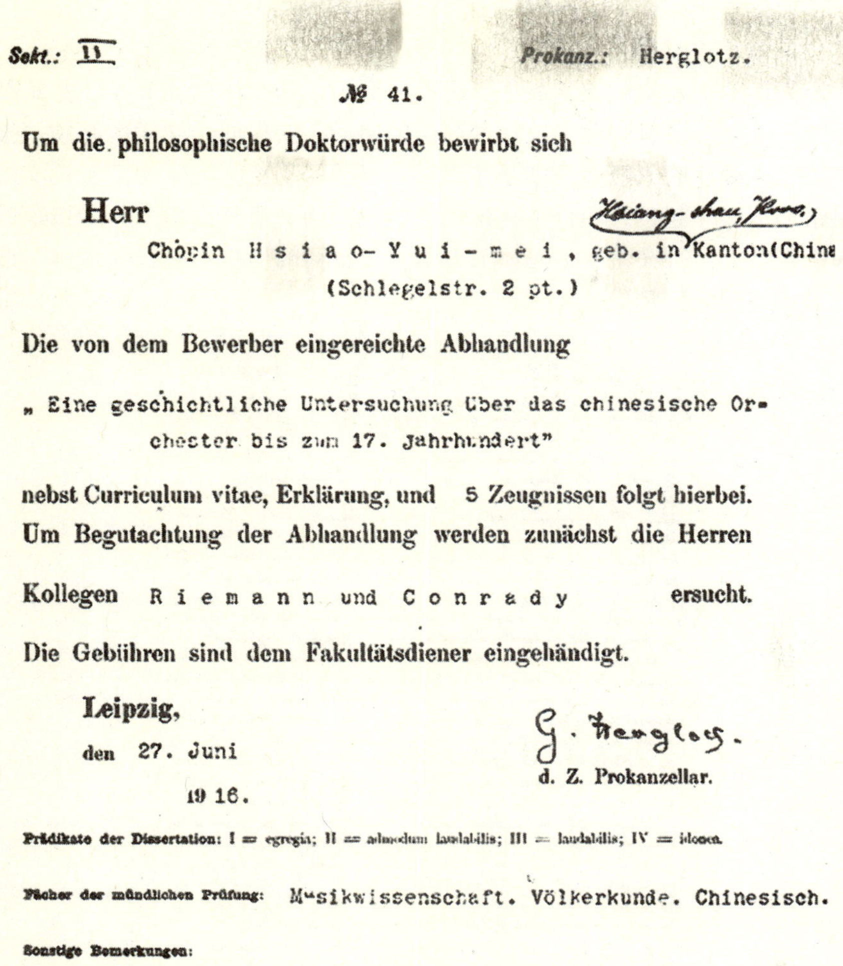

Sekt.: II   Prokanz.: Herglotz.

№ 41.

Um die philosophische Doktorwürde bewirbt sich

Herr

Chopin H s i a o- Y u i - m e i , geb. in Kanton(Chine

(Schlegelstr. 2 pt.)

Die von dem Bewerber eingereichte Abhandlung

„ Eine geschichtliche Untersuchung über das chinesische Orchester bis zum 17. Jahrhundert"

nebst Curriculum vitae, Erklärung, und 5 Zeugnissen folgt hierbei.
Um Begutachtung der Abhandlung werden zunächst die Herren

Kollegen R i e m a n n und C o n r a d y ersucht.

Die Gebühren sind dem Fakultätsdiener eingehändigt.

Leipzig,

den 27. Juni

1916.

G. Herglotz.

d. Z. Prokanzellar.

Prädikate der Dissertation: I = egregia; II = admodum laudabilis; III = laudabilis; IV = idonea.

Fächer der mündlichen Prüfung: Musikwissenschaft. Völkerkunde. Chinesisch.

Sonstige Bemerkungen:

图3　确认文件首页

（4）论文标题“Eine geschichtliche Untersuchung über das chinesische Orchester bis zum 17. Jahrhundert”，直译为“至17世纪的中国管弦乐队之历史研究”，是本次新史料中首次出现其论文标题的地方。遗憾的是，笔者在莱比锡大学没有寻获其论文文本。

（5）确认件内指定“Riemann”和“Conrady”两位教授，即里曼和孔拉底，对论文作出评判。

（6）文件中也确认了“费用业已缴纳”，应该是指前文所述“无论结果如何而不得索还”的那80帝国马克。

（7）确认件最后有两点注释，其一说明了评阅博士论文的四个等级（见表

1)；其二确认了口试科目为音乐学、人类文化学①、汉语②。

作为附件的萧友梅的亲笔简历，概括了他从出生到1916年6月尤其是在学术上的简要经历。一直到今天，这种简历都是最后获得博士文凭所必须填报的重要材料之一。现在的一般做法则是在答辩合格后，将此简历作为博士论文的最后一个附录和论文一起正式印行。这份用德语写成的简历分为两个大的段落，工整地写在一张纸上；行文流畅，笔体大方秀美；整篇简历中不见任何涂抹、改动的痕迹。现将该简历完整翻译如下：③

Lebenslauf.

Geboren bin ich, Chopin Hsiao-yu-mei [illegible] am 7. Januar 1884 zu Hsiang-san in der Provinz Kanton in China, als Sohn des Lehrers Hsiao-yü-chêng [illegible]. Die Anfangsgründe chinesischer Wissenschaft erwarb ich mir in der Schule meines Vaters; mein weiteres Studium führte mich fünf Jahre (vom 14. bis 19. Lebensjahre) auf das chinesische Gymnasium in Kanton, von dem ich mit dem Reifezeugnis abging. Meine akademischen Studien begann ich in Japan an der Hochschule und Universität in Tokyo mit einem sechsjährigen Studium, das ich mit einer Schlussprüfung in der „Bun-ka-dai-gaku" („College of Litterature") beendete. Danach im Sommer 1910 kehrte ich nach China zurück und machte dort zunächst das erste Staatsexamen. („Master of Arts") Im Jahre darauf absolvierte ich auch das zweite Staatsexamen mit dem Rang eines Hauptstadtsmandarinen. Alsdann erhielt ich eine Anstellung als Schulinspektor im Kultusministerium. Im Jahre 1912 nach der Revolution wurde ich von der neuen Regierung zum Sekretär der Präsidentenbehörde berufen. Noch im selben Jahre kam ich nach Deutschland (Berlin), um mich mit dem Studium deutscher Sprache und Wissenschaft, vor allem aber der Musik zu beschäftigen. Vom 27. März 1913 bis 30. Juli 1915 besuchte ich das Königliche Konservatorium der Musik zu Leipzig, das ich mit dem Prädikat I b verliess. Seit Ostern 1913 studierte ich an der Universität Leipzig Musikwissenschaft, Völkerkunde und Philosophie.

Während meiner Studienzeit nahm ich teil an den Vorlesungen und Übungen der Herren Dozenten Hrn. Bergmann, Brahn, Dittrich, Goetz, Jungmann, Lamprecht, Lange, Lipsius, Mentz, Metzger, v. Oettingen, Prüfer, Riemann, Schering, Schmid, Spranger, Volkelt, Weule und Wundt. Allen meinen Lehrern, insbesondere Herrn Professor Dr. Riemann und Herrn Professor Dr. Schering fühle ich mich zu aufrichtigem Danke verpflichtet.

图4　萧友梅亲笔简历

① 德语原文为Völkerkunde，今通译为“人类文化学”，研究对象是不同民族的文化。萧友梅在《成绩报告及理由书》中称之为“人类学”。另外在德语中还有“Ethnologie”一词，是源于英语ethnology的外来词，也是人类文化学的意思。而英语中ethnology的主要意思则是“人种学”，研究对象是人种的划分、体质特征及分布等。

② 仅从原文“Chinesisch”来看，确实是汉语，而非汉学；而从口试记录看，所及内容则为中国历史和中国文化史。

③ 译文中人名、地名等沿用萧氏当年的习惯译法，与今不同处则另加注释。

简　历

我，雪朋萧友梅，1884年1月7日生于中国广东省香山。父萧煜增乃教师，友梅之汉学知识则启蒙于父之家馆。[①] 其后五年（14至19周岁），学于广州之中式中学并自此毕业。友梅之学术研究始于日本，于东京高等专科及大学学习六年，终自文科大学考试毕业。其后，于1910年夏回中国并参加第一次国家考试（“文科硕士”），次年又过得以在京师供职之第二次国家考试。既过二次考试，遂于学部任视学。1912年，革命后，新政府乃命友梅为总统府秘书；同年抵德（柏林），旨在学习德语及科学，其中首要者乃音乐也。1913年3月27日至1915年7月30日，友梅就学于莱不齐府王立音乐学校[②]，终以二等乙[③]之成绩毕业。自1913年复活节[④]起在莱不齐大学习乐学、人类学及哲学三科。

期间，友梅修所有先生[⑤]之讲座并参与练习。授课之先生均为博士，乃贝格尔曼、布拉恩、迪特里希、歌茨、梅茨格、冯·厄廷恩、普鲁弗、里门、佘龄、施密特、史怕冷格、弗尔凯特、事雷、冯特。所有先生，尤里门及佘龄两教授，尽其职责，友梅自怀感激。

该简历中有几处值得特别说明：

（1）“文科大学”：原文是日文拼音“Bun-ka-dai-gaku”，并在括号中用英语“College of Literature”（文学学院）加以解释。但原文里日语和英语所表达的意思实际上是有区别的：日语“bun-ka”的意思是“文化”（相当于英语的culture），而英语“literature”的意思是“文学”（相当于日语的bun-gaku）。笔者查阅了明治四十二年（1909）日本东京帝国大学颁发给他的毕业证书[⑥]，知道他最后是于文科大学通过了英语语言文学的考试而毕业，这恰好对应“College of Literature”。

（2）为了使德国人更准确地理解他在中国参加的两次考试，萧友梅在原文中使用了“Staatsexamen”（国家考试）这个在德国家喻户晓的概念。德国的Staatsexamen是指师范类各专业以及法律、医学等专业学生在独立工作前必须通过

---

① 译者注：原文Schule meines Vaters（父亲的学校）可作两种理解：其一为“父亲任教的学校”；其二为“父亲开办的学校”。据《萧友梅传》记述，其父“教家馆，即充当私人教师”。故此处译为“父之家馆”。

② 译者注：今译“莱比锡王立音乐学院”。

③ 译者注：原文为“Ⅱb”。

④ 译者注：复活节期间的4月17日为其注册日。

⑤ 译者注：原文为“Dozent”，即大学教师。

⑥ 中央音乐学院萧友梅音乐教育促进会提供，来自中国艺术研究院图书馆，原件存上海音乐学院。

的两次由国家统一组织的考试，即第一次和第二次国家考试。其中，das erste Staatsexamen（第一次国家考试）是指大学毕业并获得文科或理科硕士学位的国家级考试。那些通过了第一次国家考试而得以毕业的人，在其后的一年半到两年的时间里只能以助理的身份工作。然后，他们须参加 das zweite Staatsexamen（第二次国家考试），通过者方可独立行事。

（3）“学部”在原文中用了“Kulturministerium”（文化部）一词，因为德国传统上没有单独的“学部”或“教育部”，教育、科研等在历史上分属文化部所管。现在该部一般称“Ministerium für Wissenschaft，Forschung und Kunst”（科学、研究及艺术部）。

（4）授课者名单中“事雷”的原文为“Weule”，按其发音今译为“韦乌勒”。据本次发现的史料，此人是参加萧友梅口试答辩的三个教授之一，主考人类文化学。若按照萧友梅在《成绩报告及理由书》中所写：“里门教授问乐学，史怕冷格教授问教育史，事雷教授问人类学”推断，事雷和 Weule 则应该是同一人。但“事雷”既不是 Weule 的音译，又非意译。至于萧友梅为何称 Weule 为“事雷”，笔者曾一度对此无法解释。但终有一天恍然大悟：原来《成绩报告及理由书》中的“事”字乃繁体“韦”字之误写，“韦雷”就是当时萧友梅对 Weule 的音译了。

口试记录是1916年7月26日口试过程和打分的原始记录，记录纸上端已用打字机打好“Chopin Hsiao-Yiu-mei. Mündliche Prüfung：Mittwoch，den 26. Juli 1916.”字样，即“雪朋萧友梅，1916年7月26日，星期三，口试”。

（1）从记录顺序来看，里曼先问了“乐学”一科，打分为“2”。孔拉底接着问“汉语”一科，内容涉及《诗经》、中国音乐的起源、中国文化史等，打分为“Ⅱ”；韦乌勒最后问“人类文化学”，涉及中国及东南亚的佛教、经济发展等，认为萧友梅“所知者多而弱于表达”，打分为“Ⅲ”。

（2）1916年7月28日，由副校长签署并确认“据此以Ⅱ分之成绩通过口试”。

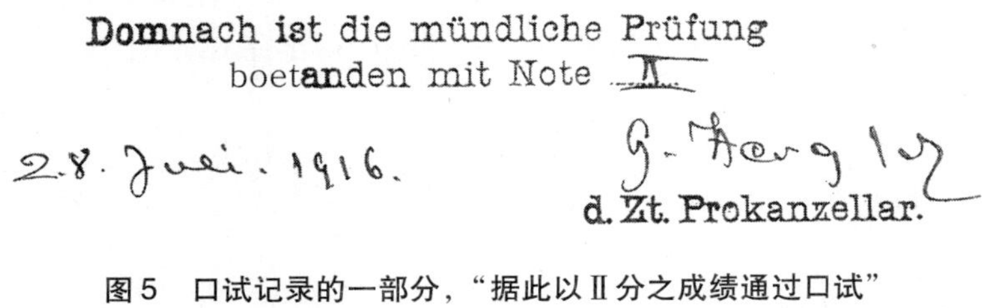
Domnach ist die mündliche Prüfung
boetanden mit Note II

28. Juli. 1916.

d. Zt. Prokanzellar.

图5　口试记录的一部分，“据此以Ⅱ分之成绩通过口试”

（四）论文评语

先来说明一下德国大学对论文和口试答辩的评分系统，这是准确理解萧友梅在莱比锡王立音乐学院和莱比锡大学考试成绩的必要前提。这个评分系统的基本原则是在及格以上分为四个等级，从最高分到刚刚及格依次为 1、2、3、4 分。这是一个看似简单，实则相当复杂的分数系统。实际操作时，例如对应 2 分时很多情况下不是直接给 2 分而是给 1.7 或 2.3 分，以区别同在 2 分这个层面上更小的差异，这也是为什么萧友梅在莱比锡王立音乐学院得到过“二等甲”或“Ⅱb”这样的分数。以上仅是卷面的分数。当把这些分数写入成绩单和毕业证书时，还会再有一到两次转换。例如，如果卷面上给了 2 分，那么在证书上一般不会出现“2 分”字样，而是用拉丁语 admodum laudabilis 或者 magna cum laude 来表示这个分数，并同时在注释或附件中用相应的德语词汇说明这个拉丁语的含义；或者反过来，用德语表示分数而用拉丁语说明德语的含义。之所以说这个系统复杂，还在于分数（阿拉伯数字或罗马数字）总是绝对的，而用来描述分数的语言却是相对的。例如对应 1、2、3、4 分，可以用 a：优秀、很好、好、及格来描述，也可以用 b：很好、好、满意、及格来描述。这时如果仅看语言描述，那么 a 里面的二等在 b 里面就变成了一等。以下表格汇总了最常见的两种卷面分数及其对应的拉丁语和德语的语言描述，并附汉译以帮助理解。其中粗分的阿拉伯数字和罗马数字以及“常用标准语言描述 1”为萧友梅在莱比锡大学期间考试中明文所见的分数系统。

表 1　德国大学博士论文及考试分数系统

阿拉伯数字		罗马数字		常用标准语言描述 1			常用标准语言描述 2		
粗分	细分①	细分	粗分	拉丁语	德语	汉译	拉丁语	德语	汉译
1	0，7	Ⅰa	Ⅰ	egregia	ausgezeichnet	优秀	summa cum laude	sehr gut	很好
	1，3	Ⅰb							
2	1，7	Ⅱa	Ⅱ	admodum laudabilis	sehr gut	很好	magna cum laude	gut	好
	2，3	Ⅱb							
3	2，7	Ⅲa	Ⅲ	laudabilis	gut	好	cum laude	befriedigend	满意
	3，3	Ⅲb							
4	3，7	Ⅳa	Ⅳ	idonea	genügend	及格	rite	ausreichend	及格
	4，3	Ⅳb							

① 阿拉伯数字中小数“点”的写法，在中国和德国有不同的标准。例如“一点七”，按中国标准是“1.7”，而德国标准为“1，7”。本表中按德国标准。

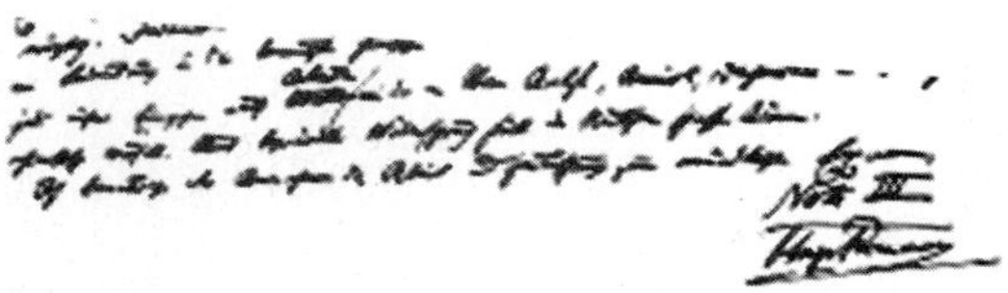

图6　里曼的打分及签名

（1）作为论文主阅，里曼教授的评语不足两百字，用今天的标准看实在过于简练。里曼打出的分数是“Ⅲ”，评语和分数后并没有注明日期。因正式进入论文评阅和考试程序的日期是1916年6月27日，故里曼的评语应在该日之后；按《成绩报告及理由书》所述，则应“至七月十七日阅毕”。当时的有关章程即规定，只有在论文及格的情况下，才能进入口试答辩，而论文是否及格，要看主阅和副阅的共同分数；但副阅孔拉底教授的评语和分数是在萧友梅答辩之后的1917年1月21日才出具，严格说来已是不合规章。所以，有理由相信里曼的评语和分数在答辩之前就已正式写出并得到了孔拉底对论文至少口头上的认可，萧友梅也说孔教授“略阅一遍，即云论文及格有余”[①]，这样萧友梅在缺少一项论文分数的情况下仍然得以进入口试阶段。在今天的大学里很难想象会发生类似的事情。

（2）比起里曼，孔拉底的评语可谓洋洋洒洒，他从一个汉学家的角度对论文从汉学和史学的角度进行了评析，共写了近1 500字。孔拉底给出的分数也是“Ⅲ”，并写明日期为“21. 1. 1917”，即1917年1月21日。孔拉底对论文中的某些章节并不满意，故此在给过分数之后又加了一句：“我标出的部分应予重写。”在这个下面是正式确认论文分数并准予进入口试的批注，译为：“据此以3分之成绩接受论文并准予口试申请。”再往下是副校长于1917年1月22日的签字和其他九人的签字，签字后注明日期最晚者是1917年2月1日，但从顺序上看这极有可能不是最后的日期，因为很多签字后没有注明时间。

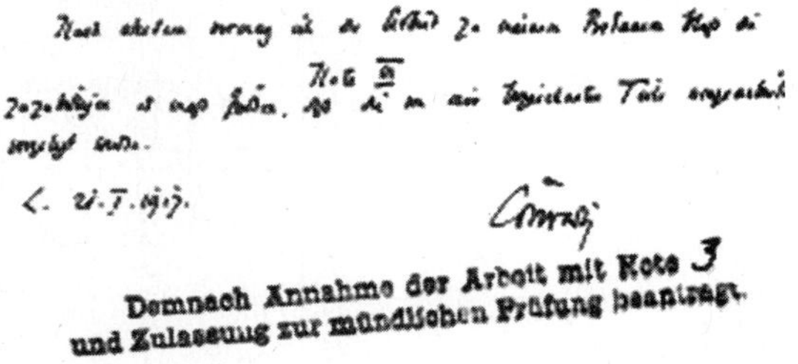

图7　孔拉底的打分、签名以及口试成绩的最后确认

① 汪朴：《唤醒沉睡史料，还原先辈全貌》，载《人民音乐》2006年第1期，第40页。

（五）博士证书及附件

这两份材料都标有明确的日期，均为 1919 年 10 月 22 日，也就是萧友梅正式获得博士证书的日子。其中附件为正式毕业证，提供了姓名、出生地、论文名称、口试时间等具体资料，从字迹看应为萧友梅亲笔。博士证书则是非常漂亮的印刷体印制，全文译为：

莱比锡大学哲学系，因广东省香山萧友梅先生所撰成绩为好的博士论文《至 17 世纪的中国管弦乐队之历史研究》及以成绩为很好而通过的口试答辩，以此证书授予他哲学博士学位。

莱比锡，1919 年 10 月 22 日

系主任签字
副校长签字

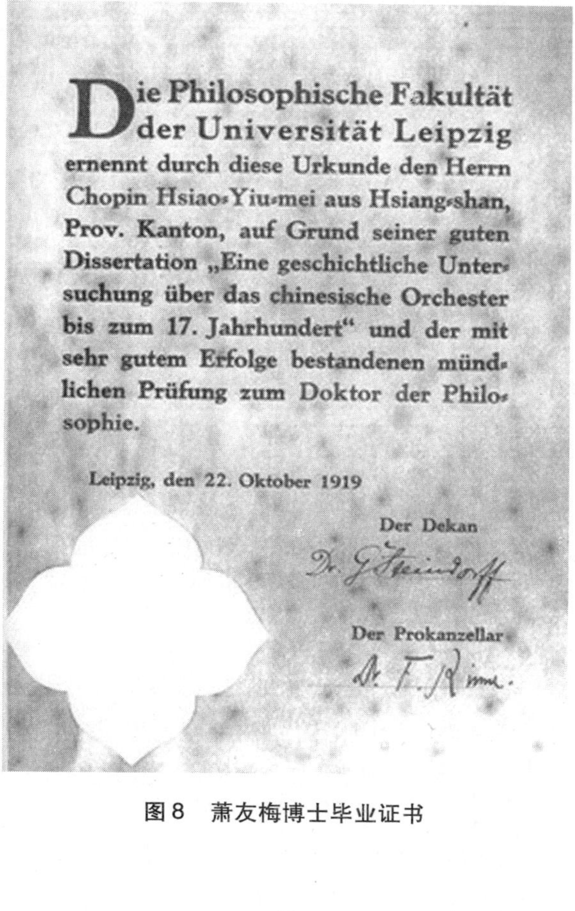

Die Philosophische Fakultät der Universität Leipzig ernennt durch diese Urkunde den Herrn Chopin Hsiao-Yiu-mei aus Hsiang-shan, Prov. Kanton, auf Grund seiner guten Dissertation „Eine geschichtliche Untersuchung über das chinesische Orchester bis zum 17. Jahrhundert“ und der mit sehr gutem Erfolge bestandenen mündlichen Prüfung zum Doktor der Philosophie.

Leipzig, den 22. Oktober 1919

Der Dekan

Der Prokanzellar

图 8　萧友梅博士毕业证书

"成绩为好"的论文和"成绩为很好"的口试答辩，与前述论文得分"3"和口试得分"Ⅱ"完全吻合。

三、对旧有资料的补充或修正

（一）《成绩报告及理由书》

如开篇所述，《成绩报告及理由书》是撰写本文的一个契机，而新发现的这部分史料对于印证和解释萧友梅在《成绩报告及理由书》中的叙述尤为重要。故以下首先从史料和经验出发，以刊印于《人民音乐》的该文为蓝本，按其10个自然段的划分，对该文作如下补充说明：

1. 第一自然段"友梅……评点一等"

（1）"二战"后至两德合并前归属东德。当时的"索逊王"是 Friedrich August Ⅲ（弗里德里希·奥古斯特三世），其1904—1918年在位。

（2）Leipzig 旧译"莱不齐"，今译莱比锡，在当时和现在都是萨克森仅次于 Dresden（德累斯顿）的第二大城市。

（3）"王立大学"非大学的正式名称，当时和今天大学的正式名称都是 Universität Leipzig（莱比锡大学）[①]，并无"王立"字样。"王立音乐学校"（今译王立音乐学院）原文的正确拼法是 Königliches Konservatorium der Musik。

（4）"二等甲"显然是前文所述评分系统中的Ⅱa 之汉译，然若按本次新发现的萧友梅亲笔简历，则是"Ⅱb"（二等乙）。二者必有一误，只有待见到成绩单原件方可定论。

2. 第二自然段"毕业……另纸开列"

（1）"凡应考者须报主科一、副科二"这种主副科搭配的学习和考试模式，现今在博士阶段已经不复应用，而成为今天文化和社会科学各科取得硕士学位的典型方式。

（2）"乐学"德语的正确拼写是 Musikwissenschaft。

（3）"口述试验"对应的德语是 mündliche（口）Prüfung（试）。"试验"一词实际上是表达"考试"之意的日语汉字，此处可见日文对萧友梅有一定影响。

3. 第三自然段"友梅……admodum landabils"

（1）外文处存在很多错误，不难看出，大致是由于不谙外语之人在排版时对德语手写体误读所致。论文标题的正确写法为 Eine geschichtliche Untersuchung über das chinesische Orchester bis zum 17. Jahrhundert，很多以往的研究文献，在

---

① 1953—1991年间曾改校名为 Karl-Marx-Universität（卡尔·马克思大学）。

涉及原文标题时都有拼写或在大、小写方面的错误。而迄今为止，关于萧友梅的研究文献在引用该论文标题时，通常使用廖辅叔教授的译法，即“17 世纪以前中国管弦乐队的历史的研究”[①]。但细加推敲，这个译题有欠准确。理由之一，若严格按照德语标题翻译，该论文题目应为“至 17 世纪的中国管弦乐队之历史研究”。其中之关键在于：按照德语“bis zum 17. Jahrhundert”的意思，17 世纪（1600—1699）应当包含在所研究的内容之内；如果译成“17 世纪以前”，则显然把研究内容的上限划在了 1599 年，比起德语的含义少了 100 年。理由之二，萧友梅自己命名的“中国乐队史至清初止”则符合德语标题的含义。清建国于 1616 年，初称后金，1636 年改国号为清，1644 年入关。故“至清初止”和“至 17 世纪”在时间上是吻合的。理由之三，查阅廖辅叔教授所译萧友梅论文文本，可以看出论文从内容上确实涉及了 17 世纪或清初的乐队和乐器史。

（2）博士论文由两个教授评阅，一直到今天都是这样执行。正、副阅的德语正确拼写分别为 Referent 和 Coreferent；李教授与佘教授名字的正确拼写分别为 Riemann 和 Schering。“佘教授有兵役未能如期返校”在当时完全正常：1916 年是第一次世界大战打得正为激烈的时候，而莱比锡大学师生的参战热情在整个德国的大学中是最为高涨的。当然其损失也惨重：共有 1 370 名学生和 26 名教职人员战死。[②]

（3）论文“六月二十七日提出……至七月十七日阅毕”，在今天是一个不可想象的速度，现在各大学的标准一般是 60 天内阅毕。速度之快和当时莱比锡大学博士毕业生的数量庞大有直接关系。以哲学系为例，从萧友梅入学前的 1912 年到他正式获得毕业证书的 1919 年共 8 年时间里，每年约有 20 名教授的师资，共有 955 名博士毕业，即平均每年有近 120 人通过论文评阅和答辩。其中 1916 年 59 人、1919 年 105 人，萧友梅被算入哪一年不得而知。[③]

（4）“admodum landabils”的正确拼写为 admodum laudabilis，相当于Ⅱ分。但此处的记述与史实不符，因为据本次新发现的原始评阅记录和毕业文凭，里曼教授所给分数非常明确是“Ⅲ”分，对应的拉丁语和德语分别为 laudabilis 和 gut（见表 1）。

4. 第四自然段“论文……故也”

（1）“史怕冷格”的原文是“Spranger”，今译施普朗格。“事雷”则应是繁

① 陈聆群、洛秦：《萧友梅全集 · 第 1 卷》，上海音乐学院出版社 2004 年版，第 42—142 页。

② Gätke-Heckmann：Die Universität Leipzig im Ersten Weltkrieg，in v. Hehl（Hrsg.）：Sachsens Landesuniversi-tät in Monarchie，Republik und Diktatur，Leipzig 2005，S. 168.

③ Blecher，Jens：Vom Promotionsprivileg zum Promotionsrecht. Das Leipziger Promotionsrecht zwischen 1409 und 1945 als konstitutives und prägendes Element der akademischen Selbstverwaltung. §4. 2，Dissertation an der Martin-Luther-Universität Halle-Wittenberg，2006，§ Tabelle 6a.

体“韦雷”的误写，即 Weule 教授。

（2）口试评语“Magna Cum lande”的正确拼写为 Magna Cum Laude，即“Ⅱ”分，与口试原始记录及毕业文凭相符。

（3）论文评语“Admodum landabilis”拼写仍有错误，正确拼写见上文。

（4）因“翌日全国报章，即遍载此事”，所以笔者就近查阅了两份报纸从1916 年 7 月 27 日至 8 月 31 日的全部版面：一份是在莱比锡发行的 *Leipziger Illustrierte Zeitung*（《莱比锡画报》），另一份是在斯图加特发行的 *Stuttgarter Zeitung*（《斯图加特日报》），均未发现有关报道。此外，在莱比锡、德累斯顿等地的其他报纸上刊载的可能性也比较大，待日后查询，若有所发现将再撰文报道。

5. 第五自然段“考试……情形也”

（1）“斯天些士音乐学校”德语的正确拼写为 Stern'sches Konservatorium der Musik。

（2）论文的批阅在时间上虽有数天差距，但考虑到副校长向孔拉底询问、复函以及战争期间函件从莱比锡到柏林的路途等因素，这数天差距均在情理之中。

（3）“将论文印本二百部呈缴大学，方得正式领凭。”其中“凭”是指博士文凭。这个规定至今仍在一丝不苟地执行，只是在出版形式和印行数量上有所不同；且同样明文规定，只有得到正式文凭后方可使用博士头衔。

（4）从本段记述来看，似乎萧友梅当时只有这唯一的一本论文原稿，故此再三催促大学返还以便付印；考虑到当时的技术状况，也完全合理。至于这本论文原稿何时返还的、何时付印的、有没有付印等问题，在未发现进一步的史料之前都难以下结论。之所以怀疑没有付印，是因为本次发现的毕业文凭类史料中对“论文印本二百部”的下落并无任何记载，且在大学里的可能收藏之处也没能找到论文原文。难道当时因为什么原因真的就没有付印，而唯一的一本原文被带回国，即 1989 年廖辅叔教授翻译的那一本？

6. 第六、七、八自然段“至于……搜集材料”

（1）“哀悼引”的德语正确拼写是 Trauermusik，现在一般译为丧礼音乐。

（2）“理想小曲”的原文“Muentior”放在欧洲的几种主要语言里都不对，疑为意大利语 Minuetto 或德语 Menuett 之误。

（3）二、三、四声的赋格曲，所给原文本身是简化的写法，有拼写错误。“赋格曲”的正确拼写为 Fuga，“声”的正确拼写是 Voice。

（4）“平和大乐”的德语正确拼写为 Friedenssymphonie。

（5）“对位法”的德语正确拼写为 Kontrapunkt。

7. 第九自然段“此六种……核办”

（1）大学讲师之职的德语正确拼写为 Habilitatus。

（2）“通俗大学”（或名国民高等学校），即 Volkshochschule，这种学校形式至今仍有，类似于国内的成人业余大学。

（3）“科学戏”，即 Wissenschaftstheater，是科学和戏剧的结合，目的是用艺术的形式表现科学内容。这种戏剧形式至今尚存，尤其在各类学校中。

8. 第十自然段“在莱府……数次”

（1）“Mensuial”的正确拼写为 Mensural，是 Mensuralnotation（即有量音符记谱法）的前半部分，意为“量”。

（2）莫扎特的歌剧“Figars”的正确拼写为 Figaros，即 Figaros Hochzeit（《费加罗的婚礼》）的简称。

（二）课程清单和成绩与操行证书

关于在莱比锡大学所修课程，萧友梅在《成绩报告及理由书》中列出了一份有 40 项内容的清单。其实这份清单在萧友梅历史和研究资料中并非第一次出现：据说在萧友梅的遗物中就有一张用德文打印的课程清单。在本文写作的过程中，有幸得到国内转来的两张电子图片①，原件均属萧友梅遗物：一张就是上述用德文打印的课程清单；另一张虽然标记的汉语名称是“1913—15 德国莱比锡音乐学院证书”，但观其内容则是莱比锡大学颁发的成绩与操行证书，且和上述课程清单应有直接关联。迄今并未见有此证书的汉译，故现将该证书完整翻译如下：

莱比锡大学

校长及校评议会

通过此学习和操行证书证明

出生于中国广东的萧友梅先生作为哲学系学生，自 1913 年 4 月 17 日至 1915 年 4 月 15 日、继而自 1915 年 5 月 15 日以来在本大学注册，其间未发现其有不良品行。

此外，该生在本大学修习了如附件所列之课程。该生已表示，愿意在本大学继续注册。

以下大学印鉴及经手人签字

1916 年 6 月 5 日，于莱比锡

印鉴　　　　校长签字　　　　大学法官签字

① 中央音乐学院萧友梅音乐教育促进会提供，原件存上海音乐学院。

（1）证书中将萧友梅的学习时间分为两段，是因为他中间改过一次主修专业。关于此点，新发现史料中的注册记录提供了详细佐证。

（2）证书中提到他修习了“如附件所列之课程”，而上述课程清单很可能就是这份附件。这份课程清单上并未写有萧友梅的名字，也就是说，如果这份清单是单独存在的，并不能证明就是萧友梅上过的课程。而如果该清单是此证书的一部分，就足以说明问题了。

（3）尽管证书中说萧友梅“愿意在本大学继续注册”，但据新发现的缴费和注册记录，他 1916 年夏季学期后并没有继续注册，而是于 1916 年 8 月 1 日正式离校。

（4）在本次发现的注册登记表上，除了有两个不同的注册号之外，在两张表上都有一个相同的档案号 285；在本成绩与操行证书的左下角，此号码则再次出现。

若将《成绩报告及理由书》中“所修之讲义”与萧友梅遗物中的课程清单相比较，可以看出两者并不完全相同。究其原因，有以下三点：①翻译上的差别。对应同样的德语，当时通行的（或萧友梅自己特有的）汉译与今天通行的汉译有所不同。例如 Übung，萧友梅译成“实习”，而今天通译为“练习”；Seminar，萧友梅写成“研究科”，而今天通译为“讨论课”。②《成绩报告及理由书》中一些课程名称是基于对课程内容的理解，而非基于对课程正式名称的翻译。例如，课程清单中的“Ludwig van Beethoven”若直译就是“路德维希·凡·贝多芬”，看不出关于生平还是作品；而在《成绩报告及理由书》中将名称定为“乐经家 Beethoven 传”，由此可以推断当时上课内容是侧重生平而非作品。③出于某种原因，例如可能由于所修课程和音乐没有太大关联或者没有完整地听课，在《成绩报告及理由书》和遗物课程清单里并没有开列所有曾经听过的课程。在本次发现的简历中，萧友梅列出了 14 位授课教师的名字，其中的冯·厄廷恩（V. Oettingen）并不在遗物课程清单教师之列。查莱比锡大学校史，当时只有一个教师叫 V. Oettingen，是物理学教授，在莱比锡大学执教温度和热变化专业。但此人同时也是德国社会物理学派的先驱，1874 年出版了一本社会物理学著作《道德统计》[①]。而萧友梅所修课程中，就有一门“道德统计与教化统计”[②]。所以可以推断，萧友梅很可能是通过这一门课知道了 V. Oettingen 就在本大学后，去听过他的物理课或专题讲座，但由于不属于其博士课程范围，故在课程清单里没有体现。

---

① V. Oettingen，Arthur：Die Moralstatistik，Erlangen，1874.

② 汪朴：《唤醒沉睡史料，还原先辈全貌》，载《人民音乐》2006 年第 1 期，第 41 页。

萧友梅遗物中的课程清单用德语写成，按学期顺序排列。《成绩报告及理由书》中所列课程虽为汉语，却不完全是德语课程的严格翻译，排列并不完全按学期顺序。因此有必要将这两份东西对照起来看并给出一个严格而确切的翻译。

在此之前，有必要先解释一下几个相关问题。首先，萧友梅遗物中发现的这个表格形式的课程清单共分三栏。第一栏是“Semester”（学期），学期下面又分“S. S. 1913”或“W. S. 1913/14”等，这里的 S. S. 是 Sommersemester（夏季学期）的缩写，W. S. 是 Wintersemester（冬季学期）的缩写（参见“注册登记表”部分）。第二栏是“Benennung der Vorlesungen”（课程名称），表中所涉及的课程有三种，即 Vorlesung（讲座课，只有教授身份才可以上的课，一般不允许学生在课堂上提问或讨论，该词的本意就是“在前面读”）、Seminar（讨论课，学生参与提问、讨论或自行演讲的课，授课教师不一定是教授身份）和 Übung（练习课）。但 Vorlesung 这个词通常也泛指所有大学课程，即可以涵盖上述三种课程类型。故此，该栏用了 Vorlesung 这个词泛指所有课程。[①] 第三栏是“Dozent”（教师），原则上 Dozent 是指大学教师，很可能是教授，但也可以不是；可能有博士头衔，但也可以没有。所以该栏下面的表格里，在每个教师名字前都写上了“Prof. Dr.”（教授博士）；在本次发现的简历中，萧友梅说“授课之先生均为博士”，也是意在强调他们都拥有博士头衔。其次，课程的翻译中同样会遇到类似“17 世纪以前”还是“至 17 世纪”的问题。例如“Die deutsche Musikästhetik seit Kant”，德语意思是“自康德以来的德国音乐美学”，从内容上讲包括康德在内；若将其翻译成“自康德之后音乐美学”[②]，或“康德以后之德国音乐美学”[③]，从内容上讲就不包括康德。

在下面的课程对照表中，“课程名称”一栏是严格按照德语本意并按萧友梅遗物中课程清单的顺序翻译的；“修了之讲义”是萧友梅在《成绩报告及理由书》中所开列的最为对应的课程。两门课程是否“对应”，即是否应为同一门课程，主要从德语的原文分析萧友梅当年有可能的翻译或表述，在必要之处都另外予以解释。“教师”一栏是课程清单中教师姓氏[④]的原文及汉译，如果该教师的名字在新发现的简历中也出现过，则在“简历名单”一栏中打“√”表示。

---

① 因此，将 Benennung der Vorlesungen 译为“必修公共课”（王勇：《萧友梅在莱比锡的留学生涯》，载《音乐艺术》2004 年第 1 期）不妥，德语原文既无“必修”也无“公共”之含义。这里可直译为“课程名称”。

② 王勇：《萧友梅在莱比锡的留学生涯》，载《音乐艺术》2004 年第 1 期，第 71—72 页。

③ 汪朴：《唤醒沉睡史料，还原先辈全貌》，载《人民音乐》2006 年第 1 期，第 41 页。

④ 按德语习惯，正式称呼教师的时候通常只称其姓，且要在姓前加学术头衔。在这份德语的课程清单里，所列姓前均写有“教授、博士”字样。

表 2　萧友梅在莱比锡大学所修课程对照表

<table>
<tr><th>学期</th><th>课程名称</th><th>修了之讲义</th><th>教师
（教授/博士）</th><th>简历
名单</th></tr>
<tr><td rowspan="6">1913 年
夏季学期</td><td>民族心理学</td><td>七、民族心理学</td><td>Wundt
冯特</td><td>√</td></tr>
<tr><td>教育史导论</td><td>十一、教育史导论</td><td>Jungmann
荣曼</td><td></td></tr>
<tr><td>当代宗教问题</td><td>十、现今之宗教问题</td><td>Lipsius
利普休斯</td><td></td></tr>
<tr><td>伦理学之基本问题</td><td>二、伦理学之根本问题</td><td>Metzger
梅茨格</td><td>√</td></tr>
<tr><td>实验教育学导论</td><td>十四、实验教育学初阶</td><td>Brahn
布拉恩</td><td>√</td></tr>
<tr><td>自康德以来的德国音乐美学</td><td>二十三、康德以后之德国音乐美学</td><td>Schering
余龄</td><td>√</td></tr>
<tr><td rowspan="3">1913—1914 年
冬季学期</td><td>心理学</td><td>六、普通心理学</td><td>Brahn
布拉恩</td><td>√</td></tr>
<tr><td>儿童心理学</td><td>八、儿童心理学</td><td>Brahn
布拉恩</td><td>√</td></tr>
<tr><td>道德与教育统计</td><td>三、道德统计与教化统计</td><td>Schmid
施密特</td><td>√</td></tr>
<tr><td rowspan="6">1914 年
夏季学期</td><td>从卢梭到当代的教育学理论及教育学（教育学第Ⅱ部分）</td><td>十三、卢梭以后之教育制度学理论</td><td>Spranger
施普朗格</td><td>√</td></tr>
<tr><td>哲学—教育学讨论课</td><td>实验教育研究科</td><td>Bergmann
贝尔格曼</td><td>√</td></tr>
<tr><td>歌曲创作中的节奏与韵律</td><td>二十四、歌曲之节奏法与分韵法</td><td>Riemann
里曼</td><td>√</td></tr>
<tr><td>音乐学讨论课</td><td>乐学研究科</td><td>Riemann
里曼</td><td>√</td></tr>
<tr><td>音乐风格学基础</td><td>二十六、乐曲题材原论</td><td rowspan="2">Schering
余龄</td><td rowspan="2"></td></tr>
<tr><td colspan="2">解释：粗看上去像是两种不同的课程，但若分析一下德语课程名称 Grundlagen der musikalischen Stillehre 就会发现实则是同一门课。因为德语中 Grundlagen 既可译成“基础”，也可译成“原论”；Stillehre 既可译成“风格学”，也含有“风格、题材、类型”的意思</td></tr>
</table>

（续上表）

学期	课程名称	修了之讲义	教师（教授/博士）	简历名单
1914 年夏季学期	音乐学练习	二十八、对位法实习	Schering 余龄	√
	解释：认定这两门课程可能是同一门课，仅仅是出于德语的 Übung（练习）当时被萧友梅译为“实习”，而“对位法实习”是和音乐学相关的唯一的单纯练习课			
1914—1915 年冬季学期	宗教改革以来的课堂教学史	十六、宗教改革以后之学者教育史	Schering 余龄	√
	学校卫生与校园疾病	二十、学校病与学校卫生	Lange 朗格	
	学校组织问题的练习	十七、学校编制问题	Brahn 布拉恩	√
	逻辑学原理	四、伦理学之根本事实	Mentz 门茨	
	解释：本课程的德语是 Die Grundtatsachen der Logik，直译为逻辑学之根本事实。而《成绩报告及理由书》中关于伦理学的课程有两项，一是“伦理原理”，二是“伦理学之根本事实”。首先，如果仅看名称，它们都属于伦理学的入门基础课，为什么要上两种不同课？其次，考虑到“伦理原理”已有其对应的课程，而“逻辑学之根本事实”与“伦理学的根本事实”两个名称中只有“伦理”和“逻辑”不同。故此，可以推断萧友梅在《成绩报告及理由书》中所写“伦理学之根本事实”应是“逻辑学之根本事实”的误笔			
1915 年夏季学期	音乐学讨论课	乐学研究科	Riemann 里曼	√
	从莫扎特到瓦格纳之德国歌剧史	二十九、德国歌剧史自 Mozart 至 Wagner	Prüfer 普鲁弗	√
	路德维希·凡·贝多芬	三十二、乐经家 Beethoven 传	Prüfer 普鲁弗	√
	伦理学导论	一、伦理原理	Dittrich 迪特里希	√
	解释：本课程的德语是 Einführung in die Ethik，在当时译成“伦理原理”的可能性较大；而不太可能是“伦理学之根本事实”			
	儿童心理学练习	九、儿童心理学实验	Brahn 布拉恩	√

（续上表）

学期	课程名称	修了之讲义	教师（教授/博士）	简历名单
1915—1916 年冬季学期	音乐史导论	三十、音乐史概论	Riemann 里曼	√
	音乐学讨论课	乐学研究科	Riemann 里曼	√
	有量音符记谱法及其翻译之序论	三十三、Mensuial 乐谱翻译	Schering 余龄	√
	塞巴斯蒂安·巴赫——生平和作品	三十一、乐经家 Bach 传与著作	Prüfer 普鲁弗	√
	18—19 世纪艺术观和世界观影响下的理夏德·瓦格纳	三十四、在 18、19 世纪美术与世界观光线之下之戏曲大家 Wagner	Prüfer 普鲁弗	√
	1871 到 1914 年德国的内部发展	三十九、1871 年至 1914 年之德国内部发展	Goetz 歌茨	√
	普通美学	五、普通美学	Volkelt 弗尔凯特	√
	与精神文化相关联的德国学校法颁布及法规历史	十九、学校法制史学校组织史与精神上文明之关系	Spranger 施普朗格	√
	当代德国教育	现今之德国教育	Spranger 施普朗格	√
	哲学—教育学讨论课	实验教育研究科	Spranger 施普朗格	√
	人类文化学讨论课	人类学研究科	Weule 韦乌勒	√
	解释：本课程的德语是 Ethnographisches Seminar，其中 ethnographisches 这个词，因词源是英语的 ethnology，所以易被译成“人种学的”或“人种志学的”。其实该词在德语和萧友梅口试答辩的科目之 Völkerkunde 意思相同，都是“人类文化学”之意①			

① 德语原文为“Völkerkunde”，今通译为“人类文化学”，研究对象是不同民族的文化。萧友梅在《成绩报告及理由书》中称之为“人类学”。另外在德语中还有“Ethnologie”一词，是源于英语“ethnology”的外来词，也是人类文化学的意思。而英语中“ethnology”的主要意思则是“人种学”，研究对象是人种的划分、体质特征及分布等。

（续上表）

<table>
<tr><th>学期</th><th>课程名称</th><th>修了之讲义</th><th>教　师
（教授/博士）</th><th>简历
名单</th></tr>
<tr><td rowspan="8">1916 年
夏季学期</td><td>音乐美学导论</td><td>二十二、音乐美学概论</td><td>Riemann
里曼</td><td>√</td></tr>
<tr><td>音乐学讨论课</td><td>乐学研究科</td><td>Riemann
里曼</td><td>√</td></tr>
<tr><td>比较人类文化学：经济、社会、礼仪、风俗</td><td>四十、比较人类学（经济社会风俗习惯）</td><td rowspan="2">Weule
韦乌勒</td><td rowspan="2">√</td></tr>
<tr><td colspan="2">解释：在口试答辩中，韦乌勒曾问及“中国及东南亚的佛教、经济发展”等，应该和他开的这门课有关</td></tr>
<tr><td>人类文化学讨论课</td><td>人类学研究科</td><td>Weule
韦乌勒</td><td>√</td></tr>
<tr><td>17—18 世纪德国音乐史</td><td>二十一、17—18 世纪德国音乐史</td><td>Schering
舍龄</td><td>√</td></tr>
<tr><td>16 世纪大师作品之改编练习</td><td>三十五、16 世纪著名乐曲之解释</td><td rowspan="2">Schering
舍龄</td><td rowspan="2">√</td></tr>
<tr><td colspan="2">解释：德语的“Übungen in Übertragen und Einrichten”（改编练习）并无“解释”之意。把这两门课程视为同一门，是因为“16 世纪”和“大师作品”能够吻合</td></tr>
</table>

综上所述，在萧友梅遗物中发现的这份课程清单里的所有课程，在《成绩报告及理由书》中所开列的“修了之讲义”里都找到了相对应的条目，并有合理的解释。但是，在“修了之讲义”里还有七项是课程清单里没有的：十二、卢梭之教育学；二十五、泰西①古乐谱学；二十七、和声学及实习；三十六、对位法史；三十七、乐经家 Mozart 传及其歌剧 Figars 法阶式之解释；三十八、乐器学。究其原因，一种可能是萧友梅在《成绩报告及理由书》中将一门课程在内容上细化和具体化后分解为两门或更多的课程，例如“卢梭之教育学”有可能是“卢梭以后之教育制度学理论”的一个分支；“泰西古乐谱学”有可能从属“Mensuial 乐谱翻译”一科。另一种可能性是这多出来的七项并非正式课程，而是学术讲座，故此在正式的课程清单中没有体现。

① 如同欧洲人称中国及其周边地区为“远东”，至 20 世纪初中国称欧洲为“泰西”，意即远西。

（三）对其他方面的补充或修正

《萧友梅传》在诸多研究文献中因其客观、翔实及科学的描述而成为关于萧友梅生平的权威之作，故现以该书为蓝本，将本次新发现的史实一一补充、对比或修正如下。值得说明的是，笔者在将这部分材料进行比照并查阅相关史料时，又出现了更为复杂的问题：本次新现史料和同为萧友梅亲笔的一些旧有史料在关于某些具体日期（例如赴日时间、由日本归国时间等）的记载上有相互矛盾之处。这无疑给音乐史学界留下了新的课题，而本文仅就新现史料加以叙述。

（1）据《萧友梅传》所载，萧友梅的出生地香山似乎从未被其本人证实过，而只是通过旁证推断。本次发现的应为萧友梅手书简历和亲笔所填若干表格，都证明了他于 1884 年 1 月 7 日出生于 Hsiang-shan，Prov. Kanton（广东省香山）。而萧友梅本人对此也很重视，例如在莱比锡大学 1916 年 6 月 27 日签发的同意他正式进入论文评阅和考试的确认文件中，出生地一项原先只打印了“（中国）广东”，萧友梅自己的笔迹添上了“省”和“香山”。

（2）新发现的手书简历再次证明了萧友梅巧妙地使用“Chopin”一词对应他的字“雪朋”。萧友梅在这份德语简历中写到自己和父亲的名字时，同时写出了相应的汉字。

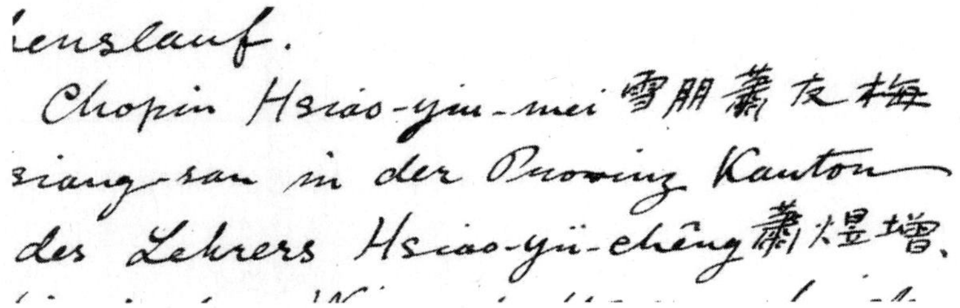

图 9　手书简历中的名字

（3）廖辅叔教授认为：“知识分子是主张易子而教的，所以萧友梅进了陈子褒的灌根草堂。”而萧友梅在手书简历中自言：“友梅之汉学知识则启蒙于父之家馆。”

（4）《萧友梅传》中记载：1898 年时敏学堂在广州创设，是一所走在时代前头的“洋学堂”，因为当时北京的京师大学堂的课目设置依然没有摆脱旧日书院的格局，而时敏学堂开设的课目有国文、历史……却没有做官必须学习的“八股制艺”[①]。在手书简历中，萧友梅并没有写明他所上学校的名字，只笼统地说是

① 廖辅叔：《萧友梅传》，浙江美术学院出版社 1993 年版，第 6 页。

das chinesische Gymnasium in Kanton（广州之中式中学）。此处“中学”的德语原文 Gymnasium 用的是加定冠词的单数，因此可以知道这是他在广州唯一上过的中学，应为时敏学堂无疑。由此可以看出：其一，时敏学堂应该是一所中学；其二，在萧友梅眼中，这不是一所“洋学堂”，他用了“chinesische”（中式的、中国的、中文的）来修饰“中学”这个词，强调这是一所中式的学校。

（5）《萧友梅传》中说：1898 年春时敏学堂在广州创设，1899 年萧友梅报名入学，1901 年作为时敏学堂第一届毕业生之一赴日本留学。但以上时间均未注明史料依据。本次新发现的史料对上述时间则有不同记载。萧友梅在手书简历中说：“（14 至 19 周岁）学于广州之中式中学并自此毕业。”1898 年 1 月 7 日，萧友梅满 14 周岁，同年春时敏学堂创设。所以，按照新发现的史料推算，他应该是 1898 年入学时敏学堂；1903 年 1 月 7 日，萧友梅满 19 周岁，他应该是在这一年 1 月 7 日之后的某个时间从时敏学堂毕业。按照中国学校体制，1903 年夏天的可能性较大；而其并没有在 1901 年就毕业并赴日本。

（6）手书简历中并没有具体提到赴日本留学的时间，但明确写明“于东京高等专科及大学学习六年……于 1910 年夏回中国”。根据“学习六年”和“1910 年夏”这两个明确的时间，不难推算出他是 1904 年夏季左右的时候赴日本留学的，也就是自时敏学堂毕业一年之后。

（7）《萧友梅传》说：“1909 年他在帝国大学毕业。返国之后，曾应清政府的留学生毕业考试。”从中并看不出萧友梅究竟是哪一年离开日本返国的。关于这个日期，手书简历说得很清楚，是“1910 年夏回中国并参加第一次国家考试”，并于“次年又过得以在京师供职之第二次国家考试”。《萧友梅传》中只是讲到了这种考试是“援照乡会、试覆试例”，而没有说具体参加了几次。现在通过手书简历可以证明：萧友梅在 1910 年和 1911 年分别参加了两次国家组织的考试。

（8）《萧友梅传》中记载：“留学生考试结束后，他被安置在北京学部（教育部）当视学……一年之后，就爆发了……武昌起义。”这里所指的“留学生考试”应该是 1910 年的“第一次国家考试”（因为武昌起义是 1911 年 10 月）。而任职学部则是在 1911 年通过了第二次考试之后：“既过二次考试，遂于学部任视学。”

（9）关于萧友梅博士论文恰当的汉语翻译，应当是《至 17 世纪的中国管弦乐队之历史研究》，理由前文已详细说明。

（10）关于萧友梅获得博士学位的日期，根据本次发现的他的毕业文凭，比以往研究资料认为的 1916 年 7 月推后了三年多，确切日期是 1919 年 10 月 22 日。考虑到必须将论文印行才能拿到文凭的规定和当时的技术水平，如果他在口试后的一年内，即1917年7月27日前拿到文凭，都属于正常；正如《成绩报告及理由书》中所说："毕业生于口述试验及格后一年内，须将论文印本二百部呈缴大学，方得正式领凭。"延迟到1919年10月才拿到文凭，本身就超出了上述期限，尽管如此萧友梅还是拿到了文凭；虽然拿到了文凭，但至今在莱比锡大学却未找到他的论文。这期间究竟发生了什么？笔者对此问题查证和思考了很长时间，仍得不出确切结论，但综合起来以下三种可能性较大。其一，战争原因。"一战"快结束的时候，1917年3月北京外交部宣布对德绝交，同年8月对德、奥宣战，而莱比锡大学此前就已收到德国政府的明文通知：终止敌对国学生的学业、考试或剥夺其文凭。[①] 哲学系共有8位博士生因此被剥夺学业或文凭，萧友梅的名字虽然不在其中，但其毕业程序很可能自1917年3月后因作为"敌对国"学生而在某种程度上受到影响而拖延了下来。其二，论文印行原因。可能是因为战争期间资源奇缺、人力紧张而论文一直没有能够付印，拖延到1919年才和大学达成解决方案并拿到毕业文凭。其三，交通原因。萧友梅在1916年通过答辩后辗转柏林等地，由于战争造成的交通和通信不便隔绝了他与大学的联系，直到1919年他决定回国了才再次来到莱比锡大学并拿到了毕业文凭。当然，以上三点均无确切史料辅证，笔者还将继续查寻相关史料。

（原载《音乐研究》2007年第1期，收入本书时作者略有改动）

① Blecher, Jens: Vom Promotionsprivileg zum Promotionsrecht. Das Leipziger Promotionsrecht zwischen 1409 und 1945 als konstitutives und prägendes Element der akademischen Selbstverwaltung. §4.2, Dissertation an der Martin-Luther-Universität Halle-Wittenberg, 2006, §5.

作为新音乐批评家的萧友梅

明　言[①]

萧友梅先生是“五四”新文化运动时期中国新型专业音乐教育、新型专业音乐创作的奠基人及新音乐批评的开拓者之一。他的许多批评观念与批评话语都在当时及其以后产生过深刻的影响。他是在继承了学堂乐歌以来的新音乐传统的基础上，在学习西方近代科学的音乐理论体系方面迈出巨大步伐并取得较大成就者之一。他的许多批评理论及观念具有较深的学术水准和专业造诣。他既是一位中国新型专业音乐教育事业的开拓者，也是新音乐创作的奠基人之一，又是新音乐批评的创始人之一。

一、“中国音乐落后”说的有关话语陈述及其观念

受到“五四”新文化运动时期文化界主流批评观念及自身认识的影响，萧友梅先生在这个时期持“中国音乐落后”说。有关于此说，他在1920年是这样陈述的：

> 第一，是国立音乐教育机关或作或辍，不能继续维持；第二，进去教坊的学徒，多半没有受过普通教育，而且常有身家不清白的；第三，因为教坊里头的品类太杂，顽固的假性理家就利用这个机会来极力排斥音乐，最有势力，还是这个原因。[②]

在1934年的时候他是这样认为的：

> 1. 以前吾国乐师无发明制造键盘乐器与用五线记谱的能力；2. 以前吾国乐师过度墨守旧法，缺乏进取的精神，所以虽有良器与善法的输入，亦不愿意采用或模仿；3. 吾国向来没有正式的音乐教育机关，以致音乐教授法未加改良，记

---

① 明言（1962—　），男，博士，天津音乐学院教授。

② 萧友梅：《什么是音乐？外国的音乐教育机关。什么是乐学？中国音乐教育不发达的原因》，参见北京大学音乐研究会：《音乐杂志》1920年第1卷第3号。

谱法亦不能统一。①

1937年的萧友梅是这样看待古乐失传的原因的②：

（一）教授不得其法，乐师传授一曲多以听习为主，不注重看谱学习，所以人死以后，乐曲就与之同归于尽；（二）记谱之法向不一致，同时一个乐器用的同一个乐曲，所记乐谱家家不同，教学者无所适从，乐曲因此不能有一定标准；（三）学音乐的限于某种阶级（像周朝是在贵族大学，唐朝是限于官人），不能学校化、平民化。③

三次论述在具体词语上有所差异，但是定性是比较一致的。在三次批评中都涉及了国家的音乐教育机关，在1920年的时候他认为“国立音乐教育机关或作或辍，不能继续维持”；在1934年的时候他提出“吾国向来没有正式的音乐教育机关”；1937年的批评中虽然没有直接地提到音乐教育机关的问题，但是“学音乐的限于某种阶级，不能学校化、平民化”的话语就已经含有对音乐教育机关的批评了。音乐教育机关是音乐艺术得以普及与提高的基本保障，也是音乐启蒙事业的一个重要组成部分。对于这个问题，萧友梅是非常清醒的，并且一直把这个问题的解决作为自己毕生所追求的事业。现在看来，国立的专业音乐教育机关的设立与否，是国家音乐教育体系能否由传统型向现代型转变的核心，萧友梅在三个不同的时段反复地提出这个问题是有其良苦用心的。因为这个时期正是我国专业音乐教育体系的孕育、诞生期，在其孕育和诞生的初期，萧友梅饱经事业开创阶段的种种艰辛。从北京大学音乐传习所的半路夭折，到1927年国立音乐院期间的曲折经历，这一切都使得萧友梅更加坚定了自己走音乐教育现代型转化道路的决心，所以在每一个时期都要重提音乐教育问题，以便与“五四”新文化运动的文化启蒙观念相呼应。

萧友梅还分别在1934年和1937年提到了中国记谱法的弊端，尤其是1937年的论述对传统记谱法的针砭可谓准确深刻。口传心授的中国传统音乐教育模式，有它能够得其神韵的优势。但是不可避免的劣势就是“人死曲绝”，后人不再有幸学习先辈的创造，再加上记谱方式不尽一致，所以此时的音乐家们大都认为中国的古乐已经失传了。而西方的记谱法则能够相对准确地记录音乐，从这个

① 萧友梅：《最近一千年来西乐发展之显著事实与我国旧乐不振之原因》，参见音乐艺文社：《音乐杂志》1934年第3期。

② 在1937年还有一篇此类批评文论，即《对于各地国乐团体之希望》。由于与已经引述的段落的观点相同，此处不再另引。

③ 萧友梅：《十年来的中国音乐研究》，参见陈聆群、齐毓怡、戴鹏海：《萧友梅音乐文集》，上海音乐出版社1990年版，第449页。

角度来看，中国音乐是落后于西方音乐的。

在1920年和1934年的批评中都涉及了对中国音乐家的劣根性——基本素质不高和因循守旧的问题，这种结论的取得不是萧友梅在信口开河，而是源自其长期对中国传统音乐历史的研究。萧友梅经过长期对中国音乐的研究发现，中国历史与现实社会中长期存在着一种鄙视俳优艺伎的传统，这种传统虽然是不良的，但是这个阶层的骄奢淫逸、无社会责任感也是产生这种鄙视的主要原因之一。由于这个阶层的人士大多来自于社会上没有接受过教育的下层，进入上层社会的宫廷以后，又大多扮演着“一优二伎”的双重角色，所以长期以来无社会责任感、无文化使命感就成为这个阶层的基本思维定式。由于这个原因，这些乐伎在得到了一技之长之后便“密不示人”、“传子不传外”，所以因循守旧成为必然（也是在意料之中的）。而西方社会到了18世纪，艺术家就已经开始不再依附于贵族的“豢养”，开始出现独立的艺术家阶层。这种独立意味着艺术家主体意识的萌动与崛起，在这种主体意识的驱动下，音乐艺术文化日新月异也是必然的了。这就是萧友梅此种批评话语背后的话外音，在这种话外音之中的核心观念就是音乐文化的改革与发展，改革与发展的目的就是对中国人、中国社会的启蒙。他的这种结论无疑是在经过了对中西音乐长期比较研究之后得出的，所以在当时来讲是富于理论深度和思想广度的。这是“五四”新文化运动的文化批评观念融入新音乐领域里的成果。

萧友梅所总结的三项落后原因，从当时社会的音乐学术水准来看是非常精辟的。在这里，他是以西方的进化论的观念来审视中西音乐文化的。不但如此，他在进行纵向的批评的同时，还以横向的比较学的观念来进行自我批评，这些结论都是在以比较学的方法与观念进行过比较研究以后得出的。所以在他的批评话语中，观念的新颖性和逻辑的缜密性都达到了一定高度。

对中国传统音乐及音乐家的贬斥性批评的核心，是出于对音乐家由传统型的“俳优”式往现代型的学者式、知识分子式转化的要求。这种观念是隐含在他的话语深层的，不去细细品味难以觉悟出来。他在1932年说的一句话里面已经隐含了这种观念：“若单照旧法，专习一二种乐器，对于乐理，绝不过问，将来虽学成一器，亦不过一乐工耳，国乐诸君，其共勉之！”① 这正是文化启蒙的批评观念在音乐家塑造方面的影响，也是胡适派文人对中国旧学家鞭挞与改造观念在音乐界的具体落实。此类的批评还有许多，在此不妨抄录两段加以品味：

他们因为乐界品类太杂，就想阻止音乐的进步，岂不是因噎废食吗？我们若不用新法子来研究音乐，哪里可以有进步呢？我看我们国民已经受了这种似是而

① 萧友梅：《听过来维思先生讲演中国音乐之后》，载《音》1932年第23—28期。

非的诡辩家骗了一千多年，我们现在不要再上他们的当了。[①]

我们既然知道有这种原因，今后习旧乐者和教学者均应格外虚心，同时要把西乐记谱法、和声学、对位法、乐器学、曲体学加以研究，方才可以谈到整理或改造旧乐；假如仍旧死守向来的态度，丝毫不愿意改变，恐怕百年之后，旧乐仍旧依然故我，永不能有发展一日吧！[②]

二、对中国社会音乐现状的批评

这类批评又可以大致划分为：音乐会及其有关的评论、音乐研究及社会音乐现实成就、普通音乐教育、音乐出版等。

首先来看音乐会及其有关评论。这类批评主要都集中在《说音乐会》[③]、《关于国民音乐会的谈话》[④]、《听过上海市政厅大乐音乐会后的感想》[⑤] 里面。这三篇文论中，前两篇是对国民进行音乐会知识的"启蒙"性介绍，第三篇是直接对音乐会的评点。在《关于国民音乐会的谈话》中，对于我国国民音乐会建构的方式方法提出了自己的见解。他认为国民音乐会的目的就是"一方面是想引起国民向美的嗜好，一方面是想普及音乐"。从他的这种动机来看，就是蔡元培"以美育代宗教说"的注释，也是"五四"时期新文化批评观念对音乐领域的影响与渗透。对于"国民音乐会的办法"，萧友梅是站在新兴的资产阶级的文化立场上来展开自己的批评观念的，因为欧洲音乐会的兴起就是由资产阶级市民阶层的壮大而引发的。他在陈述了欧洲音乐会的盛况以后，试图在当时的中国大力普及国民音乐会，"想个个国民都可以来听"，"没有一个座位空着"。这就是"五四"新文化运动时期文化批评主流派的"启蒙、民主"观念在音乐批评领域里的直接体现。随后，萧友梅便展示出他的"世界音乐"（音乐无国界说）的观念，在他看来：

音乐是一种真正的世界语，我们听见一种没有学过的外国语，必定要请人翻译；但是奏起别国的音乐来，不用翻译亦可以明白这个乐曲的性质。所以音乐是世界的，是最能联络人类感情的。

---

① 萧友梅：《什么是音乐？外国的音乐教育机关。什么是乐学？中国音乐教育不发达的原因》，参见北京大学音乐研究会：《音乐杂志》1920年第1卷第3号。

② 萧友梅：《最近一千年来西乐发展之显著事实与我国旧乐不振之原因》，参见音乐艺文社：《音乐杂志》1934年第3期。

③ 萧友梅：《说音乐会》，参见北京大学音乐研究会：《音乐杂志》1920年第1卷第5、6期合刊。

④ 萧友梅：《关于国民音乐会的谈话》，载《晨报副镌》1923年3月23日。

⑤ 萧友梅：《听过上海市政厅大乐音乐会后的感想》，参见国乐改进社：《音乐杂志》1928年第1卷第1号。

萧友梅就是以这种音乐文化的世界主义的眼光来进行自己的新音乐建构活动的。在之后的对国民音乐会的功用的论述中，我们也可以时时感觉出他的启蒙主义观念在起着核心作用。他认为："单讲究静的美术，不讲究动的美术；单知道研究空间美术，不知道研究时间美术，那不能算完全的美术罢?"这是对蔡元培"美育说"的全面扩充，因为作为美育之一的音乐是与其他姊妹艺术有着不同特点的一门艺术，如若只是注重视觉类艺术而不注重听觉类艺术，提升社会美育整体水准也是不可能的。在音乐的社会作用上，萧友梅还是持"移风易俗"的观点：

> 现在我国国民溺于不正当嗜好者实在不少，假使每礼拜至少有一次大的国民音乐会，总可以把他们趋向不良的嗜好减去一部分。一个家庭里头，如果有几个爱音乐的，这个家庭就不至有赌博之患；一个社会里头，如果爱音乐的团体多，别样坏风俗自然就可以减少了。

从这里也可以看出，彼时乃至以前的学堂乐歌时期的音乐批评观念中，大家普遍地存有一种把音乐功能"神化"的倾向。似乎社会上普及了新音乐就可以万事大吉，这也的确是一种较为天真的幻想，即使是社会音乐普及程度较高的西方，其社会问题也并不是简单地减少了，而是更为复杂地增加了，所以以音乐作为整合社会民心的手段是可以的，但切不可以对其持过高的期望值。

其次是对社会音乐现实成就的批评。这类批评集中在《十年来的中国音乐研究》①、《十年来音乐界之成绩》② 内。前者是一篇具有官方学术综述性质的文论，此文中对学堂乐歌的批评值得注意。

> 自从民国前14年前清政府令各省广设学堂以后，音乐教育到处像下了一点种子了。教会办理的学校无不唱赞美歌，无不有风琴、钢琴；本国人所办学校，男子中学多有铜鼓、喇叭，师范学校多用有簧风琴伴奏唱歌，五线谱、简谱同时并用；表面看来，好像音乐异常普遍，但实际上内容非常空虚。唱歌教材不过抄录几首日本歌调或赞美歌调，改填中国词句罢了，风琴的教材也不过弹几首幼稚园用的粗浅进行曲，既不足以代表国民性，更谈不上什么艺术价值。这个时期（大概有二十年）可以说是我国学校音乐的下种时期。

"五四"时期的音乐家们就已经意识到学堂乐歌中的一些所谓创作歌曲，

① 萧友梅：《十年来的中国音乐研究》，参见陈聆群、齐毓怡、戴鹏海：《萧友梅音乐文集》，上海音乐出版社1990年版，第448页。

② 萧友梅：《十年来音乐界之成绩》，载《音乐月刊》1937年第1卷第2号。

“既不足以代表国民性，更谈不上什么艺术价值”。尽管如此，萧友梅还是将它视为“我国学校音乐的下种时期”，可见他在看待历史事件及历史人物时是采用了一种实事求是的态度。既发现了他们的不足，又充分地肯定了他们的历史地位及贡献。作为中国新音乐事业的开拓者，萧友梅必须认真地面对学堂乐歌以来的新音乐传统，全面地扬弃他们的不足，继承他们的成就，只有这样，新音乐的开拓工作才会承前启后、继往开来。从以上的论述中，我们不难发现萧友梅等“五四”新文化运动中的新音乐建设者的音乐观念是建立在对学堂乐歌时期音乐家音乐观念的超越的基础上的。

既然是具有官方特点的综述，萧友梅就抓住时机宣扬自己的音乐建设理念，在全文的结束部分，对政府提出了设立创作奖励制度的建议。他以欧洲的资助制度为鉴，建议“由政府聘请作曲师数人，给他们充足的生活费，令其专门作曲”。这种专业作曲家体制的设立意见也是源于西方资产阶级社会文化批评观念。

再次是对音乐出版的批评。这类批评主要集中在《我对于 x 书店乐艺出品的批评》①、《十年来的中国音乐研究》、《〈乐艺〉季刊发刊词》② 等文论中，这类批评又分乐谱出版与音乐杂志出版两类。在《我对于 x 书店乐艺出品的批评》中，他针对社会上真正的艺术作品出版难的现状，认为 x 书店全力倾注在纯正艺术的出版上的精神是可嘉的。20 世纪初期是我国现代出版的发轫期，音乐出版也不例外。音乐出版的出现，使得音乐作品可以借助于媒体广泛地在城市新兴的市民阶层中流传，这样可以更有力地促进音乐艺术的发展。所以，萧友梅非常重视音乐出版业的建立与发展，他对刚刚诞生的新型音乐出版业的期望很高，认为“值得我们嘉许”的 x 书店还应该：

> 1. 除继续介绍西方乐艺名作外，兼多介绍一些西方民歌，借以供给国内各学校的音乐教材；2. 除继续介绍抒情乐歌之外，兼多介绍一些沈雄壮健的作品，或翻译，或创作，借以振作国人那种萎靡不振的暮气。

从以上的引文中，我们可以发现他的“拿来主义”的文化批评观念，既要继续介绍西方主流艺术的名作，又要介绍西方的民间歌曲；既要出版西方抒情性的音乐作品，又要出版他们的“沈雄壮健”的作品。在这里，我们看到的是一位中国新兴资产阶级音乐家的文化情怀与音乐观念。与现代型的音乐出版一样，音乐杂志也是现代文化意义上的音乐事业，作为“五四”新文化运动中新音乐重要代表人物的萧友梅先生对其倾注精力也是必然的。他认为音乐杂志应当按照

---

① 萧友梅：《我对于 x 书店乐艺出品的批评》，载《乐艺》1930 年第 1 卷第 1 号。

② 萧友梅：《〈乐艺〉季刊发刊词》，载《乐艺》1930 年第 1 卷第 1 号。

西方式的运作方式来操持，即必须“政府或爱好音乐之资本家帮助”[①]。显然，这种观念在当时的中国社会几乎是不着边际的幻想，正是由于这个原因，音乐杂志在当时的社会虽不断出现，却总是难以持久，众多杂志都只是昙花一现。但即使是面对此种窘态，萧友梅还是极力地促使音乐杂志在健康的轨道上产生与发展，提出“平民化”[②] 的办刊宗旨，宣扬“阐述音乐原理、研究音乐技术、提倡音乐生活、普及音乐教育”[③] 的办刊观念。这一切又都是“五四”时期启蒙派文化批评观念在音乐领域里的诠释。

三、对西方音乐的批评

这类批评都是褒扬式与介绍性的。由于萧友梅的文化观念所致，他对西方音乐的评价是比较高的。所以，他在不同的场合都有对西乐的褒扬式与介绍性的批评，既有专论，又有散落在其他文论中的只言片语。对于西洋音乐的总体态度，他认为应打破地域的概念：

> 本来不能叫它做西洋音乐，因为将来中国音乐进步的时候还是和这音乐一般，因为音乐是没有什么国界的。[④]

这是超越民族、地域的音乐观念，也是“五四”新文化运动时期文化批评主流派的文化观念。由于这种观念的驱动，萧友梅在研究中国传统的音乐与民间音乐时也是以西乐为鉴，针砭其落后保守的部分，肯定其有价值的部分。他是以一种急迫的新兴资产阶级的文化使命感看待中国传统音乐与西方近代音乐，以西乐的全面引进作为自己的当然使命，以中乐的全面振兴作为自己的终极目标。

他是以西方进化的文化观念来解析“什么是音乐”这个哲学美学问题的。在他看来，最初级的音乐就是“舞乐”和“进行乐”；第二级的音乐就是“描写我们内部的感想”的音乐；第三级的音乐则是“用声音描写各种动的生活”的音乐。而“泰西的音乐”就已经达到了这种境界。[⑤] 显然，这是“五四”时期新兴资产阶级知识分子所普遍持有的进化论观念在音乐批评中的具体运用。这种逐级推演式的音乐进化模式在当时看来是比较时髦的理论，但是也会引出简单地对

---

① 萧友梅：《十年来的中国音乐研究》，参见陈聆群、齐毓怡、戴鹏海：《萧友梅音乐文集》，上海音乐出版社 1990 年版。

② “平民化”一词在萧友梅的《〈音乐〉月刊发刊词》中就被明确地提出了。

③ 萧友梅：《〈音乐〉月刊发刊词》，载《音乐月刊》1937 年第 1 卷第 1 期。

④ 萧友梅：《什么是音乐？外国的音乐教育机关。什么是乐学？中国音乐教育不发达的原因》，参见北京大学音乐研究会：《音乐杂志》1920 年第 1 卷第 3 号。

⑤ 萧友梅：《什么是音乐？外国的音乐教育机关。什么是乐学？中国音乐教育不发达的原因》，参见北京大学音乐研究会：《音乐杂志》1920 年第 1 卷第 3 号。

待不同民族音乐文化的弊端。当然，这种划分的大趋势是有其客观依据与理论基础的。对于“什么是乐学”[①] 这个问题，萧友梅是以启蒙式的观念来加以评述的，在其后的《乐学研究法》[②] 中，他对西方的乐学研究体系、类别、方法等进行了较为全面的评述。由于在德国接受过全面的音乐学教育，所以他对于当时西方社会音乐学的研究历史与现状有着较为透彻的了解，同时又提出了自己的音乐学研究见解：“但凡一种专门的研究”必须要有“历史的眼光”；“研究过去时代的音乐理论，就先要知道近代科学的法子研究音乐理论是怎么样”[③] 等。即便在现在看来，这些仍是具有学术光彩的真知灼见。从此可以发现，萧友梅对西方音乐的诸多介绍是“醉翁之意不在酒”。他的本意在于通过对西乐的介绍与引进，来促使国乐事业的发展。他在1932年说出的以下话语才是其内心真言：“余并非主张完全效法西乐，不过学得其法，藉以参考耳。”[④] 在1920年10月发表的《中西音乐的比较研究》[⑤] 中，我们可以在他细致入微的研究里，发现他振兴国乐的紧迫感、使命感和压力感。他也是20世纪中国最早运用比较学方法研究中西音乐的人之一，运用比较学的方法的本意也是在褒扬西方音乐的同时，重新审视国乐及其文化，以图实现中国音乐的世界化。其在14年以后发表的《最近一千年来西乐发展之显著事实与我国旧乐不振之原因》[⑥]，也是运用比较学的方法再度介绍西乐的历史与现状、剖析中乐衰败原因的文论。从他的这种锲而不舍地著文论说的态度中，我们可以发现一位音乐启蒙思想家的内心世界与火热情感。

四、对中国新音乐创作与研究的批评

这类批评与前类批评有着直接的因果关系。作为新音乐开拓者，萧友梅的最终目标还是建立起我国自己的新音乐创作、表演、研究体系与机制。所以其对西乐的褒扬只是手段而不是目的，对于这一点，有一些后来的音乐学者是不明白的。他们片面地以为萧友梅“贬自扬他”的批评话语是“民族虚无主义”，全面地学习西洋音乐文化的态度与做法是“全盘西化”等。他的这类批评还应具体地分为对中国新音乐形态创造[⑦]的批评和对乐器仿造的批评。

---

① 萧友梅此处的“乐学”的概念就是现在的“音乐学”的概念。

② 萧友梅：《乐学研究法》，参见北大音乐研究会：《音乐杂志》1920年第1卷第4号。

③ 萧友梅：《最近一千年来西乐发展之显著事实与我国旧乐不振之原因》，参见音乐艺文社：《音乐杂志》1934年第3期。

④ 萧友梅：《听过来维思先生讲演中国音乐之后》，《音》1932年第23—28期。

⑤ 萧友梅：《中西音乐比较研究》，参见北大音乐研究会：《音乐杂志》1920年第1卷第8号。

⑥ 萧友梅：《最近一千年来西乐发展之显著事实与我国旧乐不振之原因》，参见音乐艺文社：《音乐杂志》1934年第3期。

⑦ “形态创造”是笔者定义的一个词语，就是将音乐形态学及其音乐作品创作都涵盖进来的一种分类法。

第一类是对中国新音乐形态创造的批评。这类批评所涉及的方面比较广、问题比较多，乐理、和声、曲体是前提。对于这些，他认为“以理论为主科之同学，更须多解剖旧乐乐曲”，因为“愚意以为吾国乐曲尚未经过名家之整理，致未能有系统之发达”①。从这里我们可以发现胡适“输入学理、整理国故”的文化批评观念的影子。同时，萧友梅又着重论述了和声理论中国化的问题。经过长时期对和声问题的研究，他发现：“普通吾国人之耳朵，多不喜欢听三度音（尤其是大三度），而在西乐和声，大小调之三度音，均为不可缺者。”② 他引述来维思（Levis）的话，主张“中国曲调不宜配以西方和声，应另寻出中国特有之和声配合法”，所以他“深望吾国研究音乐者，不再蹈日本之覆辙，努力寻求本国固有之和声以整理、改造旧乐，并创作新派国乐”。

萧友梅有关音乐创作方面的批评主要集中在歌曲、歌词方面。歌曲的创作是他比较关注的一个领域，“声乐一科是万万不能专唱外国作品的，就表情方面看来，中国人当然最适宜是用国语唱本国的歌词”③。由于萧友梅具有深厚的传统文学修养，所以他对新音乐的歌词创作具有浓厚的兴趣，在许多文论中都涉及此类。有关歌词的作用，萧友梅认为“一种乐曲之发生，亦往往藉优美之歌词，以增其效率”④。歌词既然有这样的作用，就必须认真看待了。但是“过去不宜于现在，古歌无当于今曲”，“而新兴歌曲，非迳效欧风，即相率为靡靡之音，苟以迎合青年病态心理”。所以古代歌曲已经过时、现代新创歌曲又大多淫靡，而创造新型歌词就必须在对旧体歌词进行形式与内容上的扬弃之后，再按如下原则进行创作：

（1）宜多作愉快活泼沈雄豪壮之歌，以改造国民情调。（2）歌的形式，最好以《诗经》国风为标准；但句度最宜参差，不可一律，亦不宜过长，免致难于歌唱。（3）各国民歌之新形式，如上述两段式、三段式等，不妨尽量采用。（4）歌词以浅显易解为主。如万不获已，须引用故实时，请于篇末附注说明，以期唱者一望而了然于其用意之所在。（5）歌词仍应注重韵律，但不必数章悉同一韵，即每章之内，换韵宜不妨，兼可采用四声通协之法。（6）各种新名词，均不妨采用。盖即作新歌，即应为现代人而作，不必专为唱于古人听也。⑤

这与胡适著名的“八不主义”在精神上是何等相似！或者说，这就是“五

① 萧友梅：《听过来维思先生讲演中国音乐之后》，载《音》1932 年第 23—28 期。
② 萧友梅：《听过来维思先生讲演中国音乐之后》，载《音》1932 年第 23—28 期。
③ 萧友梅：《介绍赵元任先生的〈新诗歌集〉》，载《乐艺》1930 年第 1 卷第 1 号。
④ 萧友梅：《歌社成立宣言》，载《音》1931 年第 13 期。
⑤ 萧友梅：《歌社成立宣言》，载《音》1931 年第 13 期。

四”新文化运动主流派代表人物——胡适的文学革命观念在音乐界的具体阐释。他的这种音乐文学的批评观念在《国立音乐专科学校发刊诗歌旨趣》[①] 中也有所显露。

对乐器仿造的批评主要集中在《对于大同乐会仿造旧乐器的我见》[②] 一文中。萧友梅对于仅仅仿造旧乐器一举不以为然，在他看来，“整理国乐”应以现代科学的方法、谨慎的态度去从事。同时这还是一个系统工程，还应包括“考订旧曲，改良记谱法，改良旧乐器，编制旧曲，创作有国乐特性的新乐等”[③]。在这里我们又不难发现胡适“输入学理，整理国故，再造文明”的文化批评观念的影子。他认为“改良本国乐器”“不是一件很简单的事”，况且此事“不过是整理国乐的一部分工作”，进而对“改良旧乐器”的“几个先决问题”进行了明晰的论述：

第一是“研究旧乐器本身有无价值”，对于乐器的价值他是以西方乐器的特点来作为参照的，即音色要美、音域要宽、音量要能变化、要能演奏半音阶。达到这样要求的乐器才有改良的价值，因为只有这样的乐器才能承载当时新音乐家的观念与创作。这种价值观也是资产阶级文化启蒙派的价值观念。第二是这里他确定了三项选择标准，这三项标准现在看来是有些机械与呆板的：①以纯粹的国乐为标准，一切胡乐均不采用；②确立某个年限，超过的则不采用；③只要符合第一项的四条标准[④]就可以打破是否纯粹为国乐、是否具备一定年限的规定而采用。第三是“决定的手续”。第四是对“改良的进行程序”进行了实验主义式的详细阐述，他认为在做改良之前应先由数理专家进行科学的研究与论证，如果没有这项程序，就不要盲目地去做。“否则造成的乐器，必无历史上的真价值。”他的这些批评历史地看来是有许多精辟之处，20 世纪以来我国先后出现了三次较大规模的改良中国乐器的活动[⑤]，这些活动一次比一次高涨，取得了巨大的成就的同时也引发出一些难以解决的问题，这些问题都与萧友梅当年批评中所涉及的内容有关。因此，我们不得不佩服萧友梅先生的超越历史的深邃眼光。

---

① 萧友梅：《国立音乐专科学校发刊诗歌旨趣》，参见黎青主：《诗琴响了》（诗集），上海商务印书馆 1931 年版。

② 萧友梅：《对于大同乐会仿造旧乐器的我见》，载《乐艺》1931 年第 1 卷第 4 号。

③ 萧友梅：《国立音乐专科学校发刊诗歌旨趣》，参见黎青主：《诗琴响了》（诗集），上海商务印书馆 1931 年版。

④ 第一项的四条标准是：“（1）音质要好；（2）音域要大；（3）音量要有伸缩力；（4）要能奏半音阶”（参见《对于大同乐会仿造旧乐器的我见》）。

⑤ 这三次改良乐器的活动是：“五四”新文化运动时期的改良活动和新中国成立初期的改良活动、新时期的改良活动。

五、对新音乐道路的批评

萧友梅的新音乐道路的核心观念是“复兴国乐”，何谓“国乐”？他是这样定义的：

> 能表现现代中国人应有之时代精神、思想与情感者，便是中国国乐。国乐之要点在于此种精神与情感。至于如何表现，应顺应时代与潮流，及音乐家个性之需要，不必限定用何种形式、何种乐器。音乐家应有使用工具之自由，……在科学进步之今日，工具总多少带有国际性质，不必抱守残缺，故步自封。……工具只求其利，盖愈利则愈易于表现音乐之内容也。①

与当时一些人不同，他对“国乐”与“旧乐”是严格加以区分的。何谓“旧乐”？他是这样类分的：“（甲）是雅乐，即吾国古代宗庙之乐；（乙）是俗乐（包括昆曲、皮黄，等等）。”② 旧乐中的雅乐已经消亡，“俗乐上有一种力量迷醉一般普通民众”。故旧乐是不能复兴的：

> 与其说复兴中国旧乐，不如说改造中国音乐较为有趣。因为复兴旧乐不过是照旧法再来一下，说到改造，就要采取其精英，剔去其渣滓，并且用新形式表出之，所以一切技术与工具须采用西方的，但必须保留其精神，方不失去民族性。③

虽然如此，也不是放弃中国“落后的音乐”，“选择一种进步的音乐来学，不管它是‘中’或‘西’，也不必保有中西的观念”。因为“抱定这种见解去学技术是可以的，但如有意改造旧乐或创作一个国民乐派时，就不能把旧乐完全放弃”。

对于社会上的“民众音乐”④ 的建设，他有四项建议：①“搜集旧民歌，去其鄙俚词句”，“配以适当的和声”；②“搜集民曲”⑤，“配以和声”；③“选择好的旧剧加以整理”；④“由政府及音乐学校双方征求新作民歌并配以曲谱”。这是一个系列化地对社会音乐进行改造的计划，作为一个新型的资产阶级音乐学者、知识分子，对这个计划的规划与实施有其理想化的成分，但是在萧友梅看来，只要以积极入世的态度去从事就会有效果。因为他认为自己“生性是趋于实

---

① 萧友梅：《复兴国乐我见》，载《林钟》1939 年 6 月（仅一期）。

② 萧友梅：《关于我国新音乐运动》，载《音乐月刊》1938 年第 1 卷第 4 号。

③ 萧友梅：《关于我国新音乐运动》，载《音乐月刊》1938 年第 1 卷第 4 号。

④ 萧友梅在此所说的“民众音乐”即现在所称的“大众音乐”。

⑤ 萧友梅在此所指的是有声无词的民间小调。

做一方面的"[1]，这正与胡适"多谈问题，少谈主义"的处世观念相一致。这种处世观念也是胡适派文人群体的整体信念，这种信念作为自由主义知识分子的文化观念，在20世纪初期的中国曾经独树一帜。

对于中国的"国民乐派"的建立，他认为"这个问题重大，我以为我国作曲家不愿意投降于西乐时，必须创造出一种新作风"。这种"新作风"是"足以代表中华民族的特色而与其他各民族音乐有分别的"，可见他对这个问题所抱的期望值是很高的。同时，他又有着比较明智的态度："是否在这个世纪内可以把这个乐派建造完成，全看新进作曲家的意向与努力如何，方能决定。"[2] 这种审慎的乐观态度，是基于他对于当时社会音乐文化的现实观察而采取的。

从以上对萧友梅先生批评文本及其话语的叙述与剖析中，我们不难发现一个"五四"新文化运动时期中国新音乐运动开拓者的音乐文化批评观念。他是一个持自由主义文化观念的新型的资产阶级知识分子，在这个观念的驱动下，他一方面积极地从事现实的音乐教育体系的建立与发展工作；一方面积极地对社会音乐生活进行文化启蒙工作；一方面还积极地从事新音乐作品的创作工作，试图以自己的积极入世的音乐活动来改造中国现实音乐、社会民心与世间生活，实现他的文化理想。

他的开拓式的批评建树，为其后的中国新音乐的继续发展打造了坚实的基础。在他的文化观念驱动下建立起来的新型音乐教育体系已经根深叶茂，成为中国新型音乐生活的人才培养基地。他的自由主义的文化批评观念及理想，在其后的发展中虽然屡遭挫折，但是在新中国成立的新时期再度得以长足发展。

（原载《星海音乐学院学报》2003年第1期）

① 萧友梅：《〈乐艺〉季刊发刊词》，载《乐艺》1930年第1卷第1号。

② 萧友梅：《关于我国新音乐运动》，载《音乐月刊》1938年第1卷第4号。

萧友梅在莱比锡的留学生涯

王　勇[①]

一、引言

欣闻上海音乐学院出版社将于萧友梅先生诞辰120周年之际编辑出版他的全集，以萧先生对于中国音乐界所作出的贡献，直至今天，才有可能为其编辑出版全集，我想，这也算是一个迟到的春天，不过，有春天，总是令人鼓舞的。

我于2002年8月赴德国学习，尽管萧友梅先生不是我此行的研究目的，但是，对于这样一位前辈先人曾在德国留下的足迹，我自然是十分留意，也曾给莱比锡大学去信询问。无奈萧先生留德期间仅作为一名普通的留学生，能够留下的资料自是十分有限，加之德国又先后遭遇了两次世界大战的重创，许多历史文献也毁于一炬，但是所幸多少还是觅到了一些相关资料，今草此短文，希望能够对萧先生当年留学的历史背景、在学情况及指导教师等作一勾勒，或许可以对日后进一步的萧友梅研究起到一些作用。

目前，关于萧友梅生平的最权威论著应该是廖辅叔先生的《萧友梅传》，廖先生与萧先生曾朝夕相处十余年，自是了解最多。许多事情都是亲眼所见、亲耳所闻，为此，在我赴德之前，路过北京，曾想向廖先生请教，他的女儿廖崇向告诉我，先生最近身体不适，每日要睡到下午4点多才起，吃完晚饭便又躺下，恐已不方便探访，当我提及要去德国，是否可以请廖先生指点哪些有关萧先生的资料线索可以查找时，得到的回复是，“我所知道的都已经写在《萧友梅传》中”。谁知道我隔日回到上海，便听到了廖先生已经仙逝的消息。所幸今日，许多《萧友梅传》中提及的线索已被一一查实，在我心里，也算是对廖先生的一个告慰。

二、公派留学

关于萧友梅公派留学的缘由，《萧友梅传》中有如下描述：

据萧友梅在出国前与同行者合摄的照片后面的说明，孙中山在总统府解散之

---

① 王勇（1969—　），男，博士，上海音乐学院副教授。

前，曾经问这些青年今后的行止，他们有一部分人表示愿意继续学习，出国深造，萧友梅即其中之一，而且表示想去德国研究音乐与教育。孙中山当即批示教育部帮他们想办法。但是教育部没有钱，可教育总长蔡元培一直把这件事情放在心上，到了10月，蔡元培才从北京发出公费留学的通知。

萧友梅是满清王朝结束以后，中华民国政府选派的第一批公费出国深造的留学生之一，这一批留学生共有25人。和以往清政府挑选留学生有所不同的是，清政府的挑选是要通过层层选拔考试，最后根据成绩选派的；而此次派遣，或许是因为时间仓促，也或许是因为民国的教育部还未在全国形成自己的考试选拔体系，更或许是因为孙大总统直接安排的使命，所以人员名单是由教育部自定的。在德国也有文献认为，萧友梅以其对革命作出的贡献而获得了民国政府的此次奖学金。① 这里所说的革命贡献指的是孙中山在日本期间为了躲避追捕，曾藏身避难于萧友梅的寓所中一事。

说起这25位留学生，其中不乏中国历史上的重要人物，包括宋子文、杨杏佛、谭熙鸿等，但萧友梅是唯一一个去莱比锡留学的。说起缘由，廖辅叔先生简单地写道："去德国留学，当然是上莱比锡音乐学院。"这当然是一个很重要的原因，因为莱比锡音乐学院盛名在外。但是当时在德国，也不是没有其他选择，比如柏林音乐学院也十分优秀，而且，柏林作为首都，它的音乐演出也远胜于莱比锡；各种学术研讨自然也比莱比锡更集中。所以我认为，萧友梅选择莱比锡，可能还有一个极重要的原因，那就是蔡元培先生。

蔡元培与萧友梅的私交一向很好，而蔡元培本人也是留德学子。蔡元培在1906年就在胶州和上海接受过德语课程的培训，1907年7月，作为驻德公使孙宝琦的随员被派往柏林工作，他利用这个机会，来到德国工作不久便申请了长假，去莱比锡大学学习，当时维持生活靠的是为商务印书馆翻译所得的稿费。其中，最重要的译著有包尔森斯（F. Paulsens）的《伦理学导论》等。当时已经40岁的蔡元培，在莱比锡大学共学习了4个学期，自1908—1909年冬季学期（1908年10月开学）至1911年的夏季学期（1911年7月结束），先后修习了哲学、艺术史、美术学、教育学、美学、心理学等科目。而这些科目日后也大多为萧友梅所学习，某些科目甚至连执教的教授也相同。在蔡元培1912年1月任民国第一任教育总长时，他还召回了在莱比锡大学的同学张仲苏（后任河北大学校长、同济大学校长）、齐宗颐（后任教育部佥事、视学）回国一同共事。然而由

① ［德］拉夫·莫瑞斯：《从1945年前的中国留德学生情况看德中关系史》（莱比锡大学汉学系"中国的历史和社会"课程讲义），参见 Ralf Moritz：Der Aufenthalt chinesischer Studenten in Deutschland im Spiegel der Geschichte deutsch-chinesischer Beziehungen bis 1945.

于不满孙中山让位于袁世凯，同年7月，蔡元培辞职；9月，携家眷再赴德国；10月，当萧友梅收到教育部的留学通知时，蔡元培正坐在莱比锡大学的课堂中再度听讲。莱比锡大学还保留着他1912—1913年冬季学期（1912年10月开学）的注册记录。[①] 今天，莱比锡大学的汉学系课程中，对于中国教育部门的最高领导人曾在他们学校深造依然时有提及。这就是说，1912年10月，蔡元培不可能亲自为萧友梅等发出留学通知，而此事在他7月卸职之前就已安排妥当或许极有可能。

另一个值得关注的问题是，在萧友梅1912年年底到达莱比锡的时候，蔡元培此时也正在莱比锡大学。蔡元培与萧友梅的私交、蔡元培与莱比锡大学的关系以及两人在同样时间同在莱比锡大学这些被揭示的背景材料，很容易让人有所联想：莱比锡音乐学院自然是萧友梅向往的，但是莱比锡大学的情况是谁向他详细介绍并联系入学的呢？萧友梅初到德国，没有任何德语基础，而在德国，英语又不是可以处处通行的，那他为什么不先去大多中国留学生聚集的柏林，而是单枪匹马到了莱比锡呢？如果当地无人接应，也是很难想象的，而那时能够接应他、指点他的又是谁呢？或许这些问题的假设，会使我们推断出萧友梅会选择莱比锡的真正缘由。

三、莱比锡音乐学院与莱比锡大学

萧友梅在莱比锡的学习过程，一直是个很容易产生误解的环节。廖辅叔先生写道：

> 1916年春天，莱比锡音乐学院课程修毕，他向莱比锡大学哲学系提出博士论文；……按德国学制规定，音乐学院是培养作曲理论及独奏、独唱的表演艺术家的，音乐学则在大学举行答辩，经过评委认为合格之后，由大学授予哲学博士学位，不另立音乐学博士名目……

在《萧友梅生平年表》[②] 中有如下记载：

> 1913年　入莱比锡国立音乐院理论作曲科，同时在莱比锡国立大学哲学系学习。
> 1915年　是年夏，在莱比锡音乐院修毕。
> 1916年　向莱比锡大学哲学系提出博士论文《17世纪以前中国管弦乐队的历史研究》，7月，在胡果·里曼主持下通过答辩，被授予哲学博士学位。

---

① ［德］拉夫·莫瑞斯：《从1945年前的中国留德学生情况看德中关系史》（莱比锡大学汉学系“中国的历史和社会”课程讲义），参见Ralf Moritz：Der Aufenthalt chinesischer Studenten in Deutschland im Spiegel der Geschichte deutsch-chinesischer Beziehungen bis 1945.

② 陈聆群、齐毓怡、戴鹏海：《萧友梅音乐文集》，上海音乐出版社1990年版。

这其中都有一些不够精确的表述。根据目前所掌握的材料，我们来重新理顺萧友梅和莱比锡音乐学院及莱比锡大学的关系。

莱比锡音乐学院创立于1843年，创始人是作曲家门德尔松，创立时不少音乐名家都加盟执教，其中包括舒曼。当时学校的德文名称是“Conservatorium der Musik”（直译为“音乐学院”），这是德国第一所高等音乐院校。一年后，舒曼离开莱比锡去了德累斯顿，四年后，门德尔松也病逝，但是，学校并没有因为他们的离去而受到打击，相反，事业蒸蒸日上，直到今天，她依然是世界上最优秀的音乐学院之一。1876年以后，学校更名为“Koenigliches Konservatrium der Musik zu Leipzig”（直译为“莱比锡皇家音乐学院”）；由于第一次世界大战之后，德国皇帝退位，魏玛宪法制定，该校于1924年又改名为“Landeskonservatorium der Musik zu Leipzig”（直译为“莱比锡国立音乐学院”）；1941年再度更名为“Staatlich Hochschule fuer Musik in Leizig”（直译为“莱比锡市立音乐学院”）；1968年冠名为“门德尔松音乐学院”；1992年与莱比锡戏剧学院合并，现名为“门德尔松莱比锡音乐与戏剧学院”。

萧友梅学习期间，该校的名称是“莱比锡皇家音乐学院”，这点在萧友梅遗物中的一份成绩单上被证实，成绩单上赫然印着“Koenigliches Konservatrium der Musik zu Leipzig”。同时我们可以发现，萧友梅在莱比锡音乐学院学习的时间是1913年3月27日到1915年7月30日，按照德国的学制来讲，就是1913年的夏季学期开始到1915年的夏季学期结束，总共学习了5个学期。但是萧友梅的主修专业并不是通常所认为的理论作曲，而是钢琴。其实这也合情合理，萧友梅刚到德国3个多月就入学了，如果主修是理论作曲，他的语言肯定是大问题，也不能通过学校的入学考核。好在他在东京时已经学习过一段时间的钢琴，于是他进入的是钢琴专业的初级班。5个学期下来，最终的成绩是：用功程度：很好（1分）；才华程度：好（2分）；学习成绩：好（2分）。

这里需要说明的是，德国的考试成绩采用的是5分制，1分为最高，5分为最低。以一个18岁才开始学习钢琴的人来说，在而立之年，能够在莱比锡音乐学院的钢琴专业，即使是初级班上获此成绩，也应属不易了。在成绩单上没有注明指导教授，但萧友梅的钢琴指导应该是泰希缪勒教授，这点在《萧友梅传》中有较为详细的阐述。

萧友梅的理论课程学习，选择的是复调，各项成绩与钢琴相同，指导教授是保罗·库阿斯道夫（P. Quasdorf）。

辅修专业是配器法和作曲，无分数，只有一段备注：萧先生上配器法和作曲课的时间非常短。指导教授：霍夫曼（R. Hofmann）。综合总成绩：很好（1分）。

萧友梅在莱比锡皇家音乐学院的学习情况就是如此，他主修了钢琴，进修了复调，听了很短时间的配器法和作曲，但是很显然，这一切都与其博士学位无关。

再说莱比锡大学是欧洲最古老的大学之一，历史可追溯到1409年，600年来，莱比锡大学从未间断过教学与研究，在国际上享有很高的声誉。目前，莱比锡大学共有14个学院、100多个研究院、172个学科。它的音乐学系也是十分优秀的。在此，我不能不对德国大学有关博士学位的问题作一个简单的补充，这对于萧友梅为何取得的是哲学博士学位这一问题会更为清晰。

德国大学有其自己的学科分类方式，最早的时候，分为自然学科和人文学科两大类别，而人文学科则统称哲学专业。直到今天，德国的综合性大学都有哲学院，下分历史系、哲学系、教育学系、心理学系、音乐学系、汉学系等专业系科，还有不少专业原来都属于哲学院，后来因为专业进一步细分才独立出来（比如法学、经济学现在单立学科，又如医药学现在细分出了临床医学，于是，药学研究的学生最终取得的是哲学博士学位，而临床医学毕业生则取得临床博士学位，即MD）。也就是说，凡是哲学院毕业的学生，不论专业，取得的都是哲学学位。就像目前中国，即便是音乐学院表演专业毕业的本科生，取得的不是音乐学学士学位，而是文学学士学位一样。此外，对于“哲学博士”这个词的翻译，或许也有值得探讨的地方，德语“philosophisch”可译为“哲学的”，也可译为“深思熟虑的”、“富于哲理的”，如果当初我们不嫌烦琐，把“哲学博士”翻译为“将研究上升为哲学层面的博士学位”，或许就更容易理解了。

萧友梅于1913年4月17日接到莱比锡大学哲学院的入学许可，进入莱比锡大学哲学院就读，1915—1916学年毕业，共学习4年。按德国的学制计算，应该称为修满8个学期。根据德国的文献记载，萧友梅最初选择的专业是教育学[①]，我想其中原因有二，其一，德国大学的入学条件是十分严格的，很难想象他们会同意一个没有经过音乐学专业学习的学生，以音乐学为主修专业进入哲学院，而教育学则不同，萧友梅在日本东京帝国大学是以教育学专业毕业的，所以，以教育学为主修专业入校就显得合情合理了；其二，作为中华民国教育部的首批派遣留学生，蔡元培自是希望有人能够在他的母校学习教育学，更何况早在1912年，民国政府是否能够同意由国家出资让人去读音乐专业，这又是一个问题了。一年之后，萧友梅同时开始修习音乐学课程，最终以音乐学论文取得博士学位。

四、萧友梅的师承

长久以来，对于萧友梅在德国到底学习了一些什么课程，到底受到了哪些德国名家的指点，我一直心存疑惑，廖辅叔先生在《萧友梅传》中也是一笔带过，

---

① ［德］拉夫·莫瑞斯：《从1945年前的中国留德学生情况看德中关系史》（莱比锡大学汉学系“中国的历史和社会”课程讲义），参见Ralf Moritz：Der Aufenthalt chinesischer Studenten in Deutschland im Spiegel der Geschichte deutsch-chinesischer Beziehungen bis 1945.

只提到他的博士论文答辩主持人是胡戈·里曼。如果认为王光祈是德国比较音乐学柏林学派的传人，那么，萧友梅到底继承了德国音乐学的一些什么精华呢？我翻译了由莱比锡大学开具的萧友梅的听课记录簿，许多问题便一目了然。

听课记录表（一）

学期	必修公共课	教师
1913 年夏季学期	民族心理学	Wundt
	教育史导论	Jungmann
	近代宗教问题	Lipsius
	伦理学基础	Metzger
	实验教育学导论	Brahn
	自康德之后音乐美学	Schering
1913—1914 年冬季学期	心理学	Brahn
	儿童心理学	Brahn
	道德与教育统计学	Schmid
1914 年夏季学期	从卢梭到现代的教育学理论	Spranger
	哲学教育学讨论课	Bergmann
	在歌曲创作中的节奏和韵律	Riemann
	音乐学讨论课	Riemann
	音乐风格基础	Schering
	音乐学的练习课	Schering
1914—1915 年冬季学期	16 世纪宗教改革以来的课堂教学历史	Jungmann
	学校卫生和校园疾病	Lange
	关于学校组织结构的讨论课	Brahn
	逻辑学的基础	Mentz

听课记录表（二）

学期	必修公共课	教师
1915 年夏季学期	音乐学讨论课	Riemann
	从莫扎特歌剧到瓦格纳乐剧间的历史发展	Prufer
	贝多芬	Prufer
	伦理学导论	Dittrich
	儿童心理学讨论课	Brahn

（续上表）

学期	必修公共课	教师
1915—1916 年冬季学期	音乐史导论	Riemann
	音乐学讨论课	Riemann
	有量音乐（中世纪）记谱法翻译	Schering
	巴赫的生平及他的作品	Prufer
	在 18—19 世纪艺术观和世界观的照耀下的瓦格纳	Prufer
	德国的内部发展（1871—1914）	Goetz
	普通审美学	Volkelt
	从文化精神领域看德国学校教育法历史	Spranger
	德国近代教育	Spranger
	哲学教育学导论	Spranger
	人种学讨论课	Weule
1916 年夏季学期	音乐美学导论	Riemann
	音乐学讨论课	Riemann
	比较民族学：经济、社会、道德规范及风俗习惯	Weule
	人种学讨论课	Weule
	17—18 世纪德国音乐史	Schering
	16 世纪的大师级作品的演奏再处理练习课	Schering

在德国的大学中，由于是学分制，所以最后学生往往会有两份由学校开出的证明，一份是成绩报告单，另一份是所听过的所有课程的总汇，其间的差异是，有些课程，学生可以只听课而不参加考试，于是，该门课程无分数，因而不计学分，但可以获得听课证明。以上所翻译的听课记录，就是萧友梅在莱比锡大学所有共同课的听课列表。

在这张听课记录表中，共有 41 门课程（按德国大学的学分记录习惯，即便同一名称课程在不同学期开设，由于所授内容不同，按两门课程计算），一共涉及任课教师 16 人。其中不乏德国学界泰斗级的人物，由于我才疏学浅，仅能够就其中几位所知道的大师作一个简单的介绍。

（1）胡戈 · 里曼（Hugo Riemann，1849—1919）。

胡戈 · 里曼是萧友梅的博士论文答辩主席，萧友梅共听过他的“在歌曲创作中的节奏和韵律”、“音乐学讨论课”、“音乐史导论”、“音乐美学导论”等七门课。

图1　胡戈·里曼

里曼生于1849年7月18日，先后在图宾根和柏林学习教育学和法律，参加了普奥战争以后，确定了以音乐作为自己的人生目标。他就读于莱比锡音乐学院，随后便开始了他的教师生涯。他在比勒费尔德当过中学老师，在莱比锡大学当过课外私人辅导老师，去汉堡音乐学院教过钢琴与理论课程，在1901年，终于获得了莱比锡大学的教授资格，并在此执教，直至1919年去世。除了他的教学工作以外，真正使他闻名世界的是他编著的《里曼音乐辞典》，这本权威性的音乐百科全书直至今天依然有它的使用价值。此外，他的《和声学手册》、《对位法教科书》也是音乐学的重要文献著作。他的许多书籍都有英文版，他被认为是在世界上最具权威和影响力的德国音乐学家。萧友梅在莱比锡大学学习期间，正是里曼晚年学术成就的鼎盛时期，萧友梅有四个学期都上了他的音乐学讨论课（Musikwissenschaftlichs Seminar），这种课堂讨论的形式，通常是老师在学期开始，就给每一个听课同学布置好一个课题，然后由学生回家自己准备，轮到自己了，就上讲台论述自己的课题，其他同学可以提问，最后老师点评，一堂讨论课一般有四五名学生宣讲他们的专题报告。我认为这是让萧友梅得益匪浅的一门课程，因为在这里他可以同里曼教授直接对话，而里曼教授也一定会对这个用功的中国学生留下深刻的印象。

（2）施普朗格（Eduard Spranger，1882—1963）。

萧友梅共听过施普朗格四门课程，即“从卢梭到现代的教育学理论”、“从文化精神领域看德国学校教育法历史”、“德国近代教育”和“哲学教育学导论”。在教育学领域，如果施普朗格不敢称大师的话，那就无人能担得起大师的称号了。他的言论著作为20世纪人类思想史掀开了重要的崭新一页。不仅在学术上，施普朗格高尚的人格魅力也为后人景仰。

图2　施普朗格

1882年，施普朗格出生于柏林的一个玩具商人家庭，幼时学习过钢琴与作曲，也曾立志要成为音乐家，但是随着年龄的增长，他对于哲学的热情越来越高。施普朗格于1900年进入柏林大学，先后师从鲍尔森教授①、

① 鲍尔森（Friedrich Paulsen，1846—1908），德国哲学家与教育学家。

斯顿夫教授[1]、笛泰尔教授[2]，1905 年，年仅 23 岁的他便获得哲学博士学位。随后在 1909 年担任柏林大学讲师，1911 年担任莱比锡大学哲学与教育学课程的教授。授课之余，他还在认真研究有关人生的形式等课题。1920 年，他回柏林大学任教授。41 岁时，他当上了约有七十位教授的柏林大学哲学院院长，随后被选为普鲁士科学院院士。在此阶段，他完成了轰动世界学术界的两本巨著《青年心理学》和《人生的形式》。1933 年，因为不满纳粹政府的高教政策，他毅然提出辞呈，后来还曾因为与暗杀希特勒的反纳粹人士有联系而被捕。1945 年，苏军进入柏林，施普朗格推辞了担任德国科学院主席与柏林教育局局长的邀请，回到柏林大学担任校长，因为他认为母校的战后重建是最重要的。然而，四个月后，由于他的想法与苏军有太大距离而被解职。最终他来到了西德的图宾根大学，直至退休。此间，他为西德教育系统的战后重建做了大量工作。

施普朗格为教育学作出的最大贡献是，建立了教育学在学术界的地位，使得以往作为大学课程中不太为人所重视的教育学在哲学院里成为独立的学科，毫不逊色于其他学科的专业课程。他仅比萧友梅大两岁，在萧友梅随他学习期间，正是施普朗格个人学说的酝酿期，也是其思维最为活跃的时候。而且，他不仅研究成果显著，课堂教学也极为优秀，无论在莱比锡、柏林，还是晚年在图宾根，他的课堂永远是座无虚席。如果说萧友梅对里曼是敬仰的话，那么对施普朗格就应该是钦佩了。

（3）威廉·冯特（Wilhelm Wundt，1832—1920）。

萧友梅只听过冯特的一门课程，即《民族心理学》。冯特是最伟大的心理学家之一，第一个心理学实验室的创立者。他的《生理心理学原理》是近代心理学史上第一部最重要的著作。尽管他有崇高的声望和长期的影响，可是现在他的名字除了少数一些心理学家和学者外，很少有人知道，大部分外行提起心理学，只知道弗洛伊德、巴甫洛夫和皮亚杰。但是，冯特是学界公认的现代心理学的创始人。冯特于 1832 年 8 月 16 日生于曼海姆，就读于图宾根大学、海德堡大学及柏林大学，1956 年获得医学博士学位。1858—1863 年作为赫尔姆霍茨[3]的助手，1864 年获得教授资格，后在海德堡大学、苏黎世大学任

图3　威廉·冯特

① 斯顿夫（Carl Stumpf，1848—1936），德国哲学家与心理学家。

② 笛泰尔（Wilhem Dilthey，1833—1911），德国哲学家。

③ 赫尔姆霍茨（Hermann Ludwig Ferdinand von Helmholtz，1821—1894），德国生理学家、物理学家及解剖学家。

教，开设“生理心理学”等课程。1875 年后一直执教于莱比锡大学。1879 年，在莱比锡大学一栋叫做“孔维特”（寄宿性的招待所）的破旧三层楼建筑物的一间小屋子里，他创立了世界上第一个心理实验室。冯特自称他的心理学为“内容心理学”，后人通常称作“实验心理学”。19 世纪中期的一些心理学家们，在冯特以前也曾进行过一些心理学实验，但那时的研究大都合并在实验生理学之中，是在生理学实验室里进行的，由于冯特在理论和研究工作两方面的努力，才使心理学既脱离哲学又同生理学分开，走向真正独立的道路。

冯特是一位“多产”的博士生导师，曾经辅导过博士论文近 200 篇；他也是一位多产的笔耕者，在晚年(1900—1919）出版的 10 卷《民族心理学》，是近代心理学发展史上的一项突出贡献。而这个阶段，正值蔡元培和萧友梅在莱比锡大学留学的时候。蔡元培回国后积极扶持创建了中国第一个心理实验室和第一个心理研究所，所以有学者认为蔡元培是冯特第一个也是唯一的中国学生[①]，其实萧友梅也是，而且这也是他在莱比锡大学第一学期就去听的课，只是后来他仅在教育和音乐领域发展，这段经历也就不为中国心理学界所知了。

图 4　威廉·冯特晚年照

（4）阿诺尔德·佘龄（Arnold Schering，1877—1941）。

萧友梅听过佘龄的“自康德之后音乐美学”、“音乐风格基础”、“音乐学的练习课”、“有量音乐（中世纪）记谱法翻译”、“17—18 世纪德国音乐史”、“16 世纪的大师级作品的演奏再处理练习课”六门课。

佘龄于 1877 年生于布雷斯劳[②]一个出版商的家庭。1896 年在德累斯顿的十字中学通过了他的高中毕业考试。后来去柏林音乐学院学习小提琴与作曲，1899 年以后，在柏林大学、莱比锡大学、慕尼黑大学学习音乐学、文学史、心理学和哲学。佘龄于 1900—1901 年服兵役；1902 年以论文《维瓦尔第之前的小提琴演奏史》获博士学位；1903—1905 年担任由舒曼创立的《新音乐杂志》的主编；1904 年主编《巴赫年鉴》；1907 年到莱比锡大学任教；1909 年在莱比锡音乐学院兼课，讲授音乐史；1911 年完成《清唱剧史》；1915 年担任莱比锡音乐学院

图 5　阿诺尔德·佘龄

① 杨鑫辉：《蔡元培在中国近现代心理学史上的先驱地位与贡献》，载《心理科学》1998 年第 4 期。

② 该城市当时属于德国，第一次世界大战结束，波兰复国后归还，现名弗罗茨瓦夫。

客座教授；1920年去哈雷大学（University Halle）任音乐学教授；1928年任柏林大学音乐史教授。他还于1927年加入德国音乐学协会，后来被选为主席。他组织策划了许多音乐社会活动，德国大百科全书形容他为“具有非凡的创意能力”的人。他对于巴赫、贝多芬及文艺复兴时期的音乐都有极深的研究。余龄的学术地位是绝对可以和里曼相提并论的，但是，由于他曾与纳粹政府走得较近，在担任德国音乐学协会主席期间甚至也受纳粹指使开除过犹太裔会员，所以对他今天的声望有很大损害。

尽管萧友梅在莱比锡大学就读伊始，余龄还不是教授，但是萧友梅听他讲授的无一不是音乐学方面极为重要的课程。萧友梅音乐史学观的形成，应该与余龄的课程有直接的关系。

当萧友梅在莱比锡的学业结束后，他又去柏林学习，其中详情由于篇幅原因，我将另著文论述。

五、结语

每个人看世界，都会有自己的视角，同时也会有自己的局限；每个人看历史，通常会有自己的思维定式，所以当一些历史文献材料还不十分清晰时，我们的推测往往是和自己的希望相重合的。

萧友梅是我心中十分崇敬的人物，所以我总希望他的经历似英雄史诗般完美，当我发现除里曼之外，冯特、余龄、施普朗格都是其授业老师时，心中自是发出“名师出高徒”的感慨；而当我查到萧友梅在莱比锡音乐学院因为所上课时太少，作曲及配器不给分数时，心中竟然也有一种惘然若失的感觉。

但是，有些问题，如果换个视角，换种方式去考虑，或许看到的会更多。例如，长久以来，我们一直认为萧友梅是在莱比锡音乐学院主修作曲理论，所以，我总是从为一位音乐大师寻根的角度去看萧友梅留学莱比锡，于是在我心中，赋予萧友梅的希望就太多，因而也许就会有失望。但是如果从考察一个留学生的角度来看萧友梅，就会发现，他居然能够在不到一年的时间里面，将德语水平提高到能够去听那些大师们讲授心理学、教育学、伦理学和美学的课程。就此问题，我请教过北京外国语大学德语系主任殷桐生教授，他直言，以他40多年的教学经历看，这种情况极为少见，实在是件了不起的事情。也许旁人并不以为然，但是因为我也加入了留德学生这一行列，所以才能够体会其中必须付出的艰辛。

又如，现今对萧友梅博士论文的评价褒贬不一，但我想，无论这篇论文在今天的学术价值如何，我们更应看到的是，萧友梅仅用四年时间就获得了博士学位，这在当时的留洋学生中可谓凤毛麟角，即便是德国学生，绝大部分都无法做到这点。

再如，萧友梅在莱比锡求学期间所上的音乐课程并不如我们想象的那么多，倒是关于教育学、心理学、伦理学方面更多些。一个人的精力是有限的，时间也是有限的，萧友梅从来没有浪费过时间，所听课程总数也极为可观。或许，他可以省略一些其他课程去多听些音乐课程，但是，如果不是那些教育学、心理学课程的学习，日后萧友梅是否能够成为一位成功的音乐教育家，能否开创中国专业音乐教育一片新天地，又是一个疑问了。

对于萧友梅的研究，可以说历经数辈音乐学者的努力工作，但是至今依然不能穷尽。我以为，一是因为萧博士所言所行实在不胜枚举，历史资料的收集整理工作很艰苦；二是因为我们的视角还不够全面，研究方法也不够多元化。但我想这两方面的突破也只是时日问题，当《萧友梅全集》编撰完成时，在史料方面会迈出一大步，而最近也有更多中德学者对德国的中国留学生史表现出浓厚的兴趣，我想，不用太长时间，我们一定能够看到一个更全面、更真实、更客观的萧友梅。

（原载《音乐艺术》2004 年第 1 期，收入本书时作者略有修改）

萧友梅音乐教育思想管窥

——从萧友梅有关音乐教育的几项提案谈起

冯长春①

萧友梅是我国著名音乐教育家、作曲家和音乐理论家，我国近代专业音乐教育的重要奠基人与开拓者，也是我国专业音乐创作与新音乐实践的先行者。综观萧友梅一生，可以发现，他的所有音乐经历与音乐活动，都与一个根本目的分不开，那就是音乐教育。让我们首先对萧友梅的音乐历程及其音乐实践活动作一必要的概览：

1901 年，萧友梅在广州时敏学堂毕业后赴日留学，入东京高等师范学校附属中学，1906 年入东京帝国大学教育学部，1909 年于东京帝国大学毕业；1904—1909 年一直在东京音乐学校注册学习钢琴与唱歌。② 萧友梅音乐生涯的开始即是与教育学的学习相同步的。

1912 年，萧友梅赴德国留学。在莱比锡大学学习教育学之余，同时在莱比锡音乐学院专修音乐理论。③ 1916 年，萧友梅向莱比锡大学哲学系提交博士学位论文《17 世纪以前中国管弦乐队的历史的研究》。这是近代中国第一部专门研究中国古代乐器、乐队史的专著，但论文的最后却由 17 世纪以来“中国的音乐制作”的滞后以及“音乐的学院教育”的落后，提出“我们始终可以寄希望于未来”，认为“除了推广一般的科学与技术之外，还应该更多地注意音乐的，特别

---

① 冯长春（1971—　），男，博士，华南师范大学音乐学院教授。

② 萧友梅在日学习音乐时间参见张前著《中日音乐交流史》一书所示“附录 1：东京音乐学校中国留学生名簿”，人民音乐出版社 1999 年版，第 372—374 页。

③ 由汪朴发现的萧友梅留德史料《本部留德学生萧友梅学业成绩报告及请予研究期限一年理由书》一文，使我们第一次清晰地了解到萧友梅赴德留学之主科乃教育学，同时就读于莱比锡大学音乐学院音乐理论科，但因留德时间不允，一年之内已无法按校方“凡教育学主科者须以西洋哲学及哲学史为副科之一”的规定完成考试，“遂改报乐学（Musikuisskehapt）及音乐史为主科”，并以毕业论文《中国乐队史》（今译《17 世纪以前中国管弦乐队的历史的研究》或《中国古代乐器考》——引者）获得哲学博士学位。参见《人民音乐·评论版》2006 年第 1 期。

是系统的理论和作曲学在中国的人才的培养”①。其中不但指出了中国音乐文化在近代以来发展缓慢与滞后的根本原因，同时也提出了发展中国音乐最重要的两个方面，即音乐教育与专门音乐人才的培养。

1917年取得博士学位后，萧友梅并未满足既有所学，本应学成归国的他却提请延期回国，意欲继续游历欧美各国，以研究国外图书馆、博物馆及大学、国民学校之组织办法，同时也为了成就其为人类学学科而修学旅行的计划。② 尽管因受欧洲战事的影响，萧友梅未能按计划完成周游列国考察教育等事项，但我们从他于1934年发表的《欧美音乐专门教育机关概略》一文，可以看到他一直关注欧美专业音乐教育体制及教学经验的苦心。

可以发现，从1901年东渡扶桑到1912年负笈德国，出国留学前后十余载，萧友梅将所有精力集中于音乐与教育两个领域，对这一知识结构的有意追求，已经表露出萧友梅将音乐教育作为此后所要从事的事业的决心。

1920年萧友梅归国，从此开始投入到他一生为之无私奉献的音乐教育事业中。1920—1927年，萧友梅先后担任北京大学音乐传习所、北京女子大学文理学院音乐系和北京艺专音乐系的主要负责人，这些专业音乐教育机构不仅开北京专业音乐教育之先，也是当时国内专业音乐教育之翘楚。1927年，当北京军阀政府的教育总长刘哲以“音乐有伤社会风化”、“浪费国家钱财”为由下令停办北京大学音乐传习所、北京艺专音乐系等音乐教育机构时，萧友梅毅然南下上海，在蔡元培先生鼎力相助下，于1927年首创中国第一所专门而独立的高等音乐学府——上海国立音乐院，实现了其长期以来梦想创办音乐院的夙愿，并从此为国立音乐院（1929年后改称国立音乐专科学校）穷其一生，鞠躬尽瘁。

作为作曲家的萧友梅一生共创作了百余首声乐、器乐作品，其中大部分为声乐作品，这些作品主要集中于《今乐初集》、《新歌初集》两本歌集以及《新学制唱歌教科书》当中。不管是从歌曲多数表现美育及德育的内容还是从并不复杂的创作技术来看，多数声乐作品都是为了音乐教育和音乐教材而作，而非为音乐而音乐、为艺术而艺术。尽管多数作品并未得以广泛流行，但在当时中国新音乐创作才刚刚起步的情况下，这些作品无疑为当时的音乐教育提供了可供学习与参考的中国人自己创作的专业音乐作品。③

此外，作为音乐理论家，目前所见萧友梅留有近60篇极为重要的音乐文著，

---

① 萧友梅：《17世纪以前中国管弦乐队的历史的研究》，参见陈聆群、洛秦：《萧友梅全集·文论专著卷》，上海音乐学院出版社2004年版，第139页。

② 参见《本部留德学生萧友梅学业成绩报告及请予研究期限一年理由书》，《人民音乐》2006年第1期。

③ 萧友梅为青年学生创作的这些作品很少得到流行，其中很重要的一个原因或许在于词作合作者易韦斋先生的歌词写得半文不白、艰涩拗口，难以朗朗上口。依笔者看来，易氏歌词甚至不如20世纪初某些学堂乐歌的歌词写得明白晓畅。

其中《普通乐学》、《和声学》等著作是明确为音乐教育所撰写、出版的教材，而在一些学术性文章中，萧友梅也念念不忘音乐教育的问题。例如，在《什么是音乐？外国的音乐教育机关。什么是乐学？中国音乐教育不发达的原因》、《最近一千年来西乐发展之显著事实与我国旧乐不振之原因》、《旧乐沿革》等文章中，萧友梅都一再指出音乐教育的落后是造成中国音乐不发达的根本原因之一，每念及此，几欲痛心疾首，其渴盼中国音乐教育之大发展的拳拳之心可见一斑。

总之，在笔者看来，贯穿萧友梅一生音乐活动的主导脉络及其多方面音乐实践的基本目的，都是为了中国的音乐教育，特别是专业音乐教育事业；他为音乐教育一生殚精竭虑、鞠躬尽瘁，这一切努力又都是为了一个远景目标或最终目的，那就是通过音乐教育培养新的音乐人才，创造与发展中国新音乐，从而建立具有俄罗斯意义上的中国国民乐派。① 但是，萧友梅一生致力于音乐教育的思想及其实践究竟包含哪些主要内容，其实质与特点又是怎样，这是我们需要深入了解并加以认真总结的具有历史与现实双重意义的问题。

事实上，有关萧友梅音乐教育思想的研究已经不是一个新鲜话题，但是新史料的出现往往能够反映出新的思想内涵，至少也会使我们加深对以往相关问题的认识或认识得更为全面，正如黄旭东新近发现的《国立音乐专科学校为适应非常时期之需要拟办集团唱歌指挥养成班及军乐队长养成班理由及办法》② 一文，使我们对萧友梅的音乐思想及其爱国情操有了进一步的体认。本文尝试对萧友梅音乐教育思想进行探讨与研究，则是着眼于萧友梅在20世纪二三十年代在一些全国性教育会议上所提出的几项有关音乐教育的议案。

作为20世纪二三十年代中国音乐界深有影响的权威性人物，萧友梅除了担任过一些重要音乐教育机构的主要负责人之外，同时还在教育界、音乐界有着诸多社会兼职。比如中华教育改进社国民音乐教育组主要成员、大学院艺术教育委员会常务委员、教育部幼稚园、中小学音乐教材编订委员会委员、教育部音乐教育委员会委员等职务。萧友梅曾说自己“生性是趋于实做一方面的”③，这种实做正如他后来自我期许的那样“岂能尽如人意，但求无愧我心”④。也正是这样

---

① 有关萧友梅谈及“国民乐派”问题，可参见《音乐月刊》1938年第1卷第4号。

② 该文反映了萧友梅在抗战这一非常时期对如何以音乐为民族解放服务、音专应如何应对战时需要及其环境以谋自身发展的深层思考，从而进一步展示了萧友梅为中国音乐教育事业而不遗余力的赤子情怀，把中国新音乐的发展和中华民族的解放深刻地联系在一起，同时表现出萧友梅音乐观的新境界。该文发表于《中国音乐学》2006年第2期。

③ 萧友梅：《〈乐艺〉季刊发刊词》，参见陈聆群、洛秦：《萧友梅全集·文论专著卷》，上海音乐学院出版社2004年版，第367页。

④ 萧友梅书斋中曾悬挂此联以表明其在逆境中的心境。参见廖辅叔：《萧友梅传》，浙江美术学院出版社1993年版，第38页。

一种一贯的务实作风，使得萧友梅做任何事情都能脚踏实地、严肃认真。本文提到的萧友梅有关音乐教育的提案，即是他作为一位音乐教育家时刻关心音乐教育、务实求实作风的真实写照。这些提案尽管不是充分而详尽地展示萧友梅音乐教育思想的鸿篇大论，但其中却凝聚了萧友梅有关中国音乐教育的诸多宝贵思想与真知灼见。遗憾的是，这些提案长期以来并没有得到应有的重视甚至不为人知，即便是《萧友梅全集》这种理应尽可能全面收集萧友梅史料的出版物也将这些提案疏漏掉了。笔者在收集资料过程中，从20世纪20年代的《音乐季刊》以及当代音乐学术出版物《中国近现代学校音乐教育（1840—1949）》（伍雍谊主编）、《弄斧集》（黄旭东著）和《中国近现代音乐教育史纪年（1840—2000）》（增订本，孙继南编著）等文著中，有幸得到文献线索并查阅到这些提案。从这些提案中可以进一步感受到萧友梅关心音乐教育事业的范围之广、考虑之周、所见之深；他居于高等学府但时刻关注基础音乐教育，立足现实而又能放眼于未来。笔者以为，对这些提案的了解与解读，应是对萧友梅音乐教育思想研究的进一步丰富和深入。鉴于此，本文一方面以这些提案为着眼点对萧友梅音乐教育思想进行管窥式审视与研究；另一方面也想通过此文引起学界对萧友梅学术著作之外的史料的关注。

笔者目前所见萧友梅于二三十年代在一些全国性教育会议上的提案主要有以下几项：

一、1923年8月在中华教育改进社第二次年会国民音乐教育组提出附议并修正案一项，题为“吾国皮黄曲在国民音乐中有无存在之价值可否采取用作乐界之参考”。

二、1928年5月在第一次全国教育会议上提案三项：

（1）与吴溉亭、姜丹书共同提出《整理艺术课程案》，萧友梅提案题为“拟请增加中学音乐科授课时数并在大学添设‘音乐领略法’及‘唱歌’两项共同选修科案”；

（2）与李毅士共同提出《奖励及提倡艺术案》，萧友梅提案题为“拟请大学院每年拨出二万元为音乐美术之奖金案”；

（3）《拟请大学院以后选派西洋留学生时注意音乐科学额案》。

三、1939年3月第三次全国教育会议提交的《改革现行中学音乐课程案》。

上述提案时间跨度较大，从萧友梅北京时期的20世纪20年代前期至上海时期的30年代末，但所有提案均事关音乐教育，每个提案所提问题又各有所重。从上述提案中我们可以发现，萧友梅音乐教育思想中包含着诸多至今仍值得我们学习与继承的可贵之处，这些提案一方面可以与萧友梅音乐教育的理论与实践相互印证，另一方面也进一步加深了我们对萧友梅音乐教育思想的认识与了解，从而使我们更加真实地接近萧友梅音乐教育思想的深处。以下就让我们通过对上述提案的介绍，略窥萧友梅音乐教育思想的主要内容及其特点。

一、肯定传统音乐价值，强调创新不忘旧乐

肯定中国传统音乐的价值，并提出应对传统音乐加以整理与研究，使之成为现代中国作曲家创作之参考，这是萧友梅在1923年中华教育改进社[①]第二次年会国民音乐教育组提出的附议与修正案的主要内容。此次会议共提出三项议案，均为李荣寿[②]所提，其中第三案由萧友梅、宋如海附议，题为“吾国皮黄曲在国民音乐中有无存在之价值可否采取用作乐界之参考”，内容如下：

【理由】

吾国皮黄盛行全国，然近今研究乐学者多不注意讨究。吾想一国有一国之精神，一国有一国之特性，文化之盛衰、风俗之厚薄、国民性之刚柔，与音乐俱有深切之关系。皮黄乃集国人之声情，根古乐之遗响，逐渐脱化，日新月异而成。曲质慷慨激昂、庄严深厚，喜怒哀乐变化自如，是合乎国性之音乐也。用取其调，改良戏词，未尝非社会教育之一助。可否采取加以改良，译成世界共同乐谱，用作乐界之参考焉。[③]

作为附议者，萧友梅一方面呼应李荣寿之提案，另一方面也指出皮黄等传统音乐之不足，但他如何申述皮黄及其他旧乐之短处，由于未见记载已不得而知，只是从会议报道中得知“主席萧友梅申言皮黄之短处，且单指皮黄，范围太狭”[④]。萧友梅长期留学海外，浸润欧洲音乐经年，想必在论及皮黄等传统音乐之不足时，是从中西音乐比较的角度而论的，但不管萧友梅如何指出皮黄等旧乐之短处，从根本上讲，萧友梅肯定了旧乐“有相当价值”，并为此提出修正案。

---

① 中华教育改进社成立于1921年12月，由全国教育界知名人士组成。该组织以调查教育实况、研究教育学术、力谋教育进步为宗旨，总事务所设在北京，下设“音乐教育委员会”等32个专门委员会。从1922年至1925年共召开过四届年会，其中，第二届年会国民音乐组主席为萧友梅。参见孙继南：《中国近现代（1840—2000）音乐教育史纪年》（增订本），山东教育出版社2004年版，第63—64页。

② 李荣寿（1895—1965），字华萱，山东济南人，长期从事音乐教育工作，曾担任北京大学《音乐杂志》特约编辑并发表《我对于我国学校乐歌当改良底刍议》等大量文章，创作有我国早期钢琴小曲《王大娘锯缸》等音乐作品。

③ 《中华教育改进社在北京开第二次年会国民音乐组表决通过之议案》，载《音乐季刊》1924年第3期第2页。

④ 《中华教育改进社在北京开第二次年会国民音乐组表决通过之议案》，载《音乐季刊》1924年第3期第2页。

内容如下：

吾国古今乐曲在国民音乐中定有相当之价值，应组织研究会（由中西音乐专家担任）将所有现成乐曲译为世界共同乐谱，以备作曲家之参考。①

最后，提案议决：照修正案通过。

这则附议并修正的提案，虽则简短，但至少使我们有如下认识：

其一，萧友梅对中国传统音乐文化向来是持批判地继承的态度的，既不妄自菲薄，走向所谓“全盘西化”；亦非妄自尊大，固守国粹。综观萧友梅涉及中国传统音乐文化（萧友梅谓之“旧乐”）的文章，都可看出，他对传统音乐一方面持批判态度，指出其与西方音乐相比所不及之处；另一方面又心存爱护之情，对中国传统音乐不同于外来音乐的独特之处加以强调与肯定。关于这一点，我们在他后来的许多文论中都可看到。例如，在他为国立音专开设的“旧乐沿革”课而撰写的教材中，萧友梅说：

不怕公开地讲，我国的音乐，在某一时代，虽然有过一点小名誉，但是在本国的立场上看来，至少可以说最近三百年来没有什么进化，若拿现代西洋音乐来比较，至少落后了一千年，所以今日我们想研究吾国旧乐沿革，实际上与“考古”无异。我们除要很虚心地把我们旧乐的特色找出来之外，也要把它的不进化的原因和事实，一件一件地找出来，教给我们学音乐的同志作参考……将来整理或改进旧乐时，总可以得到一点补助吧。②

萧友梅是以进化论的观点进行中西音乐的比较的，这在现代已经遭到文化价值相对论者的批评。但是，正如赵元任在论及国乐与西乐之不同时所概括的那样，相比西乐，国乐既有其“不同的不同”，又有其“不及的不同”。③ 所谓“不同的不同”，正是国乐自身所固有的特色之处，也恰恰是发展现代中国音乐依然需要借鉴与继承之处；所谓“不及的不同”，是指与西乐相比，国乐所没有或曰已有但没有获得充分发展的因素。不及之处，需要学习；不同之处，需要弘扬。萧友梅在修正案中所肯定的“吾国古今音乐在国民音乐中定有相当价值”的结论，也正是对国乐相比西乐“不同的不同”之处的肯定。因而，萧友梅的上述音乐思想代表了“五四”时期多数音乐家的共同认识。

---

① 《中华教育改进社在北京开第二次年会国民音乐组表决通过之议案》，《音乐季刊》1924 年第 3 期第 3 页。

② 萧友梅：《旧乐沿革》，参见陈聆群、洛秦：《萧友梅全集 · 文论专著卷》，上海音乐学院出版社 2004 年版，第 682—683 页。

③ 赵元任：《新诗歌集 · 序》，《赵元任全集 · 第 11 卷》，商务印书馆 2005 年版，第 12 页。

其二，较早提出对中国传统音乐加以整理、记录与研究，同时使之成为现代中国音乐创作的参考对象，使中国新音乐不失其民族性的特点。修正案中提出的由中西音乐专家组成旧乐研究会并将现有乐曲译为世界共同乐谱（五线谱）以供作曲家参考的观念，在萧友梅的其他文论中也时有体现，例如，在其后的1924年为李荣寿所编《俗曲集》所写的“序言”中，萧友梅认为，西方音乐之所以发达进步，其中很重要的一点在于记谱法的改进与完备，而中国音乐则长期以来没有精确而系统的记谱法，因此造成了中国音乐不能有系统地发展。因此，萧友梅提出：

顾一国之中，必有所为国民音乐（folk music 或 folk tune①）。此种曲调虽无精密的记谱法，亦常存在于国民听观之中。唯辗转相传，日久难免无以讹传讹之点。为今之计，如欲保存此种有特性的曲调，莫如速用万国通用记谱法译记之，俾可供作曲家与音乐史家之参考。②

今天的文化相对论者可能会认为，萧友梅当年尊五线谱为“万国通用记谱法”以及认为中国音乐比之西方音乐不发达的原因在于记谱法落后的观点是值得商榷的，但是，以较为精确的记谱方式，将流于民间的丰富曲调加以记录和整理，既有利于民间曲调的保护与流传，又可以为新的音乐创作提供参考，这应是值得充分肯定的主张与要求。我们今天对民间音乐“集成”式的记录与整理，不正是在大量地做这种工作吗？

直到20世纪30年代末，萧友梅在《复兴国乐我见》一文中，依然强调指出，中国传统音乐的宝贵之处，不在于理论乐律，也不在于乐器与演奏技术，而在于种类繁多、无比丰富的历代辞章与曲谱。萧友梅认为这些辞章与曲谱之旧乐，其浩繁博大丝毫不亚于“国故”，因而亟须延聘专家学者专心整理并加以保护。因此，萧友梅提出：

对于延聘专家整理之提议，甚望能为政府采纳，付诸实施，则吾国音乐幸甚。③

由此可见，萧友梅一直是极为重视那些富有民族特征的所谓旧乐的，但他的

① Folk music 今译“民间音乐”。由此序文可知，萧友梅与李荣寿所谓“国民音乐”即民间音乐，但国民音乐教育则是指针对中、小学的普通音乐教育。

② 萧友梅：《李华萱〈俗曲集〉序》，参见陈聆群、洛秦：《萧友梅全集·文论专著卷》，上海音乐学院出版社2004年版，第210页。

③ 萧友梅：《复兴国乐我见》，参见陈聆群、洛秦：《萧友梅全集·文论专著卷》，上海音乐学院出版社2004年版，第738页。

根本用意还不仅仅在于原样保存旧乐，而是正如在提案和许多文章中提出的那样，希望旧乐能成为新音乐创作中的重要参考。这一理想实际上早在其1916年完成的博士学位论文中就已提到了：

> 我希望将来有一天会给中国引进统一的记谱法与和声，那在旋律上那么丰富的中国音乐将会迎来一个发展的新时代，在保留中国情思的前提之下获得古乐的新生，这种音乐在中国人民中间已经成为一笔财产而且要永远成为一笔遗产。①

我们不妨把萧友梅在博士学位论文中的设想视为他在中国新音乐发轫之初的宣言乃至预言，因为此后中国新音乐的发展也基本上是按照他所指出的那样，传统音乐的因子已经成为富有中国情思的新音乐创作所不可或缺的重要文化给养。对于中国音乐的发展而言，传统的原样延续显然不能满足新的历史条件下人民的需求，传统音乐也只有在成为新的音乐创作中的有机组成部分时，才能真正实现所谓“古乐的新生”。历史发展到今天，借鉴西洋音乐技法、汲取传统音乐养分而创作的具有新的时代特点同时又不失民族性的中国新音乐，已经如萧友梅所预言的那样，“这种音乐在中国人民中间已经成为一笔财产而且要永远成为一笔遗产”。

萧友梅在1923年中华教育改进社第二次会议国民音乐组上的附议案与修正案，尽管实质上反映了他对于中西音乐关系以及中国传统音乐与现代音乐创作关系的认识，但就萧友梅的音乐实践来看，本次提案中肯定中国传统音乐价值的态度、提倡中国新音乐创作需要借鉴旧乐中有特性之处的思想，都在其长期以来音乐教育的实施过程中得到实践与强调，从他的另外一些文章及其一些尝试性音乐作品（如管弦乐曲《新霓裳羽衣曲》）的创作中也都可以大致感受到，兹不赘言。

二、重视基础音乐教育，遵循音乐美育原则

萧友梅不仅穷其一生投身专业音乐教育，同时也极其关注基础音乐教育问题。近代中国专业音乐教育在萧友梅筚路蓝缕的开拓中终于有了历史性的突破，但是，专业音乐教育的发展必须有赖于基础音乐教育的发达，只有重视基础音乐教育，才能更好地发展专业音乐教育，这是在任何时代两者之间都会存在的矛盾。萧友梅深刻地认识到这一点，因而对基础教育的关注也成为萧友梅音乐教育思想中非常重要的一个方面。其在1928年和1939年的两项提案就明确指出了当

① 萧友梅：《17世纪以前中国管弦乐队的历史的研究》，参见陈聆群、洛秦：《萧友梅全集·文论专著卷》，上海音乐学院出版社2004年版，第46页。

时一般学校特别是中学不重视音乐教育的现象，指出基础音乐教育处于播种时期的困难及其重要性，1939 年的提案还特别强调了普通音乐教育乃是以美育为基本原则，同时寓德育于美育之中。

在 1928 年 5 月第一次全国教育会议上的提案《拟请增加中学音乐科授课时数并在大学添设“音乐领略法”及“唱歌”两项共同选修科案》内容如下：

【理由】

查第四中山大学去年订定之中学课程：初中之乐歌钟点，只第一二年有之；高中师范科之音乐科，只第一年有之，且多周只一小时；高中普通科，连此一小时并无之，未免对于此科过于轻视。吾国今日之音乐教育，尚在播种时期；应请增加各校音乐学科授课时数，以期有展之一日。

【办法】

（一）初中三年，每年音乐功课，应改为唱歌乐理各一小时。初中选修科，应加钢琴、小提琴、各乐器。

（二）高中各年级唱歌一科，应改为每周一小时。

（三）大学之共选修科，应添设“音乐领略法”（Music Appreciation），每周一小时至二小时。各大学均应添聘唱歌教员，挑选性近音乐之学生，组织歌队，每周以二小时训练唱歌。①

这项提案所涉及的当时中学音乐课程课时严重不足、过于轻视音乐课程的问题，在今天的中学音乐教育中仍在一定程度上存在，暂且搁置不论。值得我们注意的是萧友梅由此而引发的忧虑与期望之情。其忧虑的是，“吾国今日之音乐教育，尚在播种时期”。播种时期的中国音乐教育基础贫弱、亟须倍加呵护，而现实情形却是课时严重不足乃至没有课时，“过于轻视”。其期望的是，“增加各校音乐学科授课时数，以期有展之一日”。这其实是一个很简单的道理：增加课时意味着对音乐课程的重视，有了重视再加上持之以恒的努力，便会迎来音乐教育开花结果的发展期。更为长久地看，基础音乐教育的发展决定着专业音乐的进步，它一方面为专业音乐教育发现人才、准备人才；另一方面又为专业音乐的发展提供主要的受众与欣赏者。因此，以中学音乐教育为主体的基础音乐教育，在一个国家的音乐发展中有着举足轻重的地位和极为重要的现实意义。一个重视音乐教育的国家，必定是一个音乐发达的国家；一个不重视音乐教育的国家，必定是一个音乐贫弱、落后的国家。

10 年后的 1937 年，萧友梅发表了《中学音乐教学的实际问题》一文，在这

---

① 章咸、张援：《中国近现代艺术教育法规汇编》，教育科学出版社 1997 年版，第 252—253 页。

篇文章中，萧友梅尖锐地指出："我国中小学音乐根底太过薄弱了。不，事实上简直可以说它实在毫无音乐根底。"① 文章不留情面地针对当时中小学音乐教育中存在的课时严重不足、课程标准难以适用、教育官员不懂业务等问题提出了批评，并提出一系列有望切实实施的补救措施。凡此种种，无不显示出萧友梅对基础音乐教育一贯的深切关注。

萧友梅在20世纪20年代反映出的问题，在21世纪当代中国的基础音乐教育中有无存在呢？有。时至今日，应试教育事实上依然扮演着中学教育指挥棒的角色，素质教育在很多地方仅仅是一个口号。因此，不重视音乐课程的现象依然在很多中学普遍存在。将本应是音乐课的时间转让给文化课，期末时提前结束音乐课以备考文化课，高中阶段只在一年级时开设音乐课或音乐欣赏课，上课时依然停留在20世纪"学堂乐歌"式教学阶段，诸如此类的现象只要我们做一点真实的调查就可以看到。不夸张地说，现今的学校音乐教育根本无法与社会音乐的轰炸式影响相抗衡。这是否也是从社会到个人均未能真正重视学校音乐教育的结果的某种体现呢？这些问题已非本文主旨，亦非篇幅所允，暂搁置不论。

此项提案中值得注意的另一提议，是建议在大学共同选修课中添设"音乐领略法"或"唱歌课"。音乐领略即今日所谓音乐欣赏，在大学中开设音乐欣赏选修课，其目的即是美育；组织歌队训练唱歌，同样是音乐美育的实践活动。民国以来，特别是"五四"新文化运动时期，美育已成为一股重要的社会思潮和教育思潮。萧友梅一生受美育思想影响，在一些文论中也曾明确提出音乐乃美育之重要手段的观点。此提案建议大学共同选修课设音乐欣赏或组织唱歌活动，一方面可视为其音乐美育思想的反映，另一方面也表明萧友梅重视人生每一阶段的音乐教育，使音乐成为美化人生的重要艺术手段。下面这项提案则直接体现了萧友梅的音乐美育思想。

1939年在第三次全国教育会议上的提案《改革现行中学音乐课程案》内容如下：

【理由】

二十一年十一月教育部颁布之中学音乐课程标准，关于音乐一科，似嫌观点未尽正确。盖纯以中学之音乐科为一门学术功课，而未知根据美育原理，应用音乐以陶冶学生之德性也。其次，就学术功课之立场言，亦嫌课程内容之过于复杂，而上课时数过于有限，该课程内容涉及看谱、练声、独唱、分部合唱、器乐、乐理、和声、曲体学、音乐史、音乐美学等等，几等于音乐专科之全部课

① 萧友梅：《中学音乐教学的实际问题》，参见陈聆群、洛秦：《萧友梅全集·文论专著卷》，上海音乐学院出版社2004年版，第662页。

程，而上课时数仅规定初中第一学年每周二小时，初中第二学年起至高中第三学年仅每周一小时（二十五年复改减为高初中各学年每周半小时），以如此之有限时间，教学上述浩繁之课程，事实上绝对不能办到。

【办法】

（一）根据美育原则，利用音乐之感化力量，以美化学校生活，陶冶学生德性（特别注重爱国心之发扬），并规定以此为音乐功课之第一目标，而以学习音乐技能为第二目标，以利用歌唱激励抗战热情为附带目标。

（二）增加音乐上课时数：初中各年级至少每周三小时，高中各学年至少每周二小时。

（三）通令各校每日举行朝会或其他集会时加入合唱节目，养成团结习惯。

（四）聘专家从新订定适用之中学音乐课程标准（注重固定唱名法），公布施行。

（五）造具各级学校最低限度音乐科设备表，通令各校切实置备。

（六）全国设音乐师范学校若干所，专门培养中小学音乐师资；目前为划一办法及节省经费起见，令国立音乐专科学校在若干适当地点开办音乐师资训练班，以期速效。①

我国中小学音乐教育，始于19世纪末20世纪初的“学堂乐歌”活动。早期的学堂乐歌式教育，注重的是以乐歌启发民智、塑造新民、提升社会风气、改良社会，其教育观念带有较强的功利主义色彩，反映了近代以来在救亡图存这一大的社会思潮影响下，中国早期多数知识分子在新式教育中所持有的教育救国思想。因此，当时的乐歌基本上都是反映抵御外侮以救亡图存、学习西方科学文明以自强进步等主要内容。从中可以看出，尽管学堂乐歌主要是为中小学堂的少年儿童而作，但其中却承载了乐歌编创者与知识分子多少复杂的思想情感与社会要求。总之，这一时期的乐歌还没有将美育作为教育的基本目的。尽管王国维早在1903年的《论教育之宗旨》一文中即已提出美育的思想与要求，蔡元培也在1912年所作的《对于新教育之意见》一文中明确提出美育应成为新教育的重要组成部分，但美育在音乐教育中却一直没有得到重视，这当然也是与当时中小学音乐教育的普遍落后分不开的。直到“五四”新文化运动时期，美育包括音乐美育思想才逐渐蔚然成潮，引起了音乐界人士的普遍关注。

在萧友梅的音乐教育思想中，美育一直是占有极为重要的地位的。例如，萧友梅在20世纪20年代的一些文章中就曾反复提到音乐对于美育的重要性：

① 章咸、张援：《中国近现代艺术教育法规汇编》，教育科学出版社1997年版，第274—275页。

音乐同唱歌于美育很有关系，我们不能因为政府不注意音乐教育……就不研究音乐……所以我很希望爱音乐诸君用科学的法子，做一种有系统的研究。[①]

我国已经一千多年没有正当的音乐教育机关了。近日社会上所提倡的，还是偏重造型美术和戏剧两方面，所以我很盼望爱美的同志总要分一半精神来提倡音乐，方才可以讲提倡美育。[②]

上面的这项提案，实际上表明在20世纪30年代的中小学音乐教育中，不遵循美育原则，不了解中小学音乐教育的目的及其规律的问题，在教育部颁行的《中学音乐课程标准》中依然明显存在，这不能不引起提倡美育、关心中小学音乐教育的萧友梅的关注。从提案内容来看，教育当局仅仅把音乐课当成了一门“学术课”（或可理解为知识课、技术课），而没有认识到音乐课之根本在于实施审美教育，而非专门的技术教育或知识教育。此外，课程标准中规定讲授的课程内容，实在是“琳琅满目”，却不管中学普通音乐教育是否能够胜任与完成这些内容，难怪萧友梅称其“几等于音乐专科之全部课程”。因此，萧友梅在解决办法中明确提出要“根据美育原则”实施中学音乐教育。在“利用音乐之感化力量”的手段下，达到以下两个目的：一是美化学校生活；二是陶冶学生德性。在第二点中，萧友梅特别指出了应“特别注重爱国心之发扬”，这是在抗战的艰苦时期，萧友梅对音乐作为“花丛中的大炮”功能的认识与强调；在美育的前提下，提出“利用歌唱激励抗战热情”，这也是当时每一位爱国音乐家的共识。总之，在萧友梅看来，美育以及寓德育于美育是音乐功课的“第一目标”，音乐技能的学习则是“第二目标”。其中不仅反映出遵循美育规律实施中学音乐教育的原则，而且表现出战争时期对音乐教育与音乐功能的格外重视。

此外，这项提案中提出的在“全国设音乐师范学校若干所，专门培养中小学音乐师资”以及“令国立音乐专科学校在若干适当地点开办音乐师资训练班”，以期速效培养师资的建议，再次显示了萧友梅对中小学音乐教育的多方关注，突出了师资匮乏是教育落后的主要矛盾，培养师资就成为音乐教育中一个具有战略意义的问题。因此，国立音专专门设有师范音乐组的教育体制，这也正是萧友梅重视基础音乐教育师资建设的直接体现。

三、借重西方音乐教育，培养中西兼通人才

作为中国近现代音乐史上留学海外学习音乐时间最长的音乐家，萧友梅对西

① 萧友梅：《中西音乐的比较研究》，参见陈聆群、洛秦：《萧友梅全集·文论专著卷》，上海音乐学院出版社2004年版，第163页。

② 萧友梅：《关于国民音乐会的谈话》，参见陈聆群、洛秦：《萧友梅全集·文论专著卷》，上海音乐学院出版社2004年版，第206页。

方音乐文明有着比一般人更为深刻的认识与理解，因此，在他的音乐教育思想中一个始终不变的观念就是，学习西方音乐，整理中国旧乐，在借鉴西乐创作技术及其理论、汲取旧乐因素的基础上，创造中国新音乐。这一切首先需要的就是能够培养出中西兼通的专业音乐人才，而在中国专业音乐教育刚刚起步的奠基期，欲求工于西乐的专业人才，只有两条道路可行：一是请进来，二是送出去。所谓“请进来”，就是聘请外国音乐家或曾留学海外的中国音乐家到中国任教，使本国学生能够在国内学习西方音乐；所谓“送出去”，就是选派有音乐素质与发展潜力的优秀音乐人才出国留学，学有所成再回国效力。众所周知，在“请进来”这一点上，萧友梅是不遗余力的。在办学经费极为有限的情况下，萧友梅曾聘请了查哈罗夫、佘浦磋夫、苏石林等外国音乐家以及黄自、应尚能、周淑安等曾留学海外的中国音乐家到国立音专任教，西方专业音乐的教育体制以及西方音乐的系统理论与技能，正是在这样一支师资队伍中建立起来的。但是，对于整个中国的音乐教育而言，仅靠国立音专的师资储备与人才培养是远远不够的。萧友梅心中所想的并非仅仅是他苦心经营的国立音专，他所关心的是整个中国音乐教育的发展。因而，在“请进来”之余，还必须要有“送出去”再回来的优秀专业人才。1928 年 5 月第一次全国教育会议《拟请大学院以后选派西洋留学生时注意音乐科学额案》就是反映萧友梅这一思想的提案。内容如下：

【理由】

吾国音乐教育，停顿了已一千余年。近虽有人提倡，但仍苦于师资缺乏，以至无从下手；即欲整理国乐，亦少兼通中西乐理之人。欧洲近日音乐之发达，全是两百年来音乐教育的结果。如欲得人整理国乐及输入西乐，非先派遣学生出洋不可。

【办法】

（一）规定学额。以前出洋留学生习音乐者，千人中不得一人。以后如遇有选派西洋留学生之机会（无论由中央或由各省派去），拟请大学院规定，以派遣人数之十分一为音乐学生学额。

（二）留学资格。凡学音乐者，第一须有天才，第二须年岁较小，方易学完专门的技术。查欧洲著名之音乐院，入学年龄限制极严：习唱歌或理论者，以二十三岁为限；习器乐者，以十九岁为限。派遣留学生时，宜采用此法。并须考试其对于音乐，有天才否，俾经费不至虚掷，而收效亦较速。但在本国音乐院或音乐科之毕业生成绩优良者，不在此例。[1]

---

① 章咸、张援：《中国近现代艺术教育法规汇编》，教育科学出版社 1997 年版，第 266—267 页。

此项提案之“理由”中反映了萧友梅一生不变的认识与观念：一国之音乐的发达首先在于音乐教育的兴盛，师资是音乐人才培养与音乐文明传承的主要载体；中国音乐之落后与西方音乐之发达，皆在于音乐教育的发达与否；中国音乐之发展需同时学习西乐、整理国乐，中国新音乐的发展应建立在中西音乐因素相互交融的基础之上。不管是兴办音乐教育还是从事国乐整理，均需学习与借鉴西方音乐。因此，就当时情形来看，是否拥有精于西方音乐，而后能够中西兼通的专业音乐人才就成为制约新的中国音乐文化发展的瓶颈。如何解决这一矛盾？萧友梅提出了请政府在选派留学生时关注音乐学生名额的建议。在20世纪20年代后期中国专业音乐教育刚刚起步、新音乐行将发展的情形下，萧友梅的提案无疑具有极为重要的现实意义。但是，在当时的社会文化背景与历史条件下，萧友梅的建议很难引起政府的真正关注，音乐人才的培养从来也没有成为官方着力扶持的对象。

值得指出的是，此项提案中所反映出的萧友梅强调学习西乐、整理与融会旧乐以发展中国新音乐的思想，一直贯穿于他的音乐教育理念当中。对于学习西乐者，萧友梅不忘强调对中国旧有音乐的整理与研究；对于学习国乐者，他又深切希望能同时借鉴西方音乐。特别是后者，萧友梅一直期望国乐方面的人才能够同时认真学习西方音乐的理论知识，从而能够借鉴西乐、创作出符合新时代的新国乐。他曾在几篇文章中多次提到这一点。比如，在1932年发表的《听过来维思先生讲演中国音乐之后》一文中，萧友梅最后写道：

余尤愿吾校国乐组诸同学，多注力于乐理及和声、曲体等功课，盖欲改良旧乐，必先具有一种方案；欲作成此种方案，非借镜于西乐不可。但余并非主张完全效法西乐，不过学得其法，藉以参考耳。①

在1937年撰写的《对于各地国乐团体之希望》一文中，萧友梅寄语从事国乐者：

今吾国各地到处皆有国乐团体的成立，且团员中不乏天才人士，倘能时时借镜西方音乐，理论技术量方面均作有系统的研究，将来改良旧乐创作新乐均非难事，甚望海内音乐同志多发愤努力，以期与西乐有并驾齐驱之一日也。②

笔者以为，在国人对西方音乐的了解还停留在较为肤浅、对西方音乐的学习还远不够深入的20世纪二三十年代，萧友梅一再提请认真学习西乐、借鉴西乐，

① 陈聆群、洛秦：《萧友梅全集·文论专著卷》，上海音乐学院出版社2004年版，第588页。

② 陈聆群、洛秦：《萧友梅全集·文论专著卷》，上海音乐学院出版社2004年版，第665页。

培养中西兼通之音乐人才的主张是符合历史要求的；他特别指出的学习西乐而非抄袭西乐，创造与发展中国新音乐的思想与要求更是值得充分肯定。

四、奖掖优秀专业人才，繁荣音乐创作表演

判断一个国家音乐是否发达，最为直观的一个方面即是看其在音乐创作与表演方面的成就。或许可以这样说，音乐创作与表演方面的成就是衡量一个国家音乐文化是否发达的重要指标。20世纪20年代，中国新音乐的创作与表演处于刚刚起步阶段，谈不上任何的成就与骄傲。究其原因，依然离不开专业音乐教育的落后与专门人才的匮乏。因此，欲繁荣音乐的创作与表演，首要任务是培养专门的创作与表演人才。萧友梅于1928年5月第一次全国教育会议上的另一项提案就涉及了这样的问题。该提案题为“拟请大学院每年拨出二万元为音乐美术之奖金案”，内容如下：

【理由】

大学院成立以来，虽设有音乐艺术院，但此为学校教育，收效较迟。查欧美各国政府，莫不有定额之奖金，奖励艺术界之有创作者，或技术特别精巧者。故人才辈出，作品亦日新月异。拟请大学院援照此例，每年暂拨出二万元，为音乐美术之奖金。

【办法】

（一）奖金数目：每年暂拨出二万元，分作四份，每份五千元。以后遇必要时，随时增加金额。

（二）奖金分配：上项奖金，专用以奖励对于音乐、绘画、雕刻、建筑四项之有创作者，或技艺特别精巧者，每人予以奖金五千元。

（三）受奖资格：欲领得此项奖金者，须先有人介绍于大学院。每年春季由大学院延请国内音乐美术专家，组织审查委员会；指定日期审查或批评出品者及演奏者之成绩，决定其合格受奖与否。

（四）奖金之移用：受奖者如尚有出洋研究之必要时，由大学院直接送其出洋，思留学期以三年为限，应得之奖金，即移作学费之用。①

此项提案的核心内容同样是提请政府关心音乐事业。就音乐而言，萧友梅盼望着中国音乐能够有“人才辈出，作品亦日新月异”的美好前景，也正因此，他提出了效仿欧美奖励艺术人才的制度，对音乐创作与表演人才加以严格的专家评定，对表现突出者给予奖励，从而推动中国音乐的发展。当然，优秀艺术作品

① 章咸、张援：《中国近现代艺术教育法规汇编》，教育科学出版社1997年版，第257页。

的诞生不能仅靠物质奖励的手段来保证，但物质奖励毕竟也是一种竞争机制，奖励本身就是对艺术领域里佼佼者的认可与褒扬，在一定意义上，对艺术创作与表演进行设奖鼓励，也是促进艺术事业繁荣发展的积极手段，许多优秀的艺术作品就是在设奖比赛中诞生的。

值得一提的是，在萧友梅提出这项议案六年后的1934年，国立音专举办了一次“具有中国风味钢琴曲”的设奖比赛。应俄国钢琴家齐尔品（A. Tcherepnine）请求“筹划一个以制作具有中国民族风格音乐为目的的比赛，最好的一首由中国作曲家所写、具有中国民族风格的钢琴曲，将获得一百银元的奖金”① 的建议，萧友梅遂在国立音专艺文社所编刊物《音乐杂志》第三期上刊登了“征求有中国风味之钢琴曲”的启事。评委由齐尔品、萧友梅、黄自、查哈罗夫（Boris Zakharoff）、欧萨可夫（S. Aksakoff）五人组成。应征作品11件，比赛结果是贺绿汀《牧童之笛》（后名为《牧童短笛》）获头奖；俞便民《c小调变奏曲》、老志诚《牧童之乐》、陈田鹤《序曲》、江定仙《摇篮曲》获二奖；贺绿汀《摇篮曲》获名誉二奖。

这是“五四”新文化运动以来，在学习西乐的巨大思潮之下，中国音乐家以西方音乐的创作技法展现自己创作才华的一次尝试，也是20世纪30年代初国立音专专业音乐教育在钢琴音乐创作上的一次集中展示。此次设奖比赛的意义在于一方面体现了萧友梅一直重视、提倡音乐创作的精神；另一方面通过获奖作品也表明，具有中国民族风格的音乐作品完全可以在钢琴这件西洋乐器上得以展现，钢琴这件西洋乐器也完全可以表现中国人的思想感情。在设奖比赛中诞生的贺绿汀的《牧童短笛》，被视为中国钢琴曲创作逐步走向成熟的标志。因此，从“征求有中国风味之钢琴曲”的设奖比赛返观1928年萧友梅的提案，这一提案也就有着不平常的意义。这或许是近代中国音乐界第一次提出应对音乐艺术人才加以经济上的褒奖鼓励，但不管怎样，在中国新音乐创作特别是器乐作品创作刚刚起步的20世纪二三十年代，萧友梅提出的对优秀音乐专业人才加以奖励的议案便有着极为重要的现实意义，其根本出发点是为了造就优秀的音乐人才与音乐作品，促进中国音乐的进一步发展，因而值得充分肯定。

五、小结

萧友梅曾在1938年为国立音专开设“旧乐沿革”讲座所编写的教材中，对中国历代音乐的发展作了一番简要的介绍与研究之后，在结论部分总结出这样几

---

① 《俄国作曲家亚历山大·车列普宁（齐尔品）为征求中国风格钢琴曲致萧友梅信的译文》，原载音乐艺文社《音乐杂志》1934年第1卷第3期，转引自孙继南：《中国近现代（1840—2000）音乐教育史纪年》（增订本），山东教育出版社2004年版，第436页。

条“教训”：

（一）想音乐的兴盛非有正式音乐教育机关不可，像教坊那种制度是断不能令音乐作有系统的学习的。

（二）想音乐普及必须从中小学入手，才易培养成一个好的音乐基础。

（三）想得到良好的音乐教员，必须在音乐院或音乐师范科时教以适当的音乐理论、优良的技术与丰富的常识。

（四）想音乐深入于民众，必须常举行各种公开演奏会、大合唱、音乐比赛及多发刊音乐刊物。

（五）想得到特殊的作曲或技术的人才，必须注意培养音乐天才，不要教他们耽搁了光阴。

（六）想得到超等的音乐作品，须常用悬赏征求之法。

萧友梅最后还强调道：

以上六点我国均未有实行过，无怪乎这个古文化之邦——尤其号称礼乐之邦——到了最近几乎成为无乐之国了。①

可以发现，《旧乐沿革》中提到的六点“教训”，几乎都在上述萧友梅的提案中得到不同程度的关注。因此，可以这样说，萧友梅在提案与《旧乐沿革》文中所提及的意见、设想与建议，充分反映了他对发展中国音乐教育、建设中国新音乐的一往情深和拳拳赤子之心，提案中所反映出的音乐教育思想与他在一些音乐文论中的观点可以相互参证、相互支持。

总之，萧友梅在20世纪二三十年代几次全国性教育会议上的提案，可以视为萧友梅音乐教育思想最为朴实无华的浓缩展现，也是萧友梅研究特别是萧友梅音乐教育思想及其实践研究中的重要文献。“窥一斑而见全豹”，通过对上述提案的解读与相关“链接”，我们对萧友梅的音乐教育思想有了更为深入而全面的认识，萧友梅音乐教育思想中凝聚着许多至今仍值得我们认真学习与借鉴的宝贵之处。例如，通过音乐教育，他强调学习西方音乐、整理中国传统音乐，在中西融合中创造中国新音乐的一贯认识，在新的历史条件下值得我们进一步发扬。所不同的是，今天的中国音乐界不能再仅仅着眼于中西音乐的二元世界及其相互关系中，而应放眼世界，吸取一切对于发展中国新音乐有益的音乐元素，同时不忘参考借鉴本民族的传统音乐遗产，使中国新音乐既有世界性的影响，又不失中国

① 萧友梅：《旧乐沿革》，参见陈聆群、洛秦：《萧友梅全集·文论专著卷》，上海音乐学院出版社2004年版，第727页。

音乐所具有的民族特质或“中国情思”。又如，萧友梅重视基础音乐教育并强调美育原则的思想，在当代中国已成为音乐界的共识并在音乐教育中得到决策性贯彻。但是，受应试教育与社会经济大潮中普遍存在的功利主义风气影响而弃美育原则之不顾，漠视基础音乐教育或违反基础音乐教育规律的现象却依然大量存在。因而，萧友梅在20世纪上半叶为发展中国音乐教育而舌敝唇焦的呼吁，至今仍值得中国音乐教育界注目与聆听。

特别值得指出的是，将存在于学者书斋与文章中的音乐教育思想提炼为供政府、教育机构讨论与采纳的议案，以提案的方式将自己对于发展中国音乐教育的认识与构想呈现于国内音乐教育界，试图以提案的方式引起人们对发展中国音乐及其教育事业的社会性关注，是音乐学术研究真正走向联系实践、作用于音乐发展的重要环节与标志。萧友梅以其在当时所具有的特殊的社会影响与音乐身份，努力以各种渠道实践自己对于发展中国音乐教育的种种富有建设意义之设想的精神与行动，值得后人敬佩与赞赏，同样也值得今天每一位同样关心中国音乐健康发展的音乐家学习与发扬，这甚至是理论真正能够有效地作用于社会实践的一个非常重要的表现。因此，联系当下中国音乐教育中所存在以及学者们所关心与研究的种种现实问题，萧友梅通过一些全国性教育会议提交议案并试图努力促其实践的行为，就有着非常重要的现实意义。当然，从议案设想走向真正作用于教育实践的前台，其中又存在着各种各样的问题与环节，而这些就不是本文所要展开讨论的对象了。

总之，正如廖辅叔先生在论及萧友梅时所说：

> 只要我们想一想在那风雨如磐的日子里，像先生那样登高疾呼，召集同志，而且锲而不舍，贯彻始终，直到生命的最后一息，并世能有几人？他的遗文正是先驱者的遗产，凝聚着他毕生的心血，吉光片羽，都应受到后人的珍视。①

让我们永远铭记萧友梅先生为中国音乐教育事业所作出的筚路蓝缕的历史贡献，他在20世纪二三十年代战乱频仍、民不聊生的社会背景下，为中国音乐的发展而燃烧自己、倾其一生的崇高的奉献精神，理应成为今天和平发展的大好时代下，所有中国音乐教育工作者自我期许与实践的崇高信念。

（原载《音乐与表演》2007年第1期）

① 廖辅叔：《萧友梅音乐文集·序》，参见陈聆群、齐毓怡、戴鹏海：《萧友梅音乐文集》，上海音乐出版社1990年版，第7页。

他是诗人，他在作诗！

——重读《乐话》随笔

王宁一[①]

青主（廖尚果）之子廖乃雄先生，在“青主学术研讨会”上凭着他对父亲的细致观察和深刻理解，着重强调了“他是一位诗人”的论点，我认为这是近年青主研究中颇为独到的点睛之笔。

试想青主一生，业不专一，居无定所。你可以说他是反清勇士、民国功臣、法学博士、刊物主编、作曲家、评论家、教育家、音乐美学家……叱咤风云时，击毙过潮州知府；立志出国学军，却不得不转学法律；专攻法律，偏又醉心于哲学和音乐；一度“亡命乐坛”，忽又匆匆离去，终生不再回首；后来又搞翻译又当大学教授，还是公司职员，几乎是“打一枪换一个地方”。这颗闪烁的流星，所到之处，都曾留下过耀眼的光彩。说他是诗人，其用意并不在于强调他在诗歌方面技压群芳（若以成就和影响论，也许人们更愿意说他是音乐评论家、音乐美学家），我的理解是，这是对青主个性特征的精辟概括：不论他走到哪里，不论他从事什么工作，他胸中都燃烧着诗一样的热情，跳动着一颗诗人的赤子之心。他有着诗人的风骨、诗人的神采、诗人的生活作风、诗人的处世态度、诗人的思维习惯、诗人的表达方式（也许还有点诗人式的小“毛病”？诸如“沾沾自喜”、“孤芳自赏”之类？），就连著书立说，也俨然像诗人作诗一般。也许正是诗人的个性贯穿着他的一生，支配着他的一言一行，我于是心有所悟。

说实话，我对青主先生素无认真的研究。十余年前，一个偶然的机遇，令我不得不研究青主，匆忙间留下过一篇跑马观灯式的长文——《二十世纪中国（大陆）音乐美学的发展趋势——从音乐本质的探讨着眼》（原载《中国新音乐史论集》第4集），其中有5 000字涉及“上界的语言”。早就意识到当年由于自己阅读的粗疏，眼力不济，未能彻底澄清历史的误解，后来病痛缠身，几度搁笔，始终没找到一个可以突破陈说、超越自我的着力点。研讨会上廖乃雄先生关

---

① 王宁一（1939— ），男，中国艺术研究院音乐研究所研究员。

于“诗人作诗”的个性评点，使我茅塞顿开。预感到一个“向来枉费推移力”的历史疑点，有可能变得“艨艟巨舰一毛轻”起来，于是我重读《乐话》，写下这篇随笔。

为了避免话题分散，这篇随笔只谈《乐话》的第一章。第一章其实很短，但它承载了过重的历史负担，也许用上一整篇随笔都难免余意未尽，好在可以一篇篇地写下去，就让它陪伴我在病榻上的余年吧。

《乐话》的开篇，一句最具实质意义的话是这样说的（我当年的文章也是从这里切入的）：“……奏乐的我，听乐的你，好像身在天上了……这种天上的音即是我先刻所谓上界的语言。”哪来的“天上的音”？不分明是“我”奏的，“你”听着的音吗？怎么转眼就成了“天上的音”了？其实，他不过是想说“这种在我们演奏者和欣赏者听来，觉得自己‘好像是身在天上了’的（然而却是道地的、现实的、人间的）音，我就把它叫做上界的语言。”这样说，多少可以减少些误解，但这就不是黎青主，而是王宁一（一个咬文嚼字、吹毛求疵的家伙）了。

如果我们晓得了青主是在作诗一样地写着他的《乐话》，那么，对这种一步登天式的大跳跃，就不必大惊小怪了。也许此刻，他正营造着“此曲只应天上有”的诗境，他想借着这突如其来的一跃显出音乐的崇高与神圣，把他对音乐的无限赞美之情尽情地宣泄出来？或许他什么也不为，只是下意识地进入了一种物我两忘的精神状态？诗人吗，本来就是“可上九天揽月，可下五洋捉鳖”的酒神哪。如果人们发现他似乎偶尔也会显得有点神志不清，像李太白“举杯邀明月”那样地醉眼蒙胧，那也应是情理中的事。

总之，青主先生是一步登天地把我们带到了天上。那么天上有什么呢？没有日月星辰，不见风云雷电（不是自然之天），却是一个借马丁神父之口所说出的“天国”——一个“天使、神明出没的所在”：

> Martin Luther 曾告诉我们：
> 谁从事音乐，
> 就是有了一份上界的职业，
> 因为上界的天使，
> 个个都是以音乐为职业的，
> 而最初的音乐，
> 是推源于上界。

这“上界”被渲染得活灵活现。好像天使开饭时，面包上是抹黄油还是抹果酱他都门（儿）清似的，一会（儿）用餐时就能把从诗人海涅那儿打听来的“上界的生活（包括用餐）的情形”详细地告诉你。在用格里尔帕策的一首诗与之对比之后，作者接着写道：

格里尔帕策是用人世说话的方法解释什么是上界的话，马丁·路德是用上界说话的方式解释什么是上界的话，说话的方法不一样，那末，说出来的话，当然也有深浅的差异了。

不必过分推敲双方说话方式的同异、含义的深浅，重要的是青主先生用自己的话，确认了有一个非人的“上界”（这“上界”和“人世说话的方法”都“不一样”，所以绝不是“和物质世界相区别的精神世界”）。我承认，十年前我初读《乐话》，着实被这个栩栩如生的“上界”给蒙住了。从世界观上说，承认一种不存在的东西（上界）的存在，不是“露骨的唯心主义”吗？认同“最初的音乐是推源于上界”，不是和“社会生活是文学艺术的唯一源泉”的观点针锋相对、背道而驰吗？我的目光不禁变得严肃起来……平心而论，我对青主先生是敬爱的，我喜欢他的文笔，钦佩他的才华，包括他那放荡不羁的个性和那仿佛无穷无尽的精力，特别是他对音乐的那种完全出自天性的，几乎是刻骨铭心的贴切把握也是时常令人拍案叫绝的。但是，我爱青主，我又岂能不顾事实！在这些事涉世界观、文艺观的重大原则问题面前，我能掩耳盗铃、文过饰非吗？尽管通读全书，我看到这个“天国”不过是昙花一现，其观点并未贯彻到底。但白纸黑字无法抵赖（何况他始终也不曾表示过要放弃），除非闭上眼睛绕道而行，而那是一个理论工作者无论如何也不该做的。我只好有一说一、有二说二，采取“成绩说够，问题说透”的方针。于是便有了我那篇主张“有批判地继承，有分析地吸收”的文章。如今有人写道：“青主所说的上界，是指天使神明出没的天界，还是指人的内在精神世界？”对于这一问题，只要肯“从青主的文本中去寻求答案”，就不难发现，正是青主自己先后写出了两个自相矛盾的“上界”（我当年是说“作者的表述是含混的，自相矛盾的”），一个是指“天使神明出没的天界”，另一个才是“人的内在的精神世界”，而且，如果真不想“孤立地看问题”，就只好老老实实地把两个“上界”原原本本地介绍给读者，进而才有可能分析它们的联系和差别，弄清楚孰真孰幻、谁主谁从以及青主何以要演出这么一个“蒙头盖脸”的反串新双簧，他何以要把“今天”摆在“明天”和“昨天”之间用同一个“前两天”为轴，在你面前摇来晃去，要你很快断定：“今天”到底是“明天的前两天的后天？还是昨天的前两天的大后天？”弄得你是眼花缭乱、晕头转向，把“好好一个聪明的头脑”都给“弄糟”，这究竟是为什么？其真实原因和正当的理由何在？这之后，或许我们才能够顺理成章、一步一个脚印地引出人们预先想要得到的结论，实现“为青主先生正名”的初衷。不然的话，隔着锅台就想上炕，不但会踩塌锅台弄脏炕，还会不自觉地陷入“打着黎青主反黎青主”的尴尬之中。当然，我必须马上承认，十年前，我确乎未能参透《乐话》的种种玄机，因而未能彻底澄清历史的误解。借此机会我愿当众作一诚挚的检讨，欢迎大家继续批评指正。

如今，廖乃雄先生一语道破天机：他是诗人，他在作诗呀！是的，我们应当用作诗的眼光去读《乐话》、理解《乐话》，始能读懂弄通。初读《乐话》，虽然字里行间的浪漫诗情扑面而来，备受感染，但始终还是一本正经地只把它当成理论著作去阅读，却从未想过《乐话》的立意谋篇乃至写作方法、表现手法都染上了诗意的光环，浸透着诗的灵魂。于是我眼前突然一亮，顿时想到一首人人耳熟能详的诗词《蝶恋花》。只需引用三句，就大致可以说明这一问题：

……
杨柳轻飏直上重霄九。
问讯吴刚何所有，
吴刚捧出桂花酒。
…………

《乐话》开篇的思路、结构和手法，与这首诗词可谓异曲同工。前面提到，青主先生“一步登天”，恰似“直上重霄九”。到了天上，诗人请出了嫦娥“舒广袖”，令吴刚献美酒，为的是流尽“倾盆”的泪水，让无尽的哀思在“万里长空”幻化出绮丽的画卷，以慰先烈的“忠魂”；而理论家黎青主则问“马丁”、借“天使”，请诗人海涅摆上刀叉、面包和奶油。其目的不过是用一个虚拟的天国的形象来引人入胜，营造一种和睦温馨的家庭氛围，以便读者轻松愉快地去接受即将展开的音乐理论。第一章比兴过后，才在第二章敷陈其事（赋），于是“从远处伏脉”，娓娓道来，那清澈见底的涓涓细流，渐渐汇成音乐理论的“长江大河”一泻千里般“奔流到海不复回”的浪漫主义气势，亦不亚于“泪飞顿作倾盆雨”那样的酣畅淋漓吧！

“天国”的迷人，是青主先生进行形象思维的结果，是他运用诗歌比兴手法进行创作的需要，因而不是作者理论观点的表达，更不能当成作者世界观、文艺观的证据。记得1958年毛主席的《蝶恋花》发表时，两颗人造卫星已经上天，加加林回来证明，月球上并无一滴水，连生命的影子都没有，哪来的嫦娥、吴刚、桂花酒？但这绝不妨碍我们的伟大领袖、彻底的唯物主义者写他的“寂寞嫦娥舒广袖”，为什么我们“亡命乐坛”（青主自况）的“著名共党”（汪精卫语）就不能请几个可爱的天使来陪自己的爱人吃顿简简单单的西餐，弹一曲甜甜蜜蜜的“竖箜篌”呢？总之，如果不懂得形象思维，分不清现实的同一性和幻想的同一性，不了解诗歌的比兴手法是完全建立在“虚伪的根基上”的，一概实打实地去理解、分析，又有哪个诗人能不被打成唯心主义呢？即令运用“双结合”的创作方法恐怕也难幸免吧？

但是，《乐话》毕竟不是一首诗，而是一部理论著作，比兴手法的虚拟性和理论观点的实在性在这里的确有些真假难辨，如果有人坚持认为，理论著作中的论点岂有不实之理？“最初的音乐是推源于上界”一语未必不代表黎青主的观点，那又如之奈何？几十年来深深的误解岂是率性而为地想当然就能轻易解除的？如此就只好请青主先生自己来“对簿公堂”了。在《音乐通论》中我们读到：

古代希腊人的音乐见解是有许多超出科学之上的地方，他们要把音乐当作是导源于上界的神明，所以他们相信……无论天堂地狱都受了音乐的支配……这种非科学的音乐效验，到了科学昌明的今日，自然是没有人能够相信。

很显然，先生认为“把音乐当作是导源于上界的神明”、“相信……天堂地狱……”的观点是“非科学的”，是“没有人能够相信”的（写到这里，我对自己当年读书的粗疏感到汗颜）。同样，在科学昌明的20世纪30年代，我们又怎能设想，一位留学德国，曾钻研哲学和音乐，甚至曾经“满口马列主义”的法学博士，竟会不辨唯心、唯物的起码常识，相信起“天国”、“天使”、“神明”来了？可那毕竟是白纸写出的黑字，对于当时音乐界的人情世故已经洞若观火的青主先生非要留下这么个“口实”让人误解了好几十年，这又是何苦呢？仔细品味《乐话》原文，就能体会出他的“别有用心”。就在他引用了马丁·路德的那段关于“天使”的话后，紧接着他就写道：

这样的……说话，在普通人看来，或者会说它是谐话。

也许青主先生并不以为自己是“普通人”，他自己是怎么看的呢？

madame，我很以为诙谐的说话是最适合用来阐发最高的真理。

可见，青主先生和“普通人”并无根本不同，他也认为那不过是一句“谐话”（笑话），他之所以要不避嫌疑地和我们开这么个玩笑（哪怕有人“必定会说我们两个都是呆子”也在所不惜），只是因为他想用这种“最适合的”方式，来“阐发”关于音乐的“最高真理”。这却是他的真知灼见，包含着他深厚的人文素养和独特的人生体验，一如他认为“世界上的真理，往往是隐藏在普通一般人承认是说错了的谐话里面”一样。举例来说，毛泽东就是一位极善于用“谐话”来阐发“最高真理”的幽默大师。他那句把人之死说成是“去见马克思”

的口头禅，早已在革命队伍里脍炙人口，这当然是一句带有调侃意味的玩笑话。因为马克思主义者相信物质不灭，绝不相信灵魂不死，而“见马克思”一语就假定“灵魂不死”，那自然是当不得真的。仔细想来，这话还真和比兴手法有关。因为他把马克思与上帝作了尖锐的对比。那意思是说，既然你们西方的教徒们虔诚地相信人死后要去见上帝，而我们革命者除了马克思什么也不信，所以如果你们一定要去见你们的上帝的话，那么，我们只有去见我们的马克思了！这两者之所以还有可比性，只因为两者都是人们信仰的对象。试想，这句既形象又幽默的“谐话”，不是生动地表达了革命者坚定的马克思主义信仰，他所阐发的不正是“指导我们思想的理论基础是马克思列宁主义”这一“最高真理”吗？俄罗斯有句谚语“比喻总是瘸腿的”，听话的人必须懂得扬弃那条显而易见的“瘸腿”，才能领略比喻中的奥妙、欣赏形象中的意趣，而这种扬弃其实都是尽在不言之中的。这是一条必须遵循的游戏规则，否则人世间就既无思维的形象性，也无说话的幽默感，那么，剩下的就只有缺乏文化教养的“味同嚼蜡”的语言了。

一部《乐话》的核心命题——“上界的语言”，如果从逻辑上分析，不正是建立在一个假言判断之上的吗？

> 如果我们把我们的灵界当作（也可说是比作……引者注）是我们的上界，那末，我们亦可以把音乐当作是上界的语言。(《音乐通论》)

在西方宗教的世界观看来，大宇宙被分别表象为天堂、人间、地狱这样的上、中、下三界，青主先生想借用这个形象，把它搬到“我们”（人）这个小宇宙中来，所以他把“我们”的灵界比作是“我们”的上界（至于在“我们”这个小宇宙中另外两界在哪里，青主先生可就管不了那许多了，因为对他来说，一个“上界”足矣，本来就是说着玩的“谐话”，何必那么当真)；又因为音乐是灵魂的语言，既然灵界被“我们”“当作是”上界，所以出自灵界的语言也就被“当作是”上界的语言。青主先生的原话是：“因为这种声音艺术是从那个被我们叫作上界的、由人们创造出来的新世界里面产生出来的，故此我们把它叫作上界的语言。”（这话并不在第一章中)

可见“上界的语言”纯粹是“比”（“当”、“叫”）出来的。“比”者，以此物比彼物也。它是以天国比人间，以灵界（或内界）比上界的结果（这和用“上帝”去比马克思并没什么两样)。“如果”青主先生不首先呈示出一个虚拟的天国（它是“上界”的同义语)，他拿什么去“如果”？他怎么能“如果”？他“如”得出“果”吗？他“比”得出、“当”得回、“叫”得成吗？因此，这个虚拟的天国，不仅是《乐话》开篇的一个形象的脚手架，而且它还深深地参与了核心命题的逻辑构成。在这个假言判断面前，我也曾长时间地惊疑不止。可以这样“如果”的吗？“如果我把我们的心脏当作是我们的肾脏，那么，我们也可以把尿毒症说成是心肌梗死吗？”哪一个负责任的医生能够同意这个“如果”，哪一个郑重的科学家能够容忍这样的“如果”？偏巧青主先生既不是医生，也不是科学家，他只是诗人，用诗人的想象和情感酿造着自己的理论，让整部《乐话》自始至终都洋溢着诗的神魂。所以即令是“无中生有”（虚拟一个“天国”不是无中生有吗），哪怕是“指鹿为马”（把“内界”“当作是”“上界”就是“指鹿为马”），那也是诗人不可侵犯的“特权”。从“灵魂的语言”到“上界的语言”不过是借助比喻换了个说法，它只具有形象和情感的意义，理论上并无多少奥妙可言，这里并不曾发生任何质变，他该是什么还是什么，何必因为一件外套就不认真人？所以，如果人们一定要问，青主的上界是指“天界”还是“内界”，那只能这样回答：它既指“天界”，也指“内界”，它是借助类比的手法，把天上人间联系起来的一个巧妙的合题。尽管这上界（天界）并非那上界（内界），但“那上界”是由“这上界”比出来的。没了这个“真”上界，如何“比”出那个“假”上界？不用那个“假”上界，如何“当”得回教堂里的“真”上界？“我们”又如何能把它“叫作是”上界的语言？所以，即令费上九牛二虎之力，也休想把它们分开，更不可能用一个去“剿灭”另一个。大可不必一听说青主的“上界”也指“天界”，就以为“城门失了火”，迫不及待地找一些不相干的材料去作隔靴搔痒式的“扑灭”，其实那是徒劳的（力图证明青主的“上界”只是“内界”而绝非“天界”就是这种徒劳的好意）。如果“天界”真是“唯心主义”，你的辩解一点用处也没有，因为那是事实，而事实是胜于雄辩的；如果“天界”也可以并非“唯心主义”，那又何必像偷吃了“禁果”似的忐忑不安、战战兢兢？“天界”、“内界”在“上界”这个合题中，虚实并举，主从有序，“孰真孰幻，谁主谁从”应是一目了然的。这就是青主先生何以要借助一个“上界”，演出这个“反串新双簧”的真实原因和正当的理由。至于这句“谐话”（关于“天国”）、这个“合题”（“上界的语言”），何以“最适合”表达音乐的“最高真理”呢？——光靠第一章的内容可没法回答这一问题，只能等通读全书之后再来重新判断了。

（原载《人民音乐》2002年第2期）

音乐是上界的语言

——一位诗人作曲家的音乐观

冯长春

纵览中国近现代音乐史，青主（1893—1959）可谓是富有传奇色彩和备受争议的一位音乐家。抛开青主未及弱冠即成为一名反清革命青年，而后赴德留学、异国婚恋、归国从政、亡命乐坛、跻身“白领”、大学执教的丰富人生经历不谈，就其音乐作品与音乐理论著述的数量而言，在同时代音乐家中并不算显要，但其影响却自20世纪30年代以来一直为人们所关注，其中既有大潮汹涌下的“路线”批判，又有历史发展中种种或臧或否的批评性解读，而引发这些是非评判的一切原因，则是青主当初自己也未曾料到会引起如此争议的一些关于音乐的思想言论。这些颇具美学色彩的思想言论主要集中在两本合起来也不过十万字的音乐论著——《乐话》和《音乐通论》当中。

简要了解一下青主丰富的人生经历对于理解他的音乐观不无裨益。青主原名廖增彝，1893年6月10日出生于广东归善县（民国时改称惠阳县，现为惠州市）一个书香门第的大家族。“彝”泛指古代宗庙常用的礼器，取名“彝”，可见当时颇具维新思想的廖父对这个长子能够成就大器的期望。据说廖增彝儿时的确聪颖过人，读书过目不忘，从小在身为教书先生的父亲的严厉督教下习读《左传》、《战国策》等史书，这不仅为他打下了一定的国学功底，或许也为其日后热心军事和投身政界带来了一定的影响。

少年廖增彝先后在惠州中学和广州工业学校就读，约在1910年，他被父亲送进清政府在广东黄埔创办的一所培养陆军军官的“陆军小学堂”，并改名为廖尚果，意寓“尚有成果”。同在这所学校的还有邓演达、李济深等人，这些日后成为政界要人的同学在廖尚果的政治生涯中起到了重要的作用。廖尚果在陆军小学堂的短暂学习生涯的确不同凡响，颇有成果，其中很重要的一点就是革命精神的养成。据其胞弟廖辅叔教授回忆，廖尚果在陆军小学堂时曾写过一篇论述时政的作文，从老师留下的“天惊石破，言人所不敢言”、“主张破坏”① 的批语中，

① 廖辅叔：《纪念青主百岁冥诞》，参见廖崇向：《乐苑谈往》，华乐出版社1996年版，第50页。

不难推想青年廖尚果一腔热血、倾向革命的人生抱负。武昌起义的爆发为廖尚果提供了实现革命行动的机会。在随后攻打潮州知府的战役中，廖尚果和陆军小学堂的学生们参加了战斗，廖尚果表现最为骁勇，一马当先冲在前面并亲手击毙潮州知府陈绍堂。这次战斗成为青年廖尚果日后浪漫精彩人生的转折点。

1912 年，因潮州战役而获“革命军功牌”的廖尚果被民国政府公派留学德国。由于为德国大学出具介绍公函的中国驻德公使馆人员系袁世凯一派，来自广州国民党阵营的廖尚果报考德国军事学校的要求遭到了公使馆的拒绝，无奈之下，廖尚果入柏林大学改习法律。在柏林的十年间，廖尚果的主要精力和兴趣并不在法学，而是广泛涉猎欧洲的文化艺术，自少年时即表现出的音乐爱好也在浸润德国的音乐生活中被激发出来。为此，他专门登报征求小提琴私人教师，正是由于这一因缘，他结识了后来成为其第一任妻子的德国人华丽丝（Valesby Heinrich，1895—1969）。华丽丝虽非职业音乐家，却擅长演奏钢琴、小提琴并善歌能曲。1921 年，廖尚果与华丽丝在柏林结婚。应该说，廖尚果后来之所以能够创作出具有较高艺术价值和历史影响的艺术歌曲《我住长江头》和《大江东去》等作品，与华丽丝这位“老师”的帮助是分不开的。

1922 年，廖尚果告别妻子华丽丝和幼女廖玉玑，只身先行回到广州。久别故里的他回到家中的第一件事情却是不得不与被父母指腹为婚的惠州女子阿逑完婚。阿逑是一位传统的中国女性，尽管知道丈夫在德国已有一位夫人，但仍然对廖尚果体贴有加，廖尚果也逐渐对这位等待自己多年的妻子有了感情。不幸的是，1925 年，贤惠隐忍的阿逑因难产去世。阿逑的离去使廖尚果陷入无限的悲痛，以日记体写成的《乐话》一书，便是他对阿逑的深深怀念。书中时而出现的“逑妹”和“Madame”即是指阿逑。

归国后的廖尚果先后担任过陈炯明总司令部秘书、国民政府大理院推事（最高法院审判官）、黄埔军校校长办公室秘书、国民革命军总政治部秘书、广东法官学校校务委员会副主席等职，其间常大胆发表自己的政治观点，其中不乏带有“共党色彩”的论调。1927 年 4 月 12 日，蒋介石发动“清党”运动，廖尚果被列入黑名单，幸亏得到他在陆军小学堂同学和黄埔军校同事李济深的暗中帮助才得以躲过一劫，于是他只身逃往澳门避难。南昌起义后，廖尚果回到广州，由邓演达举荐担任第四军政治部主任。1927 年 12 月广州起义失败后，由于第四军教导团是广州起义的主力，廖尚果又是第四军的政治部主任，于是汪精卫认定廖尚果为“著名共党”，下令全国缉拿他。于是廖尚果不得不再次逃亡，最终来到上海，在留德同学、当时担任国立音乐学院教务主任的萧友梅的帮助下留在音乐院，取“青主”、“黎青”、“黎青主”等笔名，开始了他所谓“亡命乐坛”的生涯。据廖尚果之子廖乃雄教授称，“青主”一名的由来跟廖尚果崇尚明清思想家傅山（1607—1684）有关。[①] 傅山字青主，是一位极具才华与气节、在我国文化史上有着重要影响的文人。“亡命乐坛”的廖尚果化名青主，可见其中颇有深意。

青主的音乐生涯其实也只有“亡命乐坛”这短短的四年时间，其间开过一家主营欧洲古典音乐乐谱的 x 书店（不久即倒闭）、主编国立音专（1929 年 8 月后国立音乐院改为国立音乐专科学校）校刊《乐艺》、谱写了三十余首歌曲，发表了七十余篇音乐文论，出版了《乐话》与《音乐通论》两部著作。这些为数并不算多的音乐成果，使青主成为 20 世纪二三十年代中国新音乐文化初创时期具有重要影响的作曲家、音乐美学家和音乐批评家。自称“从事音乐完全是为了受通缉时混饭吃”[②] 的青主，或许连他自己也没有想到流亡乐坛的几年会使他在中国近代音乐史上有了一席之地。

1930 年，在萧友梅和蔡元培的帮助下，南京政府取消了对廖尚果的通缉令，终于使其结束了隐姓埋名的生活。1931 年，在留德同学的举荐下，廖尚果离开国立音专进入刚刚成立的中德合办的“欧亚航空公司”任职，从此过上了一段如今被视为高级“白领”的生活。与此同时，他的跨国婚姻也走到了尽头。1926 年，华丽丝带着女儿廖玉玑来到中国，在社会动荡和廖尚果亡命乐坛时与其共同生活了六年之后登报离婚。离婚后，廖尚果与新结识的女职员王蕴华于 1932 年结婚，开始了一段新的家庭生活，华丽丝与女儿廖玉玑于 20 世纪 40 年代末离开中国，移民阿根廷。

抗战爆发后，与当时很多中国人一样，廖尚果也不得不过着辗转各地的流亡生活，备尝艰辛。但据其子廖乃雄回忆，即便在最为困难的生活中，廖尚果也依然保持一位艺术家的审美态度和浪漫情怀，诗乐绘画的写作与欣赏成为其战时生活中亮丽的点缀。抗战胜利后，在教育部部长朱家骅的帮助下，廖尚果进入同济大学教授德语和德国文学，新中国成立后又随同济大学德文系先后并入复旦大学和南京大学。自离开国立音专之后，除 30 年代初期应邀在《音乐教育》杂志发表过几篇音乐文论，执教大学后翻译出版了一些文学著作以及着手翻译而未及完成的波兰音乐学家卓菲娅·丽莎的《音乐美学问题》一书外，青主没有再发表任何音乐作品和音乐论著。1957 年，青主退休后在苏州度过晚年，1959 年 5 月 5 日在上海去世。

青主最初可以称得上是一位“革命家”，但使他在历史上留下永恒一笔的却是那短短几年“亡命乐坛”生活中的音乐创作、理论著述以及他从青年时代就开始的诗歌创作。作为作曲家的青主，独立创作以及与华丽丝合作谱写了 32 首声乐作品，其中《大江东去》和《我住长江头》至今依然是声乐舞台上耳熟能

---

① 廖乃雄：《忆青主——诗人作曲家的一生》，中央音乐学院出版社 2008 年版，第 56 页。

② 廖乃雄：《忆青主——诗人作曲家的一生》，中央音乐学院出版社 2008 年版，第 115 页。

详的作品；作为音乐理论家的青主，短短几年间发表了70余篇音乐文论，出版了《乐话》和《音乐通论》两本著作。其中部分文章以及《乐话》和《音乐通论》中的音乐思想在中国近现代音乐史上产生了重要影响。作为诗人的青主，一生创作有大量新、旧体诗歌作品，部分新诗作品曾以“诗琴响了”为题结集出版。这些诗作表现了青主人生经历中每一阶段丰富的思想感情以及他对音乐艺术的热爱。不过，半个多世纪以来，青主之所以一直备受争议，主要是因为《乐话》与《音乐通论》两书中的一些音乐观念和美学思想。

从《乐话》一书“话引”和“前话”中可知，该书写于1925—1926年①，经萧友梅建议作为国立音专丛书之一于1930年由商务印书馆出版。全书以日记体形式写成。据青主自述，这是根据阿逑遗留的日记，他将自己与阿逑生前有关艺术的谈话重新加以整理而成。我们宁可相信这是青主的真情独白而非假托之词。《乐话》共分十二章，书中引经据典、谈音论乐，比较集中地论述了音乐的本质、音乐构成的基本要素、音乐表演、音乐的功能以及中西音乐的特点等美学问题。萧友梅称赞青主首开以“乐话”形式贯通欧西音乐的原理论述音乐，难能可贵。②

《音乐通论》写于1930年，1933年作为上海商务印书馆“百科小丛书”之一出版。全书分为七章，主要论述了音乐艺术的本质、音乐的要素、音乐体裁、音乐表演、音乐功能和音乐教育等问题，不少内容和《乐话》相一致或有所重复。

总的来看，这两本著作比较鲜明地反映了青主深受西方影响的音乐美学思想，其中也包含着他对中国音乐历史和中西音乐关系的批判与思考，展示了青主对音乐艺术的总体认识，可以视为是青主“音乐观”的集中体现。青主在《音乐通论》“撰述主旨”中希望读者能将该书与先前出版的《乐话》互相参考，这样可以使读者更为深刻地理解音乐。因此，为了深入、全面地了解青主的音乐观，我们也有必要将这两本书的内容联系起来，相互参照。

一、音乐是上界的语言

作为20世纪上半叶唯一一位较多涉猎音乐美学问题的音乐家，《乐话》是最能体现青主音乐美学思想的一书，“音乐是上界的语言”则是本书最为关键的立意之句，也是青主音乐美学思想长期引起争议乃至遭到批判的主要对象。因此，

---

① “话引”中有“算起来既经是五年前的事了。我当时把这卷书写好了之后”的句子；“前话”中则有写于“悲惨的一周年”的时间记载。阿逑死于1925年，本书出版于1930年，据此可推断《乐话》大致写于1925—1926年间。

② 见《乐话》“萧序”。

正确理解这个充满诗性的并不像是美学命题的判断句的真正含义，是我们走进青主音乐思想世界需要跨过的第一个门槛。

“音乐是上界的语言”的论断在青主的著作和文章中多次出现，青主本人也不惜花费大量笔墨对此作出解释。但正如青主本人所说的那样，他的论述颇有“蒙头盖面”的特点，“从远处说一说，从侧面说一说，又从反面说一说，待到将近到题的时候，你又把它放松”，绕得读者大概要“用尽十二分心力，不惜出一身大汗，以求了解”。青主不是一位职业的音乐学家，他的《乐话》也并非作为严谨的学术著作出版，全书的风格颇有意识流般的随笔风格。因此，我们同样也得不惜笔墨，在《乐话》诗一样的语言迷宫中，找到一条出路，力求把握“音乐是上界的语言”的本意。

青主将我们身处的世界分为“三界”，即书中经常出现的“外界”、“内界”和“上界”。青主说：

> 人们的视听，是包含两种的动作，一种是外界的，一种是内界的，外界的动作，是自然界向人们进攻的，内界的动作，是人们向自然界反攻的……我们由这些外界的变动，得到一番的刺激，我们刚感受了刺激……不但是把它接受过来，不但是把它忍受下去，还要自己动作起来：他把它接受了之后，即转达我们的内界，告知我们的思想；当我们知道这些刺激的时候，我们的眼睛和耳朵，既经把它变换了一个形式，它既经添上了我们的记号，它既经是属了我们的一半……由我们的思想收容起来的外界所加于我们的刺激，于是始得到一定的形体。这些一定的形体，并非它本来是如此，乃是我们把它造成如此……“凡自然界人类一切有意义的登场，都是处于立法者的地位”……人们懂得同自然界立法，于是由自然界被征服者的地位，一跃而居于和自然界争衡的地位……这就是说，他在世界里面，另外创造出一个世界来，这个新的世界是属于他的，是服从他的指挥的……旧日的世界，被人们创造出来的新的世界克服……这个新的世界，即是我们之所谓上界。(《乐话》，第7—8页)

从青主的一番描述中，我们可以大致梳理出这样一个关于人与自然以及艺术创造之间的逻辑关系：人的感官感受到了客观事物（外界）的刺激，但人并非被动地感知外界的刺激，还要能动地将这些感受传达给内心世界或精神世界（外界刺激进入内界），内界对外界刺激加以改造并赋予其鲜明的个体特征，亦即经过内界的转换，外界的刺激得到双重否定，它在内容和形式上已发生了与最初作用于感官时不一样的变化，成为经由人的内界创造出来的一个客观化了的主观世界。这个不同于外界和内界但又与它们不可分离的新的世界就是“上界”。人之所以能够创造出这个“上界”，是由于人类能动地发现和掌握了自然的规律（人对自然界的立法），能够合规律、合目的地创造出不同于自然界的“新的世界”。

那么，上界究竟是一个什么样的世界？青主结合绘画、诗歌创作以及希腊神话等进一步论述了他的三界理论，认为希腊神明就是人类出于对外界的恐惧和为了求得内界的安宁而创造出来的，音乐也是如此。青主说：

声音艺术是从那个被我们称作上界的，由人们创造出来的新的世界里面产生出来，故此我们把它叫作上界的语言。（《乐话》，第9页）

由此可见，上界即是指艺术世界，是艺术的王国。作为声音艺术的音乐是其中的一员。青主在《音乐通论》一书中就比较明确地指出了这一点：

凡属艺术，都是由人们的内界唤出来的一种势力，用来抵抗那个压迫着我们的外界。凡属要把人们这一种的内界势力表现出来的音响，就是音乐的艺术。（《音乐通论》，第96页）

因此，上界就是艺术世界。既然如此，那么“音乐是上界的语言”是否就可以转换为“音乐是艺术的语言”这样一个再普通不过的界定呢？问题并没有这么简单，在青主看来，并非所有的音乐都可以称其为艺术：

我们之所谓音乐，乃是一种的艺术，必要我们同自然界的声响立起法来，使它变成一种由我们创造出来的音韵，然后才担当得起艺术这两个字。（《乐话》，第29页）

青主认为，真正称得起艺术的音乐，不仅是人对自然界立法后的创造性产物，而且必须是从人的“内界发出”，“用来补救说话的缺欠”和表现人的心灵世界、灵魂世界的音乐。他在一些文章中也反复强调了这一点：

音乐是由灵魂说向灵魂的一种语言，用来改善我们的精神生活，并非是只用来刺激我们的耳朵。①

音乐本来是人们的内界生活的一种最高的表现，它是灵魂的一种语言。②

因此，从这一意义上讲，青主认为：

音乐是一种灵魂的语言，只在这个意义的范围内，我们亦可以把音乐当作是描写灵魂状态的一种形象艺术。如果我们把我们的灵魂当作是我们的上界，那

① 青主：《给国内一般音乐朋友的一封公开的信》，载《乐艺》1931年第1卷第4号，第77页。

② 青主：《论中国的音乐》，载《乐艺》1931年第1卷第5号，第5页。

末，我们亦可以把音乐当作是上界的语言。(《音乐通论》，第94页)

在这里，上界又被等同于人的心灵世界、灵魂世界。这是强调了音乐必须表现人的内界（精神世界）才称其为艺术。与真正称得上艺术的音乐相比，青主认为“中国的音乐即是一种向自然界的音声乞灵的音乐”，它是“只用耳朵审听，并不加上任何的思想”，中国音乐是不能担当艺术的称号的。这也是我们后文将要论述的青主为什么提出“向西方乞灵”的原因之一。

概而言之，在青主的笔下，“上界”既是指由人的内界（精神世界）创造出的一个艺术的世界，又是指被艺术所表现着的心灵世界。我们不好替青主把“内界”和“灵界”画等号，因为从他那诗性语言的表述中，我们总是隐约感觉到，灵界是高于内界的。的确，生活的经验告诉我们，每个人都有自己的精神世界，但并非所有人都拥有内容丰富和自由崇高的心灵世界。但是，不管“上界”是指人的心灵世界还是那表现着心灵世界的艺术世界，它决不是过去有些人所批判的唯心主义的“宗教世界”。其实青主本人早就预料到“音乐是上界的语言”会引起人们的误读。在《乐话》第二节对“上界的语言”进行一番论述之后，青主说：

很有一些是号称绝顶聪明的人，你的话还未曾说完，他既经对你得到一个牢不可破的见解，不说你那句话是带有宗教的臭味，便说你的思想太过诡辩。(《乐话》，第10页)

当然，青主也谈到过“神”，但他心目中的神却是指被他无限推崇的音乐艺术：

我的神就是乐艺，就是安慰我的、同我救苦救难的、促进我的和平的、使我的劳生得到和谐的均势的乐艺。(《乐话》，第23页)

从青主有关内界对外界加以改造并创造出上界的论述，我们看不出任何的唯心主义论调和宗教气息，倒是使我们分明看到了这个上界恰恰是“人的本质力量的对象化”的产物。青主的“三界”论说甚至使我们想起了英国思想家、哲学家波普尔的“世界三”的理论。波普尔将物质世界称为“世界一”；人头脑中的精神世界是“世界二”；科学知识、文化艺术等精神产物是“世界三”。正是通过“世界二”的能动作用，“世界一”经过否定的否定而成为“世界三”。波普尔提出“世界三”的理论时青主早已作古，我们没必要将两个不相干的人硬拉到一起，但是青主笔下的“外界”、“内界”与“上界”与波普尔的“世界一”、“世界二”和“世界三”倒是具有一定的对应性。

总之，“音乐是上界的语言”和“音乐是灵魂的语言”这两种表述既相互区别又相互关联，是青主对音乐艺术的本质认识，也是其音乐美学思想的核心所在。

然而，必须指出的是，青主的上述观点很难说得上是他自觉的个人创见。青主的美学思想有两个重要的理论来源，一个是“一战”前后盛行于欧洲的艺术流派——表现主义的艺术美学思想；另一个是在欧洲音乐史上产生广泛持久影响的情感论美学。

青主在《乐话》一书中说过：

我刚才用来证明音乐是上界的语言的那一番说话，大部分是从那部 Hermann Bähr 著的《表现派的艺术》思索得来的。(《乐话》，第 12 页)

表现主义产生于 20 世纪初的德国。当时德国国内统治的腐败与黑暗、德国与其他帝国主义国家的矛盾以及此后“一战”的爆发，都迫使当时的知识分子、艺术家对现实感到强烈的不满、绝望与怀疑。因此，表现主义的兴起有其深刻的社会根源。表现主义的主要影响在于美术领域，它强调心灵的真实，重视人的内心体验，认为艺术是灵魂的语言。赫尔曼·巴尔（Hermann Bähr，1862—1934）是表现主义盛行时期比较重要的一位艺术批评家，他对表现主义作出了这样的表述：

表现主义是指：人类想重新找到自己……自从人服务于机器以来，他便不再具有感觉。机器夺走了人的灵魂……我们不再生活着了，而是仅仅被生活着。我们不再有自由，我们不再能决定自己，而是被决定……这时困境高声吼叫起来，人类呼叫着要回到他的灵魂中去，整个时代都化为困境的呼叫。艺术也在深沉的黑暗处发出吼声，它在呼救，它在向精神呼救：这就是表现主义。①

巴尔的描述揭示了异化的生产劳动导致了人的异化和灵魂的丧失，表现主义则试图表现和拯救异化了的人与灵魂。巴尔对音乐也有所论述：

音乐家并不是从外界获得声音的。他并不去倾听世界，他倾听的是他自己，他的心灵在他的内部发出声响……那需要发自于艺术家内在并在他耳边响起的那种声音被用一种符号固定下来。这种符号又通过乐器转换为振动波，接着在听众的耳边发出声音，这些声音又抓住了听者的心灵——这便是音乐的途径：从心灵到心灵。②

---

① 赫尔曼·巴尔著、徐菲译：《表现主义》，三联书店 1989 年版，第 89 页。
② 赫尔曼·巴尔著、徐菲译：《表现主义》，三联书店 1989 年版，第 83—84 页。

细心的读者可以发现，青主在《乐话》和《音乐通论》两书中论及音乐的功能时认为，音乐的作用就是用来拯救机械社会对人的灵魂的压迫。但他所说的音乐并非任何一种音乐，而是那种能够表现内界生活、“从灵魂说向灵魂”的音乐：

近代的人们，在机械的重重压迫之下，早既丧失了他们的灵魂，不论世界上那一处地方，凡机械的威力所及之处，都既经把本来的人类，变成一种的机械了……在现代的世界，要把人们的灵魂从机械的威力之下夺回来，我以为音乐是最足以收效的一种利器。(《乐话》，第 36 页)

如果我们要凭借音乐的威力和剥丧我们的灵魂的机械相抵抗，那么，我们只能够乞灵于具有精神上的元素的正当的音乐。只有这种真正的音乐才能够唤起人们的灵魂，使人们感觉得有那种最急迫的还我灵魂的需要，然后才可以把机械的威力根本铲除，使人们从新得到一种正当的人的生活。(《音乐通论》，第 141 页)

这与巴尔有关表现主义的论述何其相似！回顾国内，青主认为，中国人的内界中存在着种种矛盾以及残忍好杀的兽性和丑陋萎靡的神态，因此，音乐同样是改善中国人精神生活的最佳选择。

对比青主的《乐话》和巴尔的《表现主义》中译本我们可以发现，《乐话》中的大量内容直接译自《表现主义》，其中《乐话》第二章和《表现主义》第八章之间的关系最为明显。不过，青主并非简单地搬用表现主义的美学理论，在他的笔下，心灵真实以及与灵魂对话的表现主义美学观已经融会在他对音乐艺术的思考中了。

不过，尽管青主不仅读过表现主义的论著，而且还在 x 书店引进过表现主义的画作，但他本人的音乐好尚主要还是欧洲古典、浪漫主义的音乐作品，他对浪漫主义时期音乐大师们的音乐观念和美学思想也是推崇有加，这从他在《乐话》和《音乐通论》中信手拈来、旁征博引的大量音乐家语录即可清楚地看到。诸如“音乐是由灵魂说向灵魂的语言”、“音乐是最高的艺术”等诗性的美学判断，都反映了浪漫主义音乐美学同样强调音乐要表现自我，表达丰富的心灵世界、情感世界的最高要求。这与表现主义艺术美学思想是相通的。

因此，从《乐话》与《音乐通论》的理论来源看，青主音乐美学思想的实质是“融会浪漫主义音乐美学思想加以嫁接、改造的表现主义”[①]。综观中国近代音乐史，青主是将表现主义介绍到国内音乐界的第一人。

---

① 冯长春：《青主音乐美学思想的表现主义实质》，载《音乐研究》2003 年第 4 期，第 31 页。

二、音乐的数理元素与精神元素

《乐话》和《音乐通论》中都辟有专门章节，从欧洲专业音乐的角度对构成音乐的四种基本元素——声调（Rhythmus，今译节奏）、节拍（Takt）、音（Harmonie，今译和声）与曲调（Melodie，亦称旋律）进行了简要的介绍，并就各种元素在音乐表现中的美学意义作出了富有特点的论述。

青主认为，在音乐构成的四大元素中，声调（节奏）处于最重要的地位，它是尚未成为音乐音响的自然之声，具有循环往复的规律，但只有在节拍的限定之下，遵循和声的规律，编织成一定的曲调，声调才得以成为音乐中的组成部分。节拍与声调虽然是联系在一起的，但声调远比节拍有着更为丰富的精神内涵，声调包含了节拍和时间的因素，节拍只是对声调加以节制，使其更具规律，有音乐“脉搏”的意义。他甚至认为，节拍是音乐的数理元素，而声调则是音乐的精神元素。青主对节奏意义的论述的确有一定的独到之处，这与一般论及音乐的基本要素首先强调旋律之重要性的观点是大不相同的。不过，从音乐译名的角度来看，青主把 Rhythmus 译为“声调”并不贴切，为此他也不得不花费大量笔墨反复论述“声调”与“曲调”的区别。

青主还特别强调和音（和声）的作用。他将和音比喻为人的躯干，曲调（旋律）比喻为人的灵魂，认为没有和音，曲调无可依靠，没有曲调，和音则失去灵魂。因此，青主认为曲调的写作应当遵从和音的规律，曲调与和音是相互依存的关系。进一步而言，音乐必须要有和音才能够表现出高深的情感，才能称其为艺术，曲调则是音乐构成诸元素的集中体现。这些认识当然都是建立在西方多声音乐表现体制的基础之上，其中既有合乎审美规律的一面，也有价值判断的历史局限性，此不赘言。

从音乐的整体而言，青主认为上述元素必须均衡协调地结合在一起，决不可有所偏重。不管是哪一种新的音乐流派，只要能够将上述元素均衡地协调起来，“便不是坏的音乐作品”，否则便是“坏的音乐作品”。由此，青主认为印象派的音乐“只有一种麻木不仁的声调”；斯特拉文斯基的音乐也不过“徒然造成一些粗野的声调”。青主写下这些话的时候，印象主义音乐和斯特拉文斯基颇受争议的《火鸟》、《春之祭》等作品问世的时间并不长，青主丝毫没有掩饰他对这些新派音乐不欣赏的态度。

正如节拍的限制不能使声调的丰富表现力被剥夺一样，青主认为，上述音乐元素除了数理上的成分之外，都要兼有精神上的成分：

> 如果我们不把音乐的各种元素分开来说，只就整个的音乐来说，它亦只有数理上和精神上的两种元素。这就是说：就令你晓得使用声调、节拍、和音、曲调

这四种元素，但是，如果你做出来的那篇作品，除了悦耳的音响、悦目的光辉，又或轻浮的情感之外，一些实在的内容都没有，这样没有意义的作品，因为不是从作者的灵魂中流露出来，亦不能够直达别人的灵魂。我们之所谓音乐，是一种灵魂的语言。它既然不能够由灵魂说向灵魂，那么，哪里还配说是音乐呢？（《音乐通论》，第111页）

至此，我们可以发现，青主谈论音乐的基本元素，落笔最终还是归结到最根本的一点，那就是音乐必须成为由灵魂说向灵魂的语言。这就是他将音乐的构成分为数理元素和精神元素的用意所在。音乐艺术的魅力及其特殊之处在于，作为丰富情感内涵的音乐内容是通过抽象的数理性音响结构加以表现的，数理元素与精神元素的关系实质上反映了音乐形式与表现内容之间的关系。青主没有进一步思考数理元素究竟如何表现那些直达灵魂深处的精神元素，但在那个年代他却已经触及了音乐的内容与形式之关系这一至今仍然令人感到棘手却不断试图究其原理的美学问题。青主关心和强调的则是——音乐艺术不能成为无内容的纯粹形式的营造。

三、音乐是一种独立的艺术

与“上界的语言”和“音乐的精神元素”相关，青主还特别指出，“音乐是一种独立的艺术”。这里的所谓独立，并非是青主多次谈到诗、乐关系时所强调的音乐不能受歌词声韵支配的问题，而是从音乐本质和音乐存在方式的角度，指出音乐不能成为“礼的附庸”和“道的工具”，其根本在于呼唤音乐的主体性，有着深刻的思想内涵。青主认为，音乐作为一种独立的艺术，首要的一点是音乐不能成为礼的附庸。

我国自西周时就建立起国家意识形态意义上的礼乐制度，这一制度对此后的音乐思想与实践产生了极为重要的历史影响。礼乐制度的一个根本特点是，音乐必须为以“礼”为中心的政治制度服务，音乐本身是没有主体性的，附庸性是其本质的存在方式。为使中国音乐成为“上界的语言”，成为一种独立的艺术，深受西方表现主义艺术美学和浪漫主义音乐美学影响的青主，对中国的礼乐思想发起了猛烈的抨击：

中国旧日是极端推崇音乐，但是，普通说起音乐来，都是把它和礼用在一块……乐不过是礼的附庸，所谓先王以作乐崇德，就是要用崇德的乐完成礼的全体大用。（《音乐通论》，第88页）

青主对礼乐关系的揭示直指要害。在礼乐主属地位的严格规制下，音乐的主体性、独立性当然无从谈起。因此，青主认为礼乐思想对于音乐艺术而言毫无价值：

乐是礼的附庸，只在中国音乐史上面是有研究的价值，在音乐的艺术上面是没有研究的价值。(《音乐通论》，第88页)

使音乐成为一种独立的艺术，除了“不能够把它当作是礼的附庸”之外，其次就是“音乐不可以由文人包办”。这也是青主在书中以及一些文章中反复陈述的一个重要问题。青主认为，中国历史上长期存在文人包办一切的传统，包括音乐创作，这种现象如同音乐成为礼的附庸一样，严重桎梏了音乐艺术的发展，同样也是造成音乐不能成为一门独立的艺术的根本原因。

文人包办音乐，势必会把音乐当作是礼的附庸，音乐做了礼的附庸，即是做了道的一种工具，因为在文人看来，道是造分天地、化成万物的一样东西，凡属可以行道的诗书仪礼，都是道的工具，故不仅音乐是如是。你们要把音乐的独立生命夺回来，自然要把“乐是礼的附庸”之说打破，即是要把“音乐是道的一种工具”之说打破，必要把这一类的学说打破，然后音乐的独立生命才有着落。(《音乐通论》，第89页)

总之，由在礼乐文化传统中成长起来的文人主宰音乐，其结果仍是使音乐沦为礼的附庸、道的工具，最终还是使音乐不能成为一种独立的艺术，造成音乐主体性的缺失。也正因如此，“文人不能包办音乐”和“打破乐是礼的附庸”的观点是紧密联系在一起的，它们的根本目的都是要使音乐成为一种独立的艺术和灵魂的语言。

“五四”时期是中国近代史上音乐思想最为活跃的一个时期，青主则是这一时期第一个深入批判礼乐思想的音乐家，与同样留学德国、推崇音乐但主张弘扬礼乐思想的王光祈形成了鲜明的对比。

四、向西方乞灵

青主在一篇文章中曾明确指出，只有西方音乐才可以称得上是艺术的音乐：

我所知道的，本来只有一种可以说得上艺术的音乐，这就是由西方流入东方来的那一种音乐。[①]

与此相应的是，青主认为，中国的音乐是“只用耳朵审听”、“向自然界的

① 青主：《音乐当作服务的艺术》，载《音乐教育》1934年第2卷第4期，第15页。

音声乞灵”的音乐，不是上界的语言和灵魂的语言。至于如何发展中国音乐，青主的观点是改弦更张、另起炉灶：

中国的音乐是没有把它改善的可能，非把它根本改造，实在是没有希望。(《乐话》，第29页)

概而言之，中国音乐是一种乞灵于自然界的音声，由于儒家礼乐思想的桎梏使得它没有成为一种独立的艺术。因此，基于以上两点，青主提出了一个让后人颇有微词的观点：

你要知道什么是音乐，你还是要向西方乞灵。(《音乐通论》，第90页)

乞灵于什么样的西方音乐呢？那自然是青主认为具有精神元素、能够由内界审听的、可称之为独立艺术和上界语言的音乐，说到底，是乞灵他所崇尚的这种音乐观并借此以改造和发展中国音乐。

向西方乞灵，这不仅是一个美学问题，更是牵涉如何发展中国音乐、如何处理中西音乐矛盾关系的问题。青主一度被视为全盘西化的典型代表，就是与提出“向西方乞灵”的论题有关。的确，青主在他的一些文章中表现出非常鲜明的西化倾向，与同时期一些文化守成派的音乐观以及30年代的左翼音乐思想形成了鲜明的对比，这是青主自20世纪30年代起就遭到批判的主要原因之一。

着眼于中西音乐关系和中国音乐发展问题，不管是在青主时代还是今天，如果将“向西方乞灵”定位于以西方音乐替代中国音乐的全盘西化策略，这种乞灵论就一定会遭到彻底的批判且毫不足惜；但是，如果我们把向西方乞灵与要求音乐成为一种独立的艺术和灵魂的语言联系在一起的话，这种观点非但不应遭到批判，而且应该给予充分的肯定。从青主那个时代来看，他的音乐观鲜有人知，即便在今天，冀望音乐摆脱各种现代版的“礼”、“道”之约束而成为表现人的灵魂的独立艺术的诉求，依然是一个值得追求的人文理想。

“向西方乞灵”的口号在提出后半个多世纪为音乐美学家、人本主义学者蔡仲德所援用，但其影响并不比当年青主所遭批判的情形为好，人们甚至忘记了这一口号是由青主最早提出，而是津津乐道于“乞灵”这一字眼，一切纷争也大都聚焦于这一语焉不详的概念之上。因此，对“乞灵”一词的本意加以简要的考察就显得并非多此一举。

对“乞灵”一词的通常理解往往会使人联想到“向某种神灵或权威乞求帮助”之类的内容。其实这一概念在很多情况下更多具有借喻的意味，并不一定带有迷信色彩，也没有所谓丢弃人格的跪拜之举，其基本内涵大致可理解为“求助”之意。青主本人在其文论中就曾多次使用这一概念，例如：

普通一般人认为要练习音的审听，最好是乞灵于那架钢琴；①

凡用文字说不出来的情感，我们只可以乞灵于音声；②

如果我们要凭借音乐的威力和剥丧我们的灵魂的机械相抵抗，那末，我们只能够乞灵于具有精神上的元素的正当的音乐。（《音乐通论》，第141页）

从上述引文我们看不出“乞灵”一词有何境界卑微的表述，将其理解为“求助”并无不妥。从与青主同时代、“五四”新文化运动代表人物之一的傅斯年对这一词汇的使用来看，乞灵也有“学习”的意思。傅斯年认为，“讨论做白话文的凭借物”，首先要“乞灵说话——留心自己的说话，留心别人的说话”。③这无疑是指出要从人们的日常语言中学习白话文。因此，就当时语文的使用来看，“乞灵”一词只是一个中性词，并无感情色彩浓厚的褒贬之意。但是，在20世纪中西音乐关系成为一对主要矛盾，西方音乐作为强势文化、中国传统音乐渐成弱势文化的格局下，“向西方乞灵”就极易使“乞灵”一词的含义被异化，与某些深层的民族文化心理联系在一起，“乞灵”也就“被赋予”了这个词汇所不能承担的思想重担。因此，回到青主时代的文化语境，以“视界融合”的观念理解“乞灵”一词还是非常必要的。

综观青主的音乐论著，可以比较清晰地梳理出其音乐思想的基本逻辑关系，那就是：在青主看来，音乐的本质就是上界的语言，它直指人的心灵世界；也正因此，音乐应该成为一种具有独立品格的艺术，不能沦为某种附庸性的存在；以这样的标准审视和发展中国音乐，就必然要向西方音乐及其美学观念学习，即向西方乞灵。青主音乐观的核心价值与进步意义在于他对礼乐思想的现代批判，对中国音乐精神亟须吐故纳新的呼吁以及从根本上对音乐主体性的肯定与追求。把握住这样一条线索，青主论著中那些扑朔迷离的诗性语言和带有直觉思维特点的表达方式就不会成为我们接近其音乐思想的障碍。

当然，《乐话》和《音乐通论》中可圈可点之处还有许多，比如他以音乐创作中的“虚伪”现象对艺术真实和生活真实之间关系的探讨；对音乐家应该走在时代的前面，把个人和大众的情感表现结合起来的理想；对音乐表演不应“流为手作的艺术”，而是应该成为由灵魂说向灵魂的艺术的强调；等等。其中的一些见解直到今天仍对我们的音乐实践具有积极的启发意义。

不可否认，青主也有他的局限，这些局限往往是跟他的贡献结合在一起的。

① 青主：《论音的审听》，载《音》1930年第19期，第1页。

② 青主：《什么是音乐》，载《乐艺》1930年第1卷第2号，第11页。

③ 傅斯年：《怎样做白话文》，北京大学、北京师范大学、北京师范学院中文系中国现代文学教研室：《文学运动史料选·第1册》，上海教育出版社1979年版，第121页。

例如，在强调音乐应该成为灵魂的语言的同时，他认为中国音乐只不过是乞灵于自然音声的音响，认为中国音乐的发展需要加以根本的改造，别无出路，艺术没有种族和国界之分。在一些文章中，青主对中国乐器以及中国传统音乐的形态特点等方面都作出了贬低性的评价。这些偏见一方面暴露出青主音乐观中“欧洲音乐中心论”的影响，反映了他对音乐美的民族性、时代性等问题的忽视；另一方面也表现出他在理解乐器、音乐技术与音乐表现、音乐价值之间关系上的简单化倾向。其实，即便是阿炳的《二泉映月》这样的民间音乐，难道不也是灵魂的语言、上界的语言吗？青主认为音乐是解决一切灵魂“破产”、医治民族劣根性之良药的认识也带有较强的主观色彩，过分夸大了音乐的功能，没有指出造成这些社会问题的根源和解决问题的出路所在。不过，这倒是恰恰反映了青主音乐观中“入世”的一面，与“为艺术而艺术”、认为艺术与道德无涉的“唯美主义”并不相干。

青主的音乐论著在当时有着较大的社会影响，《乐话》中的某些文字甚至在一些音乐会节目单上被加以引用，[①] 这表明青主的音乐观是有其社会认可度的。但是，回顾中国近现代音乐史学史可以发现，长期以来，青主的音乐思想更多的是作为被点名批判的对象而存在。20 世纪三四十年代，随着“左翼”音乐运动、新音乐运动的兴起，启蒙话语为救亡思潮所遮蔽，青主的理论被视为“唯美主义”、“艺术至上主义”和“神秘主义”而遭到唾弃；50 年代后，在“左”的史学思潮的影响下，青主的音乐思想又被视为“唯心主义”或“二元论”加以指摘，甚至还被与胡风主观唯心主义文艺思想生拉硬扯在一起而遭到批判。[②] 今天看来，这些不恰当的批评都存在着对青主音乐思想的误读以及对青主音乐思想生成原因的忽视等问题。如前所述，青主留学德国浸润欧洲文化艺术期间正值表现主义运动盛行之际，回国后的青主又与 20 年代中国国内的现实状况有着同呼吸共命运的切身体验。军阀混战、民不聊生的社会状况，主义纷呈、观念迭起的新旧思潮之间的斗争，革命失败、隐姓埋名的亡命乐坛生活……这一切“外界”与“内界”所带来的苦闷抑或痛苦，不能不对他的音乐观念产生重要的影响。我们甚至可以这样认为，当青主放下当年革命的枪支后，他的一切艺术创造与理论著述正是其内界对不断压迫他的外界的抵制与反抗。

20 世纪 80 年代以来，随着思想解放与音乐美学、中国近现代音乐史研究的不断深入，对青主音乐思想的认识有了较大的历史转变，理性的思考逐渐代替了武断的批判，但同时也出现了不加分析地对青主音乐思想全盘肯定、赞誉有加的

---

① 廖辅叔：《略谈青主的生平》，廖崇向：《乐苑谈往》，华乐出版社 1996 年版，第 42 页。

② 马可：《反对音乐工作中的唯心主义思想》，中国音乐家协会：《音乐建设文集》（上），音乐出版社 1960 年版，第 91—92 页。

评价，由偏见的极端转向偏好的极端。应该说，“捧杀”与“棒杀”都不是冷静看待青主音乐思想的应有态度。将青主依旧视为唯心主义家的盖棺定论实乃仍未走出历史的窠臼，而想当然地认为其音乐观念是了不起的贡献并加以全面肯定则难免失于草率和简单化。

需要再次提醒读者朋友的是，我们不要忘记青主是一位诗情洋溢的作曲家。尽管他的不少新诗作品在语言技巧和表现内容方面很难称得上有什么较高的艺术价值，但其中部分诗作却是非常真实地表现了他对音乐艺术像对待宗教一般的虔诚与热爱。青主对如何创作诗歌也有比较系统的论述。他认为，对于自然界的一切现象，诗人如同画家和音乐家一样是处于立法者的地位，诗歌写作必须经由“我的情感”、“我的思想”创造出来，成为“我的诗”。[①] 这些“诗话”与他的“乐话”在美学观念上是相通的，可以互为参照。青主的音乐创作只有32首声乐作品，其中有几首是与华丽丝共同完成。作品大多力求避免歌词声韵对曲调的制约，旋律写作注重歌词本身的节奏与抑扬规律，部分篇幅短小的乐段体歌曲采用五声音阶写成，具有鲜明的民族特点。[②] 这些声乐作品一方面体现了青主关于音乐的生命不能为诗的声韵所束缚的创作观念，另一方面也表现出青主对民族风格的探索和尝试。如今，这些声乐作品只有《大江东去》和《我住长江头》两首抒情性的艺术歌曲依然有着较强的艺术生命力，其他一些作品大都因为篇幅短小、技巧简单或不适合音乐会演出而渐渐为人们所遗忘了。有兴趣的读者朋友，不妨认真地读一读青主的诗歌，听一听他的艺术歌曲，它们是青主“内界”的声音，是他的音乐观念和美学思想的生动反映。

青主写下这些文字的时代已经渐行渐远。在当下这个音乐感性化、样式花样翻新快但人文价值却日渐流失和感官享受取代精神远游与灵魂对话、礼乐的幕帘时隐时现而音乐亦可为伪的时代，重读青主，感慨良多。躲开俳优歌舞的众声喧哗，穿越外界与内界的荆棘遁甲，我们是否还能够与青主一道神游万里，去寻找上界的语言，倾听自己灵魂深处的声音呢？

（本文系为青主著《乐话》和《音乐通论》两书结集重版而写的导读，原载《乐话·音乐通论》，吉林出版集团有限公司2010年版）

---

① 青主：《诗琴响了》，商务印书馆1930年版，第147—172页。

② 青主的歌曲作品主要集中于《清歌集》（x书店1929年版）和《音境》（商务印书馆1931年版）两本歌集。

还历史本来面目

——20世纪中国音乐史上的“个案”系列之一：陈洪和他的《战时音乐》

戴鹏海[①]

20世纪50年代初，我在以《〈红楼梦〉研究》为突破口的“批判资产阶级唯心主义学术思想”的运动中，作为“学习任务”，读了一些关于“红学”的文章，看过以后就在想，要是当年曹雪芹本人以及他的亲朋好友能把《红楼梦》的作者身世和作品的背景材料写得一清二楚，又都留传下来，后人就不必费那么多的工夫去考证，也不至于注家蜂起，众说纷纭，使读者莫衷一是，不知道听谁的好，因此也更不至于出现后来一波又一波的“红学热”了。当然，这只是我的胡思乱想，既没有学问，把事情想得太简单，又纯粹是“马后炮”，想想也就罢了。

到了十一届三中全会以后，我和许多人一样，开始反思，试图根据三中全会提出的“正本清源，拨乱反正”，对我自己以及音乐界长期以来所受的“左”的思潮的影响、表现和后果进行梳理。与此同时，通过有意识地查阅一些相关的历史资料，在重新认识的基础上，我深感在20世纪30年代到70年代这一时期，被歪曲了的历史真相严重存在；而且由于颠倒黑白、混淆是非，致使不少著名音乐家蒙冤受屈，不得昭雪。于是我便结合自己所研究的课题，写了诸如《记录整理者的话》、《让历史作证》、《为中国专业音乐教育而奋力开拓的一生》等文章。这是我在“解放思想、实事求是”的精神鼓舞下，力图以确凿无误的史料为依据，来破除长期来受“左”的思潮影响的音乐界盛行的陈说与定论，对被指控成“与胡风思想同出一辙”的贺绿汀、“国民党反动派御用音乐家”的黄自以及使“中国高等音乐教育几乎有30年是在买办资产阶级的方针指导下，走着一条唯西洋音乐最崇高的错误道路，结果许多创作人才被窒灭，被断送了”的“始作俑者”萧友梅这三位功勋卓著的音乐家，为他们还原历史本来面目以讨回公正所做的最初尝试。但是由于种种身不由己的原因，这种尝试并未成为我写作的重

---

① 戴鹏海（1929—　），男，上海音乐学院教授。

点，以致时断时续。

时至1999年，我在《文汇读书周报》上看到北大教授吴小如写的一篇文章。其中有一段提到20世纪一些众所关注而迄今仍无公论的“学案”，大意是最好由这一代学人来解决。因为大家都是20世纪的过来人，或亲身经历，或耳闻目睹，对其来龙去脉、是是非非比较容易搞清楚，如果作为遗留问题让下一代学人来考证，不仅事倍功半，浪费精力，而且很可能隔靴搔痒，不得要领，甚至无从入手，终成悬案。我十分同意这种看法，当年读“红学”文章所生发的感慨不由得又浮上心头。刚好这时我已经从工作岗位上退下来，成为社会养老金领取者，写什么可以完全按照自己的意愿行事，无需再受指令性任务的制约，而且在时间上也远比在职时宽裕。由此两点，我便动了趁现在还提得起笔，集中一段时间，将80年代初已经开了个头的题目继续写下去的念头——即把20世纪中国音乐史上一些明显属于“错判”（或以是为非，或以非为是），且已造成严重后果的“个案”（包括已作为“定论”写进史书的，或虽未来得及写进史书却以“定论”的架势出现的）写成系列文章，还原历史本来面目，以正视听而防谬种流传，贻害后人。这便有了现在业已呈现在读者面前的系列文章的总标题和它的开篇之作。

我以为，这样做既尽了我们这一代学人理应承担的历史责任，又不至于把包袱和难题甩给下一代学人，以便让他们腾出时间去做21世纪学人应该做而又力所能及的事，因此是至为迫切和极有意义的。同时我还以为，自己做这件事至少具备两个有利条件：一是我在20世纪生活了70年，其中五十多年还是在音乐岗位（包括工作和学习）上度过的，对于大半个世纪以来音乐界所发生的一切，可以称得上是见证人或过来人，多少有点发言权；二是这二十多年来我已经做了必要的材料准备，特别是经过长时间的反思，自信对一些问题还不至于胡说八道开“黄腔”。另外，写这组系列文章还有一层意思，我写过一篇《“重写音乐史”——一个敏感而又不得不说的话题》，就为什么要“重写”以及“重写”的紧迫性谈过去自己的看法。但是我完全明白，呼吁并不等于行动。同时我也完全明白，对我这样一个年逾古稀、“去日苦多”的人来说，即使穷有生之力，也是绝不可能完成“重写”这样一个艰巨的任务的。因此我想，如果能通过这组系列文章所涉及的“个案”，为将来“重写”做一点材料上的添砖加瓦和提供参考的工作，也算是聊尽我心而不至于仅仅是喊喊口号了。

写作这组系列文章，我为自己规定了三条必须恪守的行为准则：首先是坚持“秉笔直书”的“实录”精神，力求朝“善叙事理，辩而不华，质而不俚。其文直，其事核，不虚美，不隐恶”（班固《汉书·〈司马迁传〉第三十二》）的方向努力。其次是坚持“摆事实、讲道理”，坚持“论从史出”，不搞“先有概念，后有事实”的“以论代史”或“以论带史”。最后是仿效鲁迅先生《立此存照》的叙述方式，尽可能让事实说话，根据事实再稍作议论，以表明我的观点。是对是错，由读者自己评判。

记得1940年毛泽东在其名篇《新民主主义论》第一节“中国向何处去”中说过一段开宗明义的话。他指出：真理“不靠主观的夸张，而靠客观的实践。只有千百万人民的革命实践，才是检验真理的尺度”（后来的“实践是检验真理的唯一标准”之说即源于此）。这段话虽然是半个多世纪前说的，但至今读来仍然觉得十分中肯，经得起推敲。我相信这个说法，因此对这组业已动笔的系列文章绝不敢自诩为真理。它们是实事求是地还历史本来面目呢，还是貌似“客观公正”，实质上是想“将过去所写的完全‘颠倒’过来”？这一切都只好“骑驴看唱本”，有待读者逐篇进行严格检验了。

壬午年立秋前六日补写

一

我认识陈洪先生不过20年，但是知道他却有60年了。刚上初中就在音乐课上学唱过他的《冲锋号》、《上前线》等抗日救亡歌曲，20世纪50年代在上海音乐学院理论作曲系学习期间又在课外读过他的《曲式与乐曲》、《对位化和声》等音乐理论著作，其中后一本书给我的印象特别深，因为在此之前我还不知道“对位和声”是怎么回事，直到20世纪80年代初着手编辑《黄自遗作集》，才知道早在1928年黄自先生在美国欧柏林学院主修音乐时，就已经在他用英文写作的*Harmony Teaching*，*Note Book*（《和声教学法札记》）专著中提到过“对位化和声体系”，并指出这是“独具法国特色”的和声理论体系（见《黄自遗作集·论文分册》中的《与友人论法文版和声教材》）。但是尽管如此，把这种体系的和声理论系统地介绍给我国的音乐读者，陈老却是第一人。我的作曲主课教师邓尔敬教授是抗战初期陈老在上海国立音专执教时的学生（教我作品分析的钱仁康教授和教我和声的桑桐教授也是），他听我谈起正在读《对位化和声学》时告诉我，陈老是在法国学的音乐，除了对位化和声的理论，法国视唱练耳教学体系的固定唱名法也是他最先引进国内，并首先在国立音专的视唱练耳课上采用的。在他之前，国内大专院校音乐系科的视唱练耳教学都是用首调唱名法，从他开始，固定唱名法才逐渐取而代之。蒋力编的李德伦文集《交响人生》一书中就有两处提到陈老在音专教视唱练耳的情况以及作为受业者的李德伦的感受：一处说陈老教视唱练耳时“严格的训练对我后来学指挥有很大的帮助”（《交响人生》，第41页）；还有一处说陈老“治学严谨，态度认真。视唱练耳课，要求非常严格。他强调识谱必须准确，拍子要掌握好，表情要配合上。在此学习的两年中，我打下了较坚实的基础。后来，……就是凭着陈洪老师在视唱练耳课上教给我的那些本领，开始做了指挥。1946年，我去解放区，全国解放后回到北京，我一直做指挥工作，正是靠了陈老师教我的那点本钱干的”（《交响人生》，第81页）。

说到陈老在音专的工作，邓先生也和我谈起过。据说陈老留法回国之初，本来是在他和马思聪共同创办的私立广州音乐院当副院长。“卢沟桥事变”后，黄自先生辞去音专教务主任，校友萧友梅因为沪上找不到得力的人接替，才把陈老从广州请来。当时音专地处有“孤岛”之称的上海租界，被日本军队重重包围，形势严峻；租界内也不太平，爱国人士不时被绑架、暗杀，险象环生；加之萧先生作为一校之长，树大招风，特别是拒不附逆，传闻已经上了日本特务机关的黑名单，为安全计，不宜继续以音专校长的身份公开露面。因此，陈老一就任，萧先生便隐身幕后，把代理校务的重担交给他挑。为了使音专能在日本侵略军的眼皮底下继续生存，做到虽处于非常时期而仍能弦歌不断，作为权宜之计，“奉命于危难之中”的陈老便化名陈白鸿，以“私立上海音乐院校务委员会主席”的公开身份，到主管公共租界事务的工部局办理重新注册登记手续。通过名义上虽然改了校名，并将“国立”改为“私立”，但实际上仍由当时的国民政府领导的这种“明改暗不改”的应变对策，协助萧先生勉力支撑着风雨飘摇中的音专，使在校学子的学业不致因时局的动荡而中辍。尽管这种局面只维持到1940年底萧先生辞世，学校便由李惟宁代理校长；“太平洋战争”爆发不久，随着日本侵略军全面进驻租界，音专更是沦为汪伪政权的“国立上海音乐院”，陈老也从此卸去原职。但是此前如果没有陈老的苦苦支撑，国立音专恐怕早就落入敌手了。听了这段往事，作为上海国立音专校友的我，对陈老又增添了一份敬佩之情。

二

以上说的都是我没有认识陈老以前的事。到了1982年，他应邀到上海音乐学院担任桑桐教授的研究生汪成用毕业论文答辩会评委，我才第一次见到仰慕已久的陈老，但当时并没有接触。翌年我奉贺绿汀院长之命，负责编辑《黄自遗作集》。在考虑为各分册作序的人选时，我向贺老提出“文论”分册序请陈老执笔。因为他不但在音乐理论方面修养有素，文笔也极佳，而且抗战初期还和黄自先生一度共过事，比别的人多一层感性认识；尤其是在黄自先生病危期间急需输血抢救，但缺血浆，陈老闻讯后，立即动员音专学生献血，并亲自带队抄近路连奔带跑赶赴医院。虽然赶到时黄自先生已处于弥留状态，输血也无力回天，但作为校务主持者，陈老尽了责，作为同事和朋友，他也尽了心。我把这个看法告诉了贺老，他也认为陈老是最佳人选，于是我便专程去南京，趋府拜访陈老。我一说明来意，他便一口答应，而且很快就把《序言》用挂号信寄来了。这是1984年的事。

第一次和陈老接触，我就发现他是一位谦和、慈祥、平易近人的长者，没有一点大学者、老教授的架子。有了这个可以与之亲近的良好印象，以后我每有机会去南京，哪怕日程安排再紧，也少不了要挤出时间向他请安，一坐就是几小时。他学识渊博，经历的事情多、见闻广，每次交谈都使我学到许多书本上得不到的东西，所以总是获益匪浅。而且陈老还特别重情，对我垂爱有加。除平时的书信来往，每逢岁末，还总是不忘记给我这个晚辈寄贺年片；即使近年来他因前列腺肥大，手术后行动不便，终年困于病榻仍然如此。写信不方便就用当年拍的彩色单人照或与夫人的合影权当贺年片，并且总是一丝不苟地写上几句祝福的话。寄来的彩照每年也都要换换花样：有小憩的，有看书的，有作油画的，还有做木工的［陈老学美术早于学音乐，长于肖像画，尤爱为青春靓丽的少女（都是他的学生或亲人）作画，老来常以此消遣自娱。90年代初画风基于写实，近几年渐趋印象派。他的木工手艺也不错，挂在房间墙上的画框有不少都是他亲手做的］。这样做似乎有让我看到照片不致为他的健康担心的意思。事情虽少，但透过蕴涵其中的无声话语，却使我在感到欣慰的同时，心头每每都会涌动起一股股暖流。

陈老淡泊名利，安贫乐道，自爱自重，敦厚宽容。他从不计较一己之得失，遇事让人三分，哪怕受点委屈也善于自我化解，不在背后谈论他人是非短长；平时连说话也和颜悦色、轻声细语，处处显示出深受传统文化熏陶的君子之风。关于他在这方面的涵养，不仅多次听南京的校友陈鹏年、龙飞等谈及，就是我自己也不止一次亲眼目睹过。有些事甚至连旁观者都深感不平，亟欲为陈老讨个公道，他却反而婉言劝阻，宁愿息事宁人，唯恐招惹不起，留下隐患。

有这样一件事：1949年，陈老作为“南方片”出席第一届全国文代会的正式代表到了北平。别的代表无论大小会议都可以自由参加，唯独他受到“另类”待遇，不管什么会都要听候有关方面的临时通知才知道是否可以参加。对于这种明显的政治歧视，换了其他正式代表，肯定按捺不住要问个究竟。然而陈老却默默承受，一声不吭。直到“鸣放”期间，为了解决音乐界的“人民内部矛盾”，中国音协的一把手到了南京，和陈老见面时才说出个中情由。原来起因是当年与会者有人胡说八道，把敌伪时期的《大东亚进行曲》作者硬栽到陈老头上，并给大会写了“检举揭发”材料，说是这种有“汉奸行为”的人不配当文代会代表。有关部门未加核实便信以为真，认定陈老有“政历问题”，于是就采取了上述限制措施。事后发现“检举”者纯属张冠李戴，才闹出了这场“误会”。

这件事我是直到去年11月应邀参加南艺爱乐学院的校庆活动时才听说的，在多年和陈老的接触中，却从没有听他本人提起过。我想大概他觉得尽管此事曾一度使他在政治上蒙冤含垢，造成心灵的伤害，但是事隔数年后毕竟已由中国音协的那位当家人说明了原委，所以便没有旧事重提。陈老的宽容，由此可见一斑。

三

就我记忆所及，唯独有一件事使他无端受到严重伤害——先是被人曲解，后来又被上纲上线，当成“反面教材”写进史书，钉在“历史耻辱柱”上，背了几十年黑锅，不白之冤至今不得洗雪的往事，倒是不止一次听他说起。而且从言谈之间听得出来，这个疙瘩他始终都是耿耿于怀，无法自我化解。正因为如此，我才执意要写这篇还历史本来面目，为他讨回公道，以正视听的文章。

先说事情的起因及经过：1937年11月，刚到上海主持音专校务不久的陈老，奉萧友梅校长之命，创办了校刊《音乐月刊》，并在该刊第1—4号先后发表了九篇随笔，其中打头一篇就是刊于第1卷第1号上的《战时音乐》（其他几篇是《好景象》、《出马啊》、《我们不要老大倌》、《演奏家》、《第二部小提琴》、《牛马颂》、《音乐家应有的转变》、《音乐与集团生活》，内容大半与抗战有关）。此文问世之初并无反应，迟至1940年才有不点名地对其发难的文章在新创刊的《新音乐》月刊上出现。据该刊创办者李凌（即李绿永）称，1939年初，他和同在延安鲁艺音乐研究室工作的郗天风（即天风，鲁艺文学系学员，后留校）商量，打算办一个“既介绍抗战歌曲，同时展开新音乐文化战线上的问题讨论”的刊物，并“搞了一个计划去找吕骥、星海同志研究”。在得到他们两位的“支持”和“邓发、艾思奇等同志的帮助”① 后，于同年10月与赵沨在重庆筹建新音乐社。翌年1月，计划已久的《新音乐》正式创刊（开始三期与林路合编，从第四期起与赵沨合编）。就在该刊第四期上，天风针对《战时音乐》一文中关于“决不能如一般的观察者那样，把‘救亡歌曲’一类的东西看作唯一的战时音乐”，“尚须于‘救亡歌曲’之外作更进一步的追求”的论点，发表了《“抗战

① 李凌：《抗战时期的〈新音乐〉》，载《乐迷》1995年第8期。

歌曲”之外》的批评文章，断言“‘抗战歌曲’是唯一的民族解放战争时代……的音乐，……‘抗战歌曲’之外，不是别的，……都应该是抗日救亡的”，“一切与‘抗战无关的音乐’……我们都要坚决反对”。这篇文章之所以得以问世，无疑是由于符合该刊主编的观点。最有力的证明就是事隔55年后李凌说的这段话：

> 同一时期，在上海（沦陷区）也有人提出“需要在救亡音乐之外另找出路”（“有人”显然是指《战时音乐》的作者陈老。但一是陈文发表时上海并未“沦陷”，二是引文将《战时音乐》中的“尚须于‘救亡歌曲’之外作更进一步的追求”肆意“修改”，致使与原意背道而驰，这种强加于人的做法，更不足取——笔者），这是一些在敌伪黑暗统治下想逃避现实的人的观点，客观上也起了为敌伪分化革命音乐力量开辟道路的作用。《新音乐》月刊，针对这些错误言论，刊载了……批评文章，坚持了革命音乐的路线，揭穿了这些反动文章的实质。由于批判的尖锐、突出、有声有色，所以获得更多青年的支持，刊物的读者更为广泛。这是《新音乐》理论战线上与错误观点正面交锋的第一回合。①

只是天风的文章尽管是在抗战期间大后方唯一的一家由共产党员创办，而且拥有广大读者群的音乐刊物上发表的，然而凭借刊物自身的优势，该文刊出后并未“一石激起千层浪”。整个抗日期间始终未出现过群起策应，“鸣鼓而攻之”的“正面交锋”，所谓“第一个回合”，仅止于天风的一篇发难文章。当时大后方的进步音乐界对此事反应之冷淡，由此可见一斑。

然而表面上的沉寂，并不意味着事情就此画上了句号。“地火仍在运行”，“战斗犹未有穷期”。解放战争后期，由吕骥本着“不违背时代的精神，不是言之无物”的原则和“希望能鲜明地说明我们（当然是指“新音乐运动”战线内的战友们——笔者）在理论上的倾向”，“能在音乐理论上建树起战斗的传统”，且“尤其希望她能够作用于今后的音乐运动”② 的目的，从“自聂耳以来的新音乐运动，已经有了15年的历史”（指1933—1948年——笔者）的时段内能找到的出版物中，精选出30位作者的52篇文章，编成《新音乐运动论文集》，于新中国成立前夕的1949年3月在哈尔滨正式出版，书中就有天风的《“抗战歌曲”之外》。这不仅说明作为“新音乐运动”的倡导、鼓吹和组织者的吕骥对它的重视程度，而且更为重要的是，这是一个信号，预兆着算陈老的《战时音乐》的旧账，迟早会重打锣鼓再开张。果然，时至1958年，在当时特定的政治背景下，

---

① 李凌：《抗战时期的〈新音乐〉》，载《乐迷》1995年第8期。

② 吕骥：《新音乐运动论文集·前言》，参见吕骥：《新音乐运动论文集》，新中国书店1949年版。

信号变成了行动，预兆变成了现实，确实在“作用于”“音乐运动”了！

四

这年，京沪两地的部分高等音乐院校的青年教师和学生分头编写了两部以革命音乐为主线、聂耳为旗帜的新音乐运动史著作，北京的是《中国近现代音乐史纲要》，上海的是《中国现代音乐史》。两者都是分别为拟在中央、上海两所音乐学院开设的相关课程编写的教材，而且都在书中的相关章节把陈老的《战时音乐》一文当成批判的靶子。于是此文也就从原来的批评对象，经过恣意上纲上线，升级为史书的“反面教材”。

上海编的《中国现代音乐史》初稿第三编第四章第一节，就武断地把散布“‘抗战音乐无前途’、‘音乐运动到了低潮’……这种低沉的修正主义的论调”的罪名，无中生有地说成“明显地反映在陈洪于1937年底发表的一篇随笔《战时音乐》（载《音乐月刊》第一卷第一期）中”。危言耸听地谴责陈老不仅“迂回曲折地搬出了资产阶级唯心主义的音乐理论，企图在蓬勃发展着的群众音乐运动中为‘音乐至上论’争一席地位”，而且“更大的危害性”还“因为它的目的是要引导当时的音乐工作者脱离政治，脱离抗战”。正因为如此，“《新音乐》杂志在1940年创刊后便连续发表了好几篇文章，……针对‘音乐与抗战无关论’进行了严厉的批判”①。

北京编的《中国近现代音乐史纲要》只出过油印本，我没有读过，只看过中央音乐学院汪毓和教授编写的同类教材出版物，包括1963年由该院内部发行的《中国现代音乐史纲》，1984年由人民音乐出版社公开出版的《中国现代音乐史》以及1991年该社出版的同一著作的修订版。据作者汪毓和说，他编写的这门课程的教材始于1958年，于“1959年夏完成第一稿的初稿”。在此期间，他曾“参加到全国音协和中国音乐研究所组织的‘中国近现代音乐史编写组’，跟研究所及各兄弟院校的同行们一起进行有关史料的调查研究和许多具体问题的讨论”，并“始终对在研究所那次集体编史给予自己的启示和帮助难以忘怀”。此后，“1961年、1962年文化部‘音乐教材编写组’曾先后两次在北京香山饭店组织了有关教材的审议会议，这份教材在这两次审议讨论中都曾被列入议程”，“1963年春，文化部的领导同志又曾亲自主持了专门对这份教材（修改稿）的审

① 见上海音乐学院理论作曲系师生集体编写的《中国现代音乐史》初稿油印本第三编“抗日战争时期中的新音乐（1937—1945）”第四章“音乐理论”第一节“音乐为抗战服务”。

议讨论会，部领导最后又对整个讨论作了全面、深入而具体的总结”①。汪毓和还说，他编写这本教材的“主要参考书目”就包括了吕骥的《新音乐运动论文集》②。

根据以上汪毓和自述，至少说明以下三点：首先，他参加了北京方面集体编写《中国近现代音乐史纲要》的全过程。不仅与编写组共同就所涉及的史料和问题进行过调研和探讨，得到了诸多启示和帮助，而且他编写教材时，还“参考了……《中国近现代音乐史纲要》（未定稿）”③。可见他的教材对人与事的评价或臧或否，其基本观点与《中国近现代音乐史纲要》当无二致。其次，他的教材除初稿两次被列入文化部音乐教材审议会议外，文化部领导还亲自主持其修改稿的审议讨论会，并在会议结束前对讨论作了总结。可见他的教材受到的重视程度和必然具有的官方色彩，因此在某种意义上也可以说是一部反映了“大跃进”时期主流意识形态的“官史”。最后，在1963—1991年的29年间，汪著以不同的称谓先后出版了三次；其中的“修订版”从1991—1999年还重印了九次。时间跨度之长和出版次数之多，为新中国成立以来同类著作之绝无仅有，因此所产生的影响也远非其他同类著作所能望其项背。

下面就是在不同历史时空条件下以不同称谓出现的汪著中对陈老的《战时音乐》的评述：

1963年的“试用教材”的说法是：“有人曾对音乐服务于抗战这个方向发表了一些怀疑的论调”（作者在这句话的后面特地加了“参看随笔《论战时音乐》[陈洪]，载于《音乐月刊》1卷1号，1938年”的页下注，“有人”何所指当然一目了然——笔者），因此“革命的音乐工作者利用《新音乐》月刊这个阵地，……发表了《“救亡歌曲”之外》（天风）……等文章，批评了所谓‘音乐与抗战无关’的错误观点，……这些理论上的讨论的斗争是符合当时进步群众的要求和所有进步的音乐工作者的爱国愿望的”④。于是，“对音乐服务于抗战”的方向发表“怀疑的论调”、散布“‘音乐与抗战无关’的错误观点”、违背“当时进步群众的要求和所有进步的音乐工作者的爱国愿望”等帽子就这样不由分说地扣到了陈老的头上，他也因此成为“反面教员”被写进史书。

《中国现代音乐史纲》成书于1959年。在当时“左”的思潮占主导地位的特殊历史背景下，陈老遭此有口难辩的不白之冤也许是“在劫难逃”。此后星移斗转又过去25年，其间不仅经历了史无前例的“文革”，而且还开过了正本清

---

① 汪毓和：《中国现代音乐史纲·编后记》，见1963年中央音乐学院内部出版的该书。

② 汪毓和：《中国现代音乐史纲·编后记》，见1963年中央音乐学院内部出版的该书“附录”。

③ 汪毓和：《中国现代音乐史纲·编后记》，见1963年中央音乐学院内部出版的该书“出版说明”。

④ 汪毓和：《中国近现代音乐史·下编·新民主主义革命时期的音乐文化》，人民音乐出版社1984年版，第119—120页。

源、拨乱反正的十一届三中全会，肃清“极左”思潮流毒已成为举国上下压倒一切、重中之重的任务。特别是据作者汪毓和自称：“从1978年夏秋以来，……将1964年的稿本（即《中国现代音乐史纲》——笔者）反复修改了两遍。……在一些史实的记叙和对有些具体问题的分析评价上，尽可能……给予必要的订正和适当的补充”①。但是在1981年定稿、1984年出版的《中国近现代音乐史》一书中，原来出现在《中国现代音乐史纲》中的那段话，不仅“《新音乐》还发表了《“抗战歌曲”之外》（天风）……等文章，批评了‘音乐与抗战无关’的错误观点”以及“参看随笔《论战时音乐》（陈洪）……”的页下注等文字都一如旧版，成见照样赫然在目，而且照样认定“这些理论上的讨论和批评，是出于当时国统区的社会现实斗争的需要的，同时也符合当时进步群众的要求和所有进步的音乐工作者的爱国愿望的。……尽管今天看来，当时的这些理论讨论和批评还存在一定的缺点，但随着这些理论讨论的展开，国统区的‘新音乐运动’又得到了新的发展，……”② 至于“一定的缺点”何所指，书中并未作具体说明。不过既有“符合……爱国愿望”之说在前，又有“新的发展”之说随后，可见作者认定其主流无可非议，那些纯属细枝末节的芝麻蒜皮小事自然也大可不提了。于是，所谓“必要的订正”，落实到这段文字，就“顺理成章”地仅止于删去了“有人曾对音乐服务于抗战这个方向发表了一些怀疑的论调”一句话而已。如前所述，从1959年成稿的《中国现代音乐史纲》到1984年正式出版的《中国近现代音乐史》，历时长达25年。然而尽管在此期间中国社会经历了那么巨大的动荡和那么深刻的变化，但作者却“我自岿然不动”。正如他自己说的：对原稿的“基本论点都没有做大的改变”③，因此所谓《战时音乐》鼓吹的“音乐与抗战无关”的“错误的观点”以及“革命的音乐工作者利用《新音乐》月刊这个阵地”对其进行批评，完全是“出于当时国统区的社会现实斗争的需要”等等之说，才一如既往地继续保留在1984年版的书中。

时至1991年，此书又出版了“修订本”，而且到了2002年4月还重印了九次。据作者称，他对1984年版“作了一次全面的修订”，“几乎涉及全书所有章节”，“实际上是全面改写”，“对于原书中谈到的有些历史人物的评介”，凡“联系政治太直接，评述难免失之片面和简单化”之处，都“尽可能一一加以修正”④。但是经查对，前引1984年版的那段话，除将“批评了所谓‘音乐与抗战

---

① 汪毓和：《中国近现代音乐史·编后记》，人民音乐出版社1984年版。

② 汪毓和：《中国近现代音乐史·下编·新民主主义革命时期的音乐文化》，人民音乐出版社1984年版，第174页。

③ 汪毓和：《中国近现代音乐史·下编·新民主主义革命时期的音乐文化》，人民音乐出版社1984年版，第119—120页。

④ 汪毓和：《中国近现代音乐史》，人民音乐出版社1991年版，“修订说明”。

无关’的错误观点”改成模棱两可、含糊其辞，进可攻、退可守的“对一些文章进行了批评”外，其他行文及相关的页下注还是照旧出现在“修订本”中[①]，不免令人徒增“春风不度玉门关”的慨叹！

五

读者看到这里，可能会留下这样的印象：既然在同一历史时段由京沪两地不同的作者写的两部作为教材的史书，都心有灵犀一点通，异口同声地对陈老的《战时音乐》予以谴责；特别是几经修订、两易其名、三次改版的汪著，四十多年来虽历经“大跃进”、“文革”和“改革开放”的大动荡、大转折，但对陈文的批判情结却始终难以割舍，可见陈老的确在文中“对音乐服务于抗战这个方向发表了一些怀疑的论调”，“散布了‘音乐与抗战无关’的错误观点”，因此将其作为逆抗战潮流而动的反面教材记录在案，载诸史册，以正视听而昭后世，是无可厚非的。至于原先曾出现在汪著的内部发行和公开出版的文本中的某些提法，在后来的“修订本”中只点到为止，则无非是按照“历史问题宜粗不宜细”之说行事罢了。

如果这种印象竟然成为结论，笔者为陈老讨回公道之说岂不是无的放矢?!岂不是理性的目光因被私人的感情所蒙蔽，以致宁愿强词夺理为尊者讳，而置史实于不顾吗?!

但是且慢！毛泽东有句名言，“一切结论产生于调查情况的末尾，而不是在它的先头”；他还有过诸如“没有经过周密调查，不过是无知妄说”、“没有调查就没有发言权”以及“你要知道梨子的滋味，就得变革梨子，亲口吃一吃”、“有比较才能鉴别”之类的警句[②]。中国过去也有“人言为虚，眼见为实”、“尽信书不如无书”之类的古训。况且汪著在其不同版本中的页下注中一而再、再而三地提到“参看随笔《论战时音乐》（陈洪）……”。既然如此，读者不妨遵循以上这些前人从实践中抽象出来的至理名言，按照汪著提示，参看一下陈文，作一番细致的“调查”，通过“亲口吃一吃”的“变革”，再对照汪著作一番探其“虚实”的“比较”，来“鉴别”孰真孰伪。考虑到一般读者不易找到陈文（据我所知，载有陈文的《音乐月刊》第1卷1号，大概只有中央、上海两家音乐学院和京沪两地图书馆以及中国艺术研究院音乐研究所资料室等少数单位藏有原

① 汪毓和：《中国近现代音乐史》，人民音乐出版社1991年版，第213—214页。

② 分见毛泽东：《反对本本主义》、《〈农村调查〉的序言和跋》、《实践论》、《在中国共产党全国宣传工作会议上的讲话》。

件；另外，20 世纪 80 年代中国音乐学院的张静蔚教授所编《中国近现代音乐史料》油印本虽收有此文，可惜一直未能公开出版，因此传播面相当有限)，而且好在此文连标点也不过 500 字，为便于读者“参看”，特稍占篇幅，按原件全文照抄于下：

随笔 陈洪

1. 战时音乐

战时音乐和非战时音乐有什么差别呢？这很不容易说，因为音乐到底还是音乐。音乐是生活，非战时需要生活，战时也一样地［需］要生活，换言之，便是一样地需要音乐。可是战时的生活的确和非战时有点不同，战时所需要的音乐便和非战时需要的有点两样：这便是“战时音乐”的 Raison d'etre（原文为法语，意即“存在的理由”——笔者）。

在战时，社会意识单纯化了，集中化了，各人心内最大的愿望是把敌人打败，如何把敌人打败成了全国一致的问题，战时音乐也自然需要反映这种特殊的社会情况。强调抗战情绪的将成为主要的音乐，与抗战没有直接关系的纯粹主观的音乐变成次要，至于那下流淫荡的爵士音乐之类，在平时已被挤出于音乐的境界之外的，在战时更不必说了。但是音乐到底是音乐，他是在许多姊妹艺术当中最主观，最自由，最抽象，最不属于空间的一个，所以我们对于战时音乐的要求，决不能和对于战时的文学或戏剧一样地具体和机械。功利主义的眼光是永远不能用以看音乐的，所以我们决不能如一般的观察者那样，把“救亡歌曲”一类的东西看作唯一的战时音乐！

战时音乐是应该存在的，“救亡歌曲”当然是很有力量的一种；但是音乐的力量决不止于此，战时音乐的效果也不一定倚靠着口号式的歌词。我们尚须于“救亡歌曲”之外作更进一步的追求。

常言说得好，“是非自有公道，公道自在人心”。我想，即便读者是初中文化程度，只需稍具判断力而又尊重事实，看了陈老这篇浅显易懂、条理清晰、重点醒目、主次分明的短文，无论谁都决不会得出陈老发表了怀疑“音乐服务于抗战这个方向”的论调和散布了“音乐与抗战无关”的错误观点的结论。因此，我说要为陈老讨回公道，其原因也就不言自明了。

写到这里，我倒是有几个因悖于常理而百思不得其解的问题，长期如鲠在喉，亟欲趁此机会一吐为快。

不得其解之一是：为什么连普通读者都能完全看懂的文章，而作为研究中国近现代音乐史的著名专家、资深教授的汪著作者却偏偏看走了眼？

不得其解之二是：明明陈文开门见山就明确指出“在战时，……各人心内最大的愿望是把敌人打败，如何把敌人打败成了全国一致的问题，战时音乐也自然需要反映这种特殊的社会情况。强调抗战情绪的将成为主要的音乐”，文章结尾处还重申“战时音乐是应该存在的，‘救亡歌曲’当然是很有力量的一种”，为什么这些白纸黑字写得如此清楚，和怀疑“音乐服务于抗战这个方向”以及鼓吹音乐与抗战无关这些截然相反的话，汪著作者却偏偏视而不见，竟无端地把“莫须有”的罪名强加于陈老？造成一叶障目的原因何在？

不得其解之三是：陈老关于不能“把‘救亡歌曲’一类的东西看作唯一的战时音乐”、“战时音乐的效果也不一定依靠着口号式的歌词”，因此“尚须于‘救亡歌曲’之外作更进一步的追求”之说，有一个极为明确的前提，即“强调抗战情绪的将成为主要的音乐”。此说之无可厚非，一如既要“弘扬主旋律”，又要“提倡多样化”，二者虽然应该有所侧重，但是也不可偏废一样，是从作为反映人类社会生活的艺术自身规律出发的。莫非此说竟成了汪著作者以此为由罗织罪名的依据？

左思右想，我认为只有两种可能，二者必居其一：一种可能是作者虽然一而再、再而三地关照读者要“参看随笔《论战时音乐》”，但他本人并未身体力行，只是依天风关于“‘救亡歌曲’就是唯一的民族解放战争时代……的音乐”之说，将其推到极致，再上纲上线，扣上宣扬“音乐与抗战无关”等帽子（顺便说一句，天风的文章尽管过于偏激，过于武断，有失片面，但按照不搞“舆论一律”的准则，其观点不论“见仁见智”，作为一家之言，仍属“争鸣”范畴内的正常批评，与写进历史教科书的定论不可同日而语）。这个揣测并非臆断，汪著连陈老文章的标题都搞错了——在他笔下，《战时音乐》成了《论战时音乐》就是明证。因为作为一位严肃的史家，是不能以笔误或疏于校对为托词的。还有一种可能则是汪著作者并非没有看过陈老的原文，而是他自己得出的结论就是这样。至于为什么近半个世纪以来他始终一以贯之地坚持己见，别人自然不好乱猜，只能依“解铃还须系铃人”的古法，请作者自己答疑解惑了。

作者曾经说：他并没有“故意在教材中说违心的话”，而是“经过思考后说出了自认为是正确的话”；并称“对‘新音乐’社发起的批判‘陈、陆’的错误定性”早已“废弃”，“‘大跃进’时代的种种用话”也“早已改变”①。那么我倒是想就此请教作者——面对事实（原文照抄的《战时音乐》），是不是还认为在教材中说的不是“违心的话”，而是“正确的话”呢？

① 汪毓和：《关于“重写音乐史”——读〈“重写音乐史”——一个敏感而又不得不说的话题〉之后》，载《音乐艺术》2001年第2期。

直到2002年4月北京第九次印刷的《中国近现代音乐史》，还在念念不忘地提到“《新音乐》还发表了《“救亡歌曲”之外》……等文章，……对一些文章进行了批评”，并且起到了积极的作用。虽则和前两版比较，作者采取了诸如措辞变得逐渐温和以及“怀疑论调”、“错误观点”等定性的字眼也逐渐消失之类的“淡化”处理，但是其鲜明的倾向这一实质却未因此而被掩盖。难道这种换汤不换药的方式就能足以表明“早已废弃”、“早已改变”之说不假吗？为什么就是不敢（或不愿）秉笔直书，去触及当年那些“批判”文章存在的问题和由此带来的负面影响呢？

本来该说的话已经说得差不多了，似乎可以就此打住，可我还是想再说上几句。陈老一辈子献身于我国高等音乐教育，勤勤恳恳，克尽职守；在理论和创作方面的建树也有目共睹，称得上是20世纪中国音乐史上德高望重、有重大影响和突出贡献的代表性人物（去年他在中国文联和中国音协联合举办的首届“中国金钟奖”的评奖活动中获得“终生荣誉勋章”就足以说明一切）。然而就是因为《战时音乐》这篇不到五百字的短文经肆意曲解，作为“反面教材”写进历史教科书，使他无辜蒙冤四十载不得洗雪，以致成为长期盘踞在他心灵上的一道无法抹掉的阴影和难以愈合的创伤，这显然不是用“早已废弃”、“早已改变”几个字就能轻而易举地一了百了（实际上是“大事化小，小事化无”，从而不了了之）的。如今他已届96岁高龄，近年来又因痼疾缠身而困于病榻，身心受到双重折磨。为了让他能名副其实地颐养天年，我以为最好的办法还是把前文提到的“解铃还须系铃人”真正落到实处。既然导致陈老心灵受到伤害的“始作俑者”是汪著，加之该书40年来三次改版，销售量之大和影响面之广，为其他同类著作所无法比拟，因此作者似宜本着史家应有的理性和良知，站在“拨乱反正，正本清源”的原则高度，以实事求是而不是文过饰非的负责态度，对陈老《战时音乐》的“错判”给个说法。即使不公开发表文章，哪怕私下给陈老写封措辞诚恳的短信说句不是也是好的。我想这样做，既能化解长期郁结在陈老心里的疙瘩，又能显示出作者的史家风范，不但不会因此“掉价”，反而会赢得人们的尊重。这种于人有益、于己无损的事，又何乐而不为之！长期来身为全国文艺界主要领导的周扬同志，因执行“左”的文艺政策，在“反胡风”、“反右”等运动中，曾经伤害过许多人。但是他在第四次全国文代会前前后后的表现，不仅在当时口碑载道，而且尽管他早已作古，至今还常留去后思。这不就是一个最好的实例吗！

孔夫子说过：“过则勿惮改。”（《论语·学而篇第一》）毛泽东也曾说过：“共产党人必须随时准备修正错误，因为任何错误都是不符合于人民的利益的。”他还说过这样一段充满感情的话：“无数革命先烈为了人民的利益牺牲了他们的生命，使我们每个活着的人想起他们就心里难过，难道我们还有什么个人的利益不能牺牲，还有什么错误不能抛弃吗?”① 这些都是如何对待错误的至理名言，应该真心实意地落实到行动中去，而不是只挂在口头上说说的漂亮话。常言道，“事实胜于雄辩”。既然事实业已充分证明汪著关于陈老的《战时音乐》的说法确属“错判”，为什么就是不能放下架子，胸怀坦荡地承认事实而予以改正呢?当然，如果汪著作者继续坚持“自认为是正确的话”之说，我倒是愿闻其详。倘若竟是我不对，自当随时修正错误!

2001 年 10 月 29 日霜降后六日至 2002 年 6 月 4 日芒种前二日，其间时辍时读，凡 215 天，经三次修改始定稿。

后　记

在一般情况下，这篇后记本来可以不写。之所以又不得不写，是因为情况发生了意想不到的变化。

6 月 4 日文章脱稿，便请人打字。原想等 9 月份我院学报《音乐艺术》刊出后再寄给陈老过目，给老人些许安慰。没料到 6 月 16 日刚看完四校清样，就接到中央音乐学院黄旭东同志的长途电话，告知陈老已病危。懊丧之余，我马上请人将四校勘正稿打印一份，于 6 月 22 日寄给陈老，并附了一页信。尽管知道他已不可能再看打印稿，但又不敢提及病危一事，只好在信中说：如果他自己看不方便，可请他女儿陈比维同志念给他听；一次听不完，也可以分几次念。听完了有什么意见，可以口述，由陈比维同志代笔，并尽快寄我，以便在正式付印前再作修改。其实这些话都是写给陈比维同志看的。6 月 25 日晚，陈比维同志打来长途电话，说文章和信已收到，陈老知道后甚感欣慰。因为他当时神志还很清楚，便将寄去的文章念给他听，还遵照他的要求先后念了两遍。我听到这个消息自然也松了一口气，心想好歹总算陈老已经知道有文章公开为他的“冤案”说话，而且即将正式发表了。同时我还心存侥幸，指望他能吉人天相，化险为夷，挺过目前这一关。但是此后才 10 天——7 月 5 日中午，便接到陈比维同志报丧的长途电话，说是陈老已于前一天晚仙逝。听过我不由得怨自己杂事多，动笔迟，写得慢，费时久，未能及早把这篇文章发表出来，心里追悔莫及。与这篇文章没有能赶在陈老生前发出来有关的一件事，也是使我深感遗憾的。本来我是想既然

① 毛泽东：《论联合政府》之五：“全党团结起来，为实现党的任务而斗争”，《毛泽东选集·第 3 卷》，第 1096—1098 页。

陈老是因《战时音乐》一文而长期蒙受不白之冤，那么作为“错判”者自当为之洗刷纠正。因此在文章最后一段曾提出“错判者”“似宜本着史家应有的理性与良知，……对陈老《战时音乐》的‘错判’给个说法。即使不公开发表文章，哪怕私下给陈老写封措辞诚恳的短信说句不是也是好的”的希望。我以为这是化解长期郁结在陈老心里的疙瘩的最佳方案。可惜陈老没有等到这天便已作古，即使别人再给他说什么也听不见了。我在文章中说的“写封措辞诚恳的短信”之类，自然也就成了无的放矢的空话。每念及此，不禁为之欷歔长叹。但是又不甘心就此罢休，因此亟欲向“错判者”讨教，看看是否有什么善后良策能聊补于万一。我还想到，古人有“文章千古事，得失寸心知”和“春秋笔法，一褒一贬，字字千钧”之说。前者是对一般作者而言，后者则是对史家而言，都是说的下笔时宜慎之又慎。这一点通过对陈老《战时音乐》的“错判”和由此所带来的严重后果已经看得很清楚了。“殷鉴不远”，难道还不值得我们深刻反省并引以为训吗！由于以上两点都是获悉陈老遽逝的噩耗才想到的，并没有（也不可能）写进正文，所以只得再临时加写了以上始料之所不及而非说不可的话。是为“后记”。

壬午年立秋前五日加写

（原载《音乐艺术》2002 年第 3 期）

一份尘封了半个多世纪的珍贵史料

——陈洪《绕圈集》解读

冯长春

一、寻找《绕圈集》

大约是2003年，笔者在为撰写博士学位论文而收集资料时，在《二期抗战新歌初集》一书中一篇题为“中国新音乐运动之史的发展”的文章里读到了这样一段话：

> 一九二九至一九三一年前后，是新音乐运动的最苦闷时期。黎锦晖父女的“音乐”就发展到肉麻的“东西”了，所谓艺术的歌舞队，其实是以肉腿为号召的淫荡的跳舞集团，而“葡萄仙子”也发展成为“妹妹我爱你”和“毛毛雨”了。而研究西洋音乐的专家们却找不到出路在苦闷着了。他们（北方以黄自为代表，南方以陈洪为代表）都主张用西洋音乐代替中国音乐，来发挥中华民族的特性。他们抨击着旧的中国的音乐，另一方面又抨击着新传入中国的金元国家的舞乐（Jazz音乐即爵士音乐），但是他们却看不见群众，只原封不动地把西洋音乐搬过来。结果，对于他们的理论，人们是毫不关心似的，大众没有可能吸收他们的歌曲，而他们的正义感，他们爱祖国的热情却要他们把音乐交给大众，结果除掉矛盾苦闷之外，没有第二条路好走。这充分表现在陈洪的《绕圈集》里面，音乐家们觉得自己是在“绕圈”了，到头来还是原来那一点！①

整篇文字的核心内容在于讨论新音乐运动的历史发展，时值抗战最艰苦的阶段，其中对黎锦晖“时代曲”乃至其儿童歌舞音乐的尖锐指摘已不足为奇，对所谓“研究西洋音乐的专家”的批评也时常在一些攻击“学院派”音乐家的文字当中司空见惯，唯有一点引起了笔者的极大兴趣，即文中提到的陈洪先生的《绕圈集》。这还是第一次看到这份史料线索，凭直觉，笔者意识到这可能是陈

---

① 陈原、黄迪文、余荻、余虹似：《二期抗战新歌初集》，新知书店1940年版，第136页。

洪先生的论著或文集。联系到抗战时期一些新音乐工作者对陈洪《战时音乐》一文的批判，而这本早于《战时音乐》一文问世的《绕圈集》同样遭到了批评，笔者预感到如果能使这本《绕圈集》重现于学界，对陈洪的研究将会有非常重要的意义。于是笔者在就学的中国艺术研究院的图书馆查找这本《绕圈集》，但图书馆却没有该书索引。此后笔者先后拜托朋友或学生到国家图书馆、上海图书馆、中央音乐学院图书馆等重要图书馆查找此书，均一无所获。几年来，笔者还先后请教过几位深有影响的老一辈学者，但答案均是对此并不知晓。对《绕圈集》的查找工作因学位论文的写作以及毕业后繁忙的工作而不得不搁置下来，但“绕圈集”这三个字却时常会在笔者的头脑里“绕来绕去”，难以释怀。

2007 年 10 月，中国艺术研究院音乐研究所李岩研究员告知笔者，南京师范大学将举行陈洪先生的学术研讨会，其间还会编辑出版陈洪先生的文集。笔者于是再次想到了《绕圈集》，并希望文集编辑者能够找到这本“神秘”的集子。李岩也对笔者几次提及的《绕圈集》产生了极大的兴趣，于是决定认真查找此书。

大约 10 天后，南京师范大学出版社负责陈洪先生文集的责任编辑宗琦女士兴冲冲地打电话过来：《绕圈集》真的找到了！笔者当时在电话里也是大喜过望。原来，李岩通过赴沪查阅资料的南京艺术学院硕士研究生朱晓红，在上海图书馆找到了这本尘封了半个多世纪的珍贵史料。与宗琦挂了电话后，笔者随即拨通了李岩的电话，很兴奋地与李岩在电话里就此事又聊了半天，因为这本萦绕笔者心头几年的《绕圈集》终于被善于发掘史料的李岩给“淘”出来了。在得到李岩和宗琦的同意与建议后，我决定为此写篇文章，于是便及时地看到了由宗琦快件寄来的“翻拍版”的《绕圈集》。

二、《绕圈集》的主要内容

《绕圈集》是陈洪先生的一本带有随笔性的艺术批评文集，也是目前所见陈洪先生最早的理论性著作，当时先生仅是一个 24 岁的青年。文集作为“万人社”[①] 策划的“万人文学丛书”之一由广州泰山书店于 1931 年 5 月出版，胡春冰[②]和陈洪任主编。“丛书”列有译著及中文原著共计 26 种，除《绕圈集》外，还有陈洪翻译的苏俄作家陀思妥耶夫斯基的小说《白夜》、法国作家巴尔扎克的《短篇小说选》、德国作家海涅的《鼓手雷兰格》以及由陈洪本人撰写的《法兰西浪漫派文学鸟瞰》四本著作，从中不难发现青年陈洪在文学领域里的活跃与建树。“绕圈集”的书名缘自作者在“自序”中对文集出版前两年之艺术道路的总结：

① 万人社是由欧阳予倩、袁文殊、胡春冰等人组成的左翼性质的戏剧文学组织，编辑出版《万人杂志》。

② 胡春冰（1906—1960），浙江绍兴人，戏剧家，曾为左联成员。20 世纪三四十年代先后任《中央日报》总编、《中山日报》社长等职。著译有《爱国男女》、《美人计》、《万劫归来》等。

回国已经两年了。这两年中我算是活动着，活动的方向我也认不清是朝着东西南或北，只觉得沿着直线进行而已。不停地走了两年，这路程必是很远了，当我正这么想着的时候，我忽然发现又回到了两年前的出发点——我恍然大悟：原来是绕了一个大圈！

在书前“万人文学丛书总序”中，陈洪先生又写道：

这圈虽不过是一个纯圈的零，在那里却埋葬了我两年的青春，纪念纪念它罢了，我于是发了“绕圈集”的稿子。

可见，《绕圈集》中的11篇文字均为作者1929年回国后所作①，而且，作者把这些文字看成是其人生中一个彷徨的绕圈历程的纪念。在“自序”和“总序”中，作者将自己两年来的行动视为站在“十字路口”之上，并一再流露出“我心里有着说不尽的悲哀”、“心里有着一样的悲哀”的深深的抑郁之情。那么，究竟是什么原因使作者自认为回国后的两年是在不停地“绕圈”而备尝苦闷呢？对这一问题的回答，或许需要了解更多的史料，尤其是要对陈洪先生去国外之前的艺术观念进行必要的考察，并与《绕圈集》中的某些观点相互联系、加以比对才能得出最为确切的答案。但目前还未发现比《绕圈集》更早的陈洪先生的心迹史料，笔者所能做到的只是对《绕圈集》中的文章进行一番深入的解读，从中探寻陈洪先生早期的艺术观念、音乐思想以及造成他自感绕圈般苦闷彷徨的原因。

《绕圈集》收录了《武器艺术论》、《艺术与技巧》、《参观青年会第三次美展后》、《谈诗》、《艺术与道德》、《托尔斯泰艺术思想摘译》、《音乐与恋爱》、《音乐革新运动之理论与实际》、《音乐革新运动之途径》、《贝多芬》和《反Jazz》等有关美术、诗歌、音乐的文论计11篇，其中后五篇文章专门论及音乐问题。从中可以知道，归国后的陈洪积极投身于国内艺术界活动当中，除主持广州戏剧研究所下设的管弦乐队与音乐学校相关事务外，还经常参加美术界的一些艺术活动并发表自己的见解，这是与陈洪本人在音乐与油画创作方面均有相当造诣分不开的。上述篇什主要阐述了陈洪先生对艺术本质的认识、对中外音乐的比较与价值评判、对音乐艺术的美学思考以及发展中国新音乐的理想与策略等内容，我们

---

① 目前出版物中关于陈洪先生自法归国的时间均为1930年。如缪天瑞等：《中国音乐辞典·续编》，人民音乐出版社1992年版，第22页；向延生：《中国近现代音乐家传·第1卷》，春风文艺出版社1994年版，第718页。而据陈洪在《绕圈集·自序》中所说“前年暑假我从一只邮船踏上了故国的陆地……今年，暑假又快到了……回国已经两年了”等语句，以及本书出版于1931年5月的时间，可以推知他是1929年暑假归国的。

可以把这些短小的文章看做是陈洪先生早期艺术观念与美学思想的集中展示。

（一）历史唯物论的艺术哲学观

从《绕圈集》可以看出，陈洪先生的艺术哲学观是建立在历史唯物论的基础之上的。在《武器艺术论》一文中，陈洪认为，在唯物论和唯心论关于物质与精神孰为第一的问题上，物质先在而后有精神的科学推测，“较之于宗教家的神要可靠得多，这是谁都不该否认的”。因此，陈洪对西方中世纪的神学文艺思想、黑格尔的“美是感觉得到的思想之影像”（今译“美是理念的感性显现”）以及叔本华的“艺术是意志自身的影像”（今译“艺术是意志自身的写照”）等唯心论艺术观提出了批评。在他看来，西方唯心派与宗教哲学家把神看做真善美的源泉的认识，导致人们将虚无缥缈的神灵作为艺术创作的源泉与归宿，使艺术脱离人间并走向艺术至上主义，最终致使艺术成为资产阶级的玩物和奢侈品。相反，陈洪认为，正确的认识应该是：

> 先有社会然后才生艺术，犹先有物质然后生精神。艺术不是超人的，不是个人的，它是社会的、大众的。它是社会的上层建筑，对于作为社会的底盘的经济条件，比较少有直接的关系，但是它到底是社会的产物，和法律、道德等一样地是为一般状况所决定了的。艺术不过是社会的意识状态，被艺术家用热情的口吻和巧妙的技能表现了出来；在政治、道德、艺术之间，并没有本质上的差异，只有形式上的差异而已。（第 11 页）

在坚持物质第一的唯物论哲学基础上，陈洪将艺术和法律、道德一同视为“上层建筑”的一部分，虽然经济并不能绝对决定艺术，但艺术确是一定经济基础制约下的社会意识形态的反映或表现。此处不难看出马克思主义哲学关于上层建筑与经济基础之关系的经典论述的影响。当然，陈洪的上述观点并非严谨的学理表述，因为即便同为意识形态或上层建筑的一部分，艺术和政治、道德之间还是有着根本的不同，它们在各自的目的、功能与表现形式等方面都有着本质的区别。但有一点可以肯定，那就是陈洪的艺术哲学观、历史观是建立在唯物论而非唯心论的基础之上的，这一点从后文将要介绍的“实利主义”的艺术本质论等观点中也可看出，表现出青年陈洪在世界观、哲学观、艺术观等方面的成熟。

（二）实利主义的艺术本质论

在现代英语中，“实利主义”（materialism）也译为哲学范畴的“唯物主义”以及艺术范畴的“现实主义”或“写实主义”，因此，“materialism”一词具有多重含义。早在民国肇造之初，蔡元培先生就提出将“实利主义”与“军国民教育”、“德育”、“世界观教育”、“美育”并举为新时代之教育方针。蔡元培认为：

"实利主义之教育，以人民生计为普通教育之中坚。其主张最力者，至以普通学术，悉寓于树艺、烹饪、裁缝及金、木、土工之中。此其说创于美洲，而近亦盛于欧陆。我国地宝不发，实业界之组织尚幼稚，人民失业者至多，而国甚贫。实利主义之教育，故亦当务之急者也。"① 从全文来看，蔡元培所谓"实利主义"教育，就是指一切与"智育"相关、以利于国计民生、富国强民的教育方针。至于所谓实利主义"创于美洲，而近亦盛于欧陆"的信息，乃是指美国哲学家杜威的"实用主义"哲学思想，蔡元培"实利主义"教育思想是受"实用主义"哲学思想影响下的另一种译述。

回到陈洪先生所说的"实利主义"，笔者以为，除与蔡元培所提出的"实利主义"（实用主义）注重实际等内涵上有一定的相通之处外，从艺术观念的角度看，其中兼有"唯物主义"、"现实主义"的多重内涵。

在《武器艺术论》一文中，陈洪第一次提出了他对艺术之于"实利主义"的认识：

把艺术用作什么东西都可以，时代社会要求什么东西，便可以把艺术作为什么东西使用。艺术是一般的生活过程之一部分，是人群的生命力向外发展的一个方式。（第 10 页）

艺术家之表现社会的意识状态，不论出于有心或无心，总脱不掉是人的行为。凡人的行为，都当以人性为依据；而最基本的人性是生存，继续生存和进步的欲望……在这个世界上，只有实利主义的东西，不会有无目的的艺术，也不会有超实际的美。（第 11—12 页）

艺术起源于实用之说是正确的。（第 14 页）

在《谈诗》一文中，陈洪进一步论述了其基于"实利主义"艺术观的对"美"的认识：

一切与求生之性无冲突，或有利无害者都美；所以站在人性的立场看来，美与善是一致的。有益于人类的生命、有利于大众社会的都是美；这是真正的美。（第 46 页）

诗人是群众的先觉，应当先把恶习惯扫除净尽，把真纯的人性恢复过来，以人性为唯一的美丑的评价之根据。（第 47 页）

在《参观广州青年会第三次美展后》一文中，陈洪援引叔本华"生命意志"

① 蔡元培：《对于教育方针之意见》，参见俞玉滋、张援：《中国近现代美育论文选》，上海教育出版社 1999 年版，第 23 页。

论和柏格森“生命”哲学，再次强调了艺术的“实利主义”的本质：

艺术之目标在美之表现；美是接近生的，美是直接或间接对于我们的生命有利益的；所以真正的艺术是实利主义的。（第31页）

从上不难发现，有利于人的生存与发展的实用主义思想是陈洪先生所谓“实利主义”的内在之意，而实利主义的艺术本质观又与“人性论”有着一定的联系，所谓“善”的要求也是与符合生命利益的基本人性相一致的，尽管带有普遍“人性论”的色彩，但他着重指出了符合社会大众之利益的“善”才是真正的美，因而这种“人性论”也是值得肯定的。不过，陈洪关于“艺术用作什么东西都可以”的纯粹实用主义的观点也难免给人以降低乃至消解了艺术之根本意义的印象，艺术的功能似乎已被视为某种功利性工具的存在。此外，陈洪文中还提到了叔本华和柏格森的艺术观念，进一步显示出其实利主义艺术本质观的理论来源的复杂性。

叔本华的“生命意志”论是建立在唯心论哲学基础之上的，他认为世界只不过是意志的表象而已，艺术尤其音乐乃是自在的生命意志本身的写照；柏格森强调直觉，其批判理性主义的生命哲学也具有强烈的唯心主义乃至神秘主义色彩。陈洪的艺术观念虽然也强调艺术与美乃是符合人的生命利益的需要，但与叔本华和柏格森的哲学观有着根本的不同。这表现在陈洪对上述“实利主义”内涵的进一步补充上：

时代精神和地方色彩才是艺术的命脉。今日的时代精神是反自然主义的，反个人主义的，中国的艺术应当以中国的社会状况为题材和背景，把时代精神表现出来，具有这个条件的作品，才配叫做中国的新艺术。（第35页）

中国现在不需要吟风弄月的艺术，不需要颓唐的裸女画，不需要无聊的山水画，中国需要的是有意义的作品，能够刺醒麻木的人心的作品，和社会直接发生关系的作品！（第37页）

因此，陈洪笔下的“实利主义”就与艺术创作中的“现实主义”方法联系在一起，尽管前述他也强调艺术以及艺术美的表现在于合乎最基本的人性——生命利益的要求，具有实用主义的内涵，但更多地却是提出了艺术创作必须反映时代精神，为时代进步而创作的要求。这种“实利主义”思想的界定，无疑具有符合历史进步和社会发展的积极意义，值得充分肯定。

由“实利主义”艺术本质观出发，在《武器艺术论》一文中，陈洪借鉴经济学中关于价值受制于供需关系的理论，认为艺术不存在所谓“绝对的价值”，对于那些为艺术而艺术者的绝对价值观，陈洪批评道：

如果他们懂得价值是相对的，便应当从象牙的宝塔爬出来看看行市，到底他们的艺术的销场怎样，需要它的一共有多少人，从这里来决定它的价值；要晓得销场怎样，须知道一般人民的生活状况，社会的环境和时代的环境。社会和时代不需要它，它的价值便等于零。离开社会和时代，价值二字便毫无意义。艺术的价值纯然是对于社会和时代而发生的，此外没有别的艺术价值。（第 9 页）

抛却将艺术价值与商品价值或实用价值相等同是否恰当的问题不论，有一点可以肯定，陈洪关于艺术价值必须与社会和时代要求相一致，不存在绝对价值之艺术的观点是符合艺术规律的。从上也不难发现，陈洪所谓“实利主义”艺术观，绝非唯美主义或艺术至上主义，而是带有鲜明的“现实主义”甚至“功利主义”色彩。因此，由实利主义艺术观出发，陈洪认为艺术可以成为宣传的工具与革命的武器。他明确指出：

一切艺术都是宣传。（第 17 页）

从陈洪关于艺术和宣传以及革命之关系的认识来看，20 世纪 20 年代后期国内正在崛起的革命文艺思想对其有着一定的影响。上述“一切艺术都是宣传”的论断让我们想起了 1928 年鲁迅先生说过的一段话：“一切文艺，是宣传……用于革命，作为工具的一种，自然也是可以的。”但鲁迅在认可文艺可以作为宣传工具的同时也指出：“但我以为一切文艺固是宣传，而一切宣传却并非全是文艺……革命之所以于口号，标语，布告，电报，教科书……之外，要用文艺者，就因为它是文艺。”[①] 这就非常辩证地指出了文艺与宣传工具和革命武器之间的矛盾关系，同时强调了文艺必须具有艺术性的本质存在。与此相比，陈洪对艺术与宣传之关系的认识则显得失于绝对而缺乏鲁迅先生的辩证精神。他说：

如果宣传是一种危险，则非意识的宣传比有意识的宣传更为危险；如果宣传是一种需要，则有意识的宣传比非意识的宣传更有效力。（第 17 页）

总的来说，陈洪的艺术武器论还是跟他的唯物论的世界观、哲学观以及实利主义的艺术本质观联系在一起的，他认为：

各时代的艺术都于不知不觉之间替它的时代潮流作宣传，反映着社会的实况和欲求。（第 16 页）

这实际上指出了社会思潮和时代精神对艺术创作的制约与影响，强调了艺术

① 鲁迅：《文艺与革命》，《鲁迅全集 · 第 4 卷》，人民文学出版社 1981 年版，第 84 页。

创作与社会之间存在不可割裂的密切关系。

陈洪归国后的20世纪二三十年代，正值共产党领导的工农革命如火如荼之际，同时也是国民党与各派军阀混战正酣之时。或许正是看到了中国正处在社会变革与革命斗争激烈的非常时代，陈洪振聋发聩地提出了这样的问题："现在是我们享受玩物和奢侈品的时候吗?""今日的中国人，我们还甘心去制造玩物和奢侈品，给小姐太太享受吗?"在他看来，作为"传播感情的工具"的艺术"是最厉害的武器"，因此，他大声疾呼：

我们要把艺术作为武器！
因为现阶段最需要的是武器！
因为艺术是最厉害的武器！（第13—14页）

需要指出的是，陈洪的这种旗帜鲜明的"实利主义"的艺术本质论思想，并没有随着时间的流逝而有所改变，而是在此后的抗战时期得到了进一步的强调与发展，并得到了后来与他共事的国立音专校长萧友梅的赞同。有一篇文献可以充分证明这一点。

1937年12月上海沦陷后，萧友梅给当时的国民政府教育部递交了一份非常时期的办学报告——《国立音乐专科学校为适应非常时期之需要拟办集团唱歌指挥养成班及军乐队长养成班理由及办法》。[①] 报告的核心内容是提出战时音乐教育应为抗战服务、为国家和民族服务的思想方针，并指出唯有如此，"才可希望找到那二十年来无处寻觅的中国音乐的新生命"。值得注意的是，该报告中有关"艺术是实用的"观点的论述，其内容明确无误地来自《绕圈集》中《武器艺术论》一文。该段文字是这样的：

严格地说来，凡艺术都是实用的。打开一部世界艺术史，一页一页地翻下去，艺术的实用表白得很清楚：埃及人造金字塔，完全为了保全佛罗的木乃伊，其被现代人称为庄重的美的金子形，当日不过藉以巩固塔基，抵抗尼罗河的泛滥；希腊的雕像起源于奥林比亚竞技会，为要给胜利的运动家们造像，雕刻术才兴盛起来；罗马人的凯旋门是为纪念战胜而造的；中世纪的哥狄克尖塔，为的不过要钟声去得远些。到了文艺复兴期，因为社会经济的进步和个人主义的逐渐发展，才有所谓"自我表现"的艺术，自拟古主义一直到唯美主义，虽然艺术家们都相信为了"自我表现"而努力，可是他们的艺术到底是各个时代的意识形态的反映或表现，直接或间接在替某种思想或主义作宣传，就是那高呼着"艺术

① 这份尘封了大半个世纪的报告书由中央音乐学院黄旭东和汪朴两位先生发现，后发表于《中国音乐学》2006年第2期。

全无作用”的王尔德之流，其艺术既是某时代某社会的必然产物，便不能超脱时代社会而“全无作用”……①

从报告中的其他个别语句也不难窥见陈洪文章中的某些痕迹。不管这段文字究竟是萧友梅引用陈洪文章中的观点，还是陈洪执笔或参与了这份办学报告的撰写，有一点可以肯定，那就是陈洪“实利主义”的艺术本质观在抗战时期得到了进一步的高扬和升华，在特定历史背景下值得充分地肯定。

陈洪写下这些文字的时候，国内正是一个战乱频仍、阶级矛盾激化的时期，也是中国文艺界各种主张纷至沓来、革命文学与无产阶级文艺理论崛起的时代，以马克思主义与无产阶级革命文艺理论为武装的“左联”已于1930年在上海成立。陈洪先生上述建立在唯物论艺术哲学基础之上、强调现实主义创作方法、关注社会存在与时代精神的“实利主义”艺术本质观以及强调把艺术作为武器的文艺思想，与左联革命文艺理论思想有着一定程度的契合之处；② 或许也正是在这些文艺思想的影响下，他对新兴的无产阶级的大众艺术进行了热情的鼓吹和倡导。

（三）对无产阶级大众艺术的鼓吹

《绕圈集》中有一篇文章是作者对俄国文豪托尔斯泰的艺术思想的语录式摘译，从前面的一段引言可以看出陈洪先生对正在兴起的无产阶级艺术的热情肯定和对资产阶级唯艺术论的严词批判。陈洪说：

> 目前的世界显然分作两边：有产者的世界和无产者的世界；目前的战争不是国家对国家的战争，也不是学派对学派的战争，乃是无产者对有产者的战争。
>
> 在艺术方面，承认艺术是社会现象，受社会经济的决定，并且应当辅助社会革命之进展者，归入无产者的营垒；其他一切个人主义的艺术，无论是新浪漫派、未来派，或达达派，都归入有产者的营垒。
>
> 有产者的艺术家本来没有什么阶级意识，这大都是一班醉生梦死之徒，拿艺术来消遣消遣罢了。其中最特色而足以代表这班人者，我们可以推那位称为“唯美者”的王尔德先生……他的格言便是：艺术全无作用。（第65—66页）

处在俄罗斯农奴制和资产阶级革命更替时代的托尔斯泰，其一生的艺术思想

---

① 萧友梅：《国立音乐专科学校为适应非常时期之需要拟办集团唱歌指挥养成班及军乐队长养成班理由及办法》，《中国音乐学》2006年第2期，第6页；陈洪：《武器艺术论》，《绕圈集》，广州泰山书店1931年版，第14—16页。

② 从陈洪先生文论中反映出的艺术观点以及万人文学丛书主编之一胡春冰曾为左联成员等信息来看，左联的文艺理论对陈洪先生有着一定的影响。

是较为复杂的，但他强调文学应适应社会要求、为人民而写作以及对唯美主义艺术观念进行批判的积极思想值得充分肯定。在托尔斯泰后期的论文《什么是艺术》中，其对“为艺术而艺术”的思想提出了严厉的批判，其中有些语句被陈洪摘译辑入《绕圈集》。陈洪显然是赞赏托尔斯泰的艺术思想的，因此，他对托尔斯泰艺术思想加以阐发，与无产阶级艺术联系在一起，并对此给予了热情的肯定和赞美：

> 然而艺术之不能无作用，是和穿衣吃饭之不能无作用一样明了……托尔斯泰把这真理说得最透彻……他否定了萧士比亚，否定了哥德，否定了全盘有产阶级的艺术；他穿了巨人的铁鞋，一脚把有产阶级的享乐的迷宫一个个踏成粉碎了。这代表了无产阶级的艺术对有产阶级的艺术的第一次强有力而且得到了胜利的大攻击，同时奠定了平民艺术的理论的基础……接受我们的敬礼吧，托尔斯泰！（第 66—67 页）

从《绕圈集》中的个别篇什来看，托尔斯泰对陈洪艺术思想有着一定的影响。需要指出的一点是，陈洪所热情推崇的无产阶级的艺术，也带有平民艺术的民本思想的影响。比如，在《艺术与道德》一文中，陈洪认为：

> 人类的大多数是平民，平民的情绪才足以代表人类的情绪，平民的艺术才配叫所有人类的艺术。平民的艺术是和实际生活一致的，是有益于社会的共同生活的，是道德的。（第 63 页）

陈洪对无产阶级艺术或平民艺术并无过多着墨，但其中所反映出的进步的艺术观却值得珍视。

（四）对唯美主义和艺术至上主义的批判

坚持唯物论的艺术哲学观与“实利主义”的艺术本质观，陈洪对唯美主义和艺术至上主义提出了尖锐的批评。

陈洪认为，在西方，“善”是与宗教紧密联系在一起的，是支配着实际生活的希伯来思想，而“美”则是与希伯来思想不相容的异教艺术，由于文艺复兴以来善与美的逐渐分离，导致了“艺术遂从实际生活中被挤了出来，从此不再讲求自然的美而专从事于‘艺术的美’的追求和表现，结果就成了‘艺术至上主义’”。

对于将宗教与神视为艺术与美的始源的观念，陈洪同样对此提出批评，指出“艺术是人的行为，不是神的启示，是为了人的艺术，不该是为了艺术的艺术”。

从前文我们已可看到，陈洪先生认为艺术应该是符合人的生命利益的“善”的要求的，“善”属于道德范畴，凡不合乎善的要求的唯美主义、唯艺术至上的艺术都是需要批判的，是“不道德的”。因此，他在《艺术与道德》和《托尔斯泰艺术思想摘译》等文中对波德莱尔、王尔德的文学作品提出了严厉的批评。陈洪先生甚至认为：

自然的美是常态的、有益的、健康的、新鲜与善的性质。“艺术的美”是变态的、有害的、颓废的、腐败和恶的性质。从文艺复兴到现在数百年间，整千万的艺术家的生命都牺牲在于这艺术的美的制造和表现，在于这不道德的艺术的表现。（第 57 页）

从上可以看出，陈洪先生对唯美主义、艺术至上主义是根本否定的，这一思想在他以后的音乐文论中也不时出现，认为“艺术如果脱离了社会而自居于所谓至上的地位，实不啻艺术的自杀”[①]。因此，联想到陈洪先生在抗战时期因《战时音乐》一文提出不能把救亡歌曲作为唯一的战时音乐，尚须于救亡歌曲之外有更进一步追求的合理要求而遭到的所谓“音乐至上主义”的批评，[②] 显然是对陈洪先生及其艺术思想的严重误读而有失公允了。

与对唯美主义与艺术至上主义思想进行批判相对应，陈洪认为真正的艺术应在内容与形式上做到有机的统一，而不是仅仅只在艺术的技巧上下工夫。在《艺术与技巧》一文中，陈洪认为：

我觉得要批评一件艺术品，须先看懂这艺术品的题材，然后才可说这件艺术品合不合我们的时代；再看这艺术品的技巧能把题材表现出多少分，然后才可以断定这艺术品的力量。（第 23 页）

在《谈诗》一文中，陈洪再次强调了充实的内容对于艺术创作的重要性：

没有内在，没有灵魂，没有生命，自然说不上是诗……诗人只顾负起自己的使命，我们不希望他造华丽的句子，不希望他发明使人陶醉的修辞，不希望他用字来编织花篮，不希望他创见惊人的异迹，只希望他运用妇妪皆懂的浅显文字，把他的纯朴的心拿出来与大家相见。（第 49—50 页）

这些朴素的文字所透露出来的艺术观念，依然是强调艺术创作的现实主义和群众化，反对为艺术而艺术、为技巧而技巧。这样的思想认识在任何时代都是值得肯定的。

---

① 陈洪：《四年来的广州音乐院》，载《广州音乐》1936 年第 4 卷第 5、6 期合刊，第 2 页。
② 李凌：《略论新音乐》，载《新音乐》1940 年第 1 卷第 3 期，第 8 页。

（五）创造中国新音乐的主张与策略

《绕圈集》中与中国音乐直接相关且重点论述如何建立与发展中国新音乐的文章有两篇，即《音乐革新运动之理论与实际》和《音乐革新运动之途径》，均为广州艺术研究所管弦乐队演出而作。这是我们了解陈洪新音乐思想的重要文献。

进入20世纪，越来越多的从事新音乐创建活动的音乐家开始对中国音乐发起猛烈的批判，中国传统音乐被认为远远落后于西方近现代音乐且日渐衰亡。在这一点上，陈洪先生也持同样的观点。陈洪认为，中国音乐衰落的根本原因固然在于社会、经济的全面落后以及音乐内容不能表现时代精神，但也与以下两个方面密不可分：一是由于音乐艺术长期以来成为特殊阶级的玩物而丧失了鲜活的生命力；二是中国乐器简陋不堪而无法与西方乐器相媲美。

陈洪指出，“特殊阶级的士大夫之爱艺术好像他们爱花一样，他们爱的是花的开花，并不是花能结实，只要花能开花，结实与否都没有关系”，因此，长此以往，艺术即逐渐退化，失去再生发展的生命力。中国音乐衰落的重要原因之一即在于此。因此，陈洪认为，欲发展中国音乐，就必须将音乐从特殊阶级的手中夺回，创造群众的音乐。他说：

> 不容置疑的是要把音乐从特殊阶级的手里解放到群众当中去，把音乐结实的能力恢复了；群众需要音乐和特殊阶级不一样，群众不仅需要它的花，并且需要它的实，能够结实的花才有它的为花的理由，才能够发扬滋长。所以今日音乐运动的急务，是提倡群众的音乐。（第97—98页）

当然，仅仅将特殊阶级的艺术夺回来还不是群众的艺术，因为它已经丧失了再生的创造力，因而，陈洪指出，既要提倡群众的音乐，更要创造群众的音乐：

> 我们目前的手段不是争夺，而是创造群众的音乐……使它能够跟着社会，朝着正当的路途上发展：这是群众音乐运动的趋向，也正是我们应当努力的目标。（第98—99页）

早在20世纪初期，匪石在其《中国音乐改良说》中即激烈批判中国音乐长期以来为贵族及少数人所把持的弊端，认为“其性质为寡人的而非众人的”[①]；“五四”以后，将音乐普及到一般民众中去的呼吁更是不绝于耳。陈洪的上述论

---

① 匪石：《中国音乐改良说》，参见张静蔚：《中国近代音乐史料汇编》，人民音乐出版社1998年版，第189页。

断，一方面可以看出“五四”以来民主精神在音乐领域里的影响，另一方面又可以发现，在30年代初新兴大众音乐即将兴起之时，陈洪所提出的“群众音乐运动”的音乐观念已经与时代发展的脉搏合拍而进了。

在谈到中国乐器落后的问题时，陈洪的观点亦如当时许多新音乐家一样，但其中所流露出的某些过激之词以及带有“欧洲音乐中心论”色彩的中西音乐比较观难免给人留下有失偏颇的印象：

试问六个洞尚不完全的洞箫如何比得上人家十三个洞的Clarinet？两根弦老是合尺合尺的胡琴如何比得上人家四根弦的Violin？其他如Piano、Double Bass之类，我国不独没有乐器能与之比拟，简直连做梦也不曾梦见这么伟大的东西！没有乐器如何发出声音？没有好乐器如何发出好声音？（第110—111页）

将中国乐器与西方乐器进行简单的优劣比较自然有其不妥之处，但陈洪对中国乐器失于粗劣的指摘，还是出于渴盼中国音乐能够得到进一步发展的急切之情。他还进一步谈到了社会经济对乐器制造与发展的制约作用：

音乐之进化，与社会经济和制造技术之发展有莫大的关系，假如没有键盘乐器之发明和制造，那么和声学绝不会成为一门有系统的科学；假如没有弦乐器之改良，则交响乐绝不会脱离声乐而独树一帜；而各种乐器之发明、改良和改造，都直接受社会经济和制造技术之影响……技术落后和经济衰败的社会，是决不能产生伟大和繁盛的艺术的。（第107—108页）

陈洪认为，正是中国社会经济的总体落后，造成了中国乐器乃至中国音乐的落后。自欧洲进入工业社会以来，交响乐队中的各种乐器在制作工艺上日益精良；而长期处于农业社会中的中国的乐器，在工艺学层面与西方乐器的制造相比的确有其不及之处。中国乐器落后于西方乐器的认识，在近代以来许多中国音乐家的文论中也是一再被提及和公认的事实。

总之，在陈洪看来，欲改变中国音乐颓唐不振的面貌，其根本在于新音乐的创造，而新音乐的创造应当建立在学习和利用西方音乐的基础之上。这种认识是与20世纪上半叶中国音乐现代化的音乐思潮及其主张相一致的。不过，需要指出的是，陈洪所谓学习与接受的西方音乐，是有严格区别与选择的，那就是欧洲的古典与浪漫乐派传统下的专业音乐创作而非其他种类的外来现代音乐。如同他对旧有国乐所提出的否定性批评一样，陈洪对20世纪20年代流行于美国的爵士乐（Jazz）进行了猛烈的抨击，其中一些不乏过激的措辞难免会令今人感到诧异。在《反Jazz》一文中，陈洪认为爵士乐是纯粹享乐的、下流的、野蛮的、没有思想内容的音响组合，根本不配称其为音乐。在他看来，Jazz与真正的“音乐”有着天壤之别：

真的音乐不独具有形式上的条件，并且具有充实的内容。内容是音乐的生命，而形式不过使这生命有所凭藉。内容好像人的思想，形式好像人的身体，没有思想的身体只是一副尸骸。Jazz便是没有思想的音乐的尸骸，其腐烂的气味闻之令人作十日呕。（第136页）

因此，陈洪理想中的中国新音乐是完全建立在学习“先进的西洋音乐”——古典与浪漫时期的艺术音乐的基础之上的，旧有国乐以及Jazz这种外来流行俗乐都不是建立中国新音乐所需要的元素。陈洪有关新音乐与国乐、Jazz之间关系的认识，在其此后的文论中是一如既往的。例如，他在《广州音乐》的发刊词中就将这种认识明确地概括为“反国乐与反Jazz双管齐下”，并旗帜鲜明地告白于音乐界：

反“国乐”与反Jazz双管齐下，为新音乐运动之救亡政策。不否定“国乐”，无知者哼着，无限高兴，“昭君怨”、“骂玉郎”都可以上课室给学生唱，诲淫诲懒犹其小事；而封建遗毒，藉歌曲之魅力无形传布，国民思想永无澄清之一日，皆“国乐”之厚赐也。不抗拒Jazz，则青年男女出入电影场与跳舞厅者，得意扬扬，乐而忘形，渐次神经错乱，是非颠倒，个人享乐便是至上，国家存亡有何关系！青年人一个个入了迷魂之宫，民族命脉尽丧而后已……则Jazz之赐厚矣！①

这种彻底否定国乐与Jazz的音乐观念，今天看来极易给人留下失于客观而流于极端的印象，但我们却不能以今天的音乐观念与学理来苛求、指责陈洪那一代音乐家的价值取向，不管怎样，陈洪的新音乐观是和塑造新的国民性、改良社会风气，乃至与国家存亡、民族振兴的崇高目标联系在一起的，其中所透露出的深深的爱国情怀与正义感，也会打动今天的每一位读者。

回到《绕圈集》中有关新音乐与西方音乐之关系的问题，陈洪认为，目前的时代是中国旧乐行将退出历史舞台、中国新音乐还未诞生的“过渡时代”，在这新旧过渡的时代，“第一件要紧的事情”就是“接受比我们先进的西洋音乐”。陈洪指出了接受与研究西洋音乐的三个基本理由：

首先，西洋音乐的理论与乐器等现成的“工具”可以直接拿来为我所用；其次，一种文化的发展离不开与外来文化的交流，闭关自守只能导致自生自灭，音乐文化也是如此；再次，中国旧有国乐已经衰亡，新音乐诞生之前必须借用外

① 陈洪：《发刊词》，载《广州音乐》1933年第1卷第1期，第1—2页。

来音乐营造良好的音乐氛围，以利于新音乐的诞生。

鉴于此，陈洪指出：

根据以上种种理由，我们便决定尽量把西洋音乐宣传、灌输给中国社会，这是第一件必要的工作。我们明知这么一来，最容易使一部分人对于西洋音乐起了盲目的崇拜，但是在过渡时代，偶像式的崇拜每每不可避免，也是并不碍事的事情，只要空气一天一天的更浓厚更紧张下去，便会有一天西洋音乐和中华民族发生了真切的接触，由这一接触，新音乐乃能成胎儿诞生。（第 114 页）

陈洪还举出俄罗斯民族乐派作为榜样，同时也道出了广州戏剧研究所管弦乐队演出的真正用意，那就是“改善本市的音乐环境，予新音乐以产生的机会”（第 100 页）。从文中对演出曲目的简介可以知道，所奏曲目均为欧洲古典和浪漫时期的器乐作品。陈洪认为：

今日还不是中国新音乐产生的时候，不过我们应该积极预备它的诞生。据种种情形看来，中国新音乐之产生当在五十年后，从今天到五十年后的今天，是过渡时代之一段，我们都不是创造的人物，我们是过渡时代的牺牲者，我们的责任是筑一条从此案通到彼岸的桥，各个人都化作桥中的一块砖；要把这桥造成又平又稳，后起的人乃能够安然从死的此岸踏到生的那边去：这是我们认定的工作和我们认定的工作的意义。（第 117 页）

不难看出，陈洪所谓过渡时代，就是指中国音乐由古代形态向新音乐形态过渡的时代，过渡时代的任务就是输入西方音乐以作为新音乐诞生的准备，只有对西方音乐的学习和接受达到一定程度后，方可谈得上新音乐的创造，新音乐的诞生被陈洪视为中国音乐“死而复生”的标志。为此，陈洪热情地呼吁：

愿大家都来参加新音乐运动！（第 116 页）

这是笔者所看到的最早有关新音乐运动的言论，这一点暂且不论，问题是陈洪的上述所论是否会给人留下生搬硬套、机械移植西方音乐的印象呢？抛开文中某些西乐先进、国乐落后的文化达尔文主义的观念不论，笔者以为，陈洪所谓输入西方音乐、开展新音乐运动的观点绝无以西方音乐替代中国音乐的西化思想，其根本用意还是在于学习西方音乐，借鉴西方音乐的工具创造中国新音乐。在《谈诗》一文中，陈洪曾这样说道：

如果把这一国的植物移到另一国去，在不同的时节内，要它开花结果，是不可能的事。希望外国的文艺在中国收效，是和希望广东的荔枝在北平结实一样愚

蠢。并且许多外国的文艺在它们的祖国已经是落伍了，抄袭过来，更是可笑的很。（第42页）

因此，陈洪所谓输入西乐以创造新音乐的思想是值得充分肯定的。学习与借鉴外来音乐以发展中国音乐，在任何时代都有其值得肯定的积极意义。当然，联系陈洪在此后一些文论中一再强调西方音乐的理论与乐器只不过是音乐的工具，而工具是不分国界的，因此新国乐的创造可以完全建立在西方作曲技术理论与乐器的基础之上，从而忽视中国传统音乐因素与乐器的地位的观点，其中自然不无偏颇与自相矛盾之处。[①] 因为，任何一门艺术的民族特色与时代精神，在很大程度上都是与该种艺术的表现形式分不开的，音乐也是如此。

三、几点余想

20世纪三四十年代的中国，战乱频仍，民不聊生，而中国近代专业音乐教育却正是在这样一个历史条件下建立与发展起来的，其中诸多音乐家在筚路蓝缕中为发展中国新音乐而作出的历史贡献永远值得纪念。陈洪正是这一时期我国专业音乐教育中一位极为重要的音乐家。从广东戏剧研究所到广州音乐院再到国立音专，陈洪一直是三四十年代专业音乐教育和新音乐文化创建活动中的中坚人物。这样一位作出过重要历史贡献的音乐家，值得后人加以认真地学习与研究。

回到《绕圈集》的论题，笔者深有感触。《绕圈集》的发现不仅为我们提供了目前陈洪研究中最早的史料文献，使我们对20世纪二三十年代的中国艺术现状有了进一步的了解，也为我们留下了诸多值得思考与研究的新问题。

从对《绕圈集》文论的解读，可以感受到作者自感"绕圈"的苦闷之处，乃是为中国当时的艺术创作依然举步不前，难以产生符合时代发展、符合最广大民众需要的艺术作品而苦恼。从陈洪的《武器艺术论》、《参观青年会第三次美展后》和专论"新音乐"的两篇文章中都不难体会到他期盼发展中国现代艺术、现代音乐的急切心情。正是在于亟盼中国新音乐的早日诞生，他才大力宣传和输入西方音乐，呼吁大家都来参加新音乐运动。

从陈洪论述新音乐的文章中也不难发现，《绕圈集》中的音乐观念与他在抗战时期的音乐思想是基本一致的，既有着强调音乐作为"武器"为战时服务的"实利主义"的一面，也有其一再坚持认为旧有国乐极端落后于西方音乐，中国新音乐或新国乐的诞生须建立在学习借鉴西方音乐的基础之上的言论。陈洪创作的一些抗战歌曲以及其他许多新音乐作品，也从实践的层面印证了他的音乐

① 陈洪：《新国乐的诞生》，载《林钟》1939年创刊号；《梁红玉》，载《音乐月刊》1937年第1卷第2号。

观念。

从文集中所引文章也可发现，陈洪并非一些新音乐工作者所谓“看不见群众，只原封不动地把西洋音乐搬过来”的那种为艺术而艺术、为音乐而音乐的近乎全盘西化论者。陈洪从来不是一个艺术至上主义者，相反却是一个坚持“实利主义”艺术本质观、强调艺术要具有时代性和群众性的极具现实主义精神的音乐家。从文集中个别篇什不难看出，左翼文艺、普罗（无产阶级）文学的思想理论对陈洪有着一定的影响，他甚至还旗帜鲜明地提出了“群众音乐运动”的口号，不但比后来聂耳、吕骥等青年音乐家提出的类似主张要早，而且在很大程度上与聂耳等人的新兴大众音乐理论是殊途同归的。至于抗战时期他在《战时音乐》一文中有关音乐的特殊性的短论，乃是当时颇具美学色彩的精彩论述，与他主张音乐为抗日救亡服务的思想并不矛盾，而由此所招致的一系列批判，实为救亡音乐思潮下新音乐运动中受“左”的音乐思想的支配所出现的宗派主义斗争的反映。

梳理20世纪三四十年代有关新音乐的文献资料时，我们经常会读到一些颇具论战意味的批评性文本，并时常从中发现个别“断章取义”、“望文生义”、“不求甚解”而对对方大加口诛笔伐或攻其一点不及其余的粗暴批评文风。这一点我们从本文开篇的引文以及这一时期有关针对青主、黎锦晖、陆华柏乃至萧友梅、黄自等的批评文字中都不难发现。因此，如何摒弃历史的局限，实事求是地解读历史文献，是中国近现代音乐史学中一个值得关注的问题。

此外，由对《绕圈集》的解读，笔者进一步明确了这样一种认识，即20世纪上半叶存在着两种不同思想实质的“新音乐”与“新音乐运动”。一种是作为音乐形态学意义上的“新音乐”。从1904年曾志忞提出“为我国造一新音乐”的口号，到20世纪30年代陈洪、萧友梅、黄自等音乐家提出创造以俄罗斯国民乐派为蓝图的“新音乐”的理想，都是着眼于学习借鉴西方音乐因素而创造不同于传统国乐的中国新音乐。一种是思想内容意义上的“新音乐”，即后来李凌所总结的“‘新音乐’与旧音乐的不同，主要的不是形式的而是思想体系上的”①。30年代前期左翼音乐运动兴起后，以聂耳、吕骥为代表的左翼音乐家提出的“新音乐”或“新兴音乐”，更多的是着眼于音乐要为无产阶级革命、为劳苦大众服务的思想内容之新的要求，新音乐由音乐形态学的广义层面转化为具有特定思想要求的狭义的无产阶级革命音乐的代称；抗战时期新音乐则被视为抗战音乐的具体所指。相应地，对应不同的“新音乐”内涵，“新音乐运动”也具有了不同的目的、功能、思想实质及其历史内容。反观当前中国近现代音乐史研

---

① 李凌：《音乐随笔》，载《新音乐》1943年第5卷第4期，第151页。

究，人们往往注意到了与左翼音乐运动相承继的由吕骥等人所领导的新音乐运动，却忽视了陈洪、欧漫郎、萧友梅等人所提出的旨在强调学习借鉴西方音乐文化、创造俄罗斯国民乐派意义上的中国民族乐派的新音乐运动的主张。此外，我们还应认识到，不管是着眼于音乐形态学意义上的"新"，还是强调思想内容的"新"，对于20世纪三四十年代的绝大多数音乐家而言，抗日救亡之非常时期的新音乐运动，都是和服务于民族解放的抗日救亡运动紧密联系在一起的，正如萧友梅所言："从服务中建立中国的国民乐派，跟随中华民族的解放而获得中国音乐的出路。"[①] 广义上讲，这两种不同的新音乐观与新音乐运动史，也都是与20世纪上半叶中国人学习借鉴西方音乐文化的进程所不可分割的，不同新音乐观念下创作出的新音乐作品，无论形式还是内容都表现出与传统音乐品种的大不相同。20世纪三四十年代客观存在的这两种互有异同的新音乐观与新音乐运动，既有不可分割的密切联系，又有各自侧重的目的与追求，并且实际上一直影响、延伸到1949年后中国新音乐文化的建设与发展。因此，近代以来的新音乐"传统"值得学界加以重新审视与思考。

当然，陈洪的《绕圈集》给我们带来的启发与思索并不限于上述，如何全方位地审视陈洪在文学艺术领域里的多方面的贡献，如何客观而全面地评价陈洪在中国近现代音乐史上的成就与地位等，自然是学界要进一步深入探讨与研究的基本问题。

（原载《音乐研究》2008年第1期）

---

① 萧友梅：《国立音乐专科学校为适应非常时期之需要拟办集团唱歌指挥养成班及军乐队长养成班理由及办法》，载《中国音乐学》2006年第2期，第7页。

陈洪早期音乐创作研究

翟颖慧[①]

陈洪是20世纪我国著名音乐理论家、音乐教育家、作曲家与翻译家，我国新音乐运动的先行者，我国专业音乐教育和现代高等师范音乐教育的开拓者。

陈洪自幼离开家乡，在广州培正中学读书时，受到留法学习音乐而后归国的堂兄陈宏的启发，使他产生了学习音乐和美术的兴趣。其于1923—1925年在上海美术专科学校学习美术和音乐。1927年赴法国留学，入巴黎音乐院南锡（Nancy）分院，师从巴什雷（Bachelet）、艾克（Heck）等学习作曲和小提琴；1929年赴巴黎师从法国著名小提琴家奥别多菲尔（Oberdoeffer）学习。短短三年的海外求学经历对陈洪此后的音乐创作产生了极大的影响。

1929年回国后，陈洪就职于广东戏剧研究所附属音乐学校，并于翌年夏组织了广东戏剧研究所管弦乐队。1931年7月，广东戏剧研究所停办，乐队亦解散。陈洪于1932年和马思聪共同创办了我国南方第一所专业音乐院校——私立广州音乐院。虽然师资有限，教学和教务工作异常繁忙，但是陈洪仍不忘国难，积极与夫人卢碧伦等“在广州青年会组织歌咏活动，每周向群众教歌一次”[②]，同时满怀爱国激情地创作了抗日救亡歌曲《冲锋号》、《上前线》、《怒吼》、《把敌人赶出领土》等，这不仅是我国最早的一批抗日救亡歌曲，而且在社会上产生了广泛而深远的影响。此外，他还创作了钢琴曲《没字歌》（1934年3月）、《幽默曲》（1934年5月）、《摇船歌》（1934年10月），艺术歌曲《陨大星》（1934年2月）、《子夜歌》（1934年11月）、《菩萨蛮》（1935年1月）、《拟挽歌》（1936年2月）等。据笔者目前统计来看，1934—1937年是陈洪进行音乐创作的高峰期，共创作作品17首。

1937年夏，陈洪应萧友梅之邀于8月1日来到上海国立音专，成为继黄自之后的第三任教务主任；1942年6月，汪伪政府接管国立音专，任命李惟宁为校长兼教务主任，陈洪遂脱身一切行政事务，专心从事教学与音乐研究，同时在上海新华制片厂、上海中华电影公司任职直至抗战胜利。1946年8月，受吴伯超邀请

---

① 翟颖慧（1985— ），女，山东师范大学音乐学院2010届硕士研究生。

② 韩中杰：《陈洪先生——我的恩师，我的引路人》，载《人民音乐》2002年第11期，第24页。

任南京国立音乐院教授兼管弦组主任；同年11月兼任南京中央大学艺术系教授。1950—1952年任南京大学音乐系教授兼系主任。1952—1983年任南京师范学院（1984年更名为南京师范大学）音乐系教授、系主任，1983—2000年任南京师范大学音乐系教授、名誉主任。

新中国成立之后，陈洪的音乐创作骤减，仅创作了合唱作品和艺术歌曲总共五部，主要有混声四部合唱《共青团林之歌》（1956年，袁飞词）、《春风桃李》（1982年，顾炯词），大型合唱曲《江南春好大合唱》（1958年，张学棣词，陈洪、张振亚曲）、《三门峡大合唱》（1962年，郭小川词）、《教师颂》（包括《辛勤的园丁》、《校园夜曲》、《当那桃李满天下的时候》，1981年，任红举词）以及艺术歌曲《那就是我》（1981年，晓光词）、《梦李白》（1999年，杜甫诗）、《赠红梅》（1999年，陈洪词）。尽管作品数量有限，但陈洪对每一部作品都精雕细琢、精益求精，部部都是优秀之作。这五部作品较之新中国成立之前的作品，不论从规模还是内容来看，都更为宏大、深刻。其中，《教师颂》和《春风桃李》表达了他对教师职业的崇高赞美和由衷热爱，曾先后获得江苏省优秀歌曲评比一等奖。艺术歌曲《赠红梅》是陈洪在年逾古稀之时创作的最后一部作品。这是为从小患有小儿麻痹症、之后留学美国的学生周红梅所作。曲中饱含了陈洪与学生之间的诚挚情谊，亦是陈洪“为师之道在于慈”的集中体现。鉴于本文对陈洪的研究范围仅限于1929—1949年的音乐创作，因此对新中国成立之后的五部作品不再详细论述，仅对陈洪1932—1937年间创作的17首作品中的部分代表性作品进行详细的分析。

一、抗战歌曲

陈洪的抗战歌曲创作主要集中在1936—1937年，共五首作品，包括《上前线》、《怒吼》、《一致对外》、《冲锋号》、《把敌人赶出领土》（又名《四万万大众起来》），均集中发表在以宣传、鼓舞抗日救亡为宗旨的《易声歌集》[①] 中。从这五首歌曲的题目便可以清晰地解读出陈洪意图唤醒人民抗日救国的民族意识，以及鼓舞中国青年奋勇杀敌、携起手来共同抗战、争取民族解放的良苦用心。上述作品均采用五线谱记谱，后三首附有钢琴伴奏，作者运用欧洲古典音乐的创作技法，结构简单，和声规整，旋律激昂。以下我们将对这五首作品进行详细的分析。

① 吴涵真：《易声歌集》，上海时代出版社1937年版。

1. 《上前线》①

这是一首四部混声合唱歌曲，音调明快、昂扬，节奏紧密，是令人振奋、精神激昂的进行曲，曲式结构如下：

A		B	
a	a[1]	b	a[2]
4	4	4	4
^{b}B：V	V—I	g—^{b}B：V	V—I
1—4	5—8	9—12	13—16

该曲为带再现的对比主题的单二部曲式，A、B 两段均为二句式等长方整型乐段。乐曲的旋律伴随织体上四部和声的同步进行呈波浪形迂回发展。节奏上主要以附点八分音符、十六分音符与四分音符紧密交替为主，一开始便表现出鼓励青年奋勇抗敌的急迫心情，尤其是高声部连续三个级进上行的发展手法配合歌词"上前线"的三次重复，情绪愈发激动高昂，更加给人以紧迫感和强烈的使命感（见谱例 1）。

谱例 1

本曲以 ^{b}B 大调为主调，A 段结束在主调的完全终止上。B 段一开始调性便发生了变化，转到 ^{b}B 大调的关系小调 g 和声小调上，同时亦出现了新的材料。八分音符与附点四分音符前短后长的急速转换，以及八度的三次跳进，无论是音调还是节奏都具有一种内在的动力性，将"上前！上前!"的气势表现得更为鲜明。而小调色彩也将歌词"世界的风云紧了，民族的环境危了"中描绘的国家沦丧、民族危亡的状况体现得淋漓尽致。b 句最终在主调的半终止上结束，为再

① 陈洪：《上前线》，载《音乐教育》1936 年第 4 卷第 11 期，参见吴涵真：《易声歌集》，上海时代出版社 1937 年版。

现做了属准备，并以低声部的级进下行进入到再现部分（见谱例 2）。

谱例 2

a^2 句基本上是对 a^1 句的完全再现，只是 13 小节在第二、四声部加入了主音 B，使音层加厚，更加突出了为了争取自由、解放而甘愿牺牲、誓死奔赴前线抗战到底的精神（见谱例 3）。

谱例 3

2．《怒吼》①

这首混声四部合唱歌曲同上述作品《上前线》相比，无论从结构、旋律、

① 陈洪：《怒吼》，载《音乐教育》1937 年第 5 卷第 2 期，参见吴涵真：《易声歌集》，上海时代出版社 1937 年版。

织体还是和声都如出一辙。本曲是带再现的对比主题的单二部曲式，为进行曲风格，主调为$^{\flat}$B 大调，在中间部发生了短暂的转调后，转为$^{\flat}$B 大调关系小调 g 和声小调。节奏上仍然主要为附点十六分音符、八分音符以及四分音符的交替密接，与其后六度的跳进相结合，表现出祖国摇摇欲坠的危机感以及大家携手救国的强烈信心（见谱例 4）。中间部 b 句仍以八度跳进配合歌词“怒吼”，将全曲推向高潮，营造出一幅满腔怒火的战士奋勇杀敌的画面（见谱例 5）。

谱例 4

谱例 5

3.《一致对外》①

这首歌曲配有钢琴伴奏，由陈洪填词作曲，依然是进行曲风格。曲式结构如下：

前奏	A		B	
	a	a^1	b	b^1
4	4	4	4	4
A：	I	V	A：V	V—I
1—4	5—8	9—12	13—16	17—20

① 陈洪：《一致对外》，参见吴涵真：《易声歌集》，上海时代出版社 1937 年版。

该曲是并列单二部曲式，A 大调。乐曲由建筑在分解主三和弦的三度模进以及前八后十六紧密节奏的钢琴前奏引入，歌唱部分便以由属到主的弱强动机开始，配合钢琴伴奏柱式和弦的同步进行，具有强烈的律动感，表现出作者号召全体中国人民整齐划一，面对外侮一致对外的急切心情（见谱例 6）。值得一提的是，a 句弱起节奏以及主要音调都带有《马赛曲》（见谱例 7）的影子，这无不受陈洪早年在法国接受音乐教育的影响。

谱例 6

谱例 7

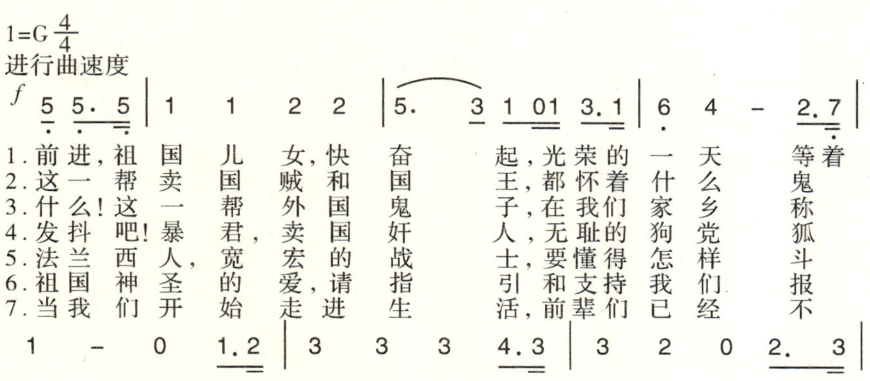

B 段在材料上、情绪上都与 A 段不同。在旋律上 B 段更偏重于抒情性，且节奏稍舒缓。以六级跳进开始，突出对“今天，前嫌冰释；联合战线美而壮”的高度赞扬，同时在乐曲最后将钢琴伴奏的音层加厚，使其更具气势，并表现出作者对美好未来的深切向往（见谱例 8）。

谱例 8

4.《冲锋号》①

这是一首带有钢琴伴奏的齐唱歌曲，陈洪词曲。这是陈洪所创作的抗战歌曲中最受欢迎、社会影响较大，且结构稍有扩充的作品。音调明快、刚毅，是一首具有号召性的、富有英雄气概的急促进行曲。曲式结构如下：

前奏	A			间奏	B		间奏	A^1			补充
	a	间奏	a^1		b	c		a^2	间奏	a^3	
4	5	1	6	2	4	6	2	6	1	8	2
G:	V		V—I	D:	V	V—I	G:	V		V—I	
1—4	5—9	10	11—16	17—18	19—22	23—28	29—30	31—36	37	38—45	46—47

该曲是带再现的对比主题的单三部曲式。乐曲以左右手八度同步进行开始，并以同音反复的旋律配合三连音和四分音符的紧密交替，形成犹如号角般的前奏导入主旋律（见谱例 9）。

① 陈洪：《冲锋号》，参见吴涵真：《易声歌集》，上海时代出版社 1937 年版。

谱例 9

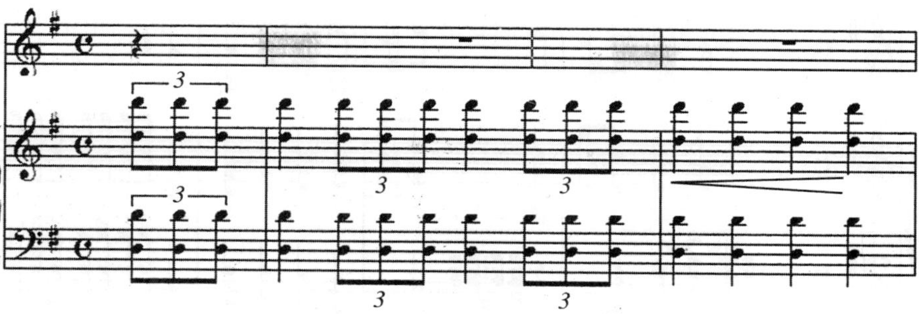

歌声一开始便用一浪高过一浪的音调唤醒同胞，紧接着用最高音唱出了“冲锋号”三个字，表现出日益紧迫的战争形势和高涨的爱国热情。这首作品的主旋律依然带有《马赛曲》的影子。A 段依然延续陈洪惯用的节奏型，即附点八分音符与十六分音符、四分音符的交替进行，节奏紧密，同时在柱式和弦钢琴伴奏的衬托下，使旋律富于弹性和号召力，鼓舞不愿做亡国奴的中国人民奋勇杀敌（见谱例 10），最终结束在主调 G 大调的完全终止上，经过两小节号角式的间奏进入 B 段，同时转入 D 大调（见谱例 11）。

谱例 10

A		A1	
a	a^1	a^2	a^3
4	4	4	4
E：I	I	V	V—I
1—4	5—8	9—12	13—16

这首歌曲一开始便以级进上行的旋律走向表现出“四万万的大众起来”奋勇杀敌、挽救民族危亡的豪迈情怀。

前两句结束在主调E大调的完全终止上，而随后出现的属音b音，强调了属功能，使得材料有继续向前发展的趋势（见谱例15），最后一句结束在主调的完全终止上（见谱例16）。全曲都是以柱式和弦的同步进行作为伴奏，与富于动律感的附点八分音符和十六分音符的节奏以及级进上、下行的旋律相互配合，使得人民大众面对敌人入侵的悲愤心情以及把敌人赶出领土的决心得以充分表现。

谱例15

谱例16

陈洪创作的抗日救亡歌曲，曲调与歌词紧密结合，旋律跌宕起伏、刚劲有力、抑扬顿挫、刚柔并进，且收放自如、对比鲜明，充分地表现出抵御外侮、救亡图存的主题思想。节奏主要运用附点八分音符与十六分音符富于动力性地交替进行，将创作者内心起伏不定的情绪与这一节奏紧密结合，更有效地表达了歌词的含义，同时为歌曲增添了活力。结构简单、对称，和声规整，突出主、属功能，巩固旋律。陈洪不仅注重歌曲声部的写作，亦将钢琴伴奏视为密不可分的重要部分。这些作品通过富于表现力的钢琴伴奏，以及部分作品中伴有的前奏、补充和结尾等，使得作品在音响效果上更为丰富，歌曲更具有渲染力和号召力。

二、艺术歌曲

我国最早开始进行艺术歌曲创作的是留洋归国的学院音乐家们，如萧友梅、赵元任、青主、黄自等，他们创作的《问》、《教我如何不想他》、《玫瑰三愿》、《思乡曲》、《大江东去》、《我住长江头》等作品，不仅是当时对我国早期艺术歌曲创作的有益探索和成功典范，而且直到今天仍作为音乐会的保留曲目在艺术歌曲的舞台上焕发着蓬勃的生命力。陈洪于1934年开始创作艺术歌曲，亦属于早期对这一体裁进行探索的领路人之一。他在新中国成立之前共创作了《陨大星》、《子夜歌》、《菩萨蛮》、《拟挽歌》四首作品。这四首歌曲音乐语言朴素，内容深刻，旋律优美，钢琴伴奏细腻流畅，在创作技法上具有较高的造诣。下面笔者将对这四首作品进行分析。

1.《陨大星》①

《陨大星》由欧漫郎作词、陈洪谱曲。这首歌曲音调委婉、低沉，情绪庄重、严肃，节奏沉稳，借“陨大星”表达了对战死沙场的抗战英雄的惋惜之情和深切缅怀，同时以“英雄之死举世皆知，英雄之志无人知。零落山河，青秀之歌，其声将近唤奈何”的词句抒发了陈洪对国势衰败、国人愚昧的无奈心情。曲式结构如下：

引子	A		间奏	B	
	a	a^1		b	a^2
6	6	7	1	8	6
f:	I	V—I		I	V—I
1—6	7—12	13—19	20	21—28	29—34

① 欧漫郎、陈洪：《陨大星》，载《广州音乐》1934年第2卷第2期。

本曲是带再现的对比主题的单二部曲式结构，f 小调。全曲由建筑在主、属交替为主，十六分音符柱式和弦与低声部八度长音衬托，同时伴有三十二分音符的倚音作为装饰的钢琴引子导入，营造了一种紧张、沉重、悲伤、急迫的氛围。引子最后一小节节奏进入八分音符，为进入主题做好铺垫（见谱例 17）。

谱例 17

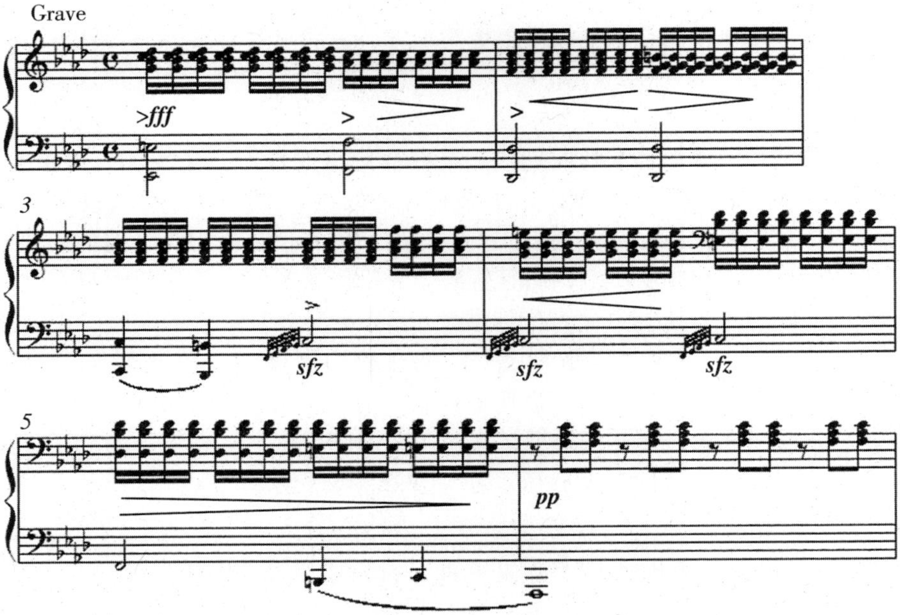

全曲将主三和弦作为主要动机，仍以陈洪惯用的附点八分音符和十六分音符以及四分音符的交替进行为主，配合织体左右手的交替密接，同时在小调色彩的背景衬托下，恰如其分地表现出“泪飘零，大星陨落总伤情”的惋惜、悲痛之情（见谱例 18）。

B 段中的 b 句与 A 段在情绪、材料、织体、和声方面均有较大不同。B 段仍在主调 f 小调上进行，只是在旋律中还原了 d 音并增加了和弦外音^{b}g，使音乐更富于色彩性变化。B 段音域有所提高，出现了全曲的最高音，并且情绪更为激动、热烈。旋律声部连续两组完全相同的下行模进，结合中间声部三十二分音符震音的出现与低声部三连音、十六分音符半音阶级进下行的固定伴奏音型，更加形象地体现出悲愤、焦急与无奈相互交织的矛盾心情。最终心情稍加平静，速度渐慢，进入再现部分，再一次强调了作者的惋惜之情（见谱例 19）。

谱例 18

谱例 19

2.《菩萨蛮》①

这首作品是陈洪根据唐末著名诗人、词人韦庄的词《菩萨蛮》其中四首创作的艺术歌曲。这四首词主要表现了诗人晚年对故土与恋人的思念之情以及有家不能回的无限哀愁。而陈洪似乎亦借此表达了对祖国大好河山的忠爱之情和为祖国奔赴前线的抗日勇士怀念故乡欲归不得的惆怅心情。曲式结构如下：

前奏	A		间奏	B		尾声
	a	b		c	b1	
2	4	5	3	3	4	2
g：	V—I	V—I	I	D：I	V—I g：	I
1—2	3—6	7—11	12—14	15—17	18—21	22—23

作品为带再现对比主题的单二部曲式结构。A 段以 g 小调为主，中间伴有 d 小调的短暂离调。乐曲一开始将两小节的左右手柱式和弦交替密接作为前奏，并在主题中将这一织体延续，形象地描绘出一位迈着沉重脚步的老者踱步徘徊、心情忧郁的形象。旋律一开始以感叹音调开始，发展到 b 句便出现了三个音级进下行、连续三次不断增强的音调逐渐推向高潮。此处将 D 音和#F 音加以延长，并加入回旋装饰音，使得旋律更富于色彩。最终速度渐慢，音调由强变弱，直至趋于平静（见谱例 20）。

谱例 20

① 韦庄、陈洪：《菩萨蛮》，载《音乐教育》1935 年第 3 卷第 1 期。

B 段调性发生变化，转为 D 大调，伴随着旋律的级进上行突出#F 音，增加了旋律的色彩性变化。此后又回到 g 小调并最终结束在 g 小调的完全终止上（见谱例 21）。

谱例 21

3.《子夜歌》①

李白诗，陈洪曲。这首歌曲是陈洪赠予黄金槐夫人的。黄金槐曾与陈洪共同组织广州戏剧研究所管弦乐队并创办私立广州音乐院，同样为专业音乐教育事业作出了重要贡献。李白的《子夜歌》分为四季，这首歌曲采用的是第三首“秋歌”。诗人先描写景语后写情语，情景交融，借“一片月”、“捣衣声”、“秋月”表达了闺中思妇对远征丈夫的深切思念，并盼望丈夫早日安定边疆、返回家园与亲人团聚过和平安定的生活。整首诗朴素自然、流丽婉转、真切感人。陈洪也许正是引用此诗之内涵，表达黄金槐夫人思夫的细腻、真挚的情感。曲式结构如下：

一部曲式

引子	a	b	间奏	a^1	尾声
2	4	7	4	8	4
g:	I	V—I		V—I	
1—2	3—6	7—13	14—16	17—24	25—28

本曲是带有引子、间奏与尾声的一部曲式，g 小调。旋律婉转、优美、凄凉，以级进上、下行进行为主，迂回曲折，结合钢琴伴奏左手长音衬托和右手柱式和弦的交替进行，与歌词紧密结合，表现出女子的思夫之情（见谱例 22）。

谱例 22

a、b 两句主要采用主、属交替的和声进行，在 13 小节进入间奏部分。此处

① 李白、陈洪：《子夜歌》，载《广州音乐》1934 年第 2 卷第 11 期。

重点突出了属功能，钢琴伴奏再次奏出主旋律，给人回肠荡气之感。a1 句再现 a 句中的片段，并做了两次音调逐渐趋于平静的反复，犹如在絮絮诉说剪不断的情思——“何日平胡虏，良人罢远征”。此处亦寄托了陈洪渴望和平、盼望战士早日还乡与家人团圆的美好愿望（见谱例 23）。

谱例 23

4.《拟挽歌》①

《拟挽歌》由东晋末期的著名诗人陶渊明所作，共三首，陈洪采用的是第一首。作品依据歌词可划分为引子、补充以及五个乐句组成的一部曲式。诗人开宗明义，直抒胸臆，说明人“有生必有死，早终非命促”，并且认为人死气绝后就再也没有知觉，更无所谓灵魂之说。他设想死后与朋友、亲人仍有割舍不断的感情，但是最终大彻大悟，人死后，一切了无所知，身后荣辱当然不必计较。最后以充满诙谐的口吻说道：“但恨在世时，饮酒不得足。”整首诗的意境还是较为明朗、豁达的。曲式结构如下：

① 陶渊明、陈洪：《拟挽歌》，载《广州音乐》1936 年第 4 卷第 1、2 期合刊。

引子	a	b	c	d	e	补充
1	10	6	7	11	7	2
#g	V	V	V	VI	I	
1	2—11	12—17	18—24	25—35	36—42	43—44

作品为#g小调。a句钢琴伴奏右手为柱式和弦，并以左手十六分音符与八分音符作为填充进入主题，并加以延续。节奏较为紧密，速度为小快板。歌唱声部主要以附点八分音符、十六分音符以及八分音符的节奏为主，以下行为主的旋律线条与上行的低声部伴奏形成呼应（见谱例24）。

谱例24

b、c两句在和声上以副下属和弦与属和弦交替进行为主，伴奏部分节奏变化更加丰富，加入了切分音、十六分音符以及附点八分音符和十六分音符等节奏型，音响效果更加丰富，与稍加激动的情绪相配合，表现出作者设想与亲人、朋友分别的痛苦之情（见谱例25）。d句速度渐慢，音调减弱，旋律以低八度的D音开始，情绪渐渐恢复平静，作者陷入沉思。e句再现第一句的音调，同时表明了自己豁达的生死观——“但恨在世时，饮酒不得足”。

谱例 25

通过上述分析不难看出，陈洪的艺术歌曲创作深受欧洲古典艺术歌曲创作的影响，通过诗词、歌声与钢琴的三位一体，表现自己内心深处丰富的情感。不同的是，作品深受中国政治环境影响，不再是单纯的对爱情、大自然、幸福等主题的歌颂，而是具有鲜明的时代特征，即通过对小调色彩的运用体现出对民不聊生、国家危亡的无奈，对革命志士战死沙场的惋惜和对闺中思妇的同情和怜悯。这亦是 20 世纪 30 年代中国艺术歌曲创作的共性之所在。陈洪通过借鉴西方音乐创作技法与中国古代诗词巧妙地结合在一起，和声色彩明暗交替，调性变化较为丰富，较为深刻地揭示了歌词的内涵。此外，陈洪在歌曲中运用了大量的表情记号，这不仅有利于增强歌曲的艺术表现力，而且使歌唱者能够准确地表达歌词中蕴涵的情感，同时赋予作品鲜活的生命力。

三、钢琴曲

我国最早的钢琴曲创作可以追溯到 1914 年赵元任创作的《和平进行曲》，此后，萧友梅又于 1916 年创作了《哀悼引》、《夜曲》等钢琴作品。赵、萧两位音乐家可以说是中国钢琴曲创作的探索者和领路人。但是钢琴曲创作彼时处于起步阶段，作品数量有限。直到 1934 年 11 月，美籍俄裔音乐家齐尔品在上海国立音专举办了“征求有中国风味钢琴曲”的创作评奖活动，贺绿汀的《牧童短笛》、

《摇篮曲》，老志诚的《牧童之乐》，陈田鹤的《序曲》等中国第一批优秀的钢琴作品才脱颖而出，中国的钢琴曲创作也从此踏上了新的征程。这一年亦被视为中国钢琴艺术史上具有重要意义的一年。是年 3 月起，陈洪便开始创作钢琴作品，如《没字歌》、《幽默曲》、《摇船歌》等。这些作品旋律雅致、和声纯熟、织体清晰，具有较高的艺术价值。虽然这些作品一直被埋没，直到近年才引起史学界的重视，但是我们不能忽略陈洪在我国钢琴艺术发展史中所具有的重要地位和作出的突出贡献。

1.《没字歌》①

前奏	A		补充	B		A^1		补充
	‖: a	b: ‖		‖: c	c^1: ‖	‖: a^1	b^1: ‖	
1	4	4	4	4	5	4	4	8
^{b}B:	V	Ⅳ—Ⅰ	d:	V	Ⅰ	^{b}B: V	V—Ⅰ	V—Ⅰ
1	2—5	6—9	10—13	14—17	18—22	23—26	27—30	31—38

这首作品是带有前奏与补充的带再现对比主题单三部曲式结构。“没字歌”应该是现在通用的名词“无词歌”。旋律富于歌唱性、抒情性，伴奏流畅，虽没有歌词，但是却明确地表达了作者彼时彼刻的内心感受。A 段音调平稳、舒缓，右手同时奏出两个声部，上声部主要为上、下行跑动交替进行，第二声部时而伴随高声部流线型地跑动，时而同音反复，衬托出上声部悠扬的旋律（见谱例 26）。

谱例 26

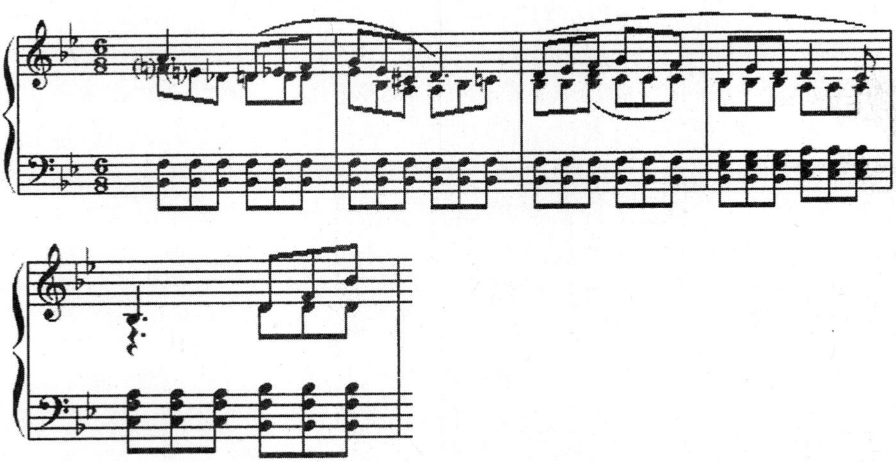

① 陈洪：《没字歌》，载《广州音乐》1934 年第 2 卷第 3 期。

A 段之后进入 4 小节新颖的补充。材料上开始为右手以十六分音符的级进上行和附点四分音符的长音衬托与左手八度同步进行。调性逐渐转为 d 小调，织体为富于流动性的和弦分解伴随右手八度音型，音调更加活泼，为进入 B 段做好准备（见谱例 27）。

谱例 27

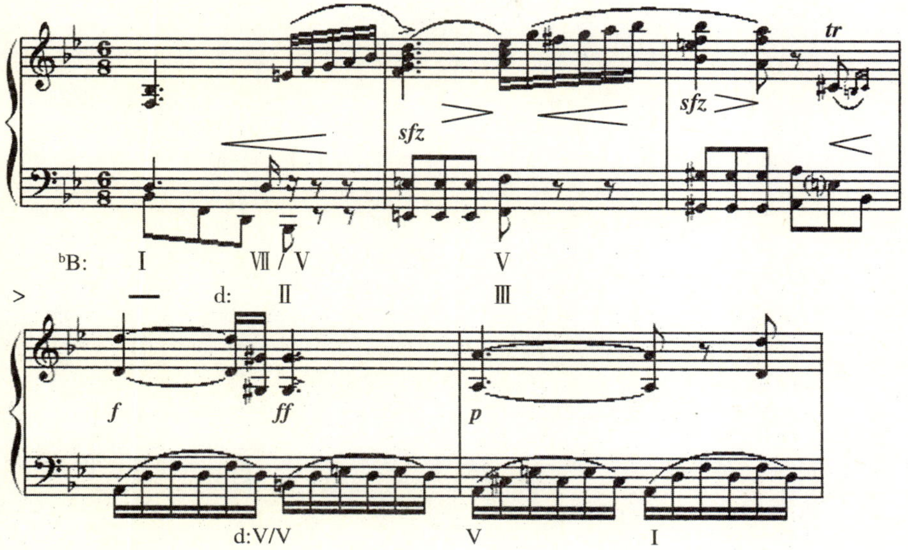

B 段在调性、织体、材料上依然延续补充部分。右手八度音型作级进上、下行跑动与左手十六分音符的分解和弦，表现出更为激动的情绪，与 A 段形成鲜明的对比（见谱例 28），最后结束在 d 小调的完全终止上。

谱例 28

再现部又回到了$^{\flat}$B 大调上，最终结束在完全终止上。不同的是，补充部分材料稍有变化，但和声始终在$^{\flat}$B 大调上，并未转调。右手以主和弦与分解和弦交替进行，而左手变为十六分音符的震音，情绪在两小节的振奋之后，最终安静地结束在完全终止上。

2.《幽默曲》①

	A	B	A^1	B^1			连接	
a	a^1	b	b^1	a^2	a^3	b	b^2	
3	2	2	2	2	2	2	2	
a:	V—I			V	V—I		V	
1—3	4—5	6—7	8—9	10—11	12—13	14—15	16—17	18—19
	A^2				C			
a	a^4	‖:c	d:‖	‖:e	f:‖	‖:g:‖	h	补充
2	3	4	4	5	3	3	3	6
	V—I	D:V	V	V	V—I a:	V	V—I	
20—21	22—23	24—27	28—31	32—36	37—39	40—42	43—45	46—51
	A		B^1		A^1			
a	a^1	b	b^2	a^2	a^3			
2	2	2	4	2	2			
	V—I	V	V—I					
52—53	54—55	56—57	58—61	62—63	64—65			

这首作品的结构是回旋曲式，a 小调，运用了中国作品中很少见到的 5/4 拍子。A 段作为主题呈现部分，调性稳定，在全曲中反复、变化出现四次，B、C 两个插部穿插其中，调性发生明显转变，形成鲜明的对比。整首作品音调明朗欢快、恬淡朴素，情绪幽默风趣，旋律富于歌唱性。

A 段在材料上为右手以四个十六分音符的级进上行开始，其后紧随六度跳跃及小波音并逐渐迂回下行，同时伴随左手富于跳跃性的主、属分解和弦的交替，给人以轻松、活泼之感，最终结束在 a 小调的完全终止上（见谱例 29）。

---

① 陈洪《幽默曲》，载《广州音乐》1934 年第 2 卷第 5 期。

谱例 29

B 段运用模仿的复调写作手法并伴随旋律的级进下行，并发生两次短暂离调。由 a 小调转为同主音大 C 大调，之后又转到下属方向调 F 大调。结束处左手变为分解和弦的伴奏音型并伴随主、属交替，最后结束在Ⅴ级半终止，为 A1 段的出现做好属准备（见谱例 30）。

谱例 30

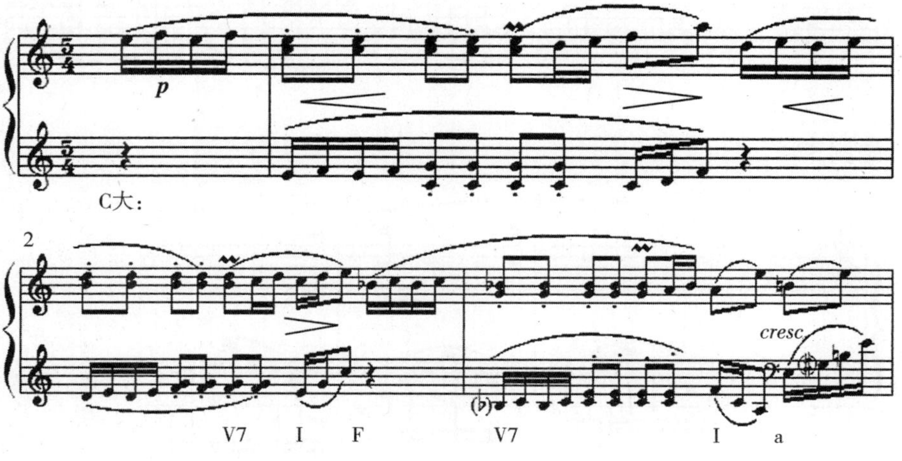

C 段转入了主调 a 小调的下属关系调 D 大调。材料、织体等均发生变化。右手柱式和弦在左手十六分音符同音反复的衬托下，情绪更加激动、兴奋（见谱例 31）。此后逐渐趋于平静，e 句左手变为十六分音符分解和弦的迂回行进将右手八度下行旋律衬托得更加委婉、抒情（见谱例 32）。和声上仍然以主、属交替为主，并突出属功能。g 乐句再次转入 a 小调，C 段结束在主调的完全终止上。其后紧随六小节的补充，先是以三十二分音符琶音一路上行，给人以情绪高涨、辉煌之感，最后以在♯Ⅶ级音上连续三个八度的下行颤音与左手半音阶级进上行相呼应，使音乐更富于色彩性。此后又以 A—B¹—A¹ 的结构结束本曲。

谱例 31

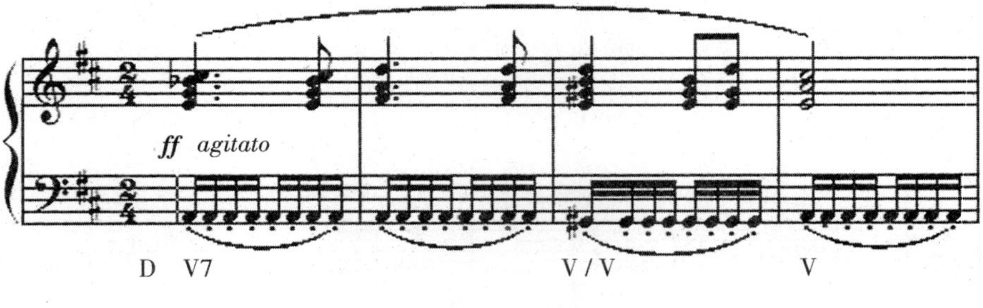

谱例 32

3.《摇船歌》①

这首乐曲是陈洪送给好友欧漫郎②先生的，全曲为带尾声的单三部曲式结构，每段均为重复乐段。

A		A^1		B		B^1		补充
‖: a	a^1	a^2	a^3 :‖	b	b^1	b^2	b^3	
a:	V—I		V—I	C:	V—I		V—I	c: I
4	4	4	4	4	4	4	4	10
1—4	5—8	9—12	13—18	19—22	23—26	27—30	31—34	35—44

A			A^2				尾声
a	a^1	a^2	a^3	a^4	a^5		
a:	V—I		V—I		V—I	I	
4	4	4	4	4	4	4	
45—48	49—52	53—56	57—60	61—64	65—68	69—72	

《摇船歌》相当于现在常说的“船歌”，此曲为6/8拍子，速度自由，音调明朗、婉转，是富于歌唱性的抒情小品。乐曲左手以半分解和弦与分解和弦为主，其摇曳动荡的伴奏音型与委婉如歌的旋律贯穿全曲，塑造出水面上轻舟荡漾的音乐形象（见谱例33）。

谱例33

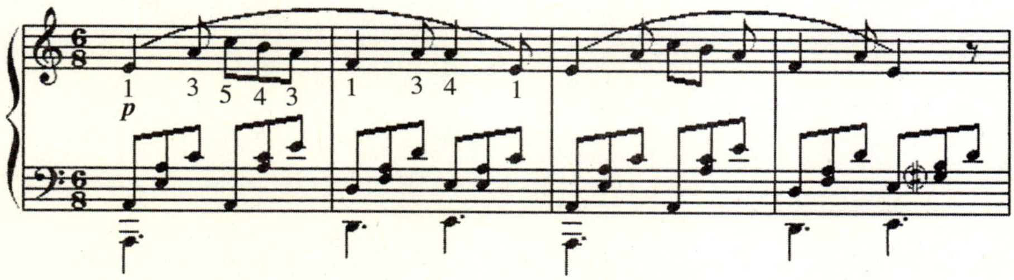

A段主要在a小调上进行，B段与A段对比鲜明，转入其近关系大调C大

① 陈洪：《摇船歌》，载《广州音乐》1934年第2卷第10期。

② 欧漫郎（生卒年不详），1933—1935年间曾与陈洪主编私立广州音乐院院刊《广州音乐》，并在《广州音乐》、《音乐教育》等杂志上发表了大量介绍西洋音乐的文章，编著出版《西洋音乐名家轶事》（1933年）等著作。

调，同时旋律紧密，节奏活跃，犹如平静的水面上突然浪花飞溅，船儿摇摆不定（见谱例 34）。

谱例 34

B 段之后有 10 小节的补充，此处转为 C 大调的同名小调 c 小调伴随左手一系列柱式和弦级进上行与右手八分音符柱式和弦同步进行，情绪也由激动逐渐回归平静，进入再现部分，清新流畅、优美生动的旋律再次响起。与 A 段不同的是，a^4、a^5 句主旋律音层加厚，同时右手变为流畅如水的十六分音符快速跑动的分解琶音，随后伴随着四小节情绪逐渐平静的尾声，全曲结束，创造出波浪轻微拍击、小船渐渐远去的意境。

4.《玉美人》①

这首作品是陈洪根据广东小曲《玉美人》（见谱例 35）、运用西方音乐创作技法改编的一首钢琴作品。

一部曲式

‖: a	a^1	a^2 : ‖	b
10	6	7	9
G：V	I	V	I
1—10	11—16	16—22	23—31

这首作品是由四个乐句组成的一部曲式结构。运用了 D 徵六声调式的曲调配以 G 大调的和声织体，作品调性稳定，和声以主、属交替为主。节奏舒缓，音调具有浓郁的中国民族风味。全曲以第一句的主题材料作为动机，在此基础上不断变化、展开，揭示了更为丰富的内容，更深刻地表达了乐思。左手柱式和弦多以在弱拍进入和切分节奏交替进行，将旋律衬托得更加婉转、悠扬（见谱例 36）。

---

① 陈洪：《玉美人》，载《广州音乐》1936 年第 4 卷第 5、6 期合刊。

谱例 35

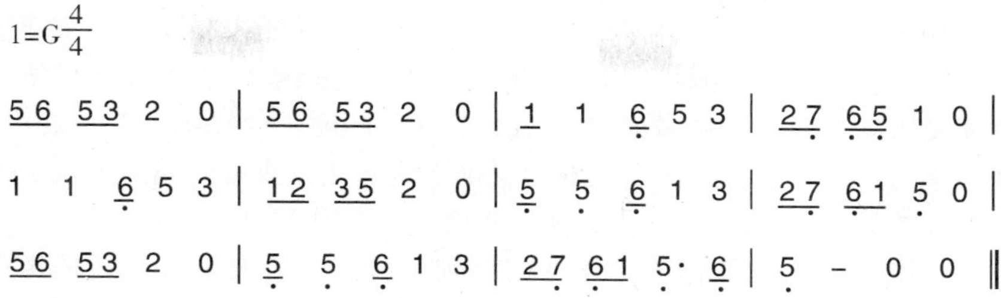

谱例 36

陈洪的钢琴作品多是借鉴西方古典、浪漫时期的音乐体裁，多为富于歌唱性的抒情小品。旋律婉转、优美动听，织体多为分解和弦快速上、下行跑动与柱式和弦的交替进行。虽然作品并没有明确的含义，但是仍能感受到作者明朗、欢快、轻松的情绪。和声色彩变化较为丰富，音乐创作手法多样，运用了波音、颤音、震音、跳音等装饰音，使得音乐作品更具有活力和创造力。

四、小结

综观陈洪的上述音乐作品，均完成于抗日救亡时期。此时，救亡音乐思潮已逐步发展成为时代的主旋律，音乐应成为唤醒大众民族自觉意识、鼓舞人民争取胜利的重要精神武器，音乐“是建设精神上的国防的必须的工具”[①] 已成为大多数音乐家的共识。全国上下救亡歌声不绝于耳，创作富于号召性和口号式的救亡歌曲成为众多音乐家追求的目标，其他体裁的音乐作品的发展受到严重限制。此后，随着1936年“国防音乐”口号的提出，音乐更是被赋予了抗日战争、民族解放的重要历史使命。陈洪敏锐地觉察到了这一问题，他提出：“‘救亡歌曲’当然是很有力量的一种；但是音乐的力量绝不止于此，战时音乐的效果也不一定依靠口号式的歌词。我们尚须于‘救亡歌曲’之外作更进一步的追求。”[②] 这一观点在当时虽受到部分新音乐工作者的批判，但在今天看来，无疑是客观、公正、极富美学色彩的，是对战争时期音乐创作过于单一化、口号化的理性分析。陈洪亦身体力行，除创作救亡歌曲外，还创作了艺术歌曲、钢琴曲等作品来满足战时不同阶层人民的审美和心理需求。

对于音乐创作的形式与内容，陈洪曾明确指出：

> 近世西洋的音乐形式和演出，比我国大有进步，我以为创造新国乐时，在这两方面，不妨尽量采取西洋人的长处，西洋的和声学和曲式学大可以全盘采用，西洋的管弦乐队也应当整个搬过来；这些犀利的工具应该绝不客气地拿过来就用……[③]
>
> 国乐之所以为国乐，赖它的内容能够保有中国的特色。这特色不是古典的、无意义的，或仅抄袭前人的断章残曲，便算了事，却是活的、现代的、革命的、奋斗的、复兴的、伟大的，是中华民族的情绪、意识、观念和思想的表现。[④]

在陈洪看来，“新国乐”的内容要始终与中国的时代精神紧密联系，这是其之所以称为“国乐”的本质所在。而“新国乐”的产生在形式上又务必要融汇西方先进的音乐技术和演出方法，只要是符合需要的，尤其是原理性的理论，如音程、和弦的构成以及泛音的原理等，我们都可以尽量采纳，而不必去另起炉灶。由此可见，陈洪所谓“新国乐”是具有中国化的音乐内容和尽可能西化的音乐形式，且音乐内容是决定音乐好坏的重要标准，是音乐生命之所在。陈洪认为新国乐是：

> 一种更伟大的，更崇高的，更有生气的，属于新中国的新音乐。[⑤]

---

① 黄旭东：《我们要有与国立音专共存亡的决心——记抗战前期萧友梅的得力助手陈洪先生》，参见俞玉姿、李岩：《中国现代音乐教育的开拓者——陈洪文选》，南京师范大学出版社2008年版，第334页。

② 陈洪：《战时音乐》，载《音乐月刊》1937年第1卷第1期，第3页。

③ 陈洪：《国乐的定义》，载《音乐教育》1934年第2卷第12期，第29页。

④ 陈洪：《新国乐的诞生》，载《林钟》1939年创刊号，第13页。

⑤ 陈洪：《新国乐的诞生》，载《林钟》1939年创刊号，第6页。

带有中国人现阶段的时代精神和本国的地方色彩的思想情绪和曲意……国乐是中华民族的呼声，是要能够代表中华民族的灵魂的，才配叫国乐。[①]

在陈洪笔下，“新音乐”和“新国乐”是同一对象的不同称谓。“新音乐”要表现中国的现实状况和人们的生活疾苦，要与时代精神和社会发展紧密联系在一起。而陈洪所谓“中华民族的呼声，中华民族的灵魂”便是指“新音乐”要密切联系实际，即反映抗日救亡的时代主题。综观陈洪的音乐创作，他基本上通过运用西方古典、浪漫时期的音乐创作手法，表现出饱含中国人民挽救国家危亡、争取民族独立的音乐内容，具有高度的思想性和艺术性。而从上述音乐作品中我们亦可以清晰地解读到，陈洪始终坚持用“全盘世界化和现代化（也可以说是西化）”[②] 的音乐形式来表现“中国人现阶段的时代精神和中国的地方色彩”[③] 的音乐内容的“新国乐”或“新音乐”观。对于“新音乐”或“新国乐”观的论述不属于本文的范畴，因此不再展开。

从上述对陈洪三种音乐体裁作品的分析中我们不难看出，虽然陈洪作品数量和题材有限，但是在中国近现代音乐史上都具有重要的地位和作用。抗战歌曲以其富于号召性的刚毅、激昂的旋律和朗朗上口的歌词在战争中的作用不言自明；艺术歌曲旋律优美、感情细腻，具有较高的艺术水准；钢琴作品结构严谨、技术精湛，是继赵元任、萧友梅之后，我国从事钢琴音乐创作的早期典型代表。陈洪的音乐创作在20世纪30年代无疑是难得的，是高质量、高水平的优秀之作，而对于我们当代人来说，这些作品也是值得学习与借鉴的宝贵财富。

［本文据作者硕士学位论文《新音乐运动的先行者——陈洪早期音乐活动及其成就研究》（山东师范大学音乐学院，2010年5月答辩通过）第三章改写而成，指导教师为冯长春教授］

① 陈洪：《国乐的定义》，载《音乐教育》1934年第2卷第12期，第27—29页。

② 陈洪：《新国乐的诞生》，载《林钟》1939年创刊号，第14页。

③ 陈洪：《新国乐的诞生》，载《林钟》1939年创刊号，第7页。

有关马思聪在坪石—管埠的史料

周柱铨[①]

现读者能见到的马思聪年谱有两个版本：一是由马思聪的学生钟立民和词作家金帆联编；二是由张静蔚教授撰写。两个版本在史实上略有出入，都有点误差。要完善尚需互补及进一步发掘、核实史料（包括同时代人的回忆录）。

笔者据中山大学校史、抗日战争史及本人经历，就有关马思聪先生在中山大学任教，特别是1942—1944年在广东北部坪石—管埠（已近粤湘边界）的情况，为年谱提供点参考资料。

1937年秋，马思聪应广州国立中山大学文学院之聘为音乐教授。1938年10月广州沦陷，马思聪转赴香港，实际教学只有一学年。

1939年3月1日，中山大学迁至云南南部澄江复学。1939年秋，中山大学成立师范学院，再聘马思聪前往任教。1940年，中山大学迁往粤北坪石附近管埠、乐昌县城等地，马思聪没有随迁；同年2月，马思聪在重庆演出并任励志社乐队指挥。可证，马思聪在澄江中山大学只有一学期。

1942年，马思聪重返中大师范学院，时间应在1942年9月学期开始。笔者在同年11月从澳门到坪石的培正培道联合中学念初三时，马思聪早已收了两个比笔者高班的同学当提琴学生，其中一个为温詹美（后为中央音乐学院林耀基教授的启蒙教师）。马思聪这一时期演奏活动频繁，常来往于韶关（曲江）—坪石—管埠一带演出。我首次听到马思聪独奏就在培联中学，记得他当时演奏了《思乡曲》、《圣母颂》、《流浪者之歌》等。当时我们中学生多爱好音乐，培联先后由林声翕（作曲家，曾作培联校歌）、卓明理任音乐教师。马思聪的演奏受到热烈欢迎，可惜学校的钢琴五音不全，难为了马思聪和他的太太王慕理（钢琴伴奏）。而后笔者随王慕理学过钢琴，在管埠见过马思聪，那时候学琴交鸡蛋当学费。

马思聪常来往于坪石与管埠。坪石多指水牛湾火车站，那儿有著名的金鸡岭。据传洪秀全的妹妹洪宣娇在那里抗过清兵。金鸡岭顶上的“金鸡”，嘴朝湖南，尾向广东。湖南人认为它吃了湖南的米，蛋却下到广东去，所以将其尖嘴打

---

① 周柱铨（1928—　），男，哈尔滨师范大学音乐学院教授。

掉。坪石火车站到管埠，一般人多走旱路，水路甚慢。这段旱路有过山的地方，后来我听了马思聪的《山林之歌》，总觉得“过山”那一乐章，多少与来往坪石—管埠这一段过山旱路的体验有关。

钟立民版、张静蔚版《马思聪年谱》中有关马思聪在坪石和曲江这一段时期，有如下不准确的问题：

钟版：“1942 年，去广东曲江”；“1943 年，随中山大学迁往广东坪石县”。

张版第 65 页：“1943 年，中山大学由坪石迁至曲江，继续在中山大学任教。”

但据中大校史：1943 年，中大还在坪石附近的管埠，并没有迁至曲江。坪石在曲江之北，坐火车从坪石到曲江，只有乐昌一大站。坪石属乐昌县，火车全程只有四五个小时。

张版第 67 页：1944 年，“湘桂战争爆发，由曲江迁往广西梧州”；“9 月 23 日，梧州失守，逃难到柳州”；“10 月 11 日，柳州失守，又逃难到桂林”。

当时的情况是这样的：1944 年 5 月，敌人向长沙、衡阳进攻，此举是为打通粤汉线。衡阳在坪石之北，两地不算太远，衡阳有战事，坪石、曲江必然紧张。估计中大五六月之间就得疏散。中大经曲江迁往粤东兴宁、梅县一带，马思聪则在此时逃难到梧州。前往梧州可能是经曲江、连南，再南下到广西梧州。马思聪不可能在梧州久留，因梧州离广州不远，从梧州坐渡船到广州只需一夜多。敌人进攻长沙的同时，正准备从广东清远等地沿西江向梧州进攻，时间是 1944 年 9 月 6 日。因此，估计马思聪到梧州后即西行到柳州。不排除有在柳州—桂林之间演出的可能，因当时尚有路可通，但又无史可据。至于张版说“梧州失守，逃难到柳州”，“柳州失守，又逃难到桂林”这段史料，特别不准确的是柳州失守后逃到桂林一说。因为日军对桂林、柳州发动进攻是同一日，桂林失守是 11 月 11 日，柳州失守在其后。按当时逃难的规律是“闻风而动”，等敌人打近再逃就来不及了。所以马思聪从梧州至柳州后不久，就西行经独山至贵州贵阳，不久就到了云南，因 12 月 2 日日军已攻至贵州的独山。而马思聪 11 月 23 日至 24 日在昆明举办音乐会（据张版）。1944 年春夏之交，马思聪全家带着未满周岁的马瑞雪，从管埠开始逃难，近半年才到了云南，确实十分艰难。

此外，还有如下一些问题，尚待与两个版本的年谱作者商榷，或改正，或补充：

（1）张版第 88 页：“4 月……同时被聘为北京大学音乐教授。”这儿把“燕京大学”误为“北京大学”了。

（2）张版第 91 页：1950 年“年初，举家迁往天津……”笔者于 1950 年 2 月在燕京大学拜访马思聪时，他尚住在燕大校园内一座二层楼的小洋房里。马太太说马思聪还考虑回广州办音乐小学，认为音乐家得从小培养。笔者记得 1950 年马思聪的小提琴学生是到北京上课的，马思聪全家迁往天津可能在 1951 年，1954 年他们又搬回北京了。

（3）张版第 91 页：1950 年“6 月 17 日中央音乐学院成立典礼”。可否考虑补充，在典礼音乐会上，学生合唱团演唱了马思聪的《祖国大合唱》（金帆词）第一乐章。指挥为严良堃，领唱为喻宜萱。

（4）马思聪创作的管弦乐《欢喜组曲》两个版本的年谱均无记载。这部作品曾于 1950 年秋冬之间在中央音乐学院排练过，当时排练的乐队是由本科与少年班联合组成的，指挥为黄源澧。当时乐队队员听不惯不太协和的音响，不愿排。学习部主任李凌给乐队做工作，说：“马思聪是中国大作曲家，你们要好好排练。”后来总算排成了。笔者曾陪马思聪在礼堂后座听排练，在座的还有马思聪在管埠的小提琴学生温詹美。只听马思聪轻轻说了一句：“我最讨厌批评家。”可能是《欢喜组曲》在北京试演后，马思聪听到了一些不顺耳的批评。其后据说他把谱子毁了。其实马思聪这部作品也不是太现代化的，笔者记得乐队的音响及和声效果仅与斯特拉文斯基《春之祭》一类的作品相似。

本文也许有失误之处，仅供参考。

马思聪晚年在家

20 世纪 70 年代马思聪在国外演奏

1967 年在美国，马思聪（中）和指挥家董麟（右）为小提琴家马思宏（左）演奏马思聪作品《F 大调小提琴协奏曲》做准备

1942 年 8 月马思聪在桂林演出弦乐四重奏后合影：马思聪（第一小提琴，前左一）、董作霖（第二小提琴）、林声翕（中提琴）、梅振强（大提琴，后右一）、王慕理（钢琴独奏，前中）

卷帏望月空长叹

——析马思聪的艺术歌曲《李白诗六首》

彭　丽①

一千二百年前，唐朝诗人李白因得不到宫廷赏识，愤然出走长安，写下了流传千古的诗篇；一千二百年后，我国当代最著名的小提琴家、作曲家马思聪被迫离别祖国，流落异邦，创作了歌曲《李白诗六首》。一千二百年前，盛唐的开元盛世已近尾声；一千二百年后，乌云又在中国大地短暂停留。在常常使人做噩梦的文化大革命时期，在“暴政猛于虎”的年代，一位刚刚从极度恐惧中解脱出来的音乐诗人马思聪，选择了李白的诗——那些在当时遭批判、被撕毁的“封建的遗形物”——来寄托自己复杂的精神世界。是诗作本身的影响，还是作曲家内心的倾诉，抑或兼而有之？

众所周知，马思聪是中国20世纪音乐史上一位重要的小提琴家、作曲家和音乐教育家。其创作题材广泛、体裁多样，且历时半个多世纪，尤以小提琴音乐作品最为著名。从1929年创作的《古词七首》开始，马思聪一生经历了三个创作阶段：早期（三四十年代）、中期（五六十年代）和晚期（七八十年代）。[1]共作有64部各种体裁的大、中型作品，此外还有大量器乐曲和声乐曲。[2]声乐作品的数量不多，却贯穿于他各个创作时期，主要有大型合唱作品、艺术歌曲以及群众性的歌曲等。其中艺术歌曲主要有《古词七首》（1929）、《雨后集》（郭沫若词，1943）、《热碧亚之歌》（马瑞雪词，1973）、《李白诗六首》和《唐诗八首》等。

一

《李白诗六首》是马思聪在美国时创作的声乐作品，也是他为数不多的艺术歌曲集之一。“长相思，在长安”，是李白名篇《长相思》的首句，而《长相思》

① 彭丽（1970—　），女，博士，山东艺术学院音乐学院教授。

也是《李白诗六首》出版时的首篇。[①] 马思聪主要选择了李白离开长安之后的几首诗谱曲：《长相思》、《将进酒》、《行路难》（一）、《行路难》（二）、《关山月》、《渡荆门送别》，曾由台湾乐韵出版社在20世纪70年代出版发行，是马思聪避居美国初期的作品，关于其具体的创作时间，目前众说纷纭，本文先姑且认为是20世纪70年代前期。[②]

1920年，青主的一曲《大江东去》（宋·苏轼）成为中国近代艺术歌曲创作之滥觞。此后，为唐诗宋词谱写歌曲便成为中国作曲家的重要选择，如黄自、冼星海、江文也、贺绿汀等人都曾为古诗词谱曲。李白的诗又是众多作曲家的偏爱，许多诗词名篇配以旋律，表达了更为丰富的内涵。有些作品还被反复谱写，如《静夜思》就有萧淑娴（1935）、贺绿汀（1936）、江文也（1939）、黄友棣（1944）、王瑞娴（1945）等人先后作曲，《春夜洛城闻笛》也有刘雪庵（1933）、江文也（1939）等人谱曲，其余诸如《忆秦娥》（贺绿汀，1931）、《菩萨蛮》（贺绿汀，1931）、《下江陵》（黄自，1933）、《黄鹤楼》（江文也，1939）也都曾作为艺术歌曲的形式流传世间。但马思聪没有选择其中任何一首进行创作，而是另择他选，恐有其内在的缘由吧。

诗人李白本有远大的政治抱负，甚至有机会与帝王见面，但终未能被赏识，离开长安之际，感慨万千。他这时的许多诗篇通过对过往的回忆，表达了诗人思乡、思故人或是怀才不遇的心境。《李白诗六首》中的诗词即从不同侧面反映了诗人内心的苦闷与倔强的性格。《长相思》中，后人不难在时而飘逸、时而含蓄的词句间感受到诗人的孤独与寂寞，“孤灯不明思欲绝，卷帷望月空长叹”表面上是对亲人的思念，却托寓了诗人内心的苦闷——“天长地久魂飞苦，梦魂不到关山难”。《将进酒》是一首豪放风格的诗作，将诗人狂放不羁的性格表现得淋漓尽致，人生苦短，但笑对人生，“天生我材必有用，千金散尽还复来”，“古来圣贤皆寂寞，唯有饮者留其名”。既反映出诗人乐观好胜的处世哲学，又显露了

---

① 马思聪在其著文《我谱李白诗六首》中，曾提及该歌集的排列顺序，其中《将进酒》为首篇，《长相思》居二。但由台湾乐韵出版社出版发行的歌集，是将《长相思》列为首篇。

② 在《马思聪最后二十年》一书最后所附《马思聪年谱》中标注是1969年作，同年还创作有《唐诗八首》；张静蔚先生在1992年编订的《马思聪年谱》（初稿）中也持此说。梁茂春先生的《论马思聪音乐创作的历史贡献》一文指出该作创作时间是1974年；卞祖善先生的文章《晚霞——马思聪晚年的音乐创作》（载《乐海管蠡——卞祖善音乐文集》）又提到该作和《唐诗八首》于1972年在台湾发表。在徐迟先生写的《马思聪》一文（载《论马思聪》一书）中则提到马思聪继1960年完成《A大调大提琴协奏曲》（作品第44号）以后曾沉默十年，1970年恢复音乐创作，1972年进入创作高潮，写了《小提琴二重奏五十首》（编号第46号），之后共写了17号作品，但文中未指明第45号作品，也未提及《李白诗六首》和《唐诗八首》。《居高声自远》一书中马思聪的日记选里，只有一处涉及该作：1975年12月29日，作曲家在费城把《家乡》、《热碧亚之歌》以及该作寄给沈伯宏。因为在公开发表的马思聪的文章中未见有具体说明，因此，笔者推测其创作下限应当是1975年，具体创作时间还有待查证。

怀才不遇的无奈与积极入世的本质。李白离开长安之时写过三首《行路难》，马思聪选择了前两首为之谱曲。其中第一首描写了面对重重障碍，诗人悲叹："行路难！行路难！多歧路，今安在？"但他仍然相信自己终将会实现宏大的理想抱负——"长风破浪会有时，直挂云帆济沧海。"从而展示了诗人倔强的性格、执著的追求与强大的精神力量。《关山月》也是一首充满怀念乡土情绪的诗歌。六首诗作中，只有《渡荆门送别》创作年代早些，是李白出蜀时所作的一首五言律诗，"仍怜故乡水，万里送行舟"，寥寥数语，却显示出诗人对故乡的依依惜别之情。

马思聪学识渊博，有着深厚的文化修养，而儒雅、含蓄的性格又使其具有中国典型的文人气质。虽然他接受的主要是西式的文化教育，但对于中国的传统文化依然情有独钟，其在美国的住所也总是悬挂近代和古代的国画、诗词书法。[3] 1929 年，17 岁的马思聪就尝试运用古诗词作曲，《古词七首》成为他的第一首编号作品，时隔四十余年，他又选择了古诗，而这些诗作无疑与被逼出走、客居美国的已近耳顺之年的马思聪产生了精神上的共鸣。他认为："李白诗触及人生的各方面，用最直接、最平易、最简洁的词句表达最深入又是最普遍的情感与境物。"[4] 于是，马思聪试图再一次用音乐语言去诠释诗词意境，揭示诗人的内心世界，从而达到心灵的沟通。

这六首歌曲突出表现了马思聪晚年流落异乡时难以释怀的思乡情结，而思乡情结同时也是他晚期创作的一个共性体现。尤其在 20 世纪 70 年代早期，无论是小提琴作品还是声乐作品，都突出地表现出这一特征。如作于 1971 年的小提琴曲《阿美组曲》，作于 1973 年的女声三部合唱及女高音独唱《家乡》（马瑞雪词）、具有新疆风格的三首独唱歌曲《热碧亚之歌》，根据三首台湾高山族民歌为混声无伴奏合唱及女声、男声独唱创作的组歌性的《阿美山歌》（1973），以及独唱《唐诗八首》（1975 年 9 月 16 日改完）莫不如此。

"长相思，在长安"，相距一千二百年的李白与马思聪，却有着极其相似的心境，他们用各自的方式表达了那份无法言喻的感伤情怀。

二

作为漂泊者，马思聪选择了思乡题材的诗作；作为作曲家，马思聪为作品注入了中西融合式的创作理念。六首歌曲，时而急鼓催花，时而轻槌慢赏，疾徐有秩、激情满怀。从中既能够领略马思聪纯熟谙练的作曲技法，又能够深切感受到浓浓的中国情结以及他在晚年创作风格上的些微变化。

《李白诗六首》从音乐风格来讲，笔者将其分为两个类型：一类是婉约型的歌曲，音乐或幽怨、凄楚，或委婉、抒情，分别是第一、五、六曲，即《长相思》、《关山月》、《渡荆门送别》；另一类是豪放型的歌曲，音乐慷慨激越、直抒胸臆，分别是第二、三、四曲，即《将进酒》、《行路难》（一）、《行路难》（二）。如按照马思聪原作，把《将进酒》作为首曲，《长相思》作第二曲，从篇幅规模来看，第三、四与第五、六曲又分别可看成是一个整体，与第一曲、第二曲相平衡，这就造成全曲结构上的对比与统一，具有一定套曲的因素。

1. 中国风格的旋律发展

《长相思》是第一类歌曲的代表。音乐展开大多遵循了以五声性音阶为基础的原则，具有较为浓郁的中国民族风格。如其开始部分：

谱例 1

这是一条以五声音阶为主的委婉、流畅的旋律，在钢琴长线条的固定音型伴奏下，歌声悠缓、缠绵地道出主题：“长相思，在长安。”每个乐节的落音 B—A—E 的下行走向，使得惆怅之意顿生，映衬出作曲家复杂的思乡心境。旋律的发展与歌词的声调结合得较为紧密，这在其前期的声乐作品中是较少看到的。在马思聪前期的创作中，更多的是去追求歌词意境的表现而较少顾及语调的变化，如作于 1943 年的《雨后集》以及他的部分大合唱作品，而《长相思》却是依字行腔、曲从词出，较好地结合了诗歌吟诵的声调。第六首《渡荆门送别》的开始部分，以及第三首《行路难》（一）的抒情性中段，也都拥有一条富于民族风味、平和流畅、词曲结合紧密的旋律线条，这或许暗示了作曲家晚年在音乐风格上的一些转变。再如《长相思》的中段主题亦是如此。

音乐色彩明亮、舒展起来，音乐节拍转为 6/4，五声性为主的旋律在 a 和声小调中畅游，轻松、明朗，#G 音的加入给音乐带来了新的色彩，速度加快近一倍，音乐律动具有明显的舞蹈性，音乐形象与前段形成鲜明对比。

谱例 2

由于采用古诗词谱曲，创作时，马思聪在顾及民族风格的同时，也考虑到歌曲最好“能给人一点唐代的感觉”，他凭借宋代流传下来的《白石道人歌曲》的印象，[4] 力图使作品具有古朴的风韵，有些歌曲更多应用七声音阶进行展开，如《关山月》的开始部分（见谱例3）。

谱例 3

音乐主题在钢琴富于动力性的连续切分节奏衬托下，缓缓出现诉说式的音调，既有较浓郁的民族特色，又有几分古色古香。第三曲《行路难》（一）的开始部分（见谱例4a）及其展开（见谱4b）也有着同样的功效。

谱例 4a

谱例 4b

无论是a句吟诵式的旋律线条还是b句连续叹息的音调构思，马思聪都注意结合吟诗的语调和节奏，尤其在“安”字的旋法运用上，更是平添了几分惆怅与无奈。

马思聪在这六首歌曲的旋律发展中，并没有拘泥于某一种原则或格调，有时也承接了其早期的创作思维，不太顾及歌词语调的特征，常常忽略歌词与音调上的结合，而是从诗词意境出发，注重作品音乐形象的整体把握与塑造，从而挖掘古诗的内在含义，再现诗人的心境与情怀。这在第二类作品中更加多见。如《将进酒》的开始部分（见谱例5）。

谱例 5

连续大跳的波浪形旋律线条在起伏跌宕的钢琴伴奏织体衬托下，从容、激越，似诗人面对滚滚黄河所发出的无限感慨，将诗人狂放不羁的性格表现得淋漓尽致。第四曲《行路难》（二）的开始部分也是如此。

这一做法与以赵元任、黄自等人为代表的“声律派”① 作曲家的写作不同，当属于“意境派”的手法，与青主的《大江东去》和《我住长江头》有着异曲同工之妙，尽管在词曲结合方面常常出现倒字现象，如《将进酒》中的部分乐句（见谱例6）。

谱例 6

“朝如青丝”的旋律有些宣叙调的意味，而“暮成雪”中最后二字的翻上五度处理，则造成明显的倒字，马思聪在这里更加突出了诗词的内在寓意，旋律配以强力度的表现，音乐激越而又感慨；对于“我材”二字的处理亦是如此。其他相似之处还有“主人为何言少钱”、“五花马，万金裘”等句。但这些做法并没有阻碍音乐的流畅性，反而更加贴切地表现出诗人奔涌跌宕的感情激流。

此外，在《行路难》（二）的第一段中，旋律的发展还时常采用中国民间音乐常见的“鱼咬尾”手法，它伴随着频繁的调性色彩转换，与众不同（见谱例7）。

① 梁茂春在其著作《百年音乐之声》（中国经济出版社 2001 年版）中的第 14 节“音乐美学研究的先驱——青主”（第 63 页）一文中，曾提到“声律派”和“意境派”的概念，本文沿用之。

谱例 7

《李白诗六首》中，无论是曲从词出，还是曲调服从诗词的意境，抑或歌曲旋律发展的节奏安排，总与诗词吟诵调的节奏密切配合，因此，在展现民族风格的同时，也总有一些古风古韵流露出来。

2. 个性化的和声语言与丰富的调布局

马思聪作品的和声语言具有极强的个性化特征，无论是他的小提琴作品还是其他多声音乐作品，都显露出他在和声上对于民族风格的追求与个性体现的大胆探索与创新。这在 1948 年发表的《中国民歌新唱》中有着鲜明的体现。[5] 如果说在《雨后集》中还留有一些印象派和声的印记的话，那么在《李白诗六首》中则更多显示出纯熟、自然的中国格调，虽然作曲家延续了先前的和声思维与手法，和声语言很少见到三度叠置的依照传统功能性和声原则的进行，但更多是依照旋律的发展，以此为基础进行相应变化，和声色彩更加富于民族意蕴和浪漫主义情调。

以《长相思》为例，第一段的和声语言主要采用旋律纵和性的和声结构原则。

谱例 8

和声语言在旋律中派生出来，以多线条的复调化的形态衬托主题旋律，与之构成缠绵、交错的音乐形象，其中小二度的碰撞以及与小七度交替出现，带来些许空旷、凄清的色彩。在第六曲《渡荆门送别》中也使用了同样的方法。《长相思》的第二段，虽然以三度结构为主的和声与前形成对比，但也常用加六度音、降五音等做法冲淡传统功能性和声语言特征。

在《将进酒》中，和声语言更加丰富，既有三度结构的和弦及其五声化的处理，又有纵合性的和声结构（如“主人为何言少钱？径须沽酒对君酌”一句），同时还时常运用四、五度叠置的和声语言与旋律结合在一起，交错、密集的富于流动性的节奏音型与舒展、宽广的旋律线条交织，错落有致，音乐流畅自然、手法娴熟，极为生动地刻画了诗人乐观的处世态度与怀才不遇的无奈并存的矛盾内心（见谱例9）。

谱例9

总体看来，这六首歌曲的和声语言仍以民族化的传统和声语言为基础，在具体处理时，注入了更多个性化因素，如将和声旋律化、将各种和声构成综合化，以及灵活多变地使用附加音等手法。

在《李白诗六首》中，转调、离调的手法应用较频繁。如第一曲《长相思》，音乐在$^{\#}$f羽调开始，紧接进入A宫调、G徵调、^{b}E宫调、G徵调。这种频繁的调性转换，带来音调进行上的不稳定感，与复调化的伴奏交织，映衬出马思聪在经历了磨难之后复杂、凄凉的心境。再如第三部分，主题以c小调为主，节奏扩展，旋律线条平和进行，音乐在四个“关山难”中绵延，似有更多无奈与叹息；调性安排上，由c小调经过g小调过渡到^{b}G大调，通过^{b}G与$^{\#}$F的等音转换导致调性回归，从而引入主调$^{\#}$f小调的再现部分（见谱例10）。在《将进酒》的第一段和最后一段、《行路难》（二）的第一段，也都应用了频繁的离调与转调手法（见谱例7）。

谱例 10

3. 中西结合式的结构布局

李白的这六首诗作，有的是七言乐府诗，如《长相思》；有的是五言律诗，如《渡荆门送别》；也有如《将进酒》，通篇以七言为主，而以三、五、十言“破”之，使得全诗结构参差错落。马思聪在创作时，并没有完全遵循诗的格律结构，而是配合诗词的表情达意，重新安排音乐的结构，以并列多段体为基础进行布局，但始终注意结构中对称、呼应的原则。

如《长相思》由并列性的三部分组成，后两段的主题由第一段的材料派生出来，但节拍、速度、调性、织体却有着较大的对比变化，从而形成并列关系，最后的尾声“长相思，摧心肝”则具有再现意义的作用，与主题形成呼应。从整体看，该曲既有中国音乐中连绵过渡的因素，又具西方音乐中强调对比的结构原则。曲式结构图如下：

引子	A	间奏	B	间奏	C	Coda
1—2	3—15	16—17	18—29	30—31	32—49	50—55

《将进酒》原是汉乐府中的短箫铙歌，内容较为丰富，既有豪纵的壮语，又有深沉的句调，叙述层次较多，因此，作曲家安排三大部分分层描述，并依据多段体的结构因素进行布局：

	A		B		C	
引子	A	B	C	D	E	Coda
1—6	7—15	16—23	24—34	35—40	41—52	53—61
f	♭A	♭C	F—C—D	A—F	♭A—♭d—C—♭C	f

各个段落的主题发展虽然不同，但作曲家通过调性的再现加以控制，C 段

中的部分素材也来自 B 段，进行了有机的再现。同时，引子与尾声材料上的前后呼应，也形成一定对称的结构。

《关山月》也采用并列性的两个段落，第一部分较为规整，第二部分运用了复乐段的写法，并在乐曲最后，变化再现首段的材料，构成前后的呼应，达到再现的目的，从而使两段形成有机的联系。在《行路难》（一）、《渡荆门送别》中都应用了相似的手法。

4. 形象的钢琴伴奏写作

马思聪在歌曲创作方面非常注意钢琴伴奏写作。在其中小型声乐作品中，无论是前期作品《雨后集》、《中国民歌新唱》，还是在美国创作的歌曲《热碧亚之歌》，都能看到较为精致的钢琴织体设计。同样，在《李白诗六首》中，马思聪也力图赋予它丰富的甚至独立的音乐表现力。他曾这样描述这六首歌曲的钢琴伴奏："我着重于表达每首诗中的气氛与境界。《将进酒》的伴奏应该是怒吼狂奔的，像黄河之水天上来；《长相思》则妩媚、缠绵、凄清；《行路难》表示沉重的脚步声；《关山月》是一片寂静之后带入隐约的战争节拍；《渡荆门送别》是写广阔的原野和月华的光辉。"[4] 由此可见，马思聪对于钢琴伴奏写作是有着通篇构思的。

如同作曲家自己的小提琴独奏作品，马思聪将钢琴伴奏与歌声很好地融为一体，共同塑造音乐形象，成功地烘托出作品的氛围，如《将进酒》中流水似的音型描绘，《长相思》中多线条的旋律交织，《关山月》中连续的切分节奏的衬托，造成空旷的气氛。马思聪尤其偏爱应用固定音型配以延绵发展的旋律，而且和声语言几乎不变，这在《长相思》、《行路难》（一）中尤为多见。

在钢琴伴奏方面，这六首歌曲的另一个共同点是作品尾声的写作，几乎都在用钢琴进一步强调歌曲的意境。如《将进酒》中，歌曲的最后一个音^{b}A 是全曲的最高音和高潮所在，之后，音乐则凭借大段的钢琴伴奏，在引子素材的基础上进行扩展，将情绪进行延续并回落，最终再现主题意境。《渡荆门送别》也是通过钢琴伴奏的尾声做调性上的回归，织体在音调上与引子构成前后呼应。

三

20 世纪二三十年代，马思聪曾两度赴法国留学，那种飘泊异乡的感受在他还是青少年的时候就有了深刻的体验，于是他写了小提琴独奏曲《摇篮曲》（1935），象征"母亲的歌"；写了《思乡曲》（1937），表达对祖国的眷恋；还写了一首歌曲——《添字采桑子》①（1936），同样寄予了其对祖国的依恋。

“受过欺凌而被迫出逃的人，最懂得祖国的可爱，爱国之心也是最切。”② 在动荡的“文革”时期，马思聪临近暮年却被迫举家逃离祖国，远离故土，流落异邦，这对于一位拥有拳拳赤子之心、满腔爱国之情的知识分子来说，心灵上的打击远甚于肉体上的摧残，即便是优越的物质与生活环境，也难以抚平心灵上的创伤。于是，他寄情于创作，寄情于演奏，寄情于他所钟爱的音乐，从马思聪晚期所写的大量作品中不难感受到，他在创作与演奏中寻求精神上的慰藉。苏夏在《马思聪的音乐风格与内涵》一文中，曾评价马思聪是一位“音乐的田园诗人”，他的音乐“充满着感情的真诚”，“他音乐的抒情、耐听和他性格的纯朴、温和、内在是和谐一致的”。这一评价在《李白诗六首》中也鲜明地显露出来。六首诗篇都重在一个“情”字，思乡情、思亲情，所有的“爱”都化作音符与诗词融为一体，“孤灯不明思欲绝，卷帷望月空长叹”，这不正是马思聪当时的心境写照吗？

马思聪崇尚中国艺术，钟情于民族风格的表现，一生都在为创作中国风格的音乐而不懈努力。三十年代中期，马思聪开始运用中国民歌进行小提琴曲的创作，民歌有时以原貌呈现，有时化作“起声”进行展开，浓郁的民族风格拉近了中国听众与西洋乐器小提琴的距离。同时，他也开始在歌曲创作中找寻民族特色，还曾为 40 首民歌配钢琴伴奏，辑成《中国民歌新唱》，在和声语言、复调手法中，时刻都能感受到其对民族风格表现上的探索足迹，对于中国民歌的全新演绎，再一次体现了马思聪的创新意识和个性展现。五六十年代，他作品中的民族风格更加多姿多彩，借鉴民间音乐的范围也更加广大，在原先西北民歌的基础上，又加入了新疆、云南等地极富地域性色彩的民间因素，音乐欢快、明朗。七十年代以后，作品仍然体现了作曲家对民族风格的执著，手法更加简洁而娴熟，只是色彩大多趋向于孤独、深沉。《李白诗六首》也明显流露出了这一特征，以民族风格为基础的旋律发展，以及建立在旋律基础上的和声语言等多声思维技法，都使人感受到马思聪对于“根”的依恋。与前有所不同的是，马思聪对于民族风格的认识与表现似乎又有所扩展，向历史的纵向延伸，捕捉古代传统文化的踪影，因此民族的意蕴更加厚重。

马思聪是 20 世纪中国乐坛上一位多产的作曲家，大量优秀的作品奠定了他在中国近代音乐史上不可替代的地位。他更以一位器乐作曲家而著称，他的小提

① 这是宋代词人李清照的一首词作，诗词以托兴手法，借芭蕉的形象表现了作者对中原故土的绵绵思念。马思聪曾为其谱曲，作品由上海音乐公司于 1936 年出版。

② 叶浅予：《为马思聪饶舌》，引自徐迟：《祭马思聪文》，转载于《论马思聪》，北京：人民音乐出版社 1997 版，第 428 页。

琴作品成为近百年来中国音乐史上宝贵的财富，由于受到民歌的影响，这些作品多带有声乐化的特征。而在他的声乐作品中，也时常显露出器乐的创作思维，从《李白诗六首》中可以看到，无论是旋律发展、调性安排，还是结构布局，器乐创作思维始终贯穿于他的艺术歌曲创作之中。这或许就是马思聪先生的独到之处吧。

回顾马思聪近六十年的创作历程，始终走着一条中西结合的路，他用一件典型的西洋乐器表达着他的中国情结，他用许多典型的西洋音乐形式与技法反映着中国人的精神。逐渐地，作品中，西洋与中华民族的界限越来越模糊，并最终融为一体。在《李白诗六首》中，我们发现，映入眼帘的、涌入耳畔的，是古朴典雅的中国韵味，是豪纵奔放的古代诗人的神韵。他用自己的创作实践证实了一条中国20世纪专业音乐发展的可行之路——一条中西交融之路。

参考文献

［1］梁茂春：《论马思聪音乐创作的历史贡献》，载《中国音乐学》1989年第3期。

［2］苏夏：《马思聪的音乐风格与内涵》，参见马思聪研究会：《论马思聪》，人民音乐出版社1997年版，第27—29页。

［3］马瑞雪：《父亲的旅美生活》，参见麦子、马瑞雪：《马思聪最后二十年》，广东人民出版社2002年版，第16—22页。

［4］马思聪：《我谱李白诗六首》，参见马思聪：《居高声自远》，百花文艺出版社2000年版，第79—80页。

［5］樊祖荫：《试论马思聪〈中国民歌新唱〉中的和声技法》，参见马思聪研究会：《论马思聪》，人民音乐出版社1997年版，第256页。

（原载《齐鲁艺苑》2006年第4期）

马思聪晚期小提琴作品中的和声技法

——以四部小提琴曲为例

樊祖荫[①]

马思聪自1967年赴美定居后，一直坚持音乐创作，其中小提琴乐曲在他的晚期作品中占有重要地位。在马思聪研究会编的《马思聪小提琴曲集》[②] 中，收有作者在美国创作的四部附钢琴谱的小提琴乐曲，即《阿美组曲》、《高山组曲》、《第三回旋曲》（1983）与《第三奏鸣曲》（1984）。其中，两部组曲的具体创作时间在曲集中并未标明，但苏夏先生为《马思聪小提琴曲集》所写的《跋》中，在《高山（族）组曲》后面用括号注明的时间是1981年2月1日[③]；另据徐迟先生的记述，《阿美组曲》与《高山组曲》均创作于1973年[④]。他们对同一首乐曲的创作时间在记述上不尽一致，这有待音乐史家们去进一步考证。

从这四部小提琴作品的和声技法来看，其总的和声风格与作者在国内时期的作品大体是延续的。譬如，在和弦结构上，以三度结构为主，少量运用其他和弦结构；在和声进行上，偏向于调式和声的多种进行方式，较少应用“功能性”和声进行；在调式、调性的处理上，喜用调式的复合与各种色彩的调性连接；在织体构成上，擅长运用持续低音与织体“动机”的反复和延续等。与此同时，在和声的写作技法上也有某些变化和发展，或者说是某些方面的技法运用得到了加强，使其变得更为突出。这主要体现在以下几个方面：

一、和弦结构

在和弦结构上，这四部小提琴作品虽然都以三度结构为基础，但较少采用纯粹的三和弦形式，而多应用七和弦、九和弦等高叠和弦，附加音和弦，复合和弦，大、小三度并用的和弦等，有时也运用五度、四度结构及纵合化结构和弦。

---

① 樊祖荫（1940— ），男，中国音乐学院教授、博士生导师。

② 马思聪研究会：《马思聪小提琴曲集》，人民音乐出版社1995年版。

③ 马思聪研究会：《马思聪小提琴曲集》，人民音乐出版社1995年版。

④ 徐迟：《马思聪》，参见马思聪研究会：《论马思聪》，人民音乐出版社1997年版，第430—497页。

除此之外，在线性进行等背景下，也出现了不少偶合和弦。谱例 1 一开始即运用了不同结构和弦之间的相互连接。

谱例 1：《阿美组曲》之一《春天》

谱例 1 前三小节是以主音为根音的带附加音的五度结构和弦与主三和弦的交替；第 4、5 小节的开始是四度结构和弦；最后四个和弦的低音进行还含有与主旋律结束音#F（D 宫调主三和弦的三音）相对应的#f 小调的交替意义。

谱例 2 的和弦结构是在线性思维与复调思维下形成的，其中包含了附加音和弦与大量的复合结构的和弦。

谱例 2：《高山组曲》之一《祭祀》

这个主题乐段建立在 a 小调上。两小节的引子是第一乐句和声与织体的动机，低音部由属—主—下属—主四音的进行组成，高音部构成由一个音到三个音再到四个音不断向外扩张的反向线性进行，上下方组合为“错位”式（半分解式）的和弦。其中，第一个属和弦含有大二度附加音，第三个和弦是Ⅳ级与Ⅶ级的复合。第一乐句的伴奏将这个动机重复两次之后，上下方声部再次向外扩展，并形成一系列的复合和弦；第二乐句开始处（第 10 小节后半），钢琴出现第二个伴奏动机，其音调由小提琴旋律模仿而来，上下方声部以密集的音响构成Ⅲ级与Ⅵ级的复合和弦，这个动机经过重复、扩展，上下方声部又形成一系列的复合和弦，最后结束在由下属与主构成的复合和弦上（这也是《祭祀》全曲的结束和弦）。这段音乐的旋律与和声也相应地构成“错位”式（模仿）的结合关系。由于这段音乐的和声以运用复合结构的和弦为主，因此其音响颇为浓重而不甚协和，能让人感受到祭祀的浓厚氛围。

谱例 3 则在线性进行中构成了偶合和弦。

谱例 3：《高山组曲》之五《招魂》

谱例 3 选自《招魂》的引子与第一乐句的开始部分。前三小节是全曲和声与织体的动机，其高音部音调来自小提琴主题旋律，开始两小节的和声建立在 d 小调主和弦的基础上，其中第二个和弦是在上下方声部反向线性进行中产生的一个偶合性的助音和弦，但由于它在后面被不断地重复、移位使用，因而大大加强了它在和声中的重要性，以致在最后小节竟与主和弦一起处于终止和弦的地位。这样的结束终止，不禁使人联想到仍在飘忽不定的“游魂”；诚然，这种极不稳定

的和声处理，还与《招魂》一曲在整部组曲中的结构位置有关（《高山组曲》由六首小曲构成，《招魂》为第五首）。

谱例4a、4b分别选自《第三回旋曲》的引子与中间部分的开头：

《第三回旋曲》的主要调性为A宫调，但在引子的第一个主和弦中即将大、小三度音并用（见谱例4a），预示着后面同主音调性——a羽调的出现；乐曲的中间部分为a羽调，其主和弦的构成也同样采用大、小三度音的并置（见谱例4b）。这种和弦结构的运用，使得同主音的调性之间关系更为密切。

谱例4a：《第三回旋曲》

谱例4b：《第三回旋曲》中间部分

除此之外，同主音交替和弦在马思聪这一时期的作品中也时有应用。如《阿美组曲》之三《山歌》的中段，旋律为a羽调，和声中分别运用了$^{\#}$Ⅵ、$^{\#}$Ⅲ、S及T等同主音大调的和弦。

二、和声进行

和声进行的多样化是马思聪作品的一贯特色。在他晚期的一些小提琴乐曲中，除了仍然保持这一特色之外，更突出了各种变格进行，这在《阿美组曲》中表现得尤其明显，如谱例5。

谱例5：《阿美组曲》之五《山地舞》

谱例5为《山地舞》的引子与第一乐句。引子的和声在主音持续音的基础上由主和弦与Ⅱ级七和弦组成；第一乐句中除了最后两小节之外，也均由这两个和弦交替构成。值得注意的是，明朗的小提琴旋律并没有明显暗示下属方向的和声内涵。看来，这样的变格进行是作者主观安排的结果。

谱例6一开始的变格进行的和声安排，给人以意外之感。

谱例6：《高山组曲》之四《战舞》

谱例6引子的和声很有意思：低音部的主音持续音标明了乐曲的主要调性——a小调，上方声部第一个和弦在主和弦的下方加了一个下中音，一开始即显露出和声中的下属倾向，并使和弦结构变成了$Ⅵ_7$，第二个和弦是^{b}Ⅱ级七和弦，为第一个和弦的下属和弦，两个和弦所构成的特殊的变格进行为全曲定下了和声的格调；而两个大七和弦的不协和音响则符合“战舞”的形象要求。

谱例7a与7b分别选自《山歌》主题的呈示与再现部分：

《山歌》的旋律取自台湾阿美族的一首渔歌，为五声羽调式。谱例7a是乐曲主题的呈示部分，两小节引子的和声动机呈现出t—ss—t的变格进行；谱例7b为乐曲的再现部分，前四小节的和声是t与$^{b}Ⅱ_7$的交替，后两小节的和声为$Ⅱ_7$/s—t。前后两部分的和声格调统一，均突出了下属方向和声的作用。

谱例 7a：《阿美组曲》之三《山歌》主题的呈示

谱例 7b：《阿美组曲》之三《山歌》主题的再现

三、调式、调性的处理

对于五声性调式的处理，马思聪在国内时期的作品中常用同宫系统调式复合的方法，这集中应用在《中国民歌新唱》一、二辑以及《思乡曲》等小提琴乐曲之中。“这种和声手法的运用，与马思聪注重民歌的‘起声’有关，他常从民歌开始时的旋律音调中，抽出其和声内涵来组成和弦，并以此作为和声调式的主和弦贯穿于全曲。如果这个主和弦是建立在旋律调式的主音之上的，那么旋律与和声的调式就是同一的；如果不是建立在旋律调式的主音之上的，那么二者则构成调式的复合。”① 在马思聪晚期的小提琴作品中，同宫系统的调式复合方法仍

---

① 樊祖荫：《论马思聪〈中国民歌新唱〉中的和声技法》，参见马思聪研究会：《论马思聪》，人民音乐出版社 1997 年版，第 256—279 页。

有应用（参见谱例 11 的最后部分），但数量很少，这可能与小提琴旋律大多采用羽（小）调式或宫调式而很少采用其他调式有关。

在《阿美组曲》之一《春天》的主题乐句移位重复时，旋律由 D 宫调（见谱例 1）移到 C 宫调，而和声仍以 D 大三和弦为主和弦（这与作者惯用的“起声”方法相一致）。其时，旋律调式的主音成为和声调式的七音，二者构成小七度关系的调式复合。

在谱例 8 的钢琴伴奏中，前三小节高音部一直坚持在 C 音（旋律调式的主音）上。和声的配置，可以视为一个升号调的 D 徵调式（或 D 密克索里底亚调式）的主、属交替，旋律与和声构成不同宫系统的调式复合；但若将主和弦中的三音（$^{\#}$F）视为 C 宫系统的“变徵”音，那么，其主和弦即可看成“大商”和弦，旋律与和声的调式也就统一在 C 宫系统上了，二者即构成同宫系统的调式复合。后四小节利用施律音 E 的“以角为宫”方法，转至 E 宫调。

谱例 8：《阿美组曲》之一《春天》

对于调性的处理，除了继续采用作者偏爱的色彩性的调性连接之外，更多地运用了平行调的重叠和同主音调的交替，以及调性的复合等手法。谱例 9 是一个调性连接的例子。

谱例 9 选自《第三回旋曲》最后一次再现之前的连接部（从第 4 小节起），其调性呈现的次序为：a（4—6）—c（7—8）—f、^{b}A（9—13）—^{b}C（14—17）。以三度关系为主的调性连接不断向下属方向延伸，直至^{b}C 的下属和弦等于 A 的属和弦进入再现部，并回到主调 A（18）。

谱例 9:《第三回旋曲》

谱例 10 的和声将平行的大小调进行了重叠:

谱例 10:《第三奏鸣曲》

谱例 10 是《第三奏鸣曲》的开始部分。小提琴旋律的调性为 A 大调，从钢琴的低音部来看也是 A 大调，但上方声部的和声却是#f 小调的主、属交替（中间持续出现的 D 音为附加音）。这里运用的平行调的复合方法，为后面和声的发展作了伏笔（见谱例 11）。

《阿美组曲》之二《寂寞》的开始部分（第 1—7 小节）运用了同主音大、小调#f—#F 的交替方法。在主题的呈示中连同旋律与和声都运用同主音调交替的方法，在作者过去的作品中似不多见。

谱例 11 中，作者对旋律与和声关系的处理颇为别致，复合调性的形成方法也与众不同。

谱例 11：《第三奏鸣曲》

谱例 11 是《第三奏鸣曲》主部的后半部分。第 1、2 小节旋律与和声的调性均在 A 上；第 2、3 小节旋律在 C 调域，第 2 小节的和声也随同转移，附加音^{b}B 的出现预示着后面向下属方向的调性发展，第 3 小节和声上进入^{b}D，和弦的序进为 s/Ⅱ—^{b}Ⅶ$_{7}$—T，其时，由于主旋律的调性未变，遂使二者形成了小二度关系的调重叠。实际上，此处的和声调性是后面旋律调性的提前出现：当旋律进入^{b}D 时（第 4、5 小节），和声则与平行的^{b}B 相配；但从第 5 小节的后半部分开始，旋律通过模进方法转换至 E 宫系统时，和声在第 5、6 小节却依旧停留在^{b}B 上，遂使二者形成增四度关系的调重叠；直至第 7 小节旋律与和声才统一在 E 宫调系

统，其后，旋律结束在 B 徵调，和声则建立在$^\#$c 羽调上，两者又形成同宫系统七度关系的调式复合。

上面从和弦结构、和声进行与调式调性的处理这三个方面对马思聪晚期小提琴作品中的和声技法进行了探析。由于资料的缺乏，只能以已出版的四部乐曲为例。因此，其分析结果并不能全面概括马思聪晚期音乐作品的和声特点。仅从上述四部作品的和声运用来看，与作者在国内时期的作品相比，在和弦结构与调性的处理上更偏向于复合性思维，和弦中经常出现的大七度、小二度等不协和音程，使其音响更觉尖锐复杂；而在和声进行中多次应用的“主—重下属”、“主—降Ⅱ级”等的变格进行，以及在调性布局上更突出向远关系下属方向延伸等的做法，常使音乐的色彩显得暗淡。

上述和声风格的某些变化，很可能与作曲家对音乐形式多样化的追求和创作的心境有关。从写作技法的角度上看，马思聪一生的音乐创作，始终未受现成形式的束缚，也从不故步自封。他曾这样说过：“以我自己的经验来说，在运用形式时不要太拘泥，不要为原有形式所束缚，有时还可以混合运用。听来不紊乱的形式总是好的。……我自己的经验是尽可能使音乐多样化，我运用某种形式时总想多增加一点新的因素。”① 因此，他的和声技法常有突破而别具一格，直至晚年，马思聪仍在异国他乡为中华民族音乐事业的发展而辛勤耕耘、不断求索。从创作的心境来看，虽说他在美国的“生活宁静，利于创作”，但毕竟长客异乡，晚年寂寞，他苦苦地思念国内的亲朋好友，思念祖国，总想着何日“可以重新驰骋在祖国土地上的每一个角落”②。音乐是马思聪心声的自然流露，将和声技法的运用与他对某些作品题材的选择（如《高山组曲》中的《招魂》及《阿美组曲》中的《寂寞》等）相联系和对照，就不难看出和声风格上的某些变化是与马思聪晚年的苦痛心情有着直接关系的。由于种种原因，马思聪未能实现生前回到祖国的愿望，病痛夺去了他的生命，他带着遗憾离开了这个世界。但他的精神和音乐是永存的，将会继续在建设中国民族音乐的事业中发挥出积极的作用，他众多的作品及其技法创造是中华民族的宝贵财富，值得后人去认真地研究、总结、学习和继承。

（原载《中央音乐学院学报》2003 年第 2 期）

---

① 转引自苏夏为《马思聪小提琴曲集》所作之《跋》。

② 转引自苏夏为《马思聪小提琴曲集》所作之《跋》。

《黄河大合唱》在海外华人音乐活动中的地位和作用

周广平①

2005年是中国人民抗日战争暨世界反法西斯战争胜利60周年，也是人民音乐家冼星海逝世60周年。在八年的浴血奋战中，中国人民（包括居住海外的几千万华侨华人）凭着中华民族的伟大精神，前赴后继，英勇奋战，与全世界爱好和平的人们一道，打败了法西斯侵略者，实现了世界和平。在这场关系民族存亡的正义之战中，有一部代表中华民族伟大精神的音乐作品，对团结、鼓舞、激励中国人民奋起抗战发挥了不小的作用，它就是人民音乐家冼星海的不朽之作——《黄河大合唱》。这部音乐作品，不仅在战争年代激励着中华民族奋起反抗外来侵略者，更是抗战胜利之后海外几千万华侨华人借以抒发对祖国、对故土的眷恋之情的精神寄托。它在海外华人的音乐活动中具有特殊的地位和作用，是海外华人音乐活动中的重要曲目。

一、《黄河大合唱》在海外华人音乐活动中的演出概况

《黄河大合唱》首次在海外演出是1942年2月由“缅甸华侨战工队”在缅甸曼德勒云南会馆演出[1]，朗诵由《黄河大合唱》的词作者光未然亲自担任，赵沨任指挥，李凌任乐队指导。演出非常成功，连续演出了三场。从那时起，几乎每一个海外华人音乐团体都喜欢这一体现中华民族精神的伟大作品。即使没有能力演出整部大合唱的八个乐章，也会演唱其中著名的几个乐章，如《黄水谣》、《保卫黄河》等。许多海外华人音乐社团的成立都与抗战有关或成立于抗日战争时期，而成立之后每逢大型音乐活动，都会演唱《黄河大合唱》。许多中国当代的著名音乐家，如李凌、赵沨、严良堃等都曾在海外指挥华人合唱团演唱过《黄河大合唱》。据有关资料记载[1]，凡是在当地有影响的华人音乐社团，都曾演唱过《黄河大合唱》。如1997年在美国新泽西州州立剧院由“新泽西州新韵合唱团”、“新泽西州中美合唱团”等华人社团联合演出了《黄河大合唱》；

① 周广平（1957—　），男，星海音乐学院教授。

1995年为纪念抗日战争胜利50周年，美国华人“达拉斯神州合唱团”百人演出《黄河大合唱》大获成功；1988年2月27日加拿大多伦多市华人在悉尼加学院音乐厅举行“黄河大合唱演唱会”，140人合唱，60人伴奏，博得了全场八百余名观众的掌声和欢呼声；1978年成立于菲律宾马尼拉的华人业余合唱团“黄河合唱团”则经常把冼星海的《黄河大合唱》作为其演出的保留曲目；1938年由著名音乐家任光等创立的新加坡华侨抗日音乐团体“新加坡铜锣合唱团”，在抗战期间也曾高唱《黄河大合唱》。更为壮观的是，2002年10月5日晚在美国卡内基音乐厅举行的“黄河之声”中国经典名曲交响音乐会上，由美国人组成的合唱团演唱了《黄河大合唱》。当美国人字正腔圆地用中文唱出《黄河大合唱》的第一组歌时，听众以热烈的掌声给予他们充分的肯定。唱到《保卫黄河》一段时，情绪高昂的听众跟着音乐的节奏拍起掌来，当高亢的歌声和交响乐在指挥的有力一挥下结束时，激动的听众为之疯狂，全场起立，叫好声此起彼伏，掌声雷动，经久不息。演员谢幕三次，最后，全场演员和观众一起唱起了《保卫黄河》，许多人感动地落了泪[2]。此外，在香港、台湾等地也都多次演出《黄河大合唱》。《黄河大合唱》的歌声激励了多少爱国华侨的爱国热情，鼓舞他们毅然回国，投身抗战。出现了多少像田汉创作的话剧《回春曲》中梅娘回国探望负伤的情郎高维汉那样感人的事迹。多少爱国侨商，在《黄河大合唱》的歌声感召下，慷慨解囊，捐款捐物，支援抗战。而更多的海外爱国华人则通过《黄河大合唱》的歌声，表达他们对祖国、对民族危亡的殷切关注和对法西斯侵略者的愤恨，呼吁全世界爱好和平的人们起来共同为维护和平而战斗。

今年，是中国人民和世界人民战胜法西斯、获得世界和平的重要纪念日。又值冼星海诞辰100周年。因此，世界各地的华侨华人社团纷纷组织纪念活动，借演唱《黄河大合唱》等抗战歌曲，抒发爱国热情，振奋民族精神，弘扬中华文化，纪念伟大的音乐家冼星海。让《黄河大合唱》的歌声在世界各地高唱。例如，6月11日，新加坡艺术合唱团在新加坡维多利亚音乐厅举办名为“走星海之路，唱星海的歌”的合唱音乐会，高唱《黄河大合唱》，纪念冼星海诞辰100周年[3]。6月12日，为纪念抗日战争胜利60周年，美国硅谷爱乐合唱团、青青合唱团、圣荷西华人合唱团、圣荷西知青合唱团在美西圣荷西艺术演出中心联合演出《黄河大合唱》[4]。7月17日晚，一场名为“不朽的旋律”的中国音乐会在澳大利亚悉尼歌剧院演出，在悉尼华人中引起了强烈反响。由老艺术家王昆、郭颂，青年歌唱家刘维维等艺术家及国内四个老年合唱团和悉尼多个华人合唱团共同演出了包括《黄河大合唱》在内的抗战歌曲。当音乐会最后进入高潮，台上台下同声高唱，久违的情感交相呼应[5]。11月5日晚，印度尼西亚雅加达比奈加拉音乐厅首次演出了《黄河大合唱》。演出者是印度尼西亚当地的群众性文艺团体海燕合唱团，这个合唱团于1996年成立，合唱团员中有华人，也有原住民。大家同唱一首歌，表现出人们对中华民族文化的景仰和印度尼西亚与中国人民的友好之情[6]。海外华人不仅在海外演唱《黄河大合唱》，2005年6月10日，来自新加坡、马来西亚、澳大利亚等国的四个海外华人合唱团还借回国参加以“黄河魂、华夏情、天下华人共唱一首歌”为主题的首届中国黄河壶口国际合唱节之机，在黄河壶口演唱《黄河大合唱》选段[7]。

二、《黄河大合唱》是联结海外华人民族意志的纽带

《黄河大合唱》唱出了全世界华人不畏强暴、英勇奋斗、不屈不挠的民族精神，对于团结海外华人为祖国、为民族英勇献身，团结战斗，克服千难万险，艰苦创业，都起到了极大的鼓舞作用。它已超出了一般音乐作品的范畴，成为一种凝聚民族魂的巨大精神动力。正如多次在海外指挥华人音乐社团演出《黄河大合唱》的著名指挥家严良堃在《我与〈黄河〉60年》[8]一文中谈到的那样：“战争时期演唱《黄河》，鼓舞了全国人民抗战的信心和勇气。现在演唱这一曲目，又起到了增强全世界华人作为中国人的自豪感的作用。”“不论海内外的华人，唱到《黄河》，都感觉到作为中国人的骄傲。特别是海外华人，唱《黄河》、听《黄河》，其喜爱的程度胜于海内。”“美国的华人有各种不同的组织，他们来自中国的不同地区，有大陆的、台湾的、香港的，他们的文化素养、方言、政治观点和信仰各不相同。但他们在唱《黄河》时，找到了共同的词汇和曲谱，各种差异被消融在《黄河》的诗篇中，《黄河》的宏大乐章成了团结海内外华人的强大凝聚力。他们演出完回到后台的第一句话就是：我是中国人！这就是《黄河》给予海外赤子的鼓舞。”

是的，对于居住在海外的几千万华侨华人来说，他们都是炎黄子孙，黄河的儿女，血脉中流淌着中华民族的血液。他们需要得到爱国激情的鼓舞，渴望听到振奋人心的来自祖国的歌声。他们通过演唱《黄河大合唱》，表达他们的一片赤子之心，借以歌颂中华民族的伟大精神，凝聚民族意志，弘扬民族尊严。

一个民族的精神，往往是由这个民族成千上万人的生命和鲜血凝聚而成的。民族精神是这个民族中最具震撼力、最有生命力的动力，是这个民族世代相传、秉承弘扬，不断发扬光大的力量所在。当民族处在历史关头，面临着生死存亡的考验，这种民族精神将更加显现出它耀眼的光芒，迸发出无可阻挡的力量。而每当历史的关键时刻，都会涌现出一大批这个民族杰出的代表人物，他们用爱国的壮举、杰出的成就、伟大的作品，将自己的民族精神突出地表现出来。冼星海就是中华民族杰出的代表人物，《黄河大合唱》就是冼星海表现中华民族伟大精神的代表性作品。它具有强烈的时代感召力和深厚的艺术魅力，它将像中华民族的

伟大精神一样，具有强盛的生命力，永远激励着海内外中华儿女奋勇向前。

著名音乐学家赵宋光教授在《中华崛起的音乐宣言》[9]一文中也谈道："在民族生存境遇的低谷中，民族危亡的边缘上，《黄河大合唱》以高度的民族自信心，满怀亢奋的音乐激情，唱响了中华崛起的预言，向全世界庄严宣告中华必然崛起的历史趋势。""《黄河大合唱》在世界音乐文化史上的价值可概括为：以音乐凝聚民族创造力的典范榜样。""就世界范围而言，这歌声寄托着全世界华人社会各阶层民众对黄河文明的向往，无论走到世上哪个角落，都能感到，存在着一个永恒的家园。"这个家园是一个没有疆域的家园，是建立在中华民族共同意志上的家园，是中华民族血脉相连的家园。《黄河大合唱》就是一条联结这个家园的纽带。

三、作为近半生漂泊海外的漂泊者，冼星海有着与海外华人一样对祖国、对民族挚爱的心灵

冼星海一生中有近一半的时光是漂泊海外的。他 1905 年出生在澳门附近海域一条漂泊的小船上。1912 年 7 岁时，随母亲侨居马来西亚，后就读于新加坡的养正学校。母亲靠给人做佣人养家糊口，把他抚养成人。他从小就对母亲有着深厚的感情。1918 年，冼星海回到广州，作为优秀华侨学生被岭南大学附中录取。1929—1935 年又远赴重洋到法国勤工俭学。"我曾做过各种各样的下役，像餐馆跑堂、理发馆杂役，做过西崽，做过看守电话的佣人和其他各种被人看作下贱的跑腿。""有过好几天，饿得快死，没法，只得提了提琴到咖啡馆、大餐馆中去拉奏讨钱。"[10]1940—1945 年，为了纪录影片《延安与八路军》的配乐工作，又在苏联、蒙古等国颠沛流离了五年。最后客死在苏联首都莫斯科。作为一个近半生漂泊海外的漂泊者，冼星海有着与海外华人一样艰辛困苦的生活经历，体验过一个游子形只影单、像一棵无根的草一样在异国他乡漂泊闯荡受人欺凌的艰辛和苦难。正因为他有着与海外华人一样对祖国、对民族的那种挚爱心灵，才能写出代表海内外中华儿女心声的《黄河大合唱》。"我想到自己多难的祖国，和三年以来在巴黎受尽的种种辛酸、无助、孤单，悲忿抑郁的感情混合在一起，……在悲痛里我起了怎样去挽救祖国危亡的思念。"当祖国母亲遭到蹂躏，处于危难之中时，他毅然回国，投身抗战，用歌声、用音乐，喊出中华民族最愤怒的吼声。"我把我对于祖国的那种感触用音乐写下来，像我把生活中的痛楚用音乐写下来一样"。冼星海的这种拳拳赤子心，不仅体现在一部《黄河大合唱》中，还体现在他一生的创作中，如他在巴黎时期"又把对祖国的思念写了《游子吟》、《中国古诗》和其他作品"。

冼星海不只是一个典型的个体，更是一个整体的代表，他代表了一代热爱祖国、勇于献身的音乐家。他从一个饱尝艰辛、漂泊海外的爱国者，成长为一个具有远大理想的共产主义战士、伟大的人民音乐家，从而写出了表现整个中华民族伟大精神的音乐作品。因此，我们既要从他这个典型的个体身上感悟到可贵的精神，更要继承和弘扬他所代表的一代音乐家身上体现出的中华民族的伟大精神，让我们的民族崛起、强盛，屹立于世界民族之林。

参考文献

[1] 黄叶绿：《黄河大合唱纵横谈》，新华出版社 1999 年版；周南京：《华侨华人百科全书·文学艺术卷》，华侨出版社 2000 年版。

[2] “黄河之声”火爆卡内基音乐厅，载《侨报》2002 年 10 月 9 日。

[3] 王建新：《新加坡举办合唱音乐会纪念冼星海百年诞辰》，新华网 2005 年 6 月 13 日。

[4] 陈钢：《美西华人唱响〈黄河大合唱〉》，中新社 2005 年 6 月 18 日。

[5] 江心：《一场非同凡响的海外音乐会》，载《中国文化报》2005 年 8 月 1 日。

[6] 管克江：《印尼海燕合唱团首演〈黄河大合唱〉》，人民网 2005 年 11 月。

[7] 马毅敏：《海内外华人黄河壶口共唱一首歌》，新华网 2005 年 6 月 14 日。

[8] 严良堃：《我与〈黄河〉60 年》，载《人民音乐》2005 年第 8 期，第 9—13 页。

[9] 赵宋光：《中华崛起的音乐宣言》，《赵宋光文集·下卷》，花城出版社 2001 年版，第 399—340 页。

[10] 冼星海：《我学习音乐的经过》，参见《冼星海全集》编辑委员会：《冼星海全集（1）》，广东高等教育出版社 1989 年版，第 97—99 页。

（原载《交响》2006 年第 1 期）

高 AQ

——星海事业成功的重要心理因素

罗小平[①]

2005年是我国伟大的人民音乐家冼星海诞辰100周年。星海逝世60年来，国内外有关星海的研究著述数不胜数。笔者也写过四篇学术论文，探讨星海的美学观、艺术观、影响其审美趣味形成的文化传统以及《黄河大合唱》的审美价值与传播文化场的关系。本文中笔者从一个完全不同的角度来研究星海心理结构中AQ的水平，以及它对星海事业发展的影响，目的是使对星海的研究超越音乐与艺术的领域，从人才学、成功学的角度分析星海成功的因素，这对培养新世纪的创造者和建设者或许能有一些启发。

一、AQ是体现主体意志力水平的指数

AQ（Adversity Quotient，逆境商数）是美国成功学专家保罗·史托兹博士提出的测量主体回应逆境能力、提高抗逆境能力的理论。他经过二十多年的研究和十几年的应用实践，认为AQ是主体成功的关键因素。AQ的指数与主体发展水平成正比，在IQ、EQ、AQ形成的三角关系中，AQ是事业发展能否坚持到底、能否不断攀登新高峰的决定性因素。史托兹的理论是以认知心理学、精神神经免疫学和神经生理学三大学科为基础的。在理论上与实践上都有一定的效度与信度。

根据史托兹在《逆境商数》[②] 一书中谈到的测量AQ的逆境反应表——CO2RE的测量设计，我们可以把高AQ人格的特征归纳为以下四点：

（1）在逆境中具有较强的自我控制能力，善于分析产生困难的原因和勇于承担自我应负的责任，把逆境的消极影响与持续时间有效地控制在一定的范围内。

（2）在前进的道路上能坚持、执著地追求，不怕困难、勇于攀登。

---

① 罗小平（1945—　），女，星海音乐学院教授。

② ［美］保罗·史托兹：《逆境商数》，时报文化出版企业股份有限公司1997年版。

（3）具有创新意识与不断超越自我的积极心态。

（4）充分发挥主体的潜能与能力，在马斯洛的需要层次中，追求自我实现的最高层次。

二、星海具有高AQ水平的体现

在反复研究星海生平、日记、书信及熟悉星海的人撰写的纪念、回忆文章后，笔者会为他的成就、人格、品德所折服，但更让笔者心灵震撼的却是他百折不挠的意志力。在选择这一论题并进一步思考、阅读有关材料时，意外地发现笔者与两位大师的看法所见略同，使我这位普通学者备受鼓舞。其中一位是对星海十分了解的马思聪，他在1946年《新华日报》上发表的《忆冼星海》一文中认为："我们将从你学习得必胜的秘诀，那就是你所具有的所向无敌的坚韧。"[①] 另一位是与星海只有一面之缘的茅盾，却从星海的作品与交谈中感受到他的人格力量："拿破仑说他的字典上没有'难'这一字，我以为冼星海的字典上也没有这一个字。"[②] 两位名家对星海的评价，均涉及其高AQ的人格魅力。笔者认为星海的高AQ水平具体体现为以下四种"力"：

1. 克服困难的意志力

星海小时候，他的母亲常常唱一首搬运工人的歌《顶硬上》给他听，后来星海把这首歌写成四部合唱曲，这也是他最喜爱的作品之一。这首歌充分显示出一种迎着困难上的精神，这种精神已深入星海幼小的心灵，化成百折不挠的基因。

星海在《我学习音乐的经过》中，谈到他在巴黎求学时，于饥寒交迫之中，在繁重的劳役与同胞的羞辱之下坚持学习。他曾经做过各种各样的下役，有一次由于过度疲劳，端菜上楼时头昏脑涨，连人带菜摔倒在地，被老板大骂一顿之后，被炒了鱿鱼。也曾经十几次失业，以至于又冷又饿地晕倒在街头。还有一次拉琴讨钱，被中国留学生打骂，含泪离去。千难万难都没有影响他求学的决心，他考入了巴黎音乐学院的高级作曲班，出色地完成学业，并创作出获得名家肯定的音乐作品。[③]

他在写给夫人钱韵玲的信中亦强调："一朵成功的花都是由许多苦雨、血泥

---

① 马思聪：《忆冼星海》，《永生的海燕——聂耳、冼星海纪念文集》，人民音乐出版社1987年版，第227页。

② 茅盾：《忆冼星海》，《永生的海燕——聂耳、冼星海纪念文集》，人民音乐出版社1987年版，第292页。

③ 冼星海：《我学习音乐的经过》，《冼星海全集（1）》，广东高等教育出版社1989年版，第97—101页。

和强烈的暴风雨的环境培养成的……没有艰苦的奋斗，我们就没有成功。”①

即使星海在前进的道路上经受了生活的磨难、战火的考验、疾病的摧残，但依然没有什么力量可以摧毁他的意志，直到死神夺去他的生命。

2. 坚持不懈的持续力

如果说意志力是一种迎难而上的抗争力，持续力则体现了一种持之以恒的坚韧性。星海的坚韧体现于他对音乐的热爱贯穿于始终，从新加坡到岭南，从北京到上海，从巴黎到国内，从延安再到蒙古和苏联，他从未放弃过对音乐孜孜不倦的追求，从未停止过为人民的音乐事业奋斗的步伐。诗人光未然在回忆文章中谈起星海的创作热情时写道：“这个人，就是有这样一种永不知疲倦的工作精神，使你感到他是身心俱强、朝气蓬勃的英雄，而完全想不到这个巨人的身体内部机构，由于长期的穷苦的、流浪的生活，遗留下一些难堪的病痛。”[6] 他还谈道：“他的工作毅力是惊人的，一开始写作就不愿休息。”②

疾病缠身的星海，为了音乐事业一生都在与病痛作斗争。郭沫若在《吊星海》一文中回忆星海在苏联的情况：“他就在这时候，在生活上发生了极端的困厄。亏了他竟支撑了四年，然而他那顽强的身体却变成了一座总科病院了。听说他的病很多，不仅肺部有结核，而且还有肝肿，有腹膜炎，有心脏病，每天在皇宫病院里要抽出好几立升的腹水。”③ 即使在这种情况下，他还从医院里写信要求：“一旦我这种可怕的无力时期过去，医生能叫我坐起来时，我就要埋头写长诗《胜利》……”④

星海在纪念音乐家张曙的文章中，特别佩服这位大众歌手始终如一的精神。他认为：“我们不管有没有成就，但根据他这种‘始终为中国新兴音乐努力’的精神，就已经值得我们学习了。”⑤

3. 积极乐观的控制力

积极乐观的控制力是指在逆境中，能知悉自己有改变困境的控制力，相信自己面对困难时并不是一筹莫展、无能为力，而是以积极乐观的态度来掌握命运，不断寻找解决问题、走出困境的办法，最终转败为胜。这种控制力的程度如何亦

① 冼星海：《致钱韵玲的信（九）》，《冼星海全集（1）》，广东高等教育出版社 1989 年版，第 328 页。

② 光未然：《冼星海同志回忆录》，《永生的海燕——聂耳、冼星海纪念文集》，人民音乐出版社 1987 年版，第 256、258 页。

③ 郭沫若：《吊星海》，《永生的海燕——聂耳、冼星海纪念文集》，人民音乐出版社 1987 年版，第 209 页。

④ 穆拉杰里：《冼星海——中国天才的作曲家》，《永生的海燕——聂耳、冼星海纪念文集》，人民音乐出版社 1987 年版，第 329 页。

⑤ 冼星海：《追悼大众的歌手张曙先生》，《冼星海全集（1）》，广东高等教育出版社 1989 年版，第 35 页。

是AQ测量的重要指标。

据星海在巴黎的朋友滑田友撰文介绍，尽管星海在那里遭遇种种挫折，仍然对他说："现在我的最大希望，就是中法大学官费……可恨的是中国掌握官费的人，他是不会注意到我们穷人的。如果你有权有势，他可以闻风响应送你官费，不问你是在巴黎逛马路或者天天坐咖啡馆；如果你无权无势，纵使成绩再好，也是枉费心机！不过凡事要向好的方面想，不必失望，我们一方面去请求官费，一方面应当更加努力，把成绩做到比所有领官费的人都好。"①

星海在延安与李凌等广东籍的学生谈起战后回广东办音乐院，创造中国的新音乐时，亦强调："我们用不着灰心，灰心是成功最大的敌人，……我就从不灰心。"②

可见，凡事要向好的方面想，从来不灰心、泄气，这种积极乐观的态度，源于对自己能力的自信、对逆境控制的把握、对战胜困难的信心，而不是把希望寄托于别人的恩赐、运气的降临，这就是AQ测试中控制力的高水平。

此外，星海参加"上海话剧界救亡协会战时移动演剧第二队"到各地进行抗日救亡宣传时，经常遭遇到敌机轰炸，正如他在1937年8月24日的日记中写道："每天每刻都有危险之可能，因为这样，我们才觉得生活有趣！我们的心都是很勇敢地去担负这神圣的救亡工作！"③ 这种为了崇高目标而战胜恐惧、不怕牺牲的态度，同样显示出星海的高控制力。

4. 自我超越的调节力

自我超越的调节力表现于主体不断进取的精神与勇于超越现状、持续发展的动力。星海的这种调节力既表现于他似海绵一样不断吸收新观念、新知识、新技能、新方法来增强自己的能力，丰富自己的心理结构，亦体现于他对自己的作品精益求精的锤炼。

星海在中学读书时，就广泛涉猎各种艺术。据他的老师冼玉清教授介绍，星海不仅是音乐天才，美术也很好，担任过《惺社社刊》的美术主任，该刊封面就是他设计的。书法也不错，发表过《中国书学略谈》一文。他还喜爱文学，写过白话散文，翻译过英文散文。④

---

① 滑田友：《冼星海在巴黎》，《永生的海燕——聂耳、冼星海纪念文集》，人民音乐出版社1987年版，第229页。

② 李凌：《星海在延安》，《永生的海燕——聂耳、冼星海纪念文集》，人民音乐出版社1987年版，第309页。

③ 冼星海：《日记（1937年8月24日）》，《冼星海全集（1）》，广东高等教育出版社1989年版，第190页。

④ 冼玉清：《冼星海中学时二三事》，《永生的海燕——聂耳、冼星海纪念文集》，人民音乐出版社1987年版，第212—213页。

据我国民俗学之父钟敬文教授的回忆，他与星海同在岭南大学就读时，与星海接触印象最深的一件事，就是星海提出大家“交换学问”。钟老说：“有一回，他忽然拍着我的肩膀说：‘密斯特钟，我们可以做一种学艺上的交换么？你教我学中国古诗，我教你拉梵阿林。’当时我惊奇地问他为什么对中国古诗这样感兴趣，他说：‘为着我的音乐。一个学音乐的人单做演奏者是不行的。他必须创作曲谱和歌词。要能够创作歌词，就必须深深懂得本国的诗歌。’”① 后来，《南大思潮》第1卷第1期果然刊登了星海写的词《如梦令·春思》。

如前所述，为了求学，他从广州北上到北京、上海，漂洋过海到法国深造。到了延安，为了更好地掌握民间音乐，他热心学习陕北和各地的民歌，亲手记录与抄集的民歌就有7本。② 从延安到苏联后，他已经是创作了大量音乐作品，其中不乏传世之作的名家，却写信给苏联著名作曲家格里埃尔，希望做他的学生。这种广泛汲取、学无止境的精神就是一种超越意识、一种不断进取的调节力。

他对自己的一些作品也喜欢反复推敲、多次修改。如他在苏联还对《黄河大合唱》进行了修改，重新配器、增加了乐队序曲，想使之更具交响性。且不说苏联版本的得失，仅此做法就体现了星海不断追求完美的意愿。他亦多次修改《牺盟大合唱》，修改用的时间还多于创作的时间。他对《生产大合唱》亦不满意，认为以后还要整理。可见，星海在创作上同样具有这种不断更新的精神。

三、高 AQ 素质对星海事业的重要作用

上述高 AQ 素质对星海音乐事业的发展具有重要的影响。

1. 排除万难、迅速成才

音乐心理学家研究证实，音乐成就的获得除了主体天赋和遗传因素外，后天的环境，尤其是教育环境对音乐人才的成长也相当重要。

如前所述，星海家境贫寒，他无论在何处学习，都是半工半读。他要在工作之余，挤出时间来学习。有时还要在饥寒交迫的情况下坚持学习。这种情况从小学到大学，一直到在巴黎求学，不是一天两天，而是10年、20年。从新加坡以优异成绩回国，就读岭南大学附中、大学，不仅在多种艺术上表现出众，学习音乐也卓有成效。他的提琴、箫笛、单簧管、指挥的水平都给人留下深刻印象。在巴黎，常常是在一天劳累之后，夜深人静的时候，星海才开始学习，到凌晨四五点洗个脸，又准备上工。他住的阁楼伸不直腰，只好上半身伸出屋顶，向着上帝

① 罗小平：《钟老谈星海——访著名民俗学家、文学家钟敬文教授》，载《星海音乐学院学报》2000年版第1期，第80页。

② 钱韵玲：《忆星海》，参见黄叶绿：《黄河大合唱纵横谈》，新华出版社1999年版，第75、77页。

拉音阶，还遭到邻居的抗议。在这种情况下，他考取了巴黎音乐学院高级作曲班，并获得了荣誉奖。他在巴黎时期写的作品《风》，获得杜卡、拉威尔、普罗柯菲耶夫等名家的肯定，在巴黎演出和电台播放。《小提琴奏鸣曲》得到杜卡教授在作曲班上的好评，使外国学生对华人作曲家另眼相看。

回国后，他为了创作人民大众喜闻乐见的新音乐，在原有积累的基础上，更广泛地学习民间音乐，在音乐实践中，创作了一大批抗日救亡歌曲与群众歌曲以及各种体裁的音乐作品，使其音乐创造能力得到充分的发挥。这与他热爱音乐的动机相关，也与他具有意志力、持续力、控制力、调节力的高 AQ 心理结构相关。

2. 创造能量，极大发挥

马思聪在《忆冼星海》一文中还谈到："在中国乐坛上没有人比他表现得更淋漓尽致的。"[①] 这种淋漓尽致的表现指的就是最大限度地发挥自己的创造性。

高 AQ 的素质使星海在每一时期都能把握机会进行创作，根据时代与地域的需求创作不同题材与体裁的音乐作品。在巴黎，他创作了器乐、声乐与室内乐作品。回国后，他参加了 13 部电影音乐的创作与 8 部话剧的配乐。在抗日救亡歌咏运动的高潮中，又创作了数百首群众歌曲，使自己敏捷的乐思与流畅的旋律感在广泛传播的抗日歌曲中得以充分展现。在延安——革命音乐发展的中心，他创作了一系列大型声乐作品、四部大合唱、歌剧《军民进行曲》和歌舞活报剧《三八》，以及第一交响乐《民族解放交响乐》，使自己对大型声乐与器乐作品的创造能力得到充分的锻炼与提高，对戏剧性内涵的表现力更丰富。在蒙古与苏联，星海更多地专注于器乐组曲、独奏曲、舞曲、古诗词歌曲的探索，扩大了音乐表现的领域，并在音乐民族形式的创新上更具功力。笔者认为星海之所以能在短暂的、历尽艰辛的一生中创作出数量惊人的作品，且涉猎诸多音乐体裁，留下经典之作，与他勇于排除生活上、艺术上各种干扰的意志力相关，与他时时处处坚持创作、永不间断地思考音乐的持续力相关，与他不断更新、探索的超越意识相关，与他对自己、对人民的前途充满信心相关。正是这样的高 AQ 水平，使他的艺术才华获得最充分的展现，创造能量得以最大限度地释放。

3. 生命不息，攀登不止

星海的高 AQ 素质，在人生的最后几年凝结为一种生生不息、攀登不止的冲刺姿态。他在和死神赛跑，争分夺秒地为人类的音乐事业多作贡献，作大贡献！

在延安，"白天他给学生上课，也和同志们一起上山开荒。傍晚，他经常手

① 马思聪：《忆冼星海》，《永生的海燕——聂耳、冼星海纪念文集》，人民音乐出版社 1987 年版，第 227 页。

提马灯，翻山越岭，步行十余里路，到延安各处去教歌。深夜，又乘着晚风，唱着歌，走回家来。常常到十一二点钟了，他还坐在如豆的油灯下，面对窑洞沙沙作响的纸窗，或者从事创作，或者编写教材”①。

在乌兰巴托，“每天二十四小时内，除去五六小时的睡眠时间和吃饭时间以外，从未看到他空度一分一秒时间。从早晨六点钟起床后，首先就是运动、洗脸、漱口，然后就开始练小提琴，吃过早饭后上班工作，中午休息时和下班后他也从来不休息，总是在写作什么东西，一直到深夜十一二点时写完一天的‘日记’后才休息，天天如此”②。

在苏联，“他住在克里姆林宫医院里的时候，还写了《胜利交响诗》，在这里他表现了共产主义必胜的信心。他请我把总谱纸拿来，他说他怕‘自己的乐想溜走了’”③。

从以上几个镜头中，我们可以看出星海身上那种只争朝夕、奋发进取的精神。这是高 AQ 人格的体现，亦使星海短暂的人生精彩绝伦、贡献卓著。四十春秋胜百年！

4. 人格化为壮美音诗

星海高 AQ 的心理结构在创作中外化为音乐的壮美风格，凡是接触过星海的人无不为他的人格力量与非凡才华所吸引，凡是听过星海《黄河大合唱》等作品的人，都会为音乐宏伟的气势、壮美的形态所震撼。

著名音乐家安波 1939 年在欣赏《黄河大合唱》演出后，激动地说：“我与许多听众一样，永远不能忘记在我国音乐创作中竟有这样一部作品如此深刻地震撼了自己的整个灵魂。”④ 著名戏剧家田汉听到星海的作品《茫茫的西伯利亚》时，认为这首歌曲“苍凉抑郁之中却贯穿着一股雄浑坚强的情调。我非常喜欢星海这个曲子，我觉得他有一种别人难得的气魄”。⑤ 李绿永在《星海的创作道路》中亦指出：面临他的歌声，好像陷在惊涛骇浪里，包围在狂风暴雨的情景中，他

---

① 钱韵玲：《忆星海》，参见黄叶绿：《黄河大合唱纵横谈》，新华出版社 1999 年版，第 75、77 页。

② 王荣：《回忆冼星海同志在乌兰巴托》，《永生的海燕——聂耳、冼星海纪念文集》，人民音乐出版社 1987 年版，第 334 页。

③ 黄循：《冼星海在苏联》，参见黄翔鹏、齐毓怡：《冼星海专辑（二）》，中央音乐学院中国音乐研究所 1962 年版，第 314 页。

④ 安波：《星海同志永远在指导和鼓舞着我们》，《永生的海燕——聂耳、冼星海纪念文集》，人民音乐出版社 1987 年版，第 277 页。

⑤ 田汉：《回忆聂耳、星海》，参见黄翔鹏、齐毓怡：《冼星海专辑（二）》，中央音乐学院中国音乐研究所 1962 年版，第 66 页。

给听众以一种无比的压力。① 这种美感就是欣赏壮美音乐产生的感觉，让欣赏者的心灵在震荡中得到洗涤、获得升华。

四、AQ 与崇高的理想和坚定的信念

笔者认为高 AQ 的素质必须与正确的动机结合才能产生积极的效应。由于文化背景不同，这在国外的成功学上是不予以强调的。他们把精神归宿的问题交给宗教、交给上帝，动机、理想、信念的研究基本上不纳入成功学的范围。实际上，行为倘若偏离了正确的目标，有可能 AQ 越高对人类发展的负面影响越大。现在社会上的高 IQ 犯罪分子，或许 EQ 与 AQ 也不低。因此，建构在中国文化传统基础上的成功学，一定要讲德行，要讲正确的动机、崇高的理想、积极的效应。笔者在分析星海时，同样也要强调这方面的作用。

1. 崇高理想的指引

星海的 AQ（意志力、持续力、控制力、调节力）是在崇高理想的指引下发展的。他在《我学习音乐的经过》一文中就明确指出："我想使我的音乐创作充满着各种被压迫的同胞的呼声，这样我才能用音乐为被压迫的祖国服务。"[4] 他在《致母亲的信》中也谈到："我是一个音乐工作者，我愿意担起音乐在抗战中伟大的任务，希望把宏亮的歌声震动那被压迫的民族，慰藉那负伤的英勇战士，团结起那一切苦难的人们。"② 在给《致钱韵玲的信》中亦强调："个人的光荣和成功是暂时的、是虚伪的。真正的成功和光荣是全人类的。"③

由此可见，星海的音乐创造是与拯救受压迫的人民和苦难的祖国联系在一起的，是与抗战的斗争、祖国的命运联系在一起的，是与全人类的解放事业联系在一起的。为了这一崇高的理想、伟大的使命，他可以忍受所有苦难、克服一切困难。

2. 爱国爱民信念的支撑

星海追求的理想与肩负的使命，源于他对祖国和人民的深厚感情。无论是在异国他乡，还是在抗战的前线，他都觉得自己与祖国、与广大民众是血肉相连、休戚相关的。

他在巴黎的破屋里，寒风相袭难以入睡时，想到的是人生和祖国的苦、辣、辛、酸与不幸。在抗日救亡的歌咏运动中，他喜欢与工人、农民、士兵打成一

---

① 李绿永：《星海的创作道路》，参见黄翔鹏、齐毓怡：《冼星海专辑（二）》，中央音乐学院中国音乐研究所 1962 年版，第 297 页。

② 冼星海：《致母亲的信》，《冼星海全集（1）》，广东高等教育出版社 1989 年版，第 319 页。

③ 冼星海：《致钱韵玲的信（十八）》，《冼星海全集（1）》，广东高等教育出版社 1989 年版，第 344 页。

片，倾听他们的心声，唱出他们的怒吼。他在写给母亲的信中，情真意切地抒发了这种感情："我常常感到民众的力量最伟大，民众对音乐的需要，尤其在战时，那使我不能不忍痛地离开你而站立在民众当中。他们热烈地爱着我，而我也热烈地爱护他们。"[2]著名诗人光未然对星海的评价是准确的："他那样热爱群众、热爱劳动，他的心贴近人民，这就给他以无比的力量和气魄。"[6]

因此，今天我们纪念星海，不仅要把他作为一位伟大的音乐家来研究，还要把他作为一个大写的人来学习，他的音乐与他的人格都会激励着人们，去创造更美好的明天！

（原载《星海音乐学院学报》2005 年第 4 期）

析音乐家冼星海的个性心理倾向性

——星海事业成功的心理因素探究之二

罗小平

著名音乐家冼星海的研究一直是音乐学界关注的领域，但从心理学角度剖析其心理结构与事业成功相关性的论文则难得一见。笔者在2005年发表的《高AQ——星海事业成功的重要心理因素》（《星海音乐学院学报》2005年第3期）可作为星海事业成功的心理因素探究系列论文的开始。本文则是这一系列研究的继续。

本文采取的研究方法是社会心理学中的档案研究法（archival research），这是较适合对已逝世的历史名人作心理因素分析的方法。

一、冼星海个性心理倾向性分析

主体的个性心理由个性心理倾向与个性心理特征构成，“个性心理倾向性是一个人的活动的基本动力，它包括需要、动机、兴趣、理想、信念和世界观”[1]。本文在此重点分析星海心理倾向中的动机、兴趣、理想、信念和价值观。

1. 动机

动机是“直接推动个体行为活动的内部原因”[2]。其中心理性动机中的成就动机与好奇、探索动机，对星海毕生的音乐活动有较大的影响。

（1）星海的成就动机。成就动机是“个人对自己所认为重要的或是有价值的事情，去从事、去完成、追求成功并要求达到完美状态的原因”[1]。综观星海不同时期的不同追求，其核心就是要成为一个成功的音乐家，并为中国的音乐事业发展贡献自己的一切力量。在上海国立音乐院学习时，他在《普遍的音乐》一文中就表达了这种想法。“学潮事件”使他失去了在国内学习音乐的机会，只好远渡重洋，在巴黎为了学音乐历尽艰辛，奇迹般地坚持下来。回国后，无论遇到什么挫折他都能坚持从事音乐工作，其杰出的创造能力在抗日救亡的歌咏运动中获得充分的发挥。在蒙古和苏联艰苦卓绝的战争环境中，生命不息、创作不止，就如他在日记中写的：“把一生交给伟大的音乐。”[3]冼星海为音乐而奋斗的成就动机是其个性心理倾向中极其重要的因素。

（2）好奇、探索动机。个体对新奇事物注意、探索和操弄等行为的内在动力称为好奇动机。[1]综观冼星海音乐创造的全过程，他在《学习音乐的经过》与《创作杂记》等文章中提到创新探索、对新形式的研究等问题可谓数不胜数。如他在《生产大合唱》座谈会上的发言就强调：“我很喜欢研究形式，尤其是新形式。我听过、研究过许多中外新旧音乐，也常常感到今天中国音乐有许多还不能高度中国化，因此只能在很小圈子里滋长着。许久以前我就立意以民间音乐做基础，参考西洋音乐进步成果，创造一个新的中国音乐形式，我虽然不断努力在做，收获总未能满意。”[4]由此可见，他的好奇、探索动机是围绕与新音乐创造有关的新因素、以探索中国的新音乐形式为目标的。而在其创造过程中，许多作品都体现了这种有意识探索的操作，展现了新形式的因素。

2. 兴趣

兴趣是积极探究某种事物或从事某种活动的意识倾向，这种倾向是和一定的情感体验联系着的。[5]

（1）兴趣的倾向性。兴趣的倾向性——兴趣的指向和焦点。星海最强烈和最集中的兴趣当然是音乐。在自传中他谈到“我从没有离开过音乐的爱好”。[6]他为音乐而生，为音乐而死，为音乐而绽放生命之花。他的学习经历以音乐为主题，为了领略音乐之美，他在巴黎把大部分钱用在音乐会和歌剧院。[7]为传播音乐，他可以不顾生命危险，[8]为创作音乐可以废寝忘食，为培育音乐工作者可以竭尽全力。

（2）兴趣的广阔性。广阔性——兴趣范围。音乐是星海兴趣核心，他对与音乐相关的创作、表演、教育、理论、社会活动都有强烈的兴趣。但他的兴趣却不仅限于音乐。据星海的老师冼玉清教授回忆，星海在中学时期就喜欢美术，是《惺社社刊》的美术主任，设计过该刊的封面。他也热爱书法，在养正中学就读时，“每晨磨墨一砚盂，有暇即临摹挥洒，到墨尽为止……养正中学每有筹款会或展览会，多请星海同志挥毫，写出四屏及对联不少”。在岭大附中时，他又写过《中国书学略谭》一文，对中国书法的发展、流派、书家评介得当。[9]他对中国诗词的兴趣比较浓厚，年轻时曾求教于同学钟敬文（钟先生后来成为我国民俗学大师），还发表了散文《纪念曲的片断》和词作《如梦令·春思》。到了延安后，在鲁艺工作时还对社会科学理论产生了兴趣。

（3）兴趣的持久性。持久性——兴趣稳定的程度。如上所述，星海对音乐的热爱终其一生，稳定持久。星海对中国古典诗词的兴趣也是长久的，他的学生彦克在文章中提到，他总是随身携带着诗词选集且不时翻阅，这已成为他生活中的一种乐趣和习惯。20 世纪 40 年代初，他离开延安去苏联时，也带着几册出国。[10]他在 1942 年完成了四首《古诗别情》的歌曲，1944 年又完成了古诗十首。

他在蒙古曾书写《静夜思》的墨宝和几首古诗词给朋友,[11]可见，他的广泛兴趣都能伴随终生。

3. 理想

理想是个人对未来有可能实现的奋斗目标的向往和追求。[1]理想可分为个人理想和社会理想。

星海在《我学习音乐的经过》中谈到，去法国求学“奢想把我的音乐技巧学的很好，成为‘国际的’音乐家”。[12]在岭南大学读书时，房间挂着贝多芬的相片，做一个大音乐家应是星海年轻时的理想。

他年轻时的社会理想是中国音乐化，音乐普遍化，使中国能产生音乐天才，在世界乐坛上产生中国的影响。参加抗日救亡运动后，他把个人理想与社会理想相结合，希望自己投身的救亡歌咏运动能成为“民族的唯一的精神安慰者，更可以说是我们的国魂”，抗日歌声“传遍到全省全国和全世界一切被压迫的民族”，使他们产生共鸣。[13]希望中国的新音乐“在世界乐坛中占一席地位”。[14]

4. 信念

信念是坚信某种观点的正确性，并支配自己行动的个性倾向。[1]信念既体现出主体对某种认识的坚持与确认，又包含对此的深刻情绪体验，还显示了付诸行动、持之以恒的决心，是知、情、意的高度统一与融合。

星海的信念一方面体现在对中国新音乐发展的信心。他认为：“‘鲁艺’是不怕建立得比欧西各国音乐学院为迟，如果我们认定我们是从这艰苦的大时代建立起来的话，我们不只可以迎头赶上，我们更可巩固中国新兴音乐的基础。”他坚信“鲁艺”的前途是光明的！“鲁艺”后生是可畏的！[15]另一方面置身于抗日战争的烽火中。他强调：“中华民族，在‘持久战’和‘争取民族解放’、‘争取最后胜利’的坚强信念里面，他可以战胜日本帝国主义，他可以建立新的民族形式的艺术……”[16]此外，星海还确信通过自己的音乐创作和其他音乐实践活动可以为新音乐的兴盛、为民族解放的胜利出力。

5. 价值观

价值观是人对客观事物的需求所表现出来的评价，包括对人的生存和生活意义的看法，它是属于个性倾向范畴的，[1]是世界观的一部分。笔者认为星海的价值观是在为音乐而生存，为中国新音乐而生存，为中国抗战音乐而生存的循环中往返。从《普遍的音乐》一文，我们已经可以看到星海早期的价值观——音乐振兴、音乐救国。“将来中国音乐发达，达到世界乐坛上的位置”，就是学音乐人的幸福和快乐。然而，在民族生死存亡的阶段，星海的价值观又转向全民抗日的焦点，以创作与传播抗战音乐为已任。他在写给朋友盛建颐的信中谈到：“我觉悟到自己不但以为是一个音乐作曲者就罢了，我们要懂得时代的动向，更要会利用自己的艺术去领导民众抗敌，才能成为有效的艺术……在这努力工作进行当中，是极其热闹而快乐的。”[17]

星海到了蒙古和苏联之后，一方面关注全世界的反法西斯战争，创作第二交响曲《神圣之战》；另一方面又孜孜不倦地探索中国音乐的新形式，创作了一批与战争无关的音乐作品，在和声、配器和曲式上进行各种尝试，并以此为乐。虽然身患重病，却在创作中“借以慰病”。[11]可见，他的价值观围绕着音乐创作的乐趣并根据需要，在不同的创作目的和内容上转换。

二、冼星海个性心理倾向的特征与效能

1. 特征

通过对星海个性心理倾向的分析，我们可以概括他的心理倾向有以下的特征：

（1）集中性。星海所有的个性心理倾向都集中指向一个关键词——音乐。他为什么从事音乐事业（动机）→他热爱音乐事业的强度（兴趣）→他期待音乐事业发展的程度（理想）→他对音乐事业发展能否成功的确认（信念）→他认为个体的生存意义与音乐事业紧密相关（价值观）。因此，音乐是星海人生的基调，亦是他生命力绽放与事业成功的载体。

（2）稳定性。星海的个性心理倾向在具体内容上虽然有所转换，但基本倾向具有稳定性与持久性。如他从青年时期起就具有远大的理想与抱负，到了晚年还是雄心犹存，并没有因生活环境的困苦和疾病缠身而有所动摇。他在库斯坦那依的生活“困苦万分……仍不灰心丧志”[11]，还是写了三十多首哈萨克民歌的和声伴奏、10 首中国艺术歌曲、3 首哈萨克民歌合唱曲和一些哈萨克的“丘依”，还有交响诗《阿曼盖尔达》等。他的广泛兴趣同样具有长久的稳定性，坚定的信念和价值观亦始终没有发生根本的变化。

（3）时空超越性。时空超越性是指星海的个性心理倾向不只包含个人的倾向，还具有超越个体空间，内含民族的、国家的、世界范围进步群体的积极需求，即他的成就动机、探索动机，他热爱音乐的兴趣，他发展中国新兴音乐从而影响世界音乐的理想，他对音乐发展的信念、对人民的力量始终战胜邪恶力量的信念都具有全人类的视阈和关注世界的胸怀。无论是他年轻时的“普遍音乐观”，还是后来的抗日救亡音乐观，都是与民族、国家、世界相连的。他集中、持久的兴趣、理想，涵盖的范围均是从民族到国际的。他在写给妻子钱韵玲的信中一再强调：“要把真纯的小爱变成伟大的人类的爱。”“个人的光荣和成功是暂时的、虚伪的。真正的成功和光荣是全人类的。”“使你的聪明能够发展，能够

贡献给我们民族和一切被压迫的民族。”[18]

这种时空的超越性还体现于其个性心理倾向，不仅着眼于当下某一阶段的需求，还能从长远的目标、将来的发展来考虑中国新音乐的构建。星海在《救亡歌咏运动和新音乐的前途》一文中，在谈歌咏运动的同时，还表现了对中国新音乐在交响乐诗、歌剧、歌舞、电影音乐发展的关注。[19]

2. 效能

个性心理倾向的效能是指这些心理倾向的因素对个体活动、行为的作用。星海心理倾向对其音乐事业的成功发展具有重要作用。这体现于：

（1）动机与兴趣——事业发展的动力。星海渴望成为音乐家，在中国新音乐发展中作出贡献的成就动机，如同发动机一样推动星海克服种种困难，勇往直前。好奇、探索动机又促使他在音乐创造上不断创新、不断超越自己。对音乐浓厚的兴趣和无限的热爱，在情绪上加强了这种动力，使之源源不绝、永不衰竭。钱韵玲在《忆星海》一文中形象地描述了星海在延安的一天：“白天他给学生上课，也和同志们一起上山去开荒。傍晚，他经常手提马灯，翻山越岭，步行十余里路，到延安各处去教歌。深夜，又乘着晚风，唱着歌，走回家来。常常到十一二点钟了，他还坐在如豆的油灯下，面对窑洞沙沙作响的纸窗，或者从事创作，或者编写教材。”[20]

（2）理想——吸力。崇高的理想是一种前进的吸力，如灯塔照耀着人生的航船向前行驶。星海的理想把个人理想与社会理想相结合，并具有超越性，使之成为一个巨大的磁场吸引着星海为之持续地奋斗。如他希望中国音乐在民众中普及，抗日歌声传遍全国的理想，在他传播抗战歌曲的歌咏活动中，就有非常鲜明的体现。在不少回忆星海的文章中都有一个细节，那就是星海教唱抗日救亡歌曲的态度——有求必应、诲人不倦。如当年孩子剧团的许翰如在回忆文章中谈到：“冼星海一句句地教，一遍遍地教，我们就一句句地学，一遍遍地唱。虽然我们的音乐水平低，一时间唱不好，但他以极大的热忱和耐心一字一句地教下去。”[21]钱韵玲在《忆星海》的文章中也言及：“每到一地，一面演出，一面教群众唱歌，他常常是站在数十、成百、上千的群众面前指挥大家歌唱，风雨无阻，有时连饭也顾不上吃。人们都说：哪里有群众，星海就到哪里去；哪里有星海，哪里抗战的歌声就更加高昂。”[20]

（3）信念与价值观——耐力。信念与价值观使主体在活动中具有实现目标的信心、主动性与积极性。信念作为知、情、意的统一体，可以强化主体在活动中综合心理因素的整合。调动主体的意志力使活动的进行更具持久力。星海坚定、稳定的信念和积极的人生价值观成为他事业成功的持续力，使他具有充足的信心和勇气、顽强的意志力去扫除一切障碍，向既定目标进发。苏联作曲家穆拉杰里在纪念星海的文章中动情地叙述："直到自己生命的最后一天，冼星海还在怀念着自己的祖国和自己的新作品，在这些作品里，他想讴歌伟大卫国战争的胜利凯旋。他从皇宫病院写信说：'一旦我这种可怕的无力时期过去，医生能叫我坐起来时，我就要埋头写长诗《胜利》……"[22]

由此可见，主体个性心理倾向激发的动力、吸力、耐力之合力，成为星海事业成功的基本保证与重要因素。

三、研究星海个性心理倾向的现实意义

人民音乐家冼星海逝世已有半个多世纪，他的作品还在音乐生活中传播，他的《黄河大合唱》还在世界各地产生影响。星海从一个渔家遗腹子历尽艰辛成长为一个伟大的音乐家，除了时代因素、政治因素等还有他个人心理结构的因素。为什么同样成长于那个时代，同样得到祖国、人民和共产党培养的音乐家中，只有星海创造了人生奇迹？这涉及个体的内因。以前的研究多讲外因，对个体的内因深入探究不足。因此，本研究的现实意义在于：

（1）使星海的研究能深入到心理层面，便于人们对星海的音乐成就和人生价值有更全面系统的认识。

（2）从星海的心理结构和人格角度进行研究，可为人才学与成功学提供人才发展的成功个案。

（3）星海个性心理倾向的特征，他把个体的成就动机、理想与祖国、民族、全人类结合在一起的追求，他对国家前途、音乐发展的坚定信念等与当今一部分缺魂、缺钙、无根的青年，及心中只有自己、没有他人、更没有国家和民族的人，甚至是道德精神衰退、诚信系统缺失的社会现象形成鲜明对照，足以引人深思、发人猛醒。因此，星海不仅作为一位卓著的作曲家，还作为大写的人，给后人留下了宝贵的精神财富与穿透历史、超越时空的精神力量。

参考文献

[1] 孔克勤、叶弈乾、杨秀君：《个性心理学》，华东师范大学出版社 2006 年版。
[2] 车文博：《当代西方心理学新词典》，吉林人民出版社 2001 年版。
[3] 冼星海：《日记（1938 年 2 月 2 日）》，《冼星海全集（1）》，广东高等教育出版社 1989 年版。
[4] 冼星海：《生产大合唱座谈会记录》，《冼星海全集（1）》，广东高等教育出版社 1989 年版。
[5] 杨清：《简明心理学辞典》，吉林人民出版社 1985 年版。
[6] 冼星海：《致中共鲁艺支部的自传》，《冼星海全集（1）》，广东高等教育出

版社 1989 年版。
[7] 冼星海：《致董任坚的信（二）》，《冼星海全集（1）》，广东高等教育出版社 1989 年版。
[8] 冼星海：《日记（1937 年 8 月 24 日）》，《冼星海全集（1）》，广东高等教育出版社 1989 年版。
[9] 冼玉清：《冼星海中学时二三事》，《永生的海燕——聂耳、冼星海纪念文集》，人民音乐出版社 1987 年版；《冼星海练字的故事》、《冼星海专辑（四）》，广东高等教育出版社 1983 年版。
[10] 彦克：《浅论冼星海的古体诗词歌曲》，载《星海音乐学院学报》1991 年。
[11] 冼星海：《创作杂记》，《冼星海全集（1）》，广东高等教育出版社 1989 年版。
[12] 冼星海：《我的音乐学习经历》，《冼星海全集（1）》，广东高等教育出版社 1989 年版。
[13] 冼星海：《救亡歌曲在洛阳》，《冼星海全集（1）》，广东高等教育出版社 1989 年版。
[14] 冼星海：《民歌研究》，《冼星海全集（1）》，广东高等教育出版社 1989 年版。
[15] 冼星海：《鲁艺与中国新兴音乐》，《冼星海全集（1）》，广东高等教育出版社 1989 年版。
[16] 冼星海：《论中国音乐的民族形式》，《冼星海全集（1）》，广东高等教育出版社 1989 年版。
[17] 冼星海：《致盛建颐的信（三）》，《冼星海全集（1）》，广东高等教育出版社 1989 年版。
[18] 冼星海：《致钱韵玲（十七）（十八）（二十二）》，《冼星海全集（1）》，广东高等教育出版社 1989 年版。
[19] 冼星海：《救亡歌咏运动和新音乐的前途》，《冼星海全集（1）》，广东高等教育出版社 1989 年版。
[20] 钱韵玲：《忆星海》，参见黄叶绿：《黄河大合唱纵横谈》，新华出版社 1999 年版。
[21] 许翰如：《冼星海教我们唱歌》，载《新文化史料》1996 年第 5 期。
[22] 穆拉杰里：《冼星海——中国天才的作曲家》，《永生的海燕——聂耳、冼星海纪念文集》，人民音乐出版社 1987 年版。

（原载《星海音乐学院学报》2010 年第 1 期）

纪念何安东的历史意义

李 岩[①]

一、未予公正载入史册的“史实”

冯光钰先生2007年7月7日在广州培正中学举行的“纪念爱国音乐家何安东诞辰一百周年座谈会”上说：

何安东先生在中国音乐史中与马思聪、聂耳、冼星海具有同等重要的地位！

但这句话并没有成为“共识”，更何谈公正地载入中国近现代音乐史“权威版本”，而仅停留在口头上。查几经修编、增删的汪毓和编著《中国近现代音乐史》2002年第二次修订版这本已经在内地普遍被采用的高等音乐院校教科书之第七章：“20世纪30年代城市音乐生活、音乐教育，及黄自等人的音乐创作”的第四节：“黄自等音乐家及其创作”之“其他学院音乐家及其创作”一节，有：

20世纪30年代以来还有一些学院音乐家的作品曾在社会上有不同的影响。其中代表性的歌曲有：……何安东的《全国总动员》……

客观地说，这已经比该书前几版（只字未提“何安东”[②]）进了一大步。但与何安东相关的这区区九字，能否代表抑或全面表现何安东先生的历史功绩呢？

首先，把何安东归于“学院派”有点不伦不类，虽然我们说他的音乐创作水准已达到甚至超过专业音乐院校培养出来的音乐家所应具有的品质，但从其学习经历而论，他基本上是在业余状态学习音乐而并未进入过任何一所音乐院校。虽然他在19岁时，曾一度随菲律宾籍小提琴家Gonzalez短暂地（约一年时间）学习过小提琴，23岁时又随立陶宛人Ore学习过钢琴及和声理论（参陈浚辉

---

① 李岩（1955— ），男，中国艺术研究院音乐研究所研究员。

② 如汪毓和《中国近现代音乐史》1994年（修订版）第二次印刷版、1999年9月第三次印刷版等。作者在该书《修订说明》中说：“这次修订，实际上是全面改写、重新排版……”但汪毓和《中国近现代音乐史》1994年版中，未对1984年2月第1版，及1963年3月以中央音乐学院试用教材名义，由中央音乐学院出版的《中国近现代音乐史纲》只字不提“何安东”作任何改动。

2004：1—2），但他的音乐技能、技巧，基本上是在自修状态下完成的；1932年他考取的英国三一音乐学院（Trimity College of Music）小提琴荣誉证书，是该院考试中心当年在香港举行的巡回考试（参缪天瑞等1992：72）——类似于今天的音乐考级（而其与当今音乐考级的不同之处，在于这类考试是要经过严格的筛选①），而并未有留学英国的经历；至于他在马思聪、陈洪所主持的私立广州音乐院的教学经历（1932—1934），也不能算“学院音乐家”的理由，综观其一生，倾其毕生精力的音乐教学，是在普通学校如岭南大学附中、培正中学里。

其次，虽业余学习音乐，却达到相当高深的地步，并创作了“抗战及群众歌曲”18首、“艺术歌曲”6首、“少年儿童歌曲”41首、“校歌及会歌”11首、“英文歌曲”7首、“小提琴作品”5首，共88余部音乐作品。（参徐士家2004：3—209）所以他是一个堂堂正正的作曲家。而之所以说“88余部”，是在查《何安东作品集》后发现，该书并未将何先生的作品“竭泽而渔”算入。据俞玉姿考证，何安东在20世纪30年代末，曾将欧阳予倩作词的《山歌》谱为男声三部合唱曲，并发表在由江西推行音乐教育委员会编印、程懋筠主编的《音教抗战曲集》中，这是徐士家等编《何安东作品集》中的“漏网鱼”之一，是否还有之二、之三？不得而知，但由此可证，何安东的作品亟待做进一步的挖掘、整理工作。

再次，“学院派”在内地是一个没有厘定清晰的名词，冼星海、吕骥等均曾有过上海国立音专的学习经历，前者还曾到法国巴黎音乐院进修，但他们没有被划归为“学院派”。由此看来，它并不以有音乐院学历为标准。但在历史的叙述中，“学院派”的阶级色彩却极为鲜明，并且是一个不光彩并带有“歧视”及“资产阶级”或“小资产阶级”意味的名词。

1958年12月6日，时任文化部艺术局副局长兼办公室主任的周巍峙，在接受上海音乐学院《中国现代音乐史》编辑组孟波等人采访，谈到1927—1937年间“新音乐”处于“围剿”时，曾说：“凡是与蒋介石站在一起的，都是敌我斗争……”（参中国音乐家协会等1959：155），他所谓“敌我斗争”的范围，还包括新音乐与“以音乐院为代表的学院派”及“与黄色音乐②”的斗争。此文化部领导层的“旨意”，在中央、上海两音乐院校的《中国近现代音乐史》、《中国现代音乐史》写作班子里，被不折不扣地执行，带有这一“旨意”影子的文字，

① 据1937年《中山日报》第3张第11版《乐讯》称：“上海每年由英国三一音乐院举行音乐考试，但国人从未得选，本年杭州西湖艺专学生费曼尔女士已获入选，可谓难能可贵。”据此可知，当时的选拔相当严格，而入选之人也颇“可嘉”，故大事宣传。

② 限于篇幅，在此暂不涉及“黄色音乐”问题。

随处可见。现首先举汪著对“学院派首领”[①] 级人物黄自的评价为证：

黄自创作中所反映的生活和思想感情，同当时社会斗争日趋尖锐的时代，同广大群众如火如荼的斗争精神，还是存在一定的距离的。总的讲，他的作品的音乐风格，大多偏重于严谨、精致、典雅，而较少强烈的激情和鲜明的时代气息。（参汪毓和 2002：200）

此段文字已经比其初版[②]进步了许多，并淡化了“敌我斗争”的火药味，但黄自——资产阶级、小资产阶级，广大群众——无产阶级的阵线分明，阶级的偏见也油然而生，难道“学院派”的作曲家就一定“疏于生活”，缺乏“时代气息”抑或“激情”吗？当时的史实却是，正是这些所谓“学院派”，先于共产党的“救亡派”创作出最富时代气息与激情的“救亡歌曲”，而何安东是这一行列的排头兵，他的《奋起救国》（1931）、《民族精神》（1932）等，属于中国最早的抗日歌曲。正如向延生所言：

日本军国主义 1931 年侵占东北时，黄自、陈洪、何安东、唐学咏等上海、广州、南京音乐院校的师生，陆续创作了……一批“爱国歌曲”；因其演唱技巧较为复杂，又多流行于音乐院校和专业演唱团体，故而被称为“学院派”。其后日寇又不断向华北发动进攻，中华民族面临生死存亡的危急关头。聂耳等左翼音乐家根据时代和群众的需要，从 1934 年起创作出《毕业歌》、《义勇军进行曲》等深受群众欢迎的抗日救亡歌曲，因而被称为“救亡派”。（参向延生 2005：114—115）

时间上 1931—1934 年的 3 年时间差，是不可忽略的细节，而由此证明，“抗日”并“艺术”地表达甚至宣泄此意志，绝非“救亡派”的专利，而是每一个有良心的中国人在国家有难时的“匹夫之责”；至于艺术上的技巧，也是无产阶级音

① 所谓“学院派首领”实际是一种历史的误读。（参向延生 2005：114—118）

② 现摘该版的相应文字如下：“黄自创作中所反映的生活和思想感情，与当时的阶级矛盾和反帝斗争日趋尖锐化的时代及处在这个时代里广大群众的生活现实有很大的距离。他的兴趣和注意力主要局限在他个人的生活圈子以及他所属的知识分子阶层对生活的感受。因此，他的音乐大多数缺乏鲜明的时代感和强烈的生活气息，创作的音乐风格也比较拘谨，过于雕琢、典雅，缺乏强烈的激情和深刻的艺术感染力。也正是这些缺陷，使他的音乐始终只能流传在资产阶级及小资产阶级的范围之内，而不能得到广大劳动群众的喜爱。”（参汪毓和 1963：75）读者可自行比较。

乐家抑或“救亡派”努力追求的目标。君不见，正是感觉“爪牙不利”①，聂耳、冼星海等，纷纷死于赴外求艺的路上，而以好的艺术形式表现内容，定会将内容烘托得更加有力，而非相反！正如毛泽东所言：“缺乏艺术性的艺术品，无论政治上怎样进步，也是没有力量的。”

其次，在上海音乐学院出版的内部教材《中国现代音乐史》（1919—1949）中，以下注解②中的文字如果还算公正客观，那么接着的评述，则令人有打一打、揉三揉的感触：

虽然他们这一类的创作数量还不多，但是对于这些一向偏爱于创作带有浓厚沙龙气息的艺术歌曲的作曲家来说，对于这些一向迷恋于多愁善感、无病呻吟、缠绵悱恻的爱情主题的作曲家来说，在创作上能有这样的新的表现，却是一个可贵的进步。（参上海音乐学院《中国现代音乐史》编辑组 1959：58）

这种叙述，除了阶级偏见外，已经进入“蒙太奇”状态——将历史的事实任意剪接。可以说每一个中国人，在强敌入侵之时，彷徨躲闪的原因并不在于阶级的差异，而是政治上之抉择。起码在音乐上，是划入资产阶级、小资产阶级的“学院音乐家”们对抗日这一题材最先有所反映，而不是在所谓“全国如火如荼地展开着的群众性的抗日救亡运动的积极影响下”，才在资产阶级、小资产阶级音乐家的创作思想上发生了变局。换句话说，起码在抗日这一点上，他们是共产党的同路人。为证此言，现举一篇新近发现、经何安东先生认可③的《广州市第一届音乐座谈会宣言》，其中的爱国的广州音乐家们在 1937 年 7 月 3 日——离“七七事变”爆发仅四天的日子里——发出的倡议为证：

以前的音乐家们，都是很安静地生活着，但现在，凶恶的波浪击着我们的国土，敌人的刺刀快到我们的心坎，我们再不能安然做梦！时代需要我们！中华民族需要我们！从今天起，我们要团结起来，在民族复兴的大运动里，在统一政令之领导下，向着我们共同的目标，完成我们音乐界的时代的使命。（参广州市第

---

① 语出自冼星海，他在延安时曾对李凌等人谈到，“我在巴黎的生活是艰苦的，我学的并不多”。有一次，他伸出臂膀，握紧拳头对他们说：“你看，我是多么结实、多么有劲，心里有许多东西要写，……也能写，但‘爪牙不利’，不可能一下把心里要表现的东西表现得更好，我的命运是够苦的，而它难不倒我，我一定争取到苏联去深造。”（参李凌 1985：31）

② “资产阶级、小资产阶级的音乐家们，从‘艺术之宫’里走出来，从‘象牙之塔’中走出来，从个人狭小的感情天地中走出来，开始面向社会现实，并且以当前政治生活中的重大事件作为自己作品的题材。”（参上海音乐学院《中国现代音乐史》编辑组 1959：58）

③ 此材料虽标何安东的名字，但以“广州第一届音乐座谈会全体”的名义（而何安东是这“全体”中的一员），并很可能是由陈洪先生起草的，特此说明。

一届音乐座谈会 1937：11 版）

这已经明白无误的是中国共产党所大力倡导的“统一战线”思想在当时音乐界所谓“资产阶级”抑或“小资产阶级”音乐家中的鲜明体现。而中共的“统一战线”，除了要发展进步势力——无产阶级、农民阶级和城市小资产阶级，还要争取中间势力——中等资产阶级、开明绅士、地方实力派，并要孤立顽固势力——大地主大资产阶级的政策，即便这最后一股，也要对其中的“主战派”加以利用（参毛泽东 1964：702—710）。因自抗日烽火起，阶级矛盾已经变得“次要”、民族矛盾则上升为“主要”，故自中共“八一宣言”① 发表后，文艺界已经主动解散了“左联”（其中包括共产党领导的“左翼音乐小组”）这个阶级界限鲜明并有明确排他意味的组织，“国防文艺”、“国防音乐”等代之而起，这样必然团结全国各个阶层的进步人士，拿起抗战文艺的武器，并唤醒更多的民众。反之，必然画地为牢，并将“抗战文艺”引入歧途。

最后，以上被中国近现代音乐史学界所诟病甚至曲笔的所谓资产阶级、小资产阶级“学院派音乐家”所创作的抗战歌曲，“流传不广”甚至“始终只能流传在资产阶级及小资产阶级的范围之内，而不能得到广大劳动群众的喜爱”。（参汪毓和 1963：75）“资产阶级、小资产阶级音乐家，虽然采用了群众歌曲这种体裁创作了一些救亡歌曲，但……流传范围不广，不能发挥歌曲更大的社会作用”（参上海音乐学院《中国现代音乐史》编辑组 1959：59）等诸如此类的评说，这符合历史的实情吗？现仅以何安东抗战歌曲流行的情况为例：在“九一八”后，他创作的《奋起救国》（1931）、《民族精神》（1932），“在当时的知识阶层和工人、学生中广泛流传”；1937 年“七七事变”后，何安东创作的《保卫中华》、《全国总动员》、《大众歌手》、《我们已失去了国土》、《烽火恋歌》、《保卫大广东》、《七七进行曲》、《八一三进行曲》、《生死关头》等大量作品，在由美国歌林（Colombia）和声公司灌录了唱片后，流行得更加广泛。“其中《保卫中华》、《全国总动员》、《大众歌手》三首著名歌曲很快就在各地传播开来，唱遍全国，不仅在抗日群众中听到这些歌声，而且在伪满敌后、在国民党的军队里也都响起了这些歌声。直到 80 年代，著名电影艺术家张瑞芳仍然记起当年北平学生战地移动剧团杨易辰、荣高棠、张枬、程光远、陈荒煤和她到山东、河南农村，在士兵们中开展工作，每当小青年们情绪不稳之时，杨易辰教大家唱《大众的歌手》使得情绪即时开朗起来的情景。”（参陈浚辉 2004：1—7）何安东的同时代人李凌曾说，何安东创作的“《全国总动员》、《奋起救国》等歌曲传遍全国，产生很

① 以中共中央和中华苏维埃中央政府的名义，王明等起草的《为抗日救国告全体同胞书》发表于 1935 年 8 月 1 日，史称“八一宣言”。

大作用”（参陈浚辉 2004：1）。另据欧文回忆，产生全国影响的《大众的歌手》，“在太行山区，游击队员们把它改了题目叫‘大众射击手’，歌词照旧，唱的人很多”（参陈浚辉 2004：284）。亲历抗日救亡歌咏运动全过程的陈原[①]，在 20 世纪三十年代末四十年代初编辑出版的《二期抗战新歌初集》［按：该书自当年 9 月出版后，迅速在 1940 年 4 月再版，陈原对此不禁感叹道：“这本歌集的初版和印刷花了将近半年，而在出版后一个很短的期间里，居然得到再版的机会，这都是我们起先预想不到的。”（参陈原等 1940：2）这恰好反映了该歌集当时的社会需求量］中，他所开列的抗战一期（1931—1936）至二期（1937—　）以来，流传全国各地的著名十首“抗战歌曲代表作”中，何安东的《奋起救国》（名列榜首[②]）、《全国总动员》、《保卫中华》三首入选（参陈原等 1940：218—234）。而该书的“序”，在对南北两地最流行的抗战歌曲的评述中，陈原指出“九一八”以后，在南方，“何安东的《奋起救国》（歌词是被当做匪徒斩杀了的陈黄光作的）……这首歌流行得很广。其后有了胜利公司的灌音片，所以南洋一带也很流行”（参陈原等 1940：137）。“一・二九”至“七七事变”后，“在南方，流行着何安东的《保卫中华》（钟天心词）和《全国总动员》（荷子词）……从这时起，音乐已经不再是温室里的鲜花、专供有闲人士的赏玩，而是实行斗争的武器，是组织民众的一个有力的工具”。（参陈原等 1940：140—141）如上文字，足以说明何安东的抗战音乐绝非“流传不广”，也不是温室里发出异香的花草，而是大众手中与日本帝国主义进行战斗的“武器”。

二、铭刻及新史料

在 2007 年 7 月 7 日纪念何安东先生，正是将何安东定位于爱国、贴近火热斗争现实的著名抗日歌曲作家，而非闭门造车、两耳不闻窗外事的所谓“学院派”的结果。这是主办方的良苦用心，也是后人对他铭刻最深的记忆。而集家仇国恨于一身的何安东，在当时发出的“奋起救国”、“全国总动员”、“保卫中华”等一系列艺术化怒吼，在情理之中，也是他作为一个有历史责任感的爱国音乐家应尽的义务与职责。但何安东绝非仅此一点值得我们大书特书，他还有许多过人之处，如新近发现的一篇译文《钢琴视奏的学习》（参 Schmitt 1937：15—17），展现了他对艺术“细节”的重视，令人深思。

① 陈原（1918—2004），广东新会人，著名出版家、语言学家、翻译家、文学家，深爱音乐，文论涉及出版学、语言学、地理学、国际政治、音乐等多个领域，遗有论著、译著、散文随笔等各类作品三十余种。

② 其排列顺序为：《奋起救国》（何安东）、《大路歌》（聂耳）、《义勇军进行曲》（聂耳）、《救亡进行曲》（孙慎）、《全国总动员》（何安东）、《牺牲已到最后关头》（孟波）、《保卫中华》（何安东）、《打回老家去》（前发）、《流亡曲》（集体创作）、《长城谣》（刘雪庵）。（参陈原等 1940：218—234）其中，《奋起救国》排列的名次已经领先于聂耳的作品。

译者虽说，“本篇所说虽仅限于钢琴的视奏，然别种乐器视奏方法大致相同。”（参 Schmitt1937：15）即视奏虽仅针对钢琴，但对其他任何乐器甚至声乐均具启迪意义，而他译 Schmitt 这篇短文的立意也昭然若揭了，换句话说，即以点带面地探寻出视奏的规律及其奥妙所在。

一般对专业及业余的音乐从业者而言，视奏是必须通过的难关。因在专业团体中特别是处于高度商业化的社会，这种能力更是一个乐手能否立稳脚跟于职场的关键。而何安东在70年前所译的这篇文章，已经把这种能力的认识提到了一个相当的高度，这表明了他当时的远见卓识。

照这篇文章的思路，他将乐手分为两类：一是“遇到新谱能够立刻奏出的乐手”（参 Schmitt1937：15）；二是只能奏几首经长期练习的曲子的乐手。而后者局限显而易见，他们能够奏好有限的几首乐曲，但可能连一个简单的“伴奏谱”都弹不好，并认为“视奏的完美，超出纯粹的技术与指定的谱子的练习之外”（参 Schmitt1937：15）。他所谓“指定”即“既定”，而“无定”因素是“视奏”的关键，并排除了“视奏的能力”出自天赋、“不是可以练习得来”（参 Schmitt1937：15）的说法。

而视奏的诀窍在于：

第一，“前视”——即能迅速读出未弹到的音符，并要从仅能“前视”一两个音符，到“前视”一小节甚至更多小节，并从慢速至渐快最终达到乐谱所规定的速度。

第二，要进行四手连弹的练习，并要对低音谱号有与高音号同样的熟练度，而联弹的曲目不要太通俗，即第二声部钢琴，仅弹和弦。应选“旋律（性声部）与节奏（性声部）平均地分配于两部钢琴的谱子”（参 Schmitt1937：16）练习。

第三，弹伴奏，眼睛当同时注意独奏（唱）声部，甚至把这个声部唱出来，目的是弹伴奏要注意聆听旋律的声部，而不会聆听的钢琴手，肯定要与旋律声部脱节。上述的四手联弹其实也有此聆听原则。而只有听到旋律，才能准确“跟随”，并形成与其水乳交融的状态。

第四，指法与钢琴独奏谱的练习也不可忽视，其中的理由即“技术的进步当然有助于视奏”（参 Schmitt1937：17）。

上述四条原则的关键在于：一心二用，因无论是“前视”还是“聆听”，均表现出一种“兼顾”的能力，而不要顾此失彼。何安东翻译的这篇短文，对当时学习钢琴的人无疑是有教益的。因在一些看似平常的技术面前，有人驾轻就熟，有人却如坠云里雾里，而探寻出其中的奥秘，是教育家的天职。何安东无疑是有心人，这篇文章的问世，对求知若渴并想学习此技能的青年，是一场“及时雨”。这篇文章到目前为止，是中国专题研究“视奏”的较早文目之一，也是

《何安东作品集》之“文字作品”部分被遗漏的文章，可称“漏网鱼”之二。

而对“漏网鱼”之一《山歌》再作近距离观测时，我们发现，在短短的72小节的这首歌曲里，竟然蕴涵着如此大的能量。歌曲的第一段唱道：

日本军阀逞野心，只为侵略动刀兵，占我中华千万里，杀我中华千万人，大家齐起抗强梁，万众一心上战场，侵略敌人惊破胆，显出中华国力强，中华统一正齐心，不怕侵凌有敌人。全民抗战从今始，试看个个是雄兵。

这首歌曲的曲式为三部曲式（A—B—A），如下所示：

A　　　　　　　　　　B　　　　　　　　　　A^1

a(4+4) | +b(4+4) | +b^1(4+4) ‖ +1+c(4+4) | +b^2(4+4) ‖ +d(2+4)+(4+4) | +a(4+4) ‖ +b(4+4)

^{b}E ———————————— ^{b}G —— ^{b}E

其曲式及和声的配置，特别在B段，为配合“阵阵尖风冰样凉，我们的壮士铁样刚”一句，调式稍有转折（但也可看成是^{b}E大调D/SVI），实际是为转为^{b}E大调的“有心前进不知退，有心拼命不投降，我们的壮士铁样刚，敌人见了心胆慌”（4+4）句积蓄力量。当再现A^1段时，力度在b段达到fff的强度，表明了“中华自有无穷力……日本的黄粱梦不成！”——中国人要将日寇彻底赶回东洋的决心。而缩减的再现，使全曲更加简洁、有力，并充分体现了形式为内容服务的大手笔。

三、结语

本文是从何安东百年诞辰座谈会上听冯光钰言，有感而发作此短文。何安东的人生际遇及身后评判，绝非凭笔者一人之力可以改观，而在2007年7月7日这个千载难逢的三七会上，当笔者看到麦新原题献给国民党29路军大刀队的《大刀进行曲》中，原歌词多处被改动①时，心中特别为曾保卫笔者身处这座城市的29路军的英烈们难受。而更令人悲哀的，是这种掩盖历史事实的行为绝非仅此一例：夏之秋作曲、桂涛声作词的《歌八百壮士》，虽唱出了在1937年

---

① 原歌词：“大刀向鬼子们的头上砍去！二十九军的弟兄们”（参中国音乐家协会等1959：76）句之后半，改为“全国武装的弟兄们”；把“咱们二十九军不是孤军”，改为“咱们中国军队勇敢前进”（参汪毓和2000：311—312；又见向延生2005：67）。这些书中同时还把原著中“题献给二十九军大刀队”抹去！不说29路军在九泉之下的英烈们当作如何想，回想70年前的今天，正是他们，为北京乃至全中华民国广大民众的安危，以其血肉之躯挥舞着大刀向鬼子们的头上壮烈地、一刀接一刀地砍去！面对这一场景，我们有什么理由把这些英烈们的名字掩盖呢？

“八一三”淞沪战争爆发、上海沦为孤岛后，在满眼林立日本膏药旗的上海，突然出现的一面“国旗”给沦陷后的上海乃至全体中华民国国民以鼓舞的情景，及谢晋元团长率411（对外号称800）位壮士，在上海四行仓库英勇抗击日寇的光辉事迹，并唱出震撼人心的“中国不会亡，中国不会亡，宁愿死不退让，宁愿死不投降”的壮语。但由于它歌颂的是国民党陆军88师262旅524团的团长及其将士，并且那面飘扬着并给人以鼓舞的“国旗”不是五星红旗，由此《歌八百壮士》长期得不到演唱，并使身在内地的人们对这些国军抗日英雄的记忆及那段壮烈、可歌可泣的历史日渐模糊。

而在音乐界高层，长期担任中国音乐家协会领导的吕骥，对“学院派”抱有持久的偏见，并对一些史实长期采取漠视的态度。例如，他一方面表示认可“学院派”创作群体的抗日题材作品，但另一方面却评价极低：

“九一八”、“一·二八”事变以后，也曾产生了一些具有新的面貌的歌曲，不过并没有发展下去，不久就消沉了，停顿了。因为那些作者对于音乐本身并没有一种新的认识，同时还离开群众的生活。他们对于当时的群众生活和社会情况都只有些模糊的认识、表面的理解，更不曾打算要随着群众走到时代的前面去，所以他们只能汲取一些狭隘的爱国主义的主题，没有进一步扩展到群众生活中心去，自然作不出表现他们的生活、思想、情感，适应他们的要求的歌曲；因此，他们没有获得新的工作，也不能使他们的工作发展到一条新的道路上去。当他们既经把那些狭隘的主题写完之后，就感到材料的枯竭，同时对于他们那狭隘的工作也感到厌倦，这必然引导他们后来走向消沉、停顿的终点。(参吕骥1936：3—4)

其中，爱国一变而“狭隘”、“表面”——肤浅，并没有能够长期持续，乃至源泉“枯竭”最终走向“消沉”、“停顿”，成为以后现代音乐史“书写”乃至对抗战音乐史实“述评”的基调，并无形中造成了无产阶级音乐家与资产阶级、小资产阶级音乐家之间一条泾渭分明的“鸿沟”，于是出现了对前一阵线中音乐家有评价过高的现象。以冼星海为例，他的所有作品甚至交响乐，均被神化而不能批评，否则就有灭顶之灾①；而后一阵线的音乐家的所有音乐创作，截至20世纪80年代，普遍评价偏低，已经是一个不争的事实……但这两个音乐阵营的音乐家，有很多共性及共同的遭遇。以何安东为例，其集家仇国恨于一身：“1943年冬天的一个漫天白雪的日子里，一个日本军曹听到何安东的父亲用英语

① 1957年《人民音乐》第4期自刊登汪立三、刘施任、蒋祖馨《论星海同志一些交响乐作品的评价问题》，并就其创作的《满江红组曲》、《第二交响曲》等进行技术性评析，指出其“主导动机”运用的偏颇与机械，及后人对其这一部分作品的评价“往往是不够实事求是，而是流行着一种全盘肯定、过分赞扬”后，首先遭到理论的围攻，其后汪立三、刘施任被打成右派。

骂他，便用铁丝将何老先生捆在树上，淋上汽油活活烧死，当何安东的怀了孕的三姐手中还抱着一岁多的女儿由家里冲出来抢救父亲时，日本兵叫着‘花姑娘’便追，追到乐昌县城桥上跳下河中溺死，丢在雪地上的女儿也冻死了。一天三尸四命……”（参伊牛 2004：266—267）这绝不仅是他一家人绝无仅有的悲惨特例，而是整个民族深重灾难之中的沧海一粟，那我们有什么理由说，他的情感及作品是“狭隘”抑或“表面”的，并不能代表广大民众的意志及抗战的决心呢？而其抗战歌曲的创作经历，除在1942—1943 年被日寇以“著名抗日歌曲作者”的“罪名”抓入香港赤柱监狱后中断外，持续影响了抗战的 15 年（1931—1945）。面对这样的史实，我们必须对何安东在音乐史中的地位重新予以考虑，并以“人道主义”而非“阶级斗争”论、“统一战线”而非“左翼文艺”方针、“民族大局”而非“党派利益”、“一个中国”而非“一台一中”等多重角度加以关照。笔者相信，随着“重写音乐史”呼声的日益高涨，有识之士的逐渐增多，还历史以本来面目的日子终将到来！这可能正是我们纪念何安东先生的历史意义之所在。

参考文献

[1] 吕骥：《中国新音乐的展望》，载《光明》1936 年第1 卷第5 期；转自吕骥：《新音乐运动论文集》（初版），新中国书局 1949 年版。

[2] 广州市第一届音乐座谈会：《广州市第一届音乐座谈会宣言》，载《中山日报》1937 年 7 月 3 日。

[3] ［奥］Schmitt C. F. 、何安东译：《钢琴视奏的学习》，载《音乐教育》1937 年第 5 卷第 2 期。

[4] 陈原、黄迪文、余荻、余虹似：《二期抗战新歌初集》，新知书店 1939 年版。

[5] 陈原、黄迪文、余荻、余虹似《二期抗战新歌初集》，新知书店 1940 年版。

[6] 陈原、余荻：《二期抗战新歌二集》，艺术图书馆（按：该书由陈原、余荻编，出版地不详）。

[7] 毛泽东：《目前抗日统一战线中的策略问题》，《毛泽东选集》（一卷本），新华印刷厂 1964 年版。

[8] 毛泽东：《在延安文艺座谈会上的讲话》，《毛泽东选集》（一卷本），新华印刷厂 1964 年版。

[9] 孟波等：《访问周巍峙同志的记录》，《中国近现代音乐史纲要》编辑组：《中国近现代音乐史参考资料》第二辑（参考资料 105 号），中国音乐家协会、中国音乐研究所（油印本）1959 年版。

[10] 上海音乐学院《中国现代音乐史》编辑组：《绪论及第二篇未定稿》，《中国现代音乐史》（1919—1949），上海音乐学院院刊编辑室（铅印本）1959年版。
[11] 中国音乐家协会、中国音乐研究所：《革命音乐家：张曙、麦新、张寒晖》，《中国近现代音乐史参考资料》第四编（1937—1945）第三辑，中国音乐家协会、中国音乐研究所（油印本）1959年版。
[12] 汪毓和：《中国现代音乐史纲》，中央音乐学院1963年版。
[13] 汪毓和：《中国近现代音乐史》，人民音乐出版社1984年版。
[14] 汪毓和：《中国近现代音乐史》（修订版），人民音乐出版社1994年版。
[15] 汪毓和：《中国近现代音乐史教学参考资料》（中央音乐学院系列辅助教材），世界图书出版公司2000年版。
[16] 汪毓和：《中国近现代音乐史》（第二次修订版），人民音乐出版社、华乐出版社2002年版。
[17] 李凌：《旧题新论》，《音乐艺术：上海音乐学院学报》1985年第4期。
[18] 徐士家：《何安东作品集》，中国文联出版社2004年版。
[19] 缪天瑞等：《中国音乐词典·续编》，人民音乐出版社1992年版。
[20] 陈浚辉：《何安东生平介绍》，参见徐士家：《何安东作品集》，中国文联出版社2004年版。
[21] 欧文：《抗战期间两首著名的歌曲》，参见徐士家：《何安东作品集》，中国文联出版社2004年版。
[22] 伊牛：《沦陷区里的何安东》，参见徐士家：《何安东作品集》，中国文联出版社2004年版。
[23] 向延生：《“学院派”的首领——黄自——黄自对20世纪中国音乐的影响》，载《中国音乐学》2005年第3期。
[24] 向延生：《中国抗日战争歌曲集》，群众出版社2005年版。

（原载《中国音乐学》2008年第1期，收入本书时作者对小标题略有改动）

何安东抗战歌曲研究

崔慧子[①]

何安东（1907—1994 年），广东江门人。何安东自幼学习小提琴，并对音乐有着良好的感受力。1922 年何安东考入广州岭南大学附中，并加入了由冼星海为乐队指挥的岭南大学乐队。除常常参加音乐活动外，何安东开始努力地学习音乐，积累了大量的音乐基本理论知识，为他日后从事音乐事业打下了良好的基础。1929 年，何安东在岭南大学读到二年级后休学，先在岭南大学附中任音乐老师，后又在培正中学继续从事音乐教育工作。这一时期，何安东在教育岗位上辛勤耕耘，为培养音乐新人而认真工作，并编写了《培正歌曲集》。1930 年，何安东随立陶宛人 Ore 教授学习钢琴及和声理论，其音乐理论知识和钢琴演奏水平都有了长足的进步。同年，何安东担任由陈洪、马思聪一起创办的单管编制的管弦乐队的首席。1931 年“九一八事变”后，何安东随即创作了《奋起救国》（1931 年）、《民族精神》（1932 年）等 19 首著名的抗战歌曲，成为创作抗日救亡歌曲的先行者。同时，何安东还在业余时间从事英语音乐论著的翻译工作，先后发表译作《音乐今昔观》、《钢琴视奏的学习》等文章，在当时反响强烈。1938 年广州沦陷后，何安东随岭南大学附中一起迁至香港，继续从事他的音乐教育事业，同时在香港参加一些抗日演出活动。1941 年香港沦陷，何安东因在三十年代写了大量的抗日救亡歌曲，于 1942 年被日本侵略者抓进赤柱监狱。1943 年冬天何安东出狱，在惨淡、萧条的战时经济下打工换取几个钱，挣扎着谋求养活一家人。抗战胜利后，何安东以饱满的热情先后创作了《广州儿童福利园园歌》、《道青小学（夜校）校歌》、《新儿童》、《广州绅维女中校歌》、《香港华南中学校歌》、《培正中学创校 60 周年纪念歌》等歌曲。器乐作品有小提琴独奏曲《婚礼日》、《d 小调小提琴协奏曲》。此外还有《蝴蝶鞋》和《黑骨头与白骨头》两部小歌剧。另在 1947 年他还编写过《实验小学音乐教材》一书，其中包括 41 首少年儿童歌曲。1949 年新中国成立后，何安东激情澎湃地创作出小提琴独奏曲《解放组曲》。1950 年抗美援朝战争爆发后，何安东怀着对美帝国主义

---

① 崔慧子（1982— ），女，山东枣庄学院音乐舞蹈学院助教。

无比痛恨的心情，谱写了歌曲《痛恨美帝》。同年，他根据歌曲《我是一个兵》的主题创作出小提琴曲《我是一个兵变奏曲》。1951 年何安东应聘到哈尔滨为第十九兵团训练军乐团，受到广大官兵的热烈欢迎，何安东的足迹也从南国跨到了北疆。1952—1956 年，何安东先后在广州河南初级职工学校、市第四中学、广东教师进修学院从事音乐教育工作，为新中国培养、输送了大量的音乐人才。1954 年，何安东又创作了钢琴曲《醒狮》，反响强烈。此时的何安东情绪非常高昂，除了从事音乐教育事业和音乐创作外，还多次举办小提琴独奏音乐会，影响广泛。而后，何安东经历了被错划为“右派分子”、“文革”时因所谓的历史问题被关进广州警备司令部等劫难，但这些都没有让坚毅的何安东退却半步。进入改革开放后的 20 世纪 80 年代，何安东结束了曲折多波的前半生，幸福地开始了晚年生活。1994 年 8 月 31 日，何安东因罹患喉癌在广州病逝，享年 88 岁。

何安东是被中国近现代音乐史尘埃所埋没的一位极为重要的音乐家。在何安东从事音乐活动六十多个春秋的时间里，为我们留下了数量极为丰富的抗战音乐、艺术歌曲、儿童歌曲和小提琴音乐，为我国新音乐的发展作出了不可磨灭的贡献，并以他的一颗爱国之心倾献着他的爱国之情。

何安东的音乐创作活动，经历了中华民族深重灾难和深刻变革的历史时代。作为一名音乐家，何安东首先便是以抗日救亡歌曲创作者的身份闻名于全国。20 世纪上半叶，是中国深受苦难与抗争的年代，反抗列强的侵略、激发人民的觉醒成为这一阶段精神的总体现。“九一八事变”之后，何安东随即创作了《奋起救国》，成为最早创作抗日救亡歌曲的音乐家之一，其作品问世不久后便广为传唱，歌曲所表现的强烈的爱国主义精神对推动抗日斗争的展开起到了积极的作用。1937 年“卢沟桥事变”拉开了全面抗战的序幕，把救亡运动推向高潮。何安东怀着对日寇侵略的无比仇恨和对祖国的热爱之情，以音乐为武器，积极地投身于抗日斗争的洪流中，创作出体裁形式多样的歌曲：群众歌曲《全国总动员》、《大众的歌手》、《保卫中华》、《民族解放战歌》；男声合唱《卢沟桥》；独唱曲《烽火恋歌》、《卢沟桥畔》、《女英雄》；电影主题歌《前程万里》等。这些优秀的作品不仅在抗日群众的口中传唱，在伪满敌后、国民党的军队里也都广为流传。可见何安东创作的这些歌曲在当时的影响是多么深远和广泛，对发动群众投入抗日爱国斗争发挥了巨大的鼓舞作用，对促进革命歌曲的创作和歌咏运动的发展都作出了重大的贡献。

抗日救亡歌曲在何安东的创作中占有极为重要的地位。何安东在 20 世纪 30 年代创作的抗日救亡歌曲，数量之多、质量之高、形式之丰富多样，对于推动国民的奋起抗争和鼓舞士气起到了重要的作用。以下，笔者将选取何安东的抗战歌曲进行音乐本体分析。

一、独唱与齐唱歌曲

何安东创作的 19 首抗战歌曲中大部分是独唱（齐唱）歌曲。这种歌唱方式能够直接将抗日军民的情绪调动起来，发出统一抗战的呼号。

1.《奋起救国》

何安东于 1931 年创作的《奋起救国》（陈黄光词[1]）是我国最早的抗战歌曲之一。1931 年“九一八事变”后，当时正在培正中学教学的何安东，看到日本帝国主义对我国的野蛮侵略，内心无比愤怒，便每日在学校宿舍里作曲，用小提琴来奏音调、改曲子，创作出了这首《奋起救国》。

这首歌曲简洁明快，由引子、主部和副歌部组成，C 大调。曲式结构如下：

引子	主部	副歌部
1—7	8—26	27—51
(7)	a(10)+b(4)	c(8)+d(8)+d′(9)

开头七小节的引子主要采用了八分音符和十六分音符的平稳节奏，在旋律上采用了上行三度模进的手法，犹如军号吹出的旋律，突出了激动奋进的情绪（见谱例 1）。

谱例 1

主部两段歌词，采用了附点八分音符和三连音的节奏形式，使得旋律具有内在的动力性，犹如抗敌战士气宇轩昂，集结待发即将奔赴战场。节奏形式的变化与起伏线条的旋律，展示了中国人民面对敌人侵略时所表现出的奋勇杀敌的精神。在第 23—25 小节，分解的 C 大调主和弦由三连音的 G 音向上做四、六度的跳进，节奏的紧促表现了形式的急迫，增加了歌曲的气势（见谱例 2）。

[1] 陈原：《新歌初集附录》，参见陈志昂：《抗战音乐史》，黄河出版社 2005 年版，第 36 页。

谱例 2

副歌部，二分音符加八分音符的组合形成了一种有力的收起，模拟了号召似的音调，“奋起！奋起！共作猛烈斗争！”其后，重复变化的两句旋律，在越来越密的节奏中唱出了中国人民“宁战死不为奴隶忍辱偷生，毋庸逡巡毋庸牺牲争取自由光明”的豪迈气概，将歌曲推向高潮（见谱例 3）。

谱例 3

整首歌曲采用了波浪式的旋律线条，其间既有级进的走向，又有展现气势的主和弦的分解跳进。旋律中多次出现的三连音，加强了歌曲刚劲的动力性，颇具号召感和鼓动性。需要注意的一点是，这首抗战歌曲在分句的处理上并没有严格地注意强弱规律，而是较多地在弱拍上进入，这种打破强弱规律的手法，在何安东的作品中多次出现，这也是其创作的一大特点。《奋起救国》这首歌曲一经问世，便迅速在国内流传开来。广州青年会暑期民众歌咏会“曾敦请本市音乐专家陈洪、何安东两先生新编抗×救国歌曲，现已陆续编出付印……”① “在南方，何安东的《奋起救国》（歌词是被当作匪徒斩杀了的陈黄光作的）在‘一·二八’前后出现了。这首歌在南方流行得很广。其后有了胜利公司的灌音片，所以在南洋一带也很流行。曲是雄健的，但词是深奥的（到 1938 年曾被刘雪厂改填）。”② 作为最早的一批抗战歌曲，《奋起救国》在鼓舞人民抗敌士气、团结大

① 广州通讯：《准备悲壮的怒吼》，载《生活日报》1936 年第 7 卷第 20 期，第 4 页。

② 陈原：《中国新音乐运动之史的发展》，参见陈原、黄迪文、余荻、余似虹：《二期抗战新歌初集》，新知书店 1940 年版，第 136 页。

众和推动抗日斗争的开展方面都起到了积极的作用。而这首歌曲则更被作为一份珍贵的史料，在《中共广州党史 70 年回顾展》里展出，可见这首歌曲及何安东的作品在抗日救亡运动中所发挥的历史作用。

2.《保卫中华》

《保卫中华》创作于 1937 年，由何安东谱曲、钟天心作词。这首短小简练的歌曲分为三部分。歌曲前四小节的前奏采用了广东传统音乐舞狮中的锣鼓节奏（见谱例 4）。

谱例 4

澳门培正中学前校长邝秉仁回忆说，何安东先生曾对他讲，《保卫中华》这首乐曲开头那几句是从广东舞狮来的，“咚咚嚓，咚咚嚓，咚咚嚓嚓咚咚嚓”。以这样的节奏特点，何安东开始了他的“保卫中华，保卫中华……”①

歌曲第一部分在沿用了锣鼓节奏的同时，波浪式的旋律线条和附点音符的使用使得歌曲从一开始便带有一种豪迈、激昂的情绪。自第 13 小节起，2/4 进行曲节拍的运用、号召式的长音，加之力度的加重，唱出了“团结起来大家一条心，杀敌争光拼这一条命”的呐喊（见谱例 5）。

谱例 5

其后转入同名小调的第二部分，用蔑视的眼光嘲笑日寇必将战败、狼狈而逃。第三部分转回^{b}E 大调，加密的节奏，级进向上的旋律，简短有力的空拍，再一次向全国同胞发出号召，四万万的大众高唱“自由，平等，解放”！

---

① 何安东基金：《爱国音乐家何安东先生周年纪念》，南方艺术家工作室 1995 年。

谱例 6

音乐家陈志诚曾问何安东："你的《保卫中华》是在怎样的情况下创作出来的呢?"何安东很激动地说："在中华民族生死存亡的开头，紧急动员起来，保卫中华，这就是全民族的最强音，也是凝聚在我心头的主旋律!"① 这首《保卫中华》正是何安东引以为傲的作品，其震撼和动员的力量可见一斑。

3.《全国总动员》（又名《奋斗》）

《全国总动员》创作于1936年，由何安东谱曲、荷子作词。随着日本帝国主义侵华的不断深入，天津、北京等北方大城市相继沦陷，广州逐渐成为抗日文化传播中心。这一时期，文化名人以饱满的爱国主义激情、用锐利的笔锋创作了大量优秀的文艺作品，以揭露日本帝国主义的野蛮侵略行径，讴歌中华民族不屈不挠的斗争精神。"战争的烽火激发了音乐创作的灵感，涌现了一大批救亡音乐作品，其中影响较大的有何安东作曲、陈黄光作词的《奋起救国》，马思聪作曲、欧阳山作词的广州方言歌《武装保卫华南》，何安东作曲、荷子作词的《全国总动员》等。"② 而《全国总动员》这首著名的抗战歌曲更在1937年由英国歌林和声公司灌录了唱片，在国内广泛传播。据1936年7月22日《生活日报》报道："广州市青年会举办民众歌咏会……该会昨日已正式成立，到会人数达百余人，情形异常踊跃……并在会场中由何安东导唱其自编的《奋斗》一曲，歌声壮烈，情绪紧张。"③

歌曲为二部结构，第一部分（A）至第12小节，第二部分（B）至第36小节。曲式结构如下：

---

① 陈志诚：《怀念何安东老师》，参见徐士家：《何安东作品集》，中国文联出版社2004年版，第246页。

② 何薇：《广州成为抗战初期抗日救亡文化中心地探源》，载《广东技术师范学院学报》2004年第5期，第60页。

③ 青年会：《广州民众歌咏团昨成立——参加者踊跃，会员达百三十余人，以悲壮的歌声燃起救亡的情绪》，载《生活日报》1936年第7卷第22期，第3页。

	A	B
^{b}E：	a（12）	b（16）+b′（8）
	1—12	13—36

歌曲第一部分以附点音符的节奏为主，紧凑而有力度，动员全国人民加入到抗敌斗争中来。歌曲一开始的大跳后又反向进行形成波浪形旋律线条，整个旋律如大山似的连绵起伏，表现出人民群众坚韧不拔的革命气概（见谱例7）。

谱例7

第二部分节奏拉长，向世人发出“民族出路只一条，生存惟有抗战。大家奋斗到底，枪口齐向前”的召唤。在民族生死存亡的关键时刻，何安东向同胞们发出了奋斗的号召，动员全国人民奋起救国，全力救国（见谱例8）。

谱例8

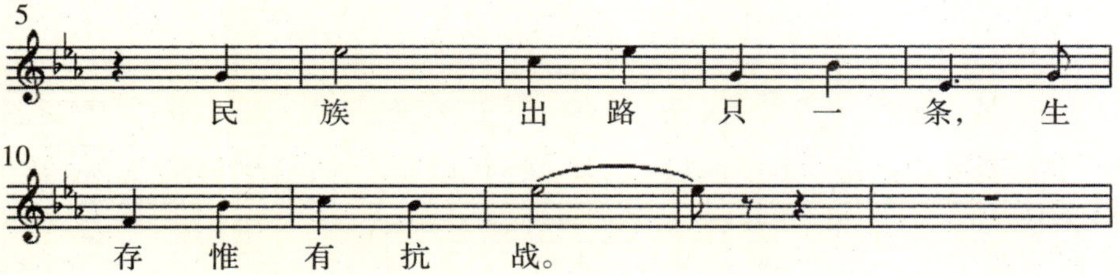

从这首歌曲中我们不仅能感受到何安东在旋律创作上的能力，更能看到他在整首歌曲的和声布局上的功力。从重属和弦的出现，包含有向属调转调的倾向，到Ⅴ—Ⅳ—Ⅴ的使用，表现出丰富的和声使用技巧（见谱例9）。

谱例 9

另外，钢琴的伴奏声部采用了低音加柱式和弦的方式，一是在声音上进行了加厚，一是在歌曲的氛围上起到了鼓舞感召的作用。

4.《大众的歌手》

《大众的歌手》创作于 1937 年，由何安东谱曲、荷子作词。“不要皱着眉头，大众的歌手”，这样的一句歌词，让身处在国难忧愁之中的人们顿时萌生了新的希望。歌曲为两段歌词，变换重复。三连音的使用增加了这首歌曲的进行曲风格；激昂的旋律线条唱出了战士们铲除荆棘、奔向光明未来的信仰与信念。著名电影艺术家张瑞芳曾回忆，当战地移动剧团的青年们情绪不稳时，团长杨易辰便教唱《大众的歌手》，平定活跃不稳的情绪。①

谱例 10

① 何安东基金：《爱国音乐家何安东先生周年纪念》，南方艺术家工作室 1995 年。

而何安东亦像这“大众的歌手”，唱出了对国家存亡的担忧，唱出了对日本敌寇的痛恨，唱出了对未来抗敌胜利的信心和憧憬。

二、合唱歌曲

20 世纪 30 年代末，随着群众性的抗日救亡歌咏运动广泛、深入的开展，歌咏团体普遍建立，群众歌唱水平日益提高，尤其在单声部的独唱、齐唱歌曲得到普及的基础上，广大群众的音乐审美力有了发展，从而对多声部的合唱歌曲创作提出了要求。下面分析由何安东创作的几首合唱歌曲。

1.《烽火恋歌》

创作于 1936 年的《烽火恋歌》是一首混声合唱歌曲，由罗海沙作词。前两个乐句分别由女高音和男高音演唱，是写景抒情的乐句，波浪式的旋律线条描绘出月夜下一对青年男女，矗立在海边，相互倾诉，抒发对祖国的热爱和对残酷现实的担忧（见谱例 11）。

谱例 11

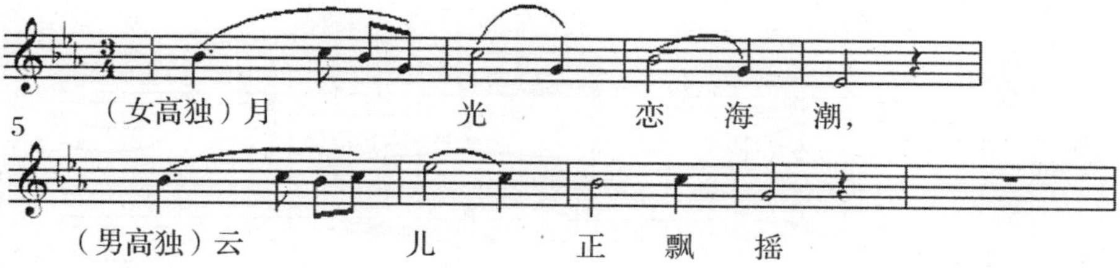

第 12 小节后，调式由^{b}E 转到^{b}G 又转到了^{b}e 小调，明暗色彩的转变即把祖国惨遭列强侵略的现状刻画出来（见谱例 12），“遥望故乡坟墓无人扫，如今已被魔烟笼罩，已是一座囚牢，已是一座囚牢”。祖国往日的美好已经不复存在，留给世人的只剩凄凉惨淡的景象。

谱例 12

旋律节奏的加密与旋律线条的跌宕起伏，恰当地表现出异乡游子对日寇侵略的愤怒和对祖国处在水深火热中的愤慨。然而，“万千烽火在燃烧，恶魔且休狞笑，魔巢毁灭在明朝，万千烽火在燃烧”，万千的勇士正在奋起勃发，抗战胜利指日可待。

第三部分采用了四声部合唱的手法，转回到$^{\flat}$E 大调后的旋律，高声部的明亮色彩与大跳音程燃起了内心的奋战之火，更突出了对祖国胜利未来的美好展望。

2.《卢沟桥》

这是首男声合唱歌曲，创作于 1937 年抗战全面爆发之时，由罗海沙作词，彭家幌编合唱，全曲以中速演唱，坚定而有力。前八小节是由钢琴演奏的前奏，两个 ff 的力度，配以 A 大调Ⅴ—Ⅰ柱式和弦八分音符到加附点四分音符强音的进行，从一开始便显露出坚定而有力的气势。其后 A 大调主和弦的琶音分解，将旋律推向下一组的柱式和弦，亦有前进感的进行。三、四小节重复一、二小节的节奏，在Ⅳ和弦上进行。其后八分音符、空拍和三连音的使用，凸显出一种进行曲式的风格特征，仿佛革命战士已经集结待发，迈步奔赴战场（见谱例 13）。

谱例 13

进入到主部后，虽只有两个声部旋律，由于主要采用 A 大调的大三和弦进行，使得旋律依旧明快有力。两个声部没有采用同时进入的方式，而是此起彼伏，在音响上造成了似有千军万马都在歌唱的震撼力量，犹有一种回声的效果。在演唱的过程中尤其要注意重音记号，这样才能使得歌曲更加果敢、凝练，具有号召力和凝聚力。

谱例 14

这首男声合唱歌曲在旋律的写作上并没有一味地强调旋律的高音走向，而是在级进平稳中充分发挥男子声音坚厚稳重的特点，彰显男子汉的力与量、血与汗，刻画出战士们誓死除列强、保家乡的决心。这首男声合唱歌曲是何安东抗战歌曲中比较优秀的一首作品。

3.《女英雄》

由欧漫郎作词。这首合唱歌曲的歌词很有特点，五字一短句，二十字一长句，大有模仿五言绝句的写作方式，语句简洁明了，概括力强。而最具有特点的当数和声编配和伴奏织体的选用。右手以柱式和旋来弹奏主旋律，左手则采用了八分音符低音加大跳上行再下行的波浪式密集伴奏手法。在和弦的采用上也是不拘一格地配以副属和弦，增加了在色彩明暗、刚柔上的对比。

谱例 15

至第 14 小节，旋律节奏的加密，使得伴奏采用了主音支撑的手法，并没有完整地弹奏旋律声部，而是用带有主音的和弦粗线条加以伴奏。左手更加灵活地采用了大跨度的两声部单音写法。这一部分的调性为^{b}B 大调—F 大调—^{b}B 大调（见谱例 16）。

谱例 16

第 18 小节描述了女英雄成人后立大志，成为抗敌战场上的一名勇士。在这里，左手采用了八度双音的伴奏，与单音进行的主旋律共同突出了旋律线条。随着对女英雄英雄事迹的一步步描写，伴奏音层也逐渐加厚，最后出现了双手均采用柱式和弦加以音响与气氛效果的烘托，使女英雄的形象跃然于人们面前，生动具体（见谱例 17）。

谱例 17

后半部，在伴奏织体的选用上更加强调了气势与力量的层面，左手的八度双音干净利落，颤音和滑音更显现出女英雄大无畏的英雄气概（见谱例 18）。

谱例 18

整首作品虽在伴奏织体上多次变化，采用了众多的形式，不仅不显生硬、繁杂，反而使得整首歌曲一气呵成，连贯顺畅。不同织体的选用，从不同侧面描写了女英雄英勇高尚的一生，也从另一个侧面反映出抗敌战士在奋勇杀敌中所表现出的非性别化的划分，更加有力、有型地塑造了一名英雄战士。

4.《山歌》

这首男声合唱歌曲由欧阳予倩作词，创作于 20 世纪三十年代末。三部曲式，减缩再现。曲式结构如下：

A　　　　B　　　　A′

a(4+4)+b(4+4)+b′(4+4)+1　c(4+4)+b(4+4)+d(2+4)+1+(4+4)　a(4+4)+b(4+4)

^{b}E ——— ^{b}G ——— ^{b}E ———

这首歌曲在歌词第一段就显示出了巨大的力量：“日本军阀逞野心，只为侵略动兵刀，占我中华千万里，杀我中华千万人，大家齐起抗强梁，万众一心上战场，侵略敌人惊破胆，显出中华国力强，中华统一正齐心，不怕侵凌有敌人，全民抗战从今起，试看个个是雄兵。”同音反复与八分音符简短节奏的配合，使级进走向的旋律内含有激动与雄壮的力量。每一句旋律，都似大刀匕首深深地刺入敌人的胸膛；每一句旋律，都似阵阵号角鼓舞着人民大众奋起救国。需要说明的一点是，在 B 段中，“阵阵尖风水样凉，我们的壮士铁阳刚”一句，由于^{b}E 大调 D/SⅥ和弦的出现，转调到了^{b}G 大调，经过 6 小节后转回^{b}E，在调式上造成了听觉上的新鲜感（见谱例 19）。

谱例 19

另外，在整首歌曲的力度处理上，经过“有心前进不止退，有心拼命不投降，我们的壮士铁阳钢，敌人见了心胆慌，敌人敌人你快走，快离中国回东洋，敌人顽固劝不理，飞机大炮轰不停”一句的力量积蓄，至 A′形成了 fff 的强度，表明了中国人民要将日本列强彻底打回东洋，赢得民族解放，实现国家自强自立的决心与信念。“而减缩的再现，使全曲更加简明、有力，并充分体现了形式为内容服务的大手笔。”①

5.《前程万里》

1940 年，中国进步电影先驱者、著名电影导演蔡楚生②为激励中华民族抗日精神拍摄了影片《前程万里》，并约请何安东为其创作了主题曲《前程万里》，可见何安东在抗日歌曲创作上的地位和影响力。这首歌曲是领唱与合唱歌曲，前两小节的引子由小号、战鼓导奏式的节奏奏出，同时，同音反复的采用加强了战斗性的力量（见谱例 20）。

谱例 20

① 李岩：《纪念何安东的历史意义》，载《中国音乐学》2008 年第 1 卷，第 98 页。

② 蔡楚生，中国电影编剧、导演。生于上海，原籍广东潮阳。担任戏剧演出的编剧、导演、演员，编导了《迷途的羔羊》、《渔光曲》、《新女性》、《共赴国难》、《前程万里》、《一江春水向东流》等影片。

这首歌曲的节奏变化较多，旋律线条跌宕起伏，突出了抗敌战士奋勇杀敌的决心与毅力。说唱性的旋律极具口头号召性，八分音符与八分休止符的结合使得歌唱的语气更加有力与刚硬，展现了“我们要肃清无耻的汉奸，把敌人赶出我们的土地，争取最后的胜利”的信念。《前程万里》通过一而再、再而三的呼吁——我们要振作起精神，奔向那万里前程，鼓励孤岛上的男女青年奔向大后方，加入到“共赴国难”的行列之中。

三、何安东抗日救亡歌曲的创作特点

何安东在20世纪30年代创作的19首抗日救亡歌曲，不仅在当时引起了强烈的反响和共鸣，为团结国民、抗日救国发挥了重要的鼓舞作用，更为群众歌咏运动的普及和抗战歌曲的创作起到了积极的推动作用。通过对何安东抗战歌曲的音乐本体分析，我们不仅要具体分析研究他的歌曲的本体特征，更要总结归纳出这些抗战歌曲的创作特点。笔者总结出何安东抗战歌曲创作有以下特点：

1. 音乐体裁丰富灵活

何安东重视对音乐题材的选择，总是从内容出发，力求在整体上把艺术对象的特征或风格完整地表现出来。为了使艺术对象表现得更加丰满，主题内涵更为丰富，他还探索创造新的歌曲形式（表现为音乐体裁的兼有性），不仅使演唱形式更加多样，还能更完整地表现歌曲的情感内容。

其抗战歌曲按演唱形式可分为齐唱、独唱、合唱、独唱与合唱相合等，不仅很好地适应了歌曲内容的表达，也促成了其歌曲音乐创作领域的多样化。

抗战歌曲体裁及曲目表

形式	曲目
群众齐唱	《奋起救国》、《全国总动员》、《大众的歌手》、《前进》、《保卫中华》、《大刀杀敌》、《民族解放战歌》、《勇猛红灰狮子》、《可爱的中华》
独唱	《卢沟桥畔》、《女英雄》、《抗敌词》
合唱	《卢沟桥》、《黄花节纪念》、《山歌》
独唱与合唱	《前程万里》、《烽火恋歌》

第一，为不同演唱形式创作不同音区的歌曲，发挥出了丰富的音色效果。有雄壮、激昂的群众歌曲《全国总动员》、《大众的歌手》、《前进》、《保卫中华》、《大刀杀敌》、《民族解放战歌》等，有庄重、沉着的男声合唱曲《卢沟桥》、《山歌》，有音色丰富、气势宏大的合唱曲《烽火恋歌》、《黄花节纪念》、《前程万里》等，有洪亮、饱满的独唱曲《卢沟桥畔》、《女英雄》、《抗敌词》等。这些丰富多样的演唱形式，除了较好地表达了歌曲的内容外，还通过音色、音质的不

同，使抗战歌曲向着艺术化的形式靠拢，更适合于不同知识阶层的大众的接受与共鸣。

第二，歌唱组合灵活，以充分获得主题内容的表达。何安东善于根据歌词内容的需要，灵活地利用独唱、合唱、对唱、伴唱等不同演唱形式，通过丰富的音响伴奏表现，更好地揭示歌曲的主题。如《烽火恋歌》男女声领唱、合唱独具匠心，很好地呼应了人物内心的情感；《前程万里》男声独唱与合唱，突出了说唱性的旋律，展示了勇士奋进的决心；《山歌》、《卢沟桥》从抗敌战士的角度唱出了对国患的担忧以及号召群众奋起抗敌的力量。

2. 音乐材料使用简洁凝练

音乐创作中材料使用的简洁凝练，是许多成功的作曲家都遵循的原则，同时也是何安东音乐创作取得成功的重要因素之一。在他的作品中，材料使用简洁凝练，情感表达集中突出，旋律朴素、上口，易记易唱，使之具有大众气质。他善于提炼出一个简洁的特性主题，将其贯通发展于作品中，使思想主题得到深化。如在《大众的歌手》中，固定节奏型由始至终都贯穿其中，不仅使得这一重要的节奏更好地融入作品之中，也让听众能更快地记住这一富有特点的主题节奏，从而将旋律的律动性和“大众的歌手”紧密地联系起来，成为这首歌曲的重要特征（见谱例 21）。

谱例 21

而在一些多乐段歌曲中，也常将一个主题变化贯穿其中并作为发展的主线，以适应不同情感表达和内容的需要。如在《卢沟桥畔》中，从第 21 小节开始进入到高潮部分，而在第 33 小节，何安东将主题旋律进行了变化重复，直至全曲的最高音，将歌曲进一步推向高潮，加强了国民大众奋勇抗敌、保家卫国的必胜信念与历史使命感。

音乐作品的对称性结构能给人带来和谐、统一的美感享受，而适当地创造不对称形式，则能为音乐增添新鲜感。在何安东的歌曲创作中，他通过节奏疏密处理、重复歌词、词曲节奏变化等创造了不对称美的结构。根据歌词内容表达的需要相应地变换句式，使乐句或收缩，或伸展，造成句式的不对称性，使各种不同情态、形态的乐句艺术地融入歌词中，获得了思想性和艺术性的统一，这些在《保卫中华》、《大众的歌手》、《女英雄》等歌曲中都有集中的体现。如在《女英雄》中，歌词内容、情绪的变化促使乐句长短的变化。第一部分是拉长的节奏与旋律，第二部分节奏紧凑，两小节一句，到第三部分再次拉长。又如在《保卫中华》中也是通过节奏的疏与密促使句式结构的改变。正如苏联戏剧大师斯坦尼斯拉夫斯基所说："在艺术中，越是简单就越是困难。""需要有高度的观察力和极其集中的注意力来帮助我们发觉几乎是不可捉摸的东西。"① 何安东使用简单的音符，简单的节奏，简单的旋律，创作出了不简单的、让人牢记的抗战歌曲。

3. 词曲结合紧密贴切

歌曲艺术是歌词和曲调相结合的产物，而优秀的歌曲则是两者的完美结合。在何安东的抗战歌曲创作中，能够准确捕捉蕴涵在歌词中的音乐情感，把歌词的文学形象转化为音乐语言，并通过恰当的旋律生动地表现出来。这些优秀的抗战歌曲曲调与歌词结合紧密，旋律流畅、起伏跌宕、刚劲有力，重视歌曲语言声韵、字声与旋律的呼应，重视声与情的结合。它们的精彩之处在于：恰到好处地把握了抑与扬、收与放、刚与柔的结合。一扬一抑、一收一放对比鲜明，恰到好处地表现了抗战歌曲最核心的目的，那就是抵抗外辱、救亡图存。

旋律是音乐作品的灵魂，优秀的旋律能够表现出生动的音乐形象、鲜明的时代风格和独特的语言特点，何安东追求流畅、上口的大众审美情趣，因而他的抗战歌曲能引起人们强烈的共鸣。据章枚《1936 年新音乐发展的检讨》一文中记载："……再次是南方的何安东的《奋起救国》、《大众的歌手》等，因为他在南方，所以他的歌曲西乐成分较多，但因他完全不受聂耳的影响，所以他不像上海一般作曲者藐视旧的技巧及规律，因此他的作品整齐可观，不致像他们的散漫无规律。"② 何安东抗战歌曲的旋律主要以渐进展开的方式获得流畅，给人以坚毅、力量之感，这也是他的抗战歌曲之所以易唱、广泛传播、经久不衰的重要原因。他采用平稳级进和各种波浪式的旋律形态来创作歌曲，塑造音乐形象。在《奋起救国》、《大众的歌手》、《卢沟桥畔》等歌曲中，采用了三连音的进行曲式节奏，为平直流畅的旋律增添了动力性；在《保卫中国》中，何安东吸收、提炼了家乡最具特色的民间音乐素材，选用了南方舞狮特有的锣鼓节奏音调，创作出了具有地方特点和中国风格的音乐，用熟悉的音乐节奏一下便吸引了大众的注意；在《前进》、《烽火恋歌》、《女英雄》等歌曲中，随着歌词情绪的变化，旋律几经变化，与歌词贴切配合，突出了每首歌曲歌词的情绪特点。

4. 节奏运用鲜明突出

何安东善于从歌词语言节奏中，捕捉与之结合的节奏契合点，并对节奏进行

---

① ［苏］斯坦尼斯拉夫斯基：《我的艺术生活·演员的自我培养》，中国电影出版社 1961 年版，第 137 页。

② 章枚：《1936 年新音乐发展的检讨》，载《音乐教育》1937 年第 5 卷第 1 期，第 76 页。

艺术化的夸张、美化处理，更好地完成了对歌词主题的表达。乐句中三连音、切分音型和后半拍起句的运用，打破了歌词的语言节奏，把内心起伏不平的情绪与这一节奏巧妙地融合起来，准确地揭示了歌词内容，使得歌曲节奏在整体紧凑、规整的前提下，增添了动力性而不显呆板。

在《奋起救国》中，旋律中多次出现的三连音，加强了歌曲刚劲的动力性，颇具号召感和鼓动性，乐句后半拍进入的特点带给人一种新鲜的听觉感受。《保卫中华》的波浪式的旋律线条和附点音符的使用，使得歌曲从一开始便带有一种豪迈、激昂的情绪。在合唱曲《山歌》里，同音反复与八分音符简短节奏的配合，使级进走向的旋律内含有激动与雄壮的力量。又如合唱曲《卢沟桥》，八分音符、空拍和三连音的使用，凸显出一种进行曲式的风格特征，成功地塑造了革命战士集结待发、奔赴战场的豪情。

5. 和声处理大胆利落

何安东在青年时不仅学习器乐演奏，还注重音乐理论修养的提升，在跟随立陶宛人 Ore 教授学习钢琴的同时，还进行了和声理论的学习。更重要的是，何安东的和声理论运用并没有严格地依据和声规则，而是从实际的作曲需要出发，根据旋律的特征而选用和声的编写。何安东在《关于平行隐伏八度和五度》一文中，就曾对和声选用这一问题与章枚进行过探讨与商榷。由此可以看出，何安东在和声技法上有着独特的见解，不为规则所限，灵活运用，这样才使得他的音乐作品更显现出与众不同的特点。

然而何安东在和声运用上的特点却为一些人所不理解。“对于比别人努力的何君本来不应再事苛求，但是为了希望他更进步起见，我很想指出，他因为太匆忙的原故，有许多地方就敷衍过去，又有许多地方屡屡犯了和声学上最本质的规则，就是平行八度隐伏八度（见《大众的歌手》及《前进》）……”① 就此问题，何安东在其《关于平行隐伏八度和五度》一文中进行了解答。何安东指出：“做四部和声时，我极力避免任何一对平行八度、五度，隐伏八度、五度的进行，做齐唱曲或独奏曲而和以伴奏谱时，则那说的通的或反为美好的平行八度、五度，隐伏八度、五度，我不太拘忌。”② 这就对其他人的质疑进行了最好的解答。做和声练习与作曲是不一样的。当我们初学和声时，必须严格地遵循和声进行的要求，一步步地连接，对于和声学中禁止的“平行八度、五度，隐伏八度、五度的进行”，是要坚决避免的；而在创作音乐作品时，则要“灵活”对待。此时的

① 章枚：《1936 年新音乐发展的检讨》，载《音乐教育》1937 年第 5 卷第 1 期，第 78 页。

② 何安东：《关于平行隐伏八度和五度》，参见徐士家：《何安东作品集》，中国文联出版社 2004 年版，第 215 页。

和声进行不再是单纯的和声连接，而是要与音乐作品联系在一起。如果上面所说禁用的连接能够恰当地表现作品，则应用之。何安东说："请记住，'吃了东西是要消化的'，做和声练习时不是在作曲，作曲时已是在创造了，要根据所学的打一条出路，将自己表现无遗。呆板的和声学的努力作曲，并不是作曲，而是在砌音符。"① 何安东在其音乐作品的和声编配上，确是没有严格地依照书本上的和声进行要求，而是依据歌曲旋律进行的需要，用和声来烘托、营造音乐氛围，恰当、准确地表现了歌曲的要求。这在同时代的音乐家中也是不多见的。

如在《全国总动员》的第16—18小节，和声进行是^{b}E大调的Ⅵ—Ⅴ—Ⅳ—Ⅴ，这里有丰富和弦色彩的进行（见谱例22）。

谱例22

从低音看，Ⅴ级到Ⅳ四六的低音是上行四度属主进行；从和弦角度说，Ⅳ级左右都是属和弦，因而Ⅳ级和弦是两边属和弦的经过和弦，用在强拍上，起色彩性作用。这里又与旋律的C音配合，使得旋律在级进上行中更有明亮开阔的感觉。又如，在《大众的歌手》、《卢沟桥畔》、《女英雄》、《可爱的中华》等歌曲中，不仅运用主和弦强调调性，巩固旋律，还多处使用了重属和弦、副属和弦、副属变和弦等多种和弦形式，以增加旋律的色彩变化，增强歌曲的表现力。

6．重视钢琴伴奏声部的写作

何安东的抗战歌曲创作既注重形式多样的声乐演唱部分，充分发挥不同音色在歌曲中的表现作用，又能调动伴奏丰富的表现力，通过速度、力度、和声等手段把情绪推向高潮。在他创作的19首抗战歌曲中，绝大多数都配有钢琴伴奏谱。章枚在《1936年新音乐发展的检讨》一文中指出："广州青年会民众歌咏团所唱

① 何安东：《关于平行隐伏八度和五度》，参见徐士家：《何安东作品集》，中国文联出版社2004年版，第215页。

的歌没有一支是没有和声的。不但自己作的谱有和声，而且连没有和声的聂耳作品都由何安东配上和声了，这实在不能不说是何君特别的努力!”① 伴奏在何安东的歌曲音乐中与旋律占有同样重要的地位，除了有对声乐起烘托效果的作用外，歌曲开头、中段以及结尾处的伴奏编配，其音乐材料大都是从歌曲的主体衍生而来，或减缩，或扩展，或变奏，并通过音色、力度、音响等的变化，来适应歌曲主题表达的需要。最突出的是《全国总动员》、《前进》、《卢沟桥畔》、《女英雄》、《抗敌词》等歌曲。这里较多地采用了柱式和弦、分解琶音、颤音、下滑音等手法，同时配以不断变化的节奏型和具体的歌词内容，恰到好处地为歌曲“锦上添花”。《全国总动员》钢琴的伴奏声部采用了低音加柱式和弦的方式，一是在声音上进行了加厚，一是在歌曲的氛围上起到了鼓舞感召的作用。另外，八分附点音符和十六分音符节奏的使用，也使得伴奏声部带有激进的动感。在《女英雄》中，右手以柱式和旋来弹奏主旋律，左手则采用了八分音符低音加大跳上行再下行的波浪式的密集伴奏手法，形成了疏密结合的搭配。此处的左手保持着同一节奏型（见谱例23）。

谱例23

在其后右手的节奏加密，左手相对应地进行了氛围效果的烘托，也采用了柱式和弦的手法对长音进行支持。此外，这首歌曲中织体材料多处发生变化，在后半部分又采用了颤音和滑音，配合以和弦的丰富色彩，突出了整首歌曲对女英雄形象的塑造和赞颂。《前进》是单三结构的歌曲，第三部分变化反复。在伴奏织体的选用上，何安东依据旋律的进行，右手以柱式和弦为主，弹奏出主旋律；左手采用八度双音的反向下行，犹如军队行进的步伐，统一稳定。在第二部分的高潮处，左手改用与右手一样的柱式和弦，增加了歌曲的语气和气势，鼓舞性、宣泄感更突出，更易激发群众的抗敌救国情绪。

需要指出的是，在当时的抗战歌曲创作中，唯有萧友梅、黄自、贺绿汀等学院音乐家在创作歌曲的同时，能够进行伴奏声部的编配。而这对于抗战歌曲在知

① 章枚：《1936年新音乐发展的检讨》，载《音乐教育》1937年第5卷第1期，第78页。

识阶层的传播和歌曲感染力的提高方面都具有重要意义。这不仅将更多的人凝聚在一起，还使得抗战歌曲在歌唱的音响效果上更加丰富、更有感染力，更重要的是，这种重视伴奏声部编写的创作手法对于推动抗战歌曲的创作以及之后其他音乐体裁的创作提供了有益的借鉴，推动着新音乐的发展。

四、何安东抗战歌曲的历史意义

任何一种艺术形式的产生与发展，都离不开特定的时代文化背景。抗日救亡歌曲的产生和蓬勃发展，是中国在20世纪30年代特殊环境下的产物。“九一八事变”以后，随着救亡运动不可阻挡地向前发展，作为反映抗日救亡的时代呼声——救亡歌曲，在广大音乐工作者和群众中迅速流传开来。从此，群众性的救亡歌咏运动成了当时音乐艺术领域中的最强者，并在全国各地蓬勃开展。而抗日救亡歌曲的创作正是当时新音乐运动蓬勃发展的一个重要组成部分。“新音乐运动（特别是歌咏运动）从头就是民族解放运动中的一环，歌咏本身从头就成为民族解放的武器之一，而歌咏运动在第一期抗战中更蓬勃地发展了。新音乐运动必须更加深入群众，必须普遍地广泛地深入群众，必须多方面地展开新音乐运动的各部门（不限于歌咏运动），必须把音乐和人民的生活斗争连接起来，必须从他们所爱唱的‘地方歌谣’开始，然后带他们到达进步的新音乐，鼓励并组织他们更沉着地忍受一切，埋头苦干，渡过难关。”[①] 20世纪30年代的救亡歌咏运动是中国革命文化史上极其重要的一页，它作为“左翼”文化运动中的一个重要分支而汇集到中国共产党领导的无产阶级文化革命的大潮中，影响着当时及后来中国的思想文化。面对国难危机，“这一个时期新音乐运动的特质，主要的是在群众性这一点上。所采取的题材，是唤起全国同胞起来参加战争，和流亡同胞悲愤的呼号”[②]。“从这时起，音乐已经不是温室里的鲜花，专供有闲人士的赏玩，而是实行斗争的武器，是组织民众的一个有力的工具。”[③] 抗日救亡歌曲的创作、演唱与传播，极大地调动了国民的爱国救国之心，四万万民众团结一致，奋勇抗敌，保家卫国，展示了中国人民无比巨大的力量，更有力地打击了日本帝国主义的侵略暴行。

何安东面临着民族的深重危机，积极投身于抗日救亡歌咏运动的队伍中，与国家和人民共命运。他以内在的创造力和强烈的情感为引导，依据时代和广大群

---

① 陈原：《序：从本书的编刊说到二期抗战中的音乐运动》，参见陈原、黄迪文、余荻、余虹似：《二期抗战新歌初集》，新知书店1940年版。

② 陈原：《中国新音乐运动之史的发展》，参见陈原、黄迪文、余荻、余似虹：《二期抗战新歌初集》，新知书店1940年版，第141页。

③ 陈原：《中国新音乐运动之史的发展》，参见陈原、黄迪文、余荻、余似虹：《二期抗战新歌初集》，新知书店1940年版，第141页。

众的需要，极大地调动和发挥了自己的创造性，不仅创作了内容丰富的单声部歌曲，更发挥了多声部、混声合唱的表现力，他以特有的宽广质朴、激越雄壮的旋律记录了抗日战争中的人民和他自己的情感经历、胜利信念。而何安东的作品“曲是雄健的，词是深奥的”，与聂耳“歌唱出大众的热望、求生的欢欣和壮烈的解放要求”是一致的。[①] 何安东在战火纷飞的战争年代写下了19首脍炙人口的抗战歌曲，为我们留下了丰厚而宝贵的精神食粮。这19首风格迥异、体裁多样的歌曲，不仅是何安东爱国之心的创作，也是全国人民的呐喊。作为抗战歌曲创作的先行者，何安东抗战歌曲的艺术创造对于创建具有中国气派、民族韵味、生活气息和时代精神的，符合中国人审美习惯的，形式与内容完美结合的抗战歌曲提供了丰富而宝贵的经验。

“人民的声音，是最忠于土地的；而音乐工作者，也得忠于土地，同时也要尽自己所能贡献于人民。”[②] 何安东在20世纪三四十年代的音乐创作，毫无疑问都是建构在他对祖国和人民深挚情感的基础上的。在中国20世纪30年代的音乐文化历史进程中，何安东的音乐创作带有鲜明的自身特征，总的来说，就是立足于音乐艺术的特殊规律和历史的发展进步，既尊重现实生活的实际需要，使音乐充分发挥其社会宣传与教育功能，强调把音乐的审美功能注入其中，在提高与普及的循环过程中提高全民族的音乐文化素质，同时通过音乐家个体能动的审美创造，构筑多种形式、多层次的具有民族特征和世界性水平的中国新音乐文化。

中国近现代音乐史是一部正在更新、发展中的音乐史。而近现代音乐史的重写，并不是简单地重新对某位或某几位音乐家的历史评定，或对某些音乐作品的重新分析研究，它需要我们站在历史的高度，不断地探索、研究，还历史以本来面目。随着新史料被不断地发掘，有识之士的不断增多，“重写音乐史”必将是“一个永恒的话题”。[③] 这也许就是我们整理与分析研究何安东音乐作品、纪念何安东的历史意义所在。

五、结语

本文从何安东抗战歌曲入手，作出一番整理与分析研究。应该说，何安东每一种体裁的音乐作品、每一个阶段的音乐创作都可以展开具体深入的分析研究，也都决非一篇短文所能说清楚的。但限于本文的篇幅，只能对何安东抗战歌曲进行尽可能深入的分析论述。当笔者面对何安东的音乐作品、回到何安东那个特定

---

① 陈原：《中国新音乐运动之史的发展》，参见陈原、黄迪文、余荻、余似虹：《二期抗战新歌初集》，新知书店1940年版，第137页。

② 《访马思聪及其编者按》，载《新音乐》（沪版）1946年第6卷第1期，第26页。

③ 梁茂春：《重写音乐史——一个永恒的话题》，载《黄钟》2002年第2卷，第3页。

的历史时期，认真地研究和分析何安东的音乐作品之后，感受到了一份重读历史的收获。作为最早的创作抗日救亡歌曲的音乐家之一，他把对祖国满腔的热情和对日本侵略者的仇恨，用音符谱写成一首首作品，化成一把把锋利的刺刀，深深地插入日寇的胸膛。他创作的抗日救亡歌曲，唱出了国人奋起救国、保家卫国的豪情，在抗日战争的特殊年代里起到了领军的作用。

当我们回眸20世纪的历史，重新整理与分析研究何安东的音乐作品，品味何安东的音乐人生，它带给我们的不仅仅是历史胶片的重映，也不是如过眼云烟般的回放，作为一份珍贵的音乐历史遗产，何安东的音乐作品以及何安东人格魅力的呈现，将带给我们无限的思考与启发。

参考文献

[1] 向延生：《中国近现代音乐家传（一）》，春风文艺出版社1994年版。
[2] 何安东基金会：《南国抗日救亡歌曲作曲家——何安东》，1998年版。
[3] 广州培正同学会何安东基金：《爱国音乐家何安东》，2001年版。
[4] 徐士家：《何安东作品集》，中国文联出版社2004年版。
[5] 陈志昂：《抗战音乐史》，黄河出版社2005年版。
[6] 广州何安东基金：《何安东基金成立10周年特刊》，2005年版。
[7] 广州何安东基金：《赤子情系神州乐韵鼓铸群才——中国著名音乐家何安东诞辰100周年纪念专辑》，2008年版。
[8] 李岩：《纪念何安东的历史意义》，《中国音乐学》2008年第1期。
[9] 南方艺术家工作室、何安东基金：《爱国音乐家何安东先生周年纪念》，1995年版。
[10] 广州何安东基金、广州培正中学、广东省当代文艺研究所：《纪念何安东先生诞辰100周年系列活动》，2007年版。
[11] 广州何安东基金：《纪念何安东先生诞辰100周年音乐会》，2007年版。

［本文据作者硕士学位论文《何安东抗战时期音乐作品研究》（山东师范大学音乐学院，2009年5月答辩通过）第一、二章改写而成，指导教师为冯长春教授］

李凌与五六十年代的流行音乐争鸣

项筱刚[1]

李凌是20世纪中国音乐史上一位杰出的音乐批评家。

20世纪中国音乐界几次重要的音乐争鸣都曾留下李凌的足迹，尤其是关于轻音乐/流行音乐[2]的争鸣。如果没有李凌的力排众议、据理力争，就不会有李谷一、朱逢博等早期歌星后来的发展。流行音乐在20世纪80年代形成了初步繁荣，并于90年代占据了中国音乐的半壁江山。流行音乐这种生机勃勃局面的形成，除了改革开放和解放思想的原因外，李凌个人的努力也起到了一定的推动作用。

早在20世纪五六十年代，李凌就首倡给予“轻音乐”的创作与演出以应有的关注。他的轻音乐思想集中体现在他的诸篇有关轻音乐的文章中。这些文章在奠定李凌在中国流行音乐史上地位的同时，也给他带来了本不该有的口诛笔伐。近半个世纪过去了，当我们重新审视这次争鸣，便不难发现批判他的文章是那么地苍白无力，但在那个特殊的年代，对他的围攻却是那样地来势汹汹，令人不寒而栗。历史可以告诉未来，了解这段有关流行音乐争鸣的史实，我们会更加珍惜今天流行音乐来之不易的地位。

李凌关于20世纪五六十年代流行音乐的争鸣，与同时期贺绿汀、钱仁康参与的音乐争鸣有着一个明显的不同：后两人都是因为一两篇文章捅了“马蜂窝”，遂引来了“围攻”，而李凌却是因为一系列的文章、著作和言论引起了“诸人”的不快。相比之下，对李凌的关于流行音乐的争鸣，就没有对贺绿汀、钱仁康两人那么集中，争鸣的“靶子”相对地要泛化一些；参与争鸣的人的范围也更宽泛一些，没有像参与贺绿汀、钱仁康争鸣的那样几乎都是音乐理论家。此次争鸣除了音乐理论家，还有作曲家、指挥家、表演家，甚至非音乐界的“革命群众”也参与了进来。很显然，此次针对李凌和流行音乐的争鸣已经露出了“文革”音乐批评的端倪。

---

① 项筱刚（1972—　），博士，中央音乐学院副研究员。

② 20世纪五六十年代，我国音乐界将流行音乐称为“轻音乐”。

一、争鸣的缘起

冰冻三尺，非一日之寒。

早在 1956 年全国音乐周时，李凌就因提出了著名的“百货中百客”思想而受到批判。同年他的《音乐的民族风格杂谈》一文，在音乐界引起了争议和讨论……1959 年第三届音协会议期间，因为部队对李凌的文章有意见，就将他从常务理事中除名。1963 年，因在音协组织的会议上反对“洋乐队下马”，李凌又被认为是“偏激”。

1964 年 5 月，音乐出版社出版了李凌的《音乐漫谈》，该书收集了他在 1958—1961 年陆续发表的有关轻音乐的文章，并在书后的《出版者的话》中明确指出：“无论在我国民主革命时期和社会主义革命时期，阶级斗争都是极其复杂、极其尖锐的，这种阶级斗争也同样反映在音乐战线上。从李凌同志的这本文集中，也可以看到音乐战线上进行的阶级斗争的一个侧面。虽然作者的观点和立论没有能够解决他所接触到的许多理论问题，而且今天看来，他对某些问题的理解显然是错误的，但作为一方面的资料，仍然可供大家分析参考。”此《出版者的话》已经能看出争鸣的冰山一角。该《音乐漫谈》和北京出版社 1962 年 11 月出版的《音乐杂谈》很快就成了有关轻音乐争鸣的“靶子”，遭到围攻讨伐。

1964 年底，音协专门组织会议批判李凌，会后李元庆对李凌说了四个字：“含泪上马。”自 1964 年 12 月至 1965 年，音协下辖的《人民音乐》编辑部连续在 1964 年第十二期和 1965 年第一、二期《人民音乐》上发表了陈婴、张旗等人的文章，继续批判李凌和他倡导的轻音乐。本文主要针对的就是陈婴、张旗等人在《人民音乐》上对李凌的批判。

二、李凌的轻音乐思想

1958 年 10 月，李凌以“林克”的笔名发表了《轻音乐杂谈》一文，这是目前笔者所见到的李凌先生发表最早的一篇有关轻音乐的文章。在该文中，李凌从内容、形式、风格、范围、题材和对象等方面，对什么是轻音乐作了自己的阐述。他将轻音乐定位在“小巧、通俗、平易近人”① 和“轻快、活泼，富有风趣”② 上。

今天我们再来谈论流行音乐，觉得这已经是一个不是问题的问题，可是在 20 世纪五六十年代，对于要不要发展轻音乐，却是要展开研讨的。李凌以一个优秀的音乐批评家的敏锐目光，清醒地意识到了轻音乐存在的必要性。他认为：

① 李凌：《轻音乐杂谈》，《音乐漫谈》，音乐出版社 1964 年版。
② 李凌：《轻音乐杂谈》，《音乐漫谈》，音乐出版社 1964 年版。

“轻音乐问题，是形式和格调的问题，是利用一切易于接近群众的形式问题，也是音乐创作上更为广阔、更符合群众各种喜爱的群众观点问题。”① 与李凌恰恰相反，在是否需要轻音乐的问题上，音乐界诸多人士并不是一开始就有着开阔的胸襟的。有人认为自己是不喜欢这类东西，认为它不是一项严肃的事业。有人也认为轻音乐不应、不能，或者一般也不反映重大的题材。甚至有人提出：“除了娱乐性之外，不应向轻音乐提出任何要求。”这些意见反映出了当时音乐界不少人的真实想法。

李凌针对上述音乐界某些人士的意见，旗帜鲜明地指出：“轻音乐艺术，就其特点来说，它比较轻巧、灵活、通俗、易懂，便于为群众所掌握。按其风格特点来说，它多种多样，有些是诙谐的，有些是辛辣、尖刻的，有些是富有生活风趣的，有些是抒情性较强的，有些是优美、欢快的……不管它的风格带有多少种不同的特性，或者所采取的手法是直接或间接、正面或侧面，而其同为反映人民斗争生活这一点是一致的。描写人民斗争生活，可以是摄取现实生活中的小题材，又可以是歌颂重大的题材。”② 很显然，早在半个世纪前，李凌就已经关注到音乐除了有教育的作用外，还应具备娱乐的功能。音乐艺术的题材和体裁本身并没有什么高低贵贱之分，只要是能够“为人民服务”和“为社会主义服务”，就没有必要将其分为三六九等，更没有必要谈“流”色变或想当然地将流行音乐拒之于千里之外。

三、反方的思想

参与此次争鸣的大部分文章都是“一边倒”式地对李凌和他的言论作了批评。批评涉及了李凌轻音乐思想的方方面面，在批评方法上基本上都是采用阶级斗争的观点来看待轻音乐艺术。

在所有参与争鸣的文章中，陈婴的文章是措辞最激烈、定性最夸张的一篇。文章首先指出李凌的轻音乐思想与党的“百花齐放”政策是格格不入的，曲解了“百花齐放”政策，并认为这样的思想是“资产阶级的自由化”。③ 同时，文章强调了轻音乐应该为社会主义和社会主义音乐服务，而不是“和社会主义的音乐唱对台戏，起着破坏社会主义音乐的作用”④。

而张旗的文章则明白无误地将李凌的思想上升到阶级斗争的严重性上。张旗

① 李凌：《轻音乐杂谈》，《音乐漫谈》，音乐出版社 1964 年版。

② 李凌：《轻音乐杂谈》，《音乐漫谈》，音乐出版社 1964 年版。

③ 陈婴：《李凌同志的音乐思想反映了什么问题》，载《人民音乐》1964 年第 12 期。

④ 陈婴：《李凌同志的音乐思想反映了什么问题》，载《人民音乐》1964 年第 12 期。

认为“音乐是有阶级性的”[①]，它总是要为自己所属的“本阶级”[②] 服务，而去反对与“本阶级”相对立的那个阶级。并且，作者还将李凌的“百货中百客”的观点命名为“题材无差别论”：“李凌同志主张对任何题材都应该支持，不应有所偏重，他把重大题材与一般题材、革命的现代题材与历史题材等同起来，对一切题材都一视同仁，这是十足的资产阶级‘题材无差别论’。”[③]

署名“游忠”的文章“巧借”《外国名歌200首》[④] 一书的出版，认为所谓的“外国名歌”全都是资产阶级的产物，并将李凌定性为资产阶级歌曲的鼓吹者。游忠认为李凌将“那些描写男女私情的小夜曲”[⑤] 奉为当时音乐界创作的典范，指出此种做法最终只能将爱好音乐的群众引入歧途。

最令人啼笑皆非的是，在争鸣的队伍中竟然出现了“部队业余文艺战士”、北京电子管厂和北京有线电厂“工人”的身影。与其说这是“争鸣”的泛化，倒不如说是“文革”音乐评论的一个先兆。众所周知，“文革”音乐评论的一大特色即“四海之内皆尧舜”，似乎八亿中国人民都是音乐评论家，造成了一种中国音乐评论空前繁荣的假象。

参与争鸣的空军部队战士虞浩昌，从理论联系实际的角度，坚决地驳斥了李凌有关轻音乐是“仁丹”和“清凉油”的观点，他认为恰恰相反，轻音乐在部队起的是“鸦片”和“砒霜”的作用。[⑥] 而北京电子管厂的工人代表王晓则表示：“我们不能做资产阶级音乐的‘知音’。”[⑦]

另外，还有一些音乐家及业余人士等也都对李凌和他倡导的轻音乐提出了各种批评。

四、争鸣的分析

1988年1月8日，李凌写了一篇题为“落红不是无情物，化作春泥更护花”的文章，在这篇文章中他有意对新中国成立以来音乐界的诸多问题作一次梳理，以期结束过去的束缚。其中有这么一段话，可视为作者对自己半个世纪音乐生涯的小结：“从我自己来说，在党的领导下，工作了五十年，其间有的工作好一点，但更多的是在提心吊胆、谨小慎微地摸索。右的有，‘左’的思想也不少。”[⑧] 尽

---

① 张旗：《驳李凌同志关于音乐题材问题的错误理论》，载《人民音乐》1965年第1期。

② 张旗：《驳李凌同志关于音乐题材问题的错误理论》，载《人民音乐》1965年第1期。

③ 张旗：《驳李凌同志关于音乐题材问题的错误理论》，载《人民音乐》1965年第1期。

④ 1958年由音乐出版社出版，第二年又出版了《外国名歌200首续编》。

⑤ 游忠：《〈外国名歌200首〉宣扬了什么?》，载《人民音乐》1965年第1期。

⑥ 虞浩昌：《部队业余文艺战士评李凌同志的音乐思想》，载《人民音乐》1965年第2期。

⑦ 王晓：《我们不做资产阶级音乐的“知音”》，载《人民音乐》1964年第12期。

⑧ 李凌：《落红不是无情物，化作春泥更护花》，《音乐流花新集》，中国文联出版社2002年版。

管如此“提心吊胆、谨小慎微地摸索”，但事情结果还是不以人的主观意志为转移——李凌遭到了围攻。

1953 年，新中国进入了社会主义建设和改造时期，同时开始了第一个五年计划（1953—1957 年）的实施。1954 年以阶级斗争为纲的风气已露出端倪，同年批判俞平伯和《红楼梦》。1955 年席卷全国的“反胡风运动”，对胡风的资产阶级唯心主义文艺思想作了批判，使文艺界的阶级斗争的势头有增无减，难于控制。1957 年 6 月“反右运动”开始，到了 1958 年“反右运动”已远远超出了“反胡风运动”的波及面，并与当时如火如荼的“大跃进”相结合，将阶级斗争和政治挂帅的浪潮又推上了一层新的台阶。在如此的大背景下，音乐界出现批贺、批钱、批李的现象也就不足为奇了。

今天我们再回首，和贺绿汀、钱仁康一样，李凌在此次争鸣中所持的观点完全是正确的，对他和他的轻音乐思想的批判完全是非学术的。这是中国当代音乐史上又一次政治和人治凌驾于学术和艺术之上的悲剧。虽然三次批判的对象不同，但有几点相似之处：

其一，批判的方式一样。都是在有组织的前提下，打着学术争鸣的旗号，大规模地对被批判对象的言论、文章和思想进行讨伐，虽然参与讨伐的也不乏说违心话的人，虽然参与讨伐的不久后也成了被讨伐的对象。

其二，批判的标准相同。不论是贺绿汀的“技术至上”、钱仁康的“拔白旗”，还是李凌的“题材无差别论”，都是用阶级斗争的观点来评价文艺、评价一切，这是“文革”的先兆，大有“山雨欲来风满楼”的架势。

其三，被批判的内容具有前瞻性。不论是贺绿汀对抒情歌曲和歌剧发展的思想，钱仁康对黄自作品的评价，还是李凌对轻音乐的提倡，在当时看来具有相当的前瞻性，这些被批判者的思想超越了当时的时代，超越了当时的文化氛围的宽容，冲击了某些约定俗成的文艺政策。就这一点而言，争鸣的结果，既是他们个人的悲剧，也是那个时代的悲剧。

上述所引李凌的文章最早多出自他的《音乐漫谈》和《音乐杂谈》。这两本专著是李凌在 20 世纪五六十年代对自己音乐评论的一次总结，体现了他在那个特殊年代对音乐评论的一种特殊的追求。这种总结和追求在当时的中国音乐界是空前的，直到今天，这两本音乐评论文集还以“孤本”的身份傲视中国乐评人。

五、争鸣的影响

实践是检验真理的唯一标准。时至今日，有关这场争鸣的硝烟早已散去，但当时争鸣的有关内容在今天已经得到了验证，尤其是争鸣中聚焦的两个问题。

1. 关于“百货中百客”

1956 年 5 月 2 日，毛泽东主席发表了著名的“百花齐放，百家争鸣”的讲话。李凌在毛主席“双百”方针的基础上，也提出了后来给他带来麻烦的“百货中百客”观点。20世纪80年代，李凌对自己三十年前提出的“百货中百客”思想仍矢志不渝。他坚持认为：“‘百货中百客’，换一句话就是‘百客需百货’。尽管我为它吃苦头，但仍然相信它有一定的道理。‘百花齐放’就是为了满足各个层次、各种喜好者的需要，也是繁荣各种艺术的最好的办法。”① 今日中国流行音乐与严肃音乐二分天下的客观事实，再次验证了“百货中百客”思想的必要性、合理性和先验性。

2. 关于流行音乐的发展

黄翔鹏先生曾经说过：“传统是一条河。”笔者以为，流行音乐也是一条河。像河一样，流行音乐自20世纪20年代悄然登上中国音乐的历史舞台以来，虽然其间曾穿过湍急的峡谷和暗礁重重的雷区，但她终究没有停息，仍在顽强地继续向前奔流。这种奔流是不以人的主观意志为转移的，任何人为的抽刀断水只能是空想和徒劳。如果学界的精英人士能够早点意识到这一点的话，流行音乐“日本学欧美，港台学日本，内地学港台”的局面就会早一天改写。

今天，我们在鄙夷铺天盖地的流行音乐鱼龙混杂、“媚俗”大众的同时，千万不要忘了近半个世纪以来流行音乐在中国内地登堂入室的每一个脚步声，更不应忘记曾经有一个老人为流行音乐的政治地位和权利所作的呼吁和付出的代价。

最后，祝李凌先生健康长寿。

祝中国再多出几位年轻的李凌。

祝中国的流行音乐早日趋于规范、成熟和繁荣！

（原载《人民音乐》2003年第9期）

① 李凌：《闲谈记语——关于“新潮”音乐及其他的对话》，《音乐札记》，山西教育出版社1990年版。

一部重新审视中国近代音乐史的重要史学文献

——廖辅叔文集《乐苑谈往》的史学特色与现实意义

刘再生[①]

一

中国现代音乐史学是我国最为年轻的人文学科之一。如果说，20世纪中国古代音乐史学以叶伯和于1922年10月出版的《中国音乐史》（上卷）作为这一学科诞生之启端，直至王光祈著《中国音乐史》（1934）、杨荫浏著《中国音乐史纲》（1944）与《中国古代音乐史稿》（1981）的出版标志着古代音乐史学进入了一个初步成熟阶段，那么，现代音乐史学雏形之产生比古代音乐史学要晚将近半个世纪。正如陈聆群所说：

> 1958年开始了较有规模的中国近现代音乐史研究工作。在上海音乐学院和中国音乐研究所分别成立了两个史稿编写组，经过收集汇编史料、采访前辈音乐家、拟订写作提纲、广泛征求意见和全力奋战赶写等步骤，于中华人民共和国成立十周年的1959年10月前后，完成了《中国现代音乐史》（上海音乐学院编写组）和《中国近现代音乐史纲要》（中国音乐研究所编写组）两部史稿，同时编辑油印了包含1840—1949年间主要音乐史料的十册约300余万字的《中国现代音乐史参考资料》；虽然它们都还是未定稿，但终究是以这样的有形成果，宣告了中国近现代音乐史研究作为中国音乐史学的一个独立门类的新学科已经诞生。[②]

现代音乐史学的研究对象是中国近代音乐（1840—1949）、现代音乐

① 刘再生（1937— ），男，山东师范大学音乐学院教授。

② 陈聆群：《中国近现代音乐史研究在20世纪》，载《音乐艺术》1999年第3期，第29页。

（1949—1978）和当代音乐（1978—　）发生与发展的历史。[①] 最为迫切和最早进行研究的领域无疑是近代音乐史。在这样的时代背景下，一方面，音乐史学工作者显示了高度的热忱与积极性，1959 年中国音乐家协会、中国音乐研究所编印四百余万字《中国近现代音乐史参考资料》[②]。音乐史料是全面深入地研究音乐历史的重要基础环节。这一批工程浩大、极为珍贵的史料经搜集、采访、整理、刻板、油印、装订成册，为近现代音乐史研究奠定了较好的基础。因此，老一辈音乐学家集体乃是我国现代音乐史学之开拓者，同时也反映了他们默默无闻地为史料建设作出无私奉献的道德品质。另一方面，现代音乐史学初创时期正是中国一个个政治运动接连不断的年代，学科分娩岁月是“人有多大胆，地有多高产”的“大跃进”时代，盲从主义、浮夸风盛行；其后，文化大革命接踵而来，“左”倾错误思想一度占据绝对统治地位。在这种政治环境下，多数学者丧失思想自由与独立意志，即便我国传统的“秉笔直书”的史学精神也遭遇挑战。唯命是从、人云亦云成为不良学风。但是，音乐史学总是要通过音乐史著作体现其研究成果。

---

① 我国近代、现代、当代音乐的历史分期，以往将近代音乐定位于“旧民主主义革命阶段”（1840—1919），现代音乐定位于“新民主主义革命阶段”（1919—1949），两者合称“中国近现代音乐史”。目前音乐史学界大致取得共识，这两个阶段应属于“近代音乐”时期。“现、当代音乐”则以 1978 年 12 月 18 日至 22 日在北京举行的中国共产党第十一届三中全会为分界线。这是新中国成立以来党的历史上具有深远意义的重要会议，它从根本上冲破了长期“左”倾错误的严重束缚，端正了党的指导思想，重新确立了党的马克思主义的正确路线。它在拨乱反正、提出改革任务、推动农村改革方面起了伟大的历史作用，在音乐文化领域也标志着一个多元化结构时期的来临。——引者注。

② 中国音乐家协会、中国音乐研究所：《中国近现代音乐史参考资料》，笔者现见不完全之 12 册如下：

1. “参考资料 103 号，第一编（1840—1919），1959. 9. 1”；
2. “参考资料 106 号，第二编（1919—1927）第一辑，1959. 9”；
3. “参考资料 111 号，第二编（1919—1927）第二辑，1959. 9. 13”；
4. “参考资料 110 号，第三辑，戏曲说唱音乐论文选辑，1959. 8. 14”；
5. “参考资料 115 号，第三编（1927—1937）第三辑，1959. 10. 28”；
6. “参考资料 108 号，第三编（1927—1937）第四辑，1959. 9. 13”；
7. “参考资料 96 号，第四编（1937—1945）第一辑，论文选辑（上册），1959. 4. 11”；
8. “参考资料 96 号之一，第四编（1937—1945）第一辑，论文选辑（下册），1959. 4. 11”；
9. “参考资料 113 号，第四编（1937—1945）第二辑，论文、音乐作品选辑，1959. 9. 4”；
10. “参考资料 105 号，第二辑，1959. 9. 3”；
11. “参考资料 99 号，第三编（1927—1937）第一辑，‘聂耳专辑’，1959. 5. 16”；
12. “参考资料 121 号，第四编（1937—1945）第三辑‘革命音乐家’，1959. 9. 13”；

除上述 12 册外，笔者委托孔培培博士从中国艺术研究院图书馆查阅，又补入如下 3 册：

1. “内部资料（无资料号），第一辑，1959. 2. 18”；
2. “参考资料 95 号，第二辑第三编（1927—1937），1959. 4”；
3. “参考资料 118 号，参考性音乐作品辑录，1959. 10. 16”。

从1958年11月起，由中央音乐学院音乐研究所为主，调集了全国多所音乐、艺术院校的教师和研究人员共17人集体写作，在1958年底即完成《中国近现代音乐史提纲》（1840—1949）……后来编写出的几种中国近现代音乐史文本（包括教材），都是在这个“提纲”的基础框架上写作的。①

汪毓和编著《中国近现代音乐史》（以下简称“汪著”）自1959年始作为教材在中央音乐学院试用，1964年以“中央音乐学院试用教材”名义出版内部发行，1984年由人民音乐出版社正式出版，② 成为现代音乐史学第一部正式出版物，也是初创阶段一部具有代表性的史学著作。尽管汪著正式出版于中国社会改革开放之后，且经过多次修订，又有多种版本问世，依然难免烙上“先天不足，后天失调”的时代印记。由此引发出一场跨世纪的“重写音乐史”的学术论辩。

中国近现代音乐史学自建立之初，即受到严重的“左”的思想的影响，被纳入到中国无产阶级政党的主流意识加以构筑，突出了中国共产党对音乐的领导作用和“左翼”音乐家的历史地位，淡化甚至忽略了其他音乐种类和音乐家的成就，使这门学科在一定程度上丧失了自身的独立性，成为依附于政治的带有强烈宣传色彩的工具。③

香港学者刘靖之1986年即对汪著提出批评：

一九八四年出版的《中国近现代音乐史》（汪毓和编著），严格地来讲，只能算作一部“中共音乐史”，不是“中国”音乐史；因为这本书不仅不够客观、全面、公允地论述新音乐史，它还以狭窄的唯我独尊的观点来以片面代全面、以偏激代客观的方式来评论新音乐发展情况。④

由此，拉开“重写音乐史”论辩序幕。内地学者参与讨论人数之众、文章之多、观点交锋之激烈，空前未有。关于“重写音乐史”的争论，反映了我国在新的历史时期学术领域的自主意识、民主空气以及学者对音乐史学的高度关注。但是，笔者以为，与其说“重写音乐史”，不如说目前我国正处于现代音乐

① 周青青、郑祖襄、梁茂春、李应华、俞人豪、张前等：《音乐学的历史与现状》，人民音乐出版社2003年版，第121页。

② 汪毓和：《中国近现代音乐史·修订说明》（第二次修订版），人民音乐出版社、华乐出版社2002年版。

③ 段蕾：《关于“重写音乐史”的论辩》，参见梁茂春：《中国音乐论辩》，百花洲文艺出版社2007年版，第613页。

④ 刘靖之：《中国新音乐史论集》（1920—1945），香港大学亚洲研究中心1988年版，第102页。

史学转型时期更为准确。严格说来，历史著作无法“重写”，“重写音乐史”的概念只是在呼唤新的历史著作产生层面上存在着合理性。从音乐史学史角度审视，史学发展必然会有阶段性。现代音乐史学由初创阶段发展至较为成熟阶段，是一个由量变到质变的过程。

现代音乐史学的转型过程，其历史背景是1978年12月召开的第十一届三中全会对“左”倾错误的批判与否定、中国社会开始进入了改革开放新时期。历史学具有人文学科和社会科学的交叉性，也是人类知识体系中对社会现实变化最富于敏感性的学术领域。在音乐史学界，当人们意识到以往历史著作中“左”的史学观同样需要批判与否定、“重写音乐史”呼声越来越高的时候，其本质已经是走向史学转型的必然过程。史学实践的检验，史学观念的更新，史学材料的激活，史学结构的调整，都显示出这一转型时期来临之不可避免性。同时，任何时代史学成果都是集体性努力的结果。目前，音乐史学界正以集体力量在促使着这一转型时期的过渡与完成。其中，萧友梅音乐教育促进会①和众多学者新的研究成果对于扭转以往史学著作，抬高聂耳、冼星海，贬低萧友梅、黄自，将一大批对近代音乐文化发展起到积极作用的音乐家置于被批判、被边缘化、被定性为“资产阶级音乐家”地位的历史格局起到了重要推进作用。史料学、史学观与方法论之质变均标志着一个更为理性、更加开放、更趋成熟的史学转型时期之来临。在这一历史进程中，廖辅叔文集《乐苑谈往》则是中国现代音乐史学转型过程中的开卷之作，筚路蓝缕，功不可没。

二

廖辅叔文集《乐苑谈往》出版于1996年②，正值廖辅叔先生90虚岁高龄之年。共收入文章64篇。

---

① “萧友梅音乐教育促进会”（以下简称“促进会”）于1997年2月7日在中央音乐学院宣告成立。5月21日，选举贺绿汀、吕骥为名誉会长；费孝通、周巍峙等7人为名誉顾问；赵沨为常务顾问；王次炤为会长，黄旭东为常务副会长，周海宏等8人为副会长。2004年4月5—6日，“吴伯超百年诞辰学术活动”在中央音乐学院举行，促进会编印出版《吴伯超的音乐生涯》一书；2006年8月7—9日，由促进会倡议，中央音乐学院等单位主办了“萧友梅与当代音乐文化建设”学术研讨会，在北京九华山庄举行；2007年5月20—21日，“程懋筠逝世50周年学术纪念活动”在中央音乐学院举行，促进会编印出版《程懋筠的音乐人生》一书；2007年10月，由促进会倡议，萧友梅纪念碑在西山公主坟村落成，10月24日，《萧友梅全集》第2卷（上海音乐学院出版社），黄旭东、汪朴编著《萧友梅编年纪事稿》首发式与萧友梅纪念碑揭幕式先后在中央音乐学院、海淀区公主坟村隆重举行。

② 廖崇向：《乐苑谈往》，《廖辅叔文集》，华乐出版社1996年版。

本书所收文章，都是粉碎“四人帮”之后写成的。经过拨乱反正，虽然获得第二次的解放，仍然心有余悸。所以拿起笔来，积习未忘，还是高其姿态，批判先行，以致对素所尊敬的良师益友诸多失敬。每一念及，惭惶无地。（第1页）

写作时代背景与作者心态在此语境中一览无遗，既有“二次解放”之喜悦，又怀卷土重来之余悸。至于出版动机，作者自云：

那是由于一些热心朋友的怂恿。他们认为我那些关于近代音乐家的论述，多出自亲见亲闻，实为一代信史。那些历史上的人和事，也是一般很少涉及的，都值得好好收集，不能让它随便散失。我也就如齐白石生前说过的那样，老人善随人意。（第1页）

该书由廖先生女儿廖崇向“编纂全书，翻检核校”。这部文集正如书名所准确概括的那样，“乐坛”者，音乐界也；“往事”者，历史之事实也。廖辅叔和他胞兄青主“聪明过人，过目不忘”一样，有着惊人的记忆力。他长期在我国高等音乐学府从事文牍与教学工作，接触了许许多多音乐家，经历过无数次风风雨雨，作者“亲见亲闻”之历史人物、历史事件、历史细节，均为近代音乐中极为珍贵的史料与史实，显示了这是一部具有中国近代音乐“信史”性质的回忆录著作。

廖辅叔（1907—2002）自1928年冬，随其兄青主在上海开办x书店，经营乐谱、音乐书籍出版事宜，即开始与音乐界人士接触与交往。自1930年2月在国立音专从事图书馆工作，“一·二八”以后曾一度离开学校，[①] 1934年9月14日聘为校长室文牍，至1937年6月因事辞职[②]，至广州、桂林、重庆等地工作。1946年初任国立音乐院幼年班（常州）教师。1949年起先后任中央音乐学院研究所翻译组组长、教授、博士生导师。因此，廖公的漫长人生，与中国近现代音乐“同舟共济”长达近70年之久，他的记忆库像中国音乐历史的一部“活字典”。在我国社会改革开放思潮激活下，廖公对历史上诸多良师益友的怀念与回忆，在沉默半个世纪之后，记忆的闸门终于打开，一篇篇文章从廖公笔端流出，构成一片“莫道桑榆晚，为霞尚满天”的灿烂景象并呈现于现代音乐史学领域。

我们不能忽略这样一个事实：1976年粉碎“四人帮”，1978年召开十一届三

① 廖辅叔在《惭愧的回忆》中说：“‘一·二八’淞沪抗战时，国民党政府借口军费浩大，停发学校经费，学校只好裁员减薪。我在被裁之列，萧校长则不领薪水，这笔款子分发给低薪的员工。在音专被裁出来以后，我到一所外国语学校教了一年多德文，译了一本童话和一本小说……都是萧先生介绍给商务印书馆出版的。”参见廖崇向：《乐苑谈往》，《廖辅叔文集》，华乐出版社1996年版，第387页。

② 常受宗：《上海音乐学院大事记·名人录》，1997年11月内部发行，第34、52页。

中全会，1979年廖公即在《人民音乐》等杂志发表《回忆萧友梅先生》和《忆黄自先生》两篇文章，时年72岁。廖公是一位为人谦和、处事低调的历史学家，究竟是什么心态与动力促使他有这样的勇气为当时尚处于受批判地位的“学院派”的两位代表人物“正名”？这样一种史学现象究竟是偶然巧合，还是必然规律？我们不妨从《乐苑谈往》开始探讨廖公史学思维的总体脉络。

《乐苑谈往》是一部回忆近代音乐家的文集，其中追述历史人物有三十余人之多；叙述历史事件文章有十余篇，其中“人”和“事”往往交织于一体；书序5篇。廖公笔下的音乐家，几乎都是以往历史著作中被贬低、被淡化、被批判的历史人物，而作者着力为之正名者，恰恰是批判最甚、争议最多的音乐家，如萧友梅、青主各有5篇；赵元任、王光祈各有4篇；蔡元培、黄自、陈田鹤各有2篇；其他如李叔同、周淑安、应尚能、贺绿汀、刘雪庵、吴伯超、朱英、李献敏、萧淑娴、杨荫浏等音乐家，均是对中国近代音乐文化发展作出过重要贡献的历史人物。同时，廖公为人正直、爱憎分明。这些回忆文章大部分发表于20世纪80年代。这样一种史学格局，前所未见。因此，廖公敢为天下先的精神，其内在本质是作者对史学现状一种有针对性的认识与批判，也体现了史学转型意识的萌芽。如《中郎有女慰泉台——吊吴伯超》一文发表于《中央音乐学院学报》1990年第4期，当时，吴伯超还是属于“另类”音乐家，内地的“吴伯超百年诞辰学术活动”也只是到2004年方始举行，而廖文却早了14年。文章结语是“1949年1月27日，吴伯超去台湾乘坐的太平轮行到舟山群岛附近，突然宣告沉没。呼救无门，人船同尽，痛哉！”惋惜与悼念之情直露无遗。廖公之史识与史胆，由此可见一斑。此为《乐苑谈往》史学特色之一。

史料之真实性，即历史事实为研究历史之最基本原则。史料有真伪之辨，历史学科需要建立在客观、真实的“史实”基础之上。梁启超云：

> 史料为史之组织细胞，史料不具或不确，则无复史之可言。史料者何？过去人类思想行事所留之痕迹，有证据传留至今日者也。思想行事留痕者本已不多，所留之痕又未必有史料的价值。有价值而留痕者，其丧失之也又极易。因必有证据，然后史料之资格备。证据一失，则史料即随而湮沈。……故史学较其他种科学，其搜集资料与选择资料实最劳而最难。①

因之，第一手资料乃是最为难得又易湮沉之史料。廖公《乐苑谈往》所述其人其事之史实，正如他自己所说，“是一般很少涉及的”，皆为当时史学界噤若寒蝉、无敢声张的关于近代音乐家的“思想行事”，他人即便所知犹恐躲之不

① 梁启超：《中国历史研究法》，上海古籍出版社1998年版，第40页。

及，怕引火烧身。廖公曾长期与国立音专师生、外籍音乐家或朝夕相处，或密切往来，为人和蔼谦逊，工作兢兢业业，通晓英语、德语，博闻强识，见多识广，他的工作恰恰又是与人与事打交道的“枢纽”岗位，因此，廖公对国立音专之往事可谓了如指掌。因无语言障碍，与外籍音乐家常有沟通，文集中写梅帕器、查哈罗夫、齐尔品、戈尔施密特等外籍音乐家之专文，都保留了许多鲜为人知的珍贵史料。萧友梅任校长的国立音专，在我国近代音乐史上有着“半壁江山”之地位。但是空说无凭，需要有大量“信史”为证。粉碎“四人帮”后，廖公自云：

现在我是真的自由了。经历过了大家奔走相告的“第二次解放”，我仍然继续我的翻译工作，同时用不少时间写回忆录，不是写自己的回忆录，而是回忆我所认识的音乐界的师友，为后人提供一份可信的史料。(第 395 页)

于是开始了他“可信的史料”的写作。在写作过程中，廖崇向说：

每当他老人家写作的时候，总是先把有关的卡片、笔记和有关书报收集到一起，经过一番的阅读，然后拟出提纲，一段一段地写下去。……有时还会停下笔，踱到书柜面前翻检他引用的文句，加以核对。他的记忆力之强，在亲友之间是传为美谈的，但是他不信赖自己的记忆，一有疑难，他就要查找原文。所以他文中引用的诗文都是实在可靠的。(第 408 页)

因此，治学之严谨与历史的真实，使得廖公文章具有时代信史的特征，此为《乐苑谈往》史学特色之二。

历史细节常常是历史真实之精髓。每读《史记》，笔者常为陈胜起义时“王侯将相宁有种乎”之豪言、项羽见秦始皇出游曰“彼可取而代也”之壮语而感慨万千，司马迁笔下的细节在历史上空久久回响，史学著作之魅力亦在于此。《乐苑谈往》的历史细节比比皆是，给人留下极为深刻的印象。如写萧友梅之事：

当国民党政府欠发经费，学校连发薪水都有困难的时候，萧友梅就把学校积存的一点钱尽先发给教职工，不领自己那一份。所以萧友梅到死还是一个穷光蛋。(第 80 页)

写萧友梅之言：临终前最后一句遗言是叮嘱前来探病的人。

回学校去记住把钢琴课室朝外的门缝用硬纸条塞紧，以防吹进冷风，冻坏学生的手指。(第 23 页)

写周淑安："文革"中75岁时还被迫到冰冻半尺的井台上挑水。

1973年赵元任先生在上海会见她的时候，看见她那付龙钟憔悴的样子，忍不住潸然泪下。(第81页)

写黄自：

写得一手漂亮的毛笔字。他写的一张便条给你看了也是一种享受。(第94页)

"九一八"后：

由黄先生带路，领着他的四大弟子——贺绿汀、江定仙、陈田鹤、刘雪庵——和我，向浦东进发。我们捧着竹筒，挨户劝捐。(第95页)

凡此种种，使人如闻其声，如见其形，历史面目在历史细节中体现得更为具体、真实。此为《乐苑谈往》史学特色之三。

因此，廖辅叔文集以批判精神、时代信史与历史细节三项特色构成其独特的史学价值，标志着中国现代音乐史学转型的开端，一位古稀之年的历史学家无畏地迈出了不同凡响的一步。

三

历史属性是音乐史学中一个带有根本性质的问题。笔者曾在一次会议上提出，一部中国音乐史究竟是中华民族之音乐历史，还是一党一派的音乐历史？在古代音乐史学领域，毫无疑问属于前者；在现代音乐史学领域，由于意识形态分歧，史学观念较为复杂。长期以来，以聂耳、冼星海为代表的"救亡派"成为中国近代音乐史的主体与中心，其他音乐家的成就与业绩，或作为陪衬，或予以淡化，或加以批判，这一史学思维模式几乎成为一种定式。以往音乐史学著作在不同程度上都很难摆脱这种历史阴影。应当指出，聂耳、冼星海的音乐创作在近代音乐史尤其在20世纪30年代抗日救亡运动时代背景下发挥了重要作用，否认或否定他们的历史作用均不是历史唯物主义的观点与态度。同时，形成这样的史学现象与聂耳、冼星海自身业绩并无干系，而是我们的史学观念问题。一部中国近代音乐史，从1840年到1949年的一百余年间，是中华民族具有爱国意识音乐家集体创造的音乐文化历史，将所谓"救亡派"和"学院派"分割、对立起来，既有着历史观念局限的成因，更是出于宗派利益的需要。这样一种长期扯不清楚的问题，无疑需要用历史事实来还以历史的本来面目。廖辅叔《乐苑谈往》的现实意义就在于以大量、确凿的历史事实告诉人们，一向被史学界贬为“学院派”的音乐家群体，他们具有什么样的爱国意识，他们做过什么样的事情，他们有哪些欢乐与痛苦，他们对近代音乐的发展作出了什么样的贡献。将这样的历史事实公之于众、昭示于世，一则需要亲身之经历，二则需要史学的良知，廖公两者兼而备之。史学的高度不是历史现象之罗列，而是需要选择历史的典型人物与事件加以提炼。萧友梅和黄自是近代音乐界最具影响力的领袖式人物。钱仁康1958年即以《黄自的生活、思想与创作》和《黄自主要作品分析》两篇文章纪念黄自逝世20周年，正确评价黄自对我国近代音乐文化发展所起到的积极作用。但是，不久便在“拔白旗”运动中受到声势浩大的批判。在这场“拔白旗”运动中，

> 音乐界围绕着黄自评价的一些文章，将聂耳、星海等革命音乐家的作品称为“社会主义现实主义的音乐”，而将以萧友梅、黄自为代表的所谓“学院派”音乐家列入“资产阶级音乐家”之列，对他们的艺术成就及其在新音乐史上的地位缺乏客观公允的评价，实际上是将他们排除在新音乐运动之外。这种做法的实质是一种宗派主义情绪的反映，是否认历史事实的做法。①

钱仁康被当做“资产阶级学术思想”的代表遭到批判和政治审查。时隔20年，廖公在《乐苑谈往》中以《回忆萧友梅先生》、《我国现代音乐教育的开拓者萧友梅先生》、《萧友梅生平小考若干则》、《萧友梅先生传略》、《鲁迅·音乐·萧友梅》、《萧友梅音乐文集·序》六篇文章以及《萧友梅传》一书，第一次对萧友梅一生之为人、品格、成就、业绩以及其对中国音乐教育事业鞠躬尽瘁的献身精神作了全面、详尽、具体、细致的描绘与论述，并且指出：

> 盖棺论定，萧先生可真够得上是中国近代音乐史上首屈一指的人物。(第5页)

此言一出，振聋发聩，发前人之未发。廖公以实事求是的精神对萧友梅的历史评价，对于现代音乐史学“拨乱反正”作出了富有现实意义的贡献。1980年12月27日在北京中山堂举行的“萧友梅逝世40周年纪念会”上，廖辅叔应邀作了《萧友梅的生平事迹》报告：

> 就在这次纪念会上，音协主席吕骥在随后的发言中就针对廖辅叔的发言一条

① 蔡梦：《批判钱仁康的“拔白旗运动”》，参见梁茂春等：《中国音乐论辩》，百花洲文艺出版社2007年版，第241—248页。

一条做了反驳。关于不买汽车买三角钢琴这件事，吕骥是这样说的：因为萧友梅的住处离学校非常近，所以他不需要汽车。①

廖公不为所动，继续发表有关评价萧友梅的文章与著作，把颠倒的历史重新调整过来。这样一种史学胆识与史学精神，也使我们了解了廖公外柔内刚性格之一面。《乐苑谈往》对于其他音乐家的回忆均有如此特色。他不遗余力地为一个音乐家群体"学院派"正名，对于改变音乐史学格局产生了重要的现实影响。

廖辅叔文集现实意义之二，在于介绍与评论音乐家业绩客观与公正的科学态度，不以他人或个人意志任意褒贬，即便对胞兄青主也是如此。廖公对青主有着骨肉手足之情，一般人评价青主，仅仅从他的《乐话》、《音乐通论》中的音乐美学观点入手，廖公笔下的青主则是一个有血有肉、或是或非的历史人物，既蕴涵着通情达理的人生信仰之来龙去脉，又揭示出他充满矛盾的内心世界。廖公说：

他历年所受的指责，诸如"民族虚无主义"、"买办思想"等等的依据。事实上，这也与鲁迅对中医的评价一样是有具体的因由的。当然，他也不是一味排斥国乐，……他反对的是抱残守缺。不过他对民族音乐缺乏深入的理解与认识，终究是他的弱点所在。……就事论事，这是与"五四"以来破坏一切偶像的思潮分不开的。强调西化，甚至于全盘西化，是当时革新派的特点。我们今天批评他们是容易的，他们自己后来也会认识到过去的偏颇。(第55页)

这样的评价是符合历史唯物主义辩证法的。廖公还借用萧友梅的话来概括青主的后半生：

有一天他去看青主，那时已经取消了通缉令，青主正在家中同几个朋友打麻将。打打麻将，在一般人心目中是没有什么了不起的生活小节，……可是萧先生颇不以为然。事过之后，曾不无惋惜地对我说："青主打麻将，我看青主这就没有下文了。"(第364页)

青主的后半生不幸为萧友梅所言中，在平淡与沉沦中度过自己的晚年。青主是我国近代极具才华与文化修养的音乐家，廖公在兄长身边受益匪浅。他曾动情地说过：

我想起苏辙的《东坡先生墓志铭》里面的两句话："抚我则兄，诲我则师。

---

① 梁茂春：《默默地耕耘——纪念廖辅叔老师百年诞辰》，载《中央音乐学院学报》2007年第4期，第5页。

“惭愧的是我够不上一个好学生，现在来追述他的学行，也深感心有余而力不足。这种缺陷是永远无可弥补的了！（第 236 页）

廖公在青主面前自愧不如。这也只有真正了解青主的人，才能够说得出这样的话。史学评价历史人物，切忌简单地扣上“资产阶级”、“唯心主义”一类帽子，一棍子打倒就算了事。遗憾的是，音乐史学界有些人长期以来在“左”的思潮影响下已经习惯这种思维方式，积重难返。《乐苑谈往》虽然没有长篇的理论阐述，却使我们懂得了什么叫历史的公正性与客观性，有着深刻的现实启示作用。

廖辅叔文集现实意义之三在于贯穿于全书中的人文精神。史学属于人文学科范畴，更多地关心人的价值和人的精神表现，尤其注重于对个性与独特意义的研究。孔子“厩焚。子退朝，曰：‘伤人乎？’不问马”（《论语·乡党篇》）；“子曰：‘老者安之，朋友信之，少者怀之。’”（《论语·公冶长篇》）即体现了孔子对人的重视。同样地，司马迁之不朽，还在于《史记》中将鸡鸣狗盗、引车卖浆之流的社会底层人物写进了历史。廖公在《乐苑谈往》中对音乐家的回忆与点评，着重突出了他们的人文精神力量。他笔下的历史人物总是写得那样细致入微，各有个性，道其所长，不予苛求。如写蔡元培：

蔡先生辞去院长职务之后，对音乐院（音专）仍然是继续关心。就我所知，萧先生每逢音专有什么重大措施，都先向蔡先生汇报。蔡先生对萧先生的汇报总是耐心倾听，同意的就频频点头，不明白的就及时发问，听懂了的就相视而笑，表示赞赏。他的态度是那么平易近人，虚怀若谷，从来没有看见他有一点架子。（第 3 页）

作为大学学院院长一代名人的形象跃然纸上。写萧友梅的勤俭办学：

比较大的房间全都用作教室，校长室就在阳台上，在栏杆上面装上一排玻璃，既能挡风，又能遮雨，满亮堂的。（第 18 页）

写赵元任：

赵先生则说他好多年没有写什么新东西了，不好意思说是什么作曲家，这与他平时常常谦称自己是音乐界的落伍者的说法相一致。我们不承认他是落伍者，反而更加感到亲切。（第 71 页）

写周淑安：

她班上有一个学生上课经常迟到，经过了解知道他是为了节省车费，步行上学的，于是周先生每月给予他一定的经济补助，好让他安心学习。后来男低音歌唱家苏石林来校任教，她又以学生的前途为重，慨然让那位学生转到苏石林班上去学习。这种博大的胸襟，较之经济上的支持，应该是更为可贵的。（第 79 页）

写他 1938 年在广州听到黄自逝世的消息：

这真是晴天霹雳！想起他"平生风义兼师友"，往事一幕又一幕地在眼前浮现出来。当天晚上，我一口气写了八首《望江南》，借以寄托我沉痛的悼念。他，的确死得太早了！……他的寿命虽然那么短促，他留下的宝贵的遗产却是丰富的。作为作曲家，作为音乐教育家，作为一个人，都是永远值得我们怀念的。（第 87 页）

写应尚能：

记得有一次，大概是在抗战期间的重庆吧，胡然约我去听音乐会，音乐会上有应尚能的节目。到了他唱到得意处，胡然忍不住细声对我说，你看他，要怎么唱就怎么唱，高低强弱，无不如意……要是百尺竿头，更进一步，真可以达到出神入化的境界。（第 134 页）

写陈田鹤：

只要发生了什么事情，他总可以找到合适的名言或警句，来加强他说话的效力。他的修养是多方面的。他不仅是看得多，记得牢，而且吃得透。今天旧事重提，就算是重视文化修养声中的一段插话吧。（第 252 页）

有关这些音乐家，廖公都刻画得栩栩如生、入木三分，使我们在了解近代音乐家的道德人品、文化素养、精神表现、人文力量的同时，还会引起心灵上的震动。

在史学著作中，我们往往就音乐论音乐，就政治论音乐，唯独缺乏从人文关怀精神角度论音乐的史学观与方法论，也就难以避免片面性的失误。廖辅叔文集则为史学界提供了值得学习的榜样。因此，《乐苑谈往》在史学格局、客观态度与人文精神三个方面，对于中国现代音乐史学的建设与发展均有着重要的现实启迪意义。

四

廖辅叔文集《乐苑谈往》自1979年发表最早的两篇文章，到1995年分别发表于《音乐研究》的《近代中国人最初接触西洋音乐的反应》和《中央音乐学院学报》的《歌德与梁启超》，时年88岁。自古稀之年到耄耋之寿，始终笔耕不辍。其间，1988年9月，还应贺绿汀之请，将萧友梅于1916年用德文写作的博士论文《17世纪以前中国管弦乐队的历史的研究》译成中文，在1989年《音乐艺术》第2—4期连载。① 1993年脱稿出版《萧友梅传》②。廖公对近代音乐家的回忆与论述文章，一直延续到2002年。廖公的晚年达到了一个近代音乐史研究成果高峰时期。这样一种学术精神与人生境界在我国现代音乐家中实不多见。

《乐苑谈往》虽非现代音乐史学系统的理论著作，但它的史学价值与现实意义却已远远超出了单纯"史料"范畴。正如廖公所强调的，是"关于近代音乐家的论述"，具有重要的史学文献价值。其不足之处，廖公早已有言在先，《题记》说得十分清楚。一是"我的藏书由于'抄家'丧失殆尽，参考资料缺乏，加之疏于考究，文中颇多失误"；二是由于粉碎"四人帮"之初仍心有余悸，未免还是"高其姿态，批判先行"；三是"因为应付约稿，同一个人先后写了不同的几篇，内容自然不免重复"。这些无须赘言。倒是廖公光明磊落、胸襟坦荡的历史精神令人肃然起敬。他说：

> 为了证明在下并非是一贯正确，所辑文章一律保持原样，不予改动。（第2页）

这自然指有些文章写作时"心有余悸"、"高其姿态，批判先行"，说了一些违心之语，但文集出版时依然"一律保持原样，不予改动"。其严于律己、尊重历史之境界如是。笔者以为，如果非要对文集加以"挑剔"，一是青主德籍夫人华丽丝（原名海恩里希，I. Heinrich，1891—1969）对廖公帮助甚大，无论学习德语、钢琴，均受益于她。叔嫂之间，情谊颇深。华丽丝对中国文化和音乐的热爱与贡献，在外籍音乐家中亦屈指可数，或许由于为"亲者讳"或其他原因，《乐苑谈往》中未有专文介绍，只留下片言只语。从其他材料中我们了解到青主与华丽丝有一个女儿廖玉玑学习小提琴颇有成就。两人离异后她们下落不明，殊为遗憾；二是一些"左翼"音乐家曾在国立音专学习，如吕骥、张曙、向隅、

---

① 陈聆群、洛秦：《萧友梅全集·第1卷·文论专著卷》，上海音乐学院出版社2004年版，第141页。

② 廖辅叔：《萧友梅传》，浙江美术学院出版社1993年版。

张贞黼、杜矢甲等人，廖公对他们的学习情况与历史细节应有较多了解，但在文集中极少提及，对于史料而言，未免是一个很大的损失。但是，对一位耄耋老人来说，这或许是一种苛求了。

廖辅叔先生是笔者尊敬的一位长者。《乐苑谈往》出版后，承孙继南、方承国先生美言，1997 年 3 月有幸得到廖公一本亲笔题签的赠书，如获至宝，作为案头书，不时翻阅拜读，获益匪浅。每去北京，意欲拜访，恐有打扰，终未谋面，引为终生憾事。见一刊物封面，载有廖公照片一幅，一直珍藏至今。他的面相慈和安详，眯缝着双眼，仿佛在注视着中国的未来。适逢纪念廖辅叔先生百年诞辰与学术研讨会即将举行之际，笔者以学习《乐苑谈往》之心得，作此拙文，聊表敬意。以《诗经》“高山仰止，景行行止”，借花献佛，作为对廖公迟到的纪念吧。

（原载《音乐研究》2008 年第 3 期）

廖辅叔对中国音乐史和中西音乐交流史研究的贡献

陶亚兵[①]

廖辅叔先生

廖辅叔先生（1907—2002）博学多才，在音乐学、词学和翻译三个领域都有重要建树。其中音乐学领域的成就主要体现在中国古代音乐史、中国近现代音乐史、中西音乐交流史的研究和外国音乐论著翻译等方面。这些成就充分体现了廖先生博古通今、学贯中西的学术造诣。本文主要就廖辅叔先生对中国音乐史（主要指近现代史）和中西音乐交流史研究方面的贡献作简要论述。

廖先生出身于书香世家，自幼深受传统文化熏陶，有扎实的国学功底。青少年时期，随留学德国获得法学博士的哥哥青主和德国嫂嫂华丽丝学习德语、英语和钢琴，又师从上海音专俄籍教授佘甫磋夫学习大提琴。20 世纪 30 年代在上海音专工作，接触萧友梅、黄自等新音乐人物，受到更多西洋音乐的浸染。这时他开始涉足音乐学领域，在当时国内一流的专业音乐刊物《乐艺》上翻译、发表、述评西洋音乐的文章，同时又写诗填词，研究传统文学。从青年时起，廖先生就开始了这种徜徉于中西两大文化体系间的工作方式，并伴随着他的一生。1936 年，当他写作歌词《西风的话》（黄自谱曲，载《复兴初级中学音乐教科书》，商务印书馆 1936 年版）时，文章《海顿的创世纪》（载《新夜报·音乐周刊》1936 年 1 月 12 日）也发表了；1947 年，生活书店出版了他的《中国文学欣赏初步》，三联书店则出版了他介绍西洋音乐的《大音乐家及其名曲》；20 世纪 50 年代翻译出版了梅雅尔（Mayer）的《西洋音乐发展史论纲》（音乐出版社 1952 年版）和席勒的名剧《阴谋与爱情》（人民文学出版社 1955 年版）；20 世纪 60 年代又写作了《中国古代音乐史》（音乐出版社 1964 年版）；1993 年《萧友梅传》

① 陶亚兵（1959— ），男，博士，哈尔滨师范大学音乐学院教授、博士生导师。

付印时（浙江美术出版社1964年版），一部四十万字的译文《瓦格纳论音乐》（上海音乐出版社2002年版）也已完成。廖先生正是有了这样中西兼容的学术积淀，才具备了对中国近现代音乐史和中西音乐交流史问题敏锐的洞察眼光和非凡的研究功力。

早在1964年廖先生编著《中国古代音乐史》（人民音乐出版社1964年版）时，就用专门的章节论述了“西洋音乐的传入”，指出西洋乐器和宗教圣咏以及《律吕正义·续编》中的西洋乐理五线谱知识在中国的传播情况，并引用清人赵翼的一首描述北京宣武门天主教堂管风琴演奏的五言诗。这时，廖先生已经开始关注中西音乐交流，将中西音乐交流列入中国音乐史学的研究之中。

廖先生关于中国近现代音乐史和中西音乐交流史问题的深入研究，大致是从20世纪80年代开始的。此后，先生文思联翩，笔耕不辍，共发表近百篇论著（包括译著），丰富了近现代音乐史的研究内容，开拓了中西音乐交流史这一学术领域。

从大量的综合文献中寻找线索并梳理脉络是廖先生学术研究工作的一大特色。而明清时期的大量文献是廖先生的着眼点。批榛采兰，沥砂淘金，经过多年的积累，以诸多鲜为人知的珍贵史料为基础，最终写成了一篇篇视角新颖、论述独到的学术文论，展现了一片新的史学视野，拓开了一块新的研究领域。

清末外交官曾纪泽（1839—1890），名士王韬（1828—1897），新诗人徐志摩（1896—1931），苏曼殊（1884—1918），国学家梁启超（1873—1929），这些人物各自体现了近代中国历史在政治、外交、文化、艺术、学术等不同领域中的发展情况，而他们与音乐的关系为廖先生所关注。他挖掘了一批珍贵的史料，写出了《与音乐有缘的外交官——曾纪泽》、《王韬与西洋音乐》、《徐志摩与音乐》、《歌德与梁启超》、《近代中国人笔下最早的西洋音乐剧作》（上述文章均见廖辅叔：《乐苑谈往》，华乐出版社1996年版；以下未标明出处者，均见该文集）等精彩篇章。通过这些一般看来与音乐无关的社会各阶层人物与西洋音乐的接触，反映西洋音乐与中国社会的关系，将中西音乐交流与整个近代中国社会巨大的变革紧密联系起来，揭示了西洋音乐的传入在中国社会文化转型时期不为人所注意的影响和作用，以史实为依据，富有说服力地指出了中西音乐交流所具有的社会意义。

发表于1995年的《近代中国人最初接触西洋音乐的反应》，是先生长期搜集整理资料、潜心研究的成果。近代中国人走出国门，放眼看世界，出而惊叹，归而思变，这是近代先进的中国人接受西方文明的主动选择，是中国近代发展变化的根本动因。而中国近代新音乐的发端也是肇始于此。廖先生的这项研究在20世纪中国音乐史学上具有开拓性和深远意义。先生在这项研究上花费了大量心血，积累了大量的文献资料。先生也曾多次谈到要将这项工作系统地做起来，但后来先生患病在身，体力、精力甚至视力都日渐衰退，难以为继，徒留遗憾。

廖先生早年曾参加过广州起义，对革命先贤有真挚感情。其所著《廖仲恺先生生平鳞爪》、《民主革命的彗星邓演达遗事》（上述两文分别见《文丛》第2、3两期）、《余事也具有开拓性——瞿秋白在音乐方面的点滴资料》、《蔡元培先生与音乐教育》、《蔡元培遇事想到音乐》等，从中国革命事业及音乐事业的角度反映了这些历史人物未为人知的方面，具有珍贵的史料价值。

廖先生于1930年9月至1937年6月任上海音专文牍（即文书、秘书），并兼作图书馆资料员，又是校长萧友梅的秘书，并与当时的音专学生陈田鹤、江定仙结友为稳定的"大三和弦"，对音专及师生十分熟悉。如文章《话说"音专"》、《音院音专的悲欢离合》、《从苦难到欢乐——国立音乐院幼年班往事琐记》等所述皆是先生亲身经历。对近代中国第一代音乐家的研究，如关于萧友梅的大量文章和专著《萧友梅传》，以及关于李叔同、王光祈、赵元任、青主、黄自，琵琶大师朱英，女指挥家、声乐家周淑安，歌唱家应尚能，音乐教育家吴伯超，作曲家陈田鹤、刘雪庵，钢琴家李献敏等，廖先生也都是以亲历者和研究者的双重身份，对所了解的人物事件作了翔实的叙述和客观的评价。廖先生青少年时代长期跟随兄（青主）嫂（华丽丝）一家在上海生活，对青主的一切有最为直接的了解。青主在近代音乐界是一位过客，但雁过留声，有作品和论著传世，是中国近代音乐史必谈的人物。廖先生也写过多篇研究和纪念文章，如《略谈青主生平》、《纪念青主百岁冥诞》、《青主谈艺》、《青主遗事点滴》、《从老黄埔到新黄埔——青主在广东》，在文中兼谈青主的则有《记乐艺社》。廖先生与青主是兄弟关系，但并不因此而影响其学术研究的客观性。这些文章的记述翔实公允，是研究青主的重要文献。在廖先生的研究范围里，还有几篇文章论及近代在华外国音乐家，如《梅百器其人》、《查哈罗夫其人》、《关于齐尔品》等。此三人是世界知名音乐家，又与中国有缘，曾长期居住在中国，对中国近代音乐界有一定的影响。梅百器和查哈罗夫常驻上海并病卒于此，前者是工部局乐队指挥，后者是上海音专钢琴教授，两人在促进西洋音乐传播、教导与培养中国音乐学生方面作出了显著的贡献。20世纪30年代左右在上海、北京、哈尔滨等地有一批这样的外国音乐家常驻，以演出、教学为业。但由于多种原因，当时国内音乐史学界对此极少研究。廖先生的文章引起了人们对这些外来音乐家的关注。比如关于齐尔品，先生记述了齐尔品在上海举办"征求中国风味钢琴曲"时的一些鲜为人知的逸事。

廖先生的文章大都从小处着眼，却能旁征博引，回旋无穷，令人感到先生长期踏实刻苦、博闻强识的读书功力以及渊深广博的学识和缜密入微的理性思维。

如《鲁迅·音乐·萧友梅》一文，其基础是对鲁迅先生及其著作的熟识。而从鲁迅与音乐的联系引出萧友梅及其指挥的北大音乐传习所乐队音乐会，以及俄罗斯盲诗人爱罗先珂对此所作出的“中国新音乐的曙光”这一中肯的预言。还有齐尔品与鲁迅交往尝试合作歌剧的线索，应是通读鲁迅全集并详识齐尔品活动后的心得。但先生又以相关的音乐史料与之沟通，形成经纬而得全文。同样，《贝多芬在中国》一文，从1907年鲁迅提出要有中国的培得诃芬（Beethoven，今译“贝多芬”）说起蔡元培的《贝多文》七绝四首，再道徐悲鸿所绘三幅贝多芬像，所谈内容纵横于诸多学科门类之间，观点论述精当，文笔隽永舒畅，令读者叹服。

1993年年底，日本学者夏本泰子在中国留学收集写作资料时曾拜访过廖先生。在她后来所著《音乐家的都市——上海——近代中国的西洋音乐》（日本研文出版社1998年版）一书的“后记”中还记载了那次访问：“我经友人介绍，拜访了青主的弟弟廖辅叔先生，用不太流利的中国话向先生请教，获赠先生刚刚出版的《萧友梅传》，了解许多旧上海的音乐往事。而廖夫人则对我说：‘你没有化妆，像个学生样。’”廖辅叔及夫人邱扬华两位先生乐于助人，对来访者是有求必应、热诚相待，而对青年后学更是不吝指教、诲人不倦。先生在患病后接待的来者除了上述的夏本泰子，还有美籍华人学者欧阳美仑等许多国内外的学者。而笔者本人则更是承蒙先生及夫人多年厚爱，在先生的直接指导下，于1992年完成了博士论文《1919年以前的中西音乐交流史料研究》（后将论文作了一些修改，由中国大百科全书出版社更名为《中西音乐交流史稿》并于1994年5月出版）。先生已去，火尽薪传。廖辅叔先生严谨的治学精神永远是吾辈学习的榜样。

“诗有云：‘高山仰止，景行行止。’虽不能至，而心向往之。”（司马迁语）借花献佛，不尽欲言。

上面这段文字原是廖先生一篇纪念杨荫浏先生文章的最后一段。笔者以为这也最能表达此时笔者对廖先生的崇敬之情，谨抄录于此。

（原载《中央音乐学院学报》2003年第2期）

郑志声先生生平事迹鳞爪

——纪念郑志声先生逝世四十周年

王震亚[①]

郑志声先生的生平事迹以前没人搜集过。在他逝世四十周年之际，笔者将最近在极困难的条件下多方搜集得到的一些零碎的相关资料发表在这里，作为对这位令人尊敬的造诣很深的作曲家、指挥家、音乐教育家的深切悼念。

一、在圣心中学（1922—1827）

郑志声先生是广东中山人，其父为广九路上一个小站的站长。他于 1922 年入广州沙面法国天主教办的圣心中学学习。主持圣心中学校务的一位法国神父很懂音乐，为在作弥撒时吹奏宗教音乐，训练了一个学生管乐队。郑志声先生在乐队中吹中音萨克斯管，接受了音乐的启蒙教育。他课余和另外两个同学一起，白手起家，组织了中华音乐会，以各种方式筹款，购置了钢琴及一些管弦乐器，在广州举办交谊舞会，有一定社会影响。后冼星海同志亦曾参加过这个组织，他们最早在这里相识。

1927 年中学毕业时，他已决定终生从事音乐工作。于是，他筹借了一笔路费，决心到法国去学习音乐。

郑志声先生

二、在里昂（1927—1932）

广东中山大学 1927 年正要送四个留学生到法国用庚子赔款办的中法大学去学习。郑志声先生和一个中学同学一起随这一批留学生于当年 10 月初由香港启程赴法国，路上差不多走了一个月，于当年 11 月 1 日抵达马赛，正逢法国人扫墓的节日。当时有中法大学的代表接他们到里昂，住在中法大学。

---

① 王震亚（1922— ），男，中央音乐学院教授。

1928 年，郑志声先生进入法国国立里昂音乐戏剧学院学习。住处离学校很远，每天往返都要翻一个相当高的土山。每天由学校回到住处，做完一天的作业，还要尽可能地多读一些书，多听一些音乐。他在国内的普通中学毕业以后才开始学习专业音乐，不特别地努力，是学不好法国音乐学院的功课的。他刻苦勤奋，打下了视唱练耳、和声、对位等技术课的坚实基础。1932 年毕业得奖，因其学习成绩好，老师推荐他到法国国立巴黎音乐戏剧学院深造。

学音乐是很费钱的专业，郑志声先生利用一切机会解决自己生活、学习所需的费用，中法大学给了他一些补助，天主教会也为他提供了较便宜的生活条件。

三、在巴黎（1933—1837）

巴黎音乐戏剧学院（以下简称“巴黎音乐院”）是法国一所历史悠久的最高音乐学府，是世界上最有名的音乐学院之一。这里有著名的教授任教，训练严格，教学水平很高。郑志声先生于 1933 年 10 月进巴黎音乐院学习，在诺埃尔·伽隆（Noël Gallon）① 班上学习对位与赋格，在保尔·亨利·彪塞（Paul Henri Busser）② 班上学习作曲，在菲利浦·戈贝（Philippe Gaubert）③ 班上学习乐队指挥。他同时学作曲与乐队指挥两个专业，功课十分繁重，但每一门功课的学习成绩都很优秀，1937 年以优异成绩毕业。戈贝先生推荐他指挥了巴黎音乐院乐队的公演。当时中国的驻法大使听了这场演出，极为欣喜，认为中国指挥家指挥法国乐队演出交响乐是以前从未有过的事。在巴黎音乐院学习乐队指挥，实践的机会较少，为了多取得一些乐队排练的实际经验，郑志声先生还在巴黎的塞撒·弗朗斯音乐院选修功课，因为那里指挥乐队的机会多。最终，他得到了该校的毕业文凭。他在巴黎指挥过贝多芬的四、五、六、七交响乐及小提琴协奏曲，还有一些其他作品，积累了丰富的指挥乐队的经验。

自 19 世纪末到 20 世纪初，从巴黎音乐院毕业的富于革新精神的作曲家德彪西在巴黎创立了印象派。斯特拉文斯基自 1910 年以后又在巴黎陆续演出了他的几部富于革新精神的舞剧。20 世纪 30 年代的巴黎实际上已成为世界各种音乐新

---

① Noël Gallon（1891—1966），法国作曲家，毕业于巴黎音乐院，获 1910 年罗马大奖，1920 年在巴黎音乐院教视唱课，1926 年以后一直教对位及赋格课。除郑志声先生外，丁善德同志也曾在他班上学习对位与赋格。他的作品有歌剧及管弦乐曲，风格清新，能发挥复调特长，属印象派。

② Paul Henri Busser（1872—1973），法国作曲家、指挥家，毕业于巴黎音乐院。获 1893 年罗马大奖，曾任巴黎大歌剧院及喜歌剧院乐队指挥。作品包括几部歌剧（其中《达芙尼与克罗埃》最著名）、宗教音乐、管弦乐曲及歌曲。

③ Philippe Gaubert（1879—1941），法国长笛家、指挥家、作曲家，巴黎音乐院毕业，1919 年任巴黎音乐院长笛教师。1919—1938 年指挥巴黎音乐院管弦乐团。作品有歌剧、舞剧、清唱剧、管弦乐曲、室内乐及歌曲。

流派汇集的地方。世界上许多音乐家及著名的音乐团体都经常到巴黎演出。郑志声先生在完成课业之余的大部分时间都用来听音乐会，看歌剧和研究新音乐流派的书谱。他潜心从理论与技巧上研究各音乐流派的演变以及它们的特点，立志探索出中国音乐发展的道路，把课堂上与课外学到的知识、技巧和发展民族音乐的愿望结合起来，并曾经尝试着把广东音乐《昭君怨》配上和声，用提琴演奏。他在民族风格上的探索，曾受到彪塞先生的称赞。他在巴黎为电影配过音乐，也曾在音乐学校兼点课，为的是经济上有些收入，以保证音乐学习多方面的需要。他已得到当时巴黎音乐界的承认，并吸收他为法国全国文学家作曲家学会会员，这在当时的中国留学生中是少有的。

冼星海同志在巴黎音乐院学过作曲，和郑志声先生同学、同专业，又一起住在一个著名雕刻家为帮助穷艺术家特设的寓所里。他们结下了很深的友谊，有一段时间轮流买歌剧院最便宜的楼座戏票去看歌剧演出，在学习上互相帮助，生活上有时也分工合作，不分彼此。他们在巴黎还组织了中国留法音乐协会，有五个成员，立志发展民族音乐。

四、回国前后（1937—1940）

郑志声先生身在巴黎，心向祖国。1935 年以后，华北局势紧张，抗日战争有一触即发之势。他和一些留法同学一起组织了抗日联盟会，宣传抗日。1937 年自巴黎音乐院刚毕业，就急于回国，要把十余年在法国学到的丰富知识与技能用于发展祖国的音乐事业，要在国难当头的时候为祖国贡献自己的一份力量。

他在巴黎已接了北京（当时称北平）京华美术专科学校的聘书，原打算乘火车经西伯利亚回国到北京任教，后因时局紧张，1937 年 7 月改由海路经香港回国。当时正值“卢沟桥事变”，抗日战争爆发，北京是不能去了，只好另找工作。沿海各大城市的大学都已迁往内地。他于 1938 年到云南微江中山大学任教。当时全国上下同仇敌忾、共赴国难的情形给他的印象很深。他怀着极高的爱国热情，用岳飞的词《满江红》写了管弦乐队伴奏的合唱曲。他还在昆明指挥过贝多芬交响乐的演出。郑志声先生回国时带了一封巴黎音乐院秘书长写给上海工部局交响乐队指挥梅百器的信，介绍郑志声先生去作乐队指挥，因淞沪战争爆发，这封信一直未能送出去。

五、在重庆（1940—1941）

当时，由山东迁至重庆的实验剧院（后改名为“国立歌剧学校”）在物色有能力的音乐家，准备创作有中国气魄的歌剧。有一位负责人 1938 年曾在西安拜访冼星海同志，询问留法音乐家的情况。星海同志只推荐了郑志声先生，说他在法国学的时间最长、学问最扎实、最有成就。经多方打听，得知郑志声先生的消息后，经过一番交涉，郑志声先生终于在 1940 年 9 月离开中山大学，到重庆的实验剧院任教，开始了异常紧张的工作。

实验剧院设有训练部，招收爱好音乐的青年，培养歌剧艺术需要的各种人才。郑志声先生任训练部主任。他带来了法国专业音乐教育的整套教学方法，宣传了音乐上新的潮流。在教学工作中特别强调各种音乐专业都要打好视唱练耳的基础，他亲自教视唱练耳课。每次上课，在钢琴上弹一个标准音以后，就以他特有的响亮声音带领学生逐条唱由法国带回的视唱教材，哪个学生唱得不准，就马上纠正。接着是听写，学生们视唱练耳的水平在他的教育下迅速提高，个别学生还开始用法国教本学习和声学。以前曾有留法学生回国以后主张在音乐院校推广固定唱名法，但没有什么结果。郑志声先生在这里任教以后，固定唱名法才在音乐学校教学中得到普遍承认，并一直沿用到今天。以郑志声先生为中心，实验剧院聚集了一批当时重庆的优秀音乐老师，教师阵容不错，工作很有生气。

实验剧院有一个以学员为主的小型管弦乐队，人数不多，水平不高，郑志声先生担任了这个乐队的指挥。他从较浅易的程度开始训练这个乐队。人手不够，就从其他单位请些临时的演奏人员参加排练。每次练习，他总是带着总谱，先坐在指挥台上，等人到齐，就开始工作。

在教学、排练乐队之外，他以很高的热情着手歌剧《郑成功》的创作。这个歌剧只有一个情节梗概，脚本始终没写出来。他只好按情节的需要，先写一些片断。他在巴黎音乐院的老师彪塞、戈贝、伽隆都是歌剧作家，又在巴黎看了大量各种风格的歌剧，所以对西洋歌剧音乐创作有广博的知识。但要创作有民族气魄的歌剧，只有外国的知识是不够的，回国以后，他很重视对民族戏曲的学习，经常看川剧。实验剧院附设一个京剧团，他也常去看京剧。他努力把从戏曲中学到的东西用到歌剧创作中。当时的创作条件极差，连个写东西的地方都没有，他只好到中山公园的茶馆里去写作，常常一天只泡一杯清茶，吃几块点心就过去了。歌剧《郑成功》的几个片断就是这样创作出来的。他原打算把创作的具有民族气魄的歌剧，拿到巴黎和世界上其他城市去演，要让中国歌剧在世界歌剧剧坛占应有的地位。他一人负担几个人的工作，夜以继日，不计条件地为达到这个目的而苦干。

1941 年 4 月，重庆音乐界有一件盛事，就是中华交响乐团（马思聪任指挥）、国立音乐院实验管弦乐团（吴伯超任指挥）和实验剧院管弦乐团的三天联合演出，三个指挥每人指挥一场音乐会。郑志声先生指挥了第三天最后一场音乐会，演出了他创作的管弦乐队伴奏的合唱《满江红》和歌剧《郑成功》的几个片断以及莫扎特的第四十一交响乐。合唱《满江红》所表现的爱国热情、鲜明的民族风格以及在当时来说很大胆的和声手法和新颖的写作技巧，获得了重庆文化界广泛赞誉。《郑成功》片断中简练、准确而新鲜的配器，民族音调的新鲜处理，民族打击乐器的独特运用，也给人以清新之感。人们期待着他写出更多好作品，也期待着歌剧《郑成功》全剧的上演。

三大交响乐团联合演出以后不久，郑志声先生接任了中华交响乐团的指挥，他指挥这个乐团开过几次音乐会，演出了贝多芬、罗西尼等人的作品和《郑成功》片断。由他用几件管弦乐器配伴奏的歌曲《荠菜花》，每次演出都受到热烈欢迎。

他的工作很有成效，声誉与日俱增，重庆不少音乐界的知名人士都和他有交往，不幸的是，在这个时候他染上了由热带传来的黑死病，因医治不及时，于1941年12月与世长辞。凡知道他的人都为他的工作才刚刚起步，十余年在国外学到的丰富知识却未能全部贡献给祖国而深为惋惜。他的遗体草草安葬于重庆江北一荒山坡上的乱葬茔地，虽有墓碑，四十年坟墓无人扫祭，怕已是荒草弥漫，窀穸无处寻觅了！

六、作品

郑志声先生在法国写的作品都未带回国内，他回国以后的创作刚刚开始，写出的作品又未认真保存，已散失殆尽。已知的作品除上面提到的合唱曲《满江红》及歌剧《郑成功》的五个片断（主题、小引、早晨、朝拜及合唱主题歌）外，仅知道有一首弦乐三重奏、一首女声独唱曲《泣女》和为民歌《无锡小调》配的钢琴伴奏。

由这些残存的有限曲目可以看出他的作品有鲜明的民族风格，音乐生动，对民族音调、节奏有独到的处理方法，配器也探求民族色彩，手法精练而准确，和声新颖，曲式严谨，声乐作品词曲结合紧密。歌剧《郑成功》片断是特意为实验剧院水平不高的乐队写的，演奏技巧很容易，但形象很清晰，而且还有乐队效果，说明郑志声先生的创作水平是很高的。不知道他法国的作品是什么样子。他病危时听到日本人轰炸香港的消息，对夫人讲："我的作品全在香港……我的作品……"不知这些作品的下落如何。

郑志声先生原名郑厚湖，因为决心献身于音乐，在办理赴法国的护照时，改名"志声"，他的一生的确是献身音乐事业的一生，在法国勤奋学习，回国后勤奋工作。知道他一人担负那么多工作的人，无不为之感动。他是一个谦虚、诚恳的人。法国的一些音乐学校有考奖的制度，每门课学完，考试成绩优秀者都可获奖，郑志声先生是视唱练耳、和声、对位、作曲、指挥等课的获奖者，他对人不炫耀自己优异的成绩，也不说自己的流派、师承，却总说因时间太紧，要学的东西太多，未能参加赋格奖的考试，所以他的事迹鲜为人知。他很尊重冼星海同志，常用冼星海同志在法国刻苦学习的事例教育学生。他是一个爱国主义者，自巴黎音乐院毕业后，要留在法国是没有困难的，他却急于回国，要把自己学到的东西贡献给在危难中的祖国。可惜的是学得多而用得少，在年仅38岁的时候，疾病就夺去了他的生命。他向往的事业，在新中国成立以前是难以完成的。他若生活在今天，不知道要以什么样的热情投身于发展祖国民族音乐的宏伟事业。

（原载《人民音乐》1981年第11期）

欧漫郎其人其文考

郭海霞[①]

欧漫郎，一位在近代中国不得不提却又很少有人提及的音乐人，他曾活跃在20世纪30年代的广州音乐界，他的那句“中国新音乐的建立要‘全盘西化’”[②]已经成为学界无人不知、无人不晓的“话语”。但欧漫郎究竟何许人也？其生平简历如何？其学术背景、学路历程如何？这一系列通识性的问题却一直是近代学界解不开的谜。也正是如此，才使这样一位音乐耕耘者几乎被历史所遗忘。笔者正是抱着探寻其神秘历程的“懵懂”，走进历史，并试图从历史尘封中寻找资料，还欧漫郎以历史的本来面貌。

一、其人

图1　欧漫郎③

图2　前排左起第2位为欧漫郎④

就目前笔者所掌握的资料看，欧漫郎生卒年不详，音乐文论也主要集中在1930—1937年之间。不过从其《中国狂想曲》一书的“自序”中可以看出，欧漫郎1930年以前主要活动在上海，笔名欧庆舆；而1930年11月以后，主要活

① 郭海霞（1977—　），女，山西晋城职业技术学院艺术系讲师。

② 欧漫郎：《中国青年需要什么音乐》，载《广州音乐》1935年第3卷第6、7期合刊，第6页。

③ 照片摘自《广州音乐》第2卷第1期封面。

④ 照片摘自《音乐教育》第4卷第1期“撰稿者面影”。

动在广州。1932—1936年在私立广州音乐院任教，主要教授音乐史和音乐欣赏课程；曾任《广州音乐》刊物编辑[①]；并于1934年12月1日赴日本考察音乐教育，于1935年2月13日回国。其人对私立广州音乐院的教学、《广州音乐》刊物的刊行以及当时广州市的音乐普及等，都作出了突出贡献。在私立广州音乐院停办后，以缪天瑞主编的《音乐教育》为阵地，继续发表大量文论，并翻译音乐教育、教学方面的著作两本；1937年以后去向不明。

另外，笔者还查找到以下线索：

（1）在李益三写的《绿满羊城四十年》中得知：欧漫郎曾于1931年3月29日，与区声白、黄尊生、张亚雄、林擎坤、余岩竹、刘伯谦一起被选为广州市世界语言学会董事,[②] 可见欧漫郎当时加入了广州市世界语言学会。

（2）在刘靖之编的《中国新音乐史论集（1946—1976）》一书中，评论员李德君[③]曾说：

> 中日战争时期，曾经滞留在本港的音乐家除林声翕、马思聪外，在本人的记忆中还有何安东、俞安斌、声乐家马国霖及伍伯就、提琴家赵北炜、歌词家韦瀚章及欧漫郎等，都曾经协助当时的香港抗日救亡团体训练合唱、独唱或举办音乐讲座等。[④]

由此可知，欧漫郎在抗战期间应该是曾经滞留香港，但没有更详细的资料。

（3）从欧漫郎音乐译文所用的译名来看，十分怪异。因为在20世纪30年代的中国，在没有统一译名标准的情况下，每一位译者在翻译过程中，都或多或少地会受自己地方方言的影响。所以从其译名分析（见下表）：

欧漫郎所用译名	现在译名
凡必路	冯·彪洛
李察·斯脱罗斯	理查·斯特劳斯
托士坎林尼	托斯卡尼尼

① 中国音乐家协会、中国音乐研究所音乐史编辑组：《中国近、现代音乐史纲要1840—1959》第五编（未定稿），1953年版，“编年纪事”第20页。另见欧漫郎：《私立广州音乐院概况》，载《音乐教育》1936年第4卷第9期，第93页。

② 李益三：《绿满羊城四十年》，百度快照，www. elerno. cn/emhistorio/guangdong/guangd . . . 2008 -9 -9。

③ 李德君，历任香港音乐专科学校教师、九龙华仁书院音乐主任、清华书院音乐系讲师、教育署成人教育组音乐讲师。现为香港作词及作曲家协会会员、香港民族音乐学会理事、香港学校音乐及朗诵协会副主席。

④ 此话是李德君在听了周凡夫《香港音乐教育发展初探》一文后讨论时所说，见《讨论》，刘靖之：《中国新音乐史论集（1946—1976）》，香港大学亚洲研究中心1990年版，第476页。

凡必路，是广东国语；“脱”也符合广东人的发音；托士坎林尼中的“士”是 shi 与 si 不分，“坎”是 kan 与 ka 不分，“林”是 lin、ni 不分等。这些用语和广东方言均有关联。另外据笔者查找，“欧”这个姓氏与“欧阳”、“区”同源，并且此姓氏在广东一带有分布；加之欧漫郎活动的区域主要集中在广州，所以笔者推测，欧漫郎可能为广东人，但仍需进一步查证。

（4）据笔者与冯长春交谈得知，由于缪天瑞在编辑刊物《音乐教育》时与欧漫郎有过交往，20 世纪 50 年代，缪天瑞在去广州时曾想见一见欧漫郎，但未果，只是听人说他喜欢喝酒，经常喝醉。至于欧漫郎的出生、籍贯情况均不清楚。担任过广东省音协主席的赵宋光、广东艺术研究所的费邓洪、陈浚辉等都从未听说过欧漫郎。①

（5）在上海音乐学院主办的中国音乐学网（http：//musicology. cn）上，通过任思所写的《不该忘却的音乐耕耘者——欧漫郎音乐生平初探》一文及网友评论看出，陈洪的儿子陈比钢教授也不清楚欧漫郎其人。②

（6）笔者也试图联系台湾的黄友棣，遗憾的是第一次未联系到，等再联系时，黄老已过世。问过广州博物馆的馆长，他也不清楚相关的资料。询问过广州市档案局，但也没有找到相关的档案。所以，对于欧漫郎其人的音乐生活简历只好从其文论中研探。

从目前所掌握的资料看，欧漫郎最早公开发表的文献为 1930 年的《中国狂想曲》，故本文把 1930 年作为他音乐事项编年的起始。

二、其重要音乐事项编年

1．1930 年

（1）1930 年 11 月，欧漫郎自行出版《中国狂想曲》一书（见图 3、图 4）。此书为欧漫郎的一本短篇小说集，书中共编入欧氏的 11 个短篇小说。书的前页有欧氏的自序，并题名此书是献给其女友梁剑娴，书的封面是其朋友带影太郎的作品，但目前为止，尚不知梁剑娴、带影太郎为何许人。

---

① 笔者于 2010 年 11 月 27 日采访冯长春所得。据冯长春讲，由于他曾萌发过专门研究欧漫郎的念头，所以 2008 年前后在一次看望缪先生的时候顺便问起了欧漫郎。因为缪老记忆好，欧漫郎又在他主办的《音乐教育》杂志发表过文章，所以希望能从他那里得到一点儿线索，但缪先生对此基本也是知之甚少。笔者印象里他大致是这么说的：“50 年代我去广州时曾想见一见欧漫郎，但没有找到他，只是听人说他喜欢喝酒，经常喝醉。至于他的出生、籍贯情况都不清楚。”专门请教担任过广东省音协主席的赵宋光先生是否了解欧漫郎，赵先生说没有听说过，一无所知。笔者在广东艺术研究所的费邓洪、陈浚辉等朋友也从未听说过欧漫郎。

② 任思：《不该忘却的音乐耕耘者——欧漫郎音乐生平初探》，中国音乐学网，http：//musicology. cn/papers/papers_ 5183. html，2009 年 5 月 25 日。

由自序可以看出：此书虽然被作者自谦为“不敢说是不朽的杰作”，但是确实是从“心坎中流露出来的，不是骗人的、作伪的”[①]。欧氏希望通过这些努力，为中国文坛的短篇小说发展出一份力、尽一份责，以免落后于欧美。

图3 《中国狂想曲》封面

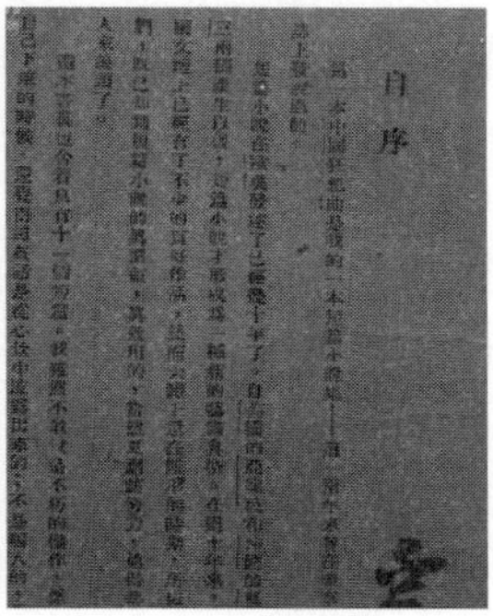

自序

图4 欧漫郎自序

这11个短篇小说可以说是欧漫郎对生活、社会、现实的描述。例如，第1篇《中国狂想曲》描述了一个归国后颓废的艺术家李宾，在看到、听到青年提琴名家陈松演奏自己创作的《中国狂想曲》[②] 后，一反常态，忍痛上台，抢过提琴就拉并最后昏倒，醒来后流泪道：

> 你是我的儿，我知道的！这曲子是我赠给你母亲当生辰礼的。你还记得你四五岁的时候教你拉提琴的父亲吗？你怎样也跟着姓陈了？……然而你究竟是我的儿子，那是我的，我的《中国狂想曲》。[③]

一句“我的《中国狂想曲》”虽然是小说中的对白，但与其说是书中主人公的狂热，不如说是欧氏本人对艺术、对音乐的爱恋和期望，并期望在现实中，中国也能拥有像小说中一样带有“乐观的浪漫主义作品”。[④]

又如，第二篇《天才与面包》描写的是一个叫骆焕章的穷天才文学家含辛茹苦地写出好作品，却因时局的动荡、世道的险恶和社会的黑暗，被迫为了“面包”，把自己的才华、杰作廉价卖给银行经理罗敦厚，使得原本不晓得文学的罗经理摇身一变成了大文学家。一个“天才”为了“面包”，受尽侮辱，还得看着

① 欧漫郎：《中国狂想曲·自序》，1930年版。此书为欧漫郎著兼发行，国内各大书局代售。

② 这里的《中国狂想曲》指的是欧漫郎所写小说中主人公创作的乐曲，也许正是因为此乐曲，其才将书名定为《中国狂想曲》。

③ 欧漫郎：《中国狂想曲》，1930年版，第10页。

④ 欧漫郎：《中国狂想曲》，1930年版，第9页。

自己的作品成为别人的“金条”，那种无奈可以说是社会生活的折射，也是作者对无产阶级作家命运的同情和对社会现实的讽刺。

另外，在《和平主义者》中可以看出作者对战争的悲愤和对和平的向往；在《荒年》、《贼牧师》里可以看到作者对人性的叹息，对生存的理解；在《圣诞礼》、《一个妇人的爱》和《迷途》中，作者揭露了女性的弱点——贪慕虚荣；在《韩参赞》、《母与妻》、《离婚的前一晚》中，可以看出作者对于社会政治、家庭生活的观察。

此书尽管是一部短篇小说集，但笔者通读后，深感它还是一部音乐作品的介绍集，是一部用写实主义与浪漫主义相结合的手法，描写人性、社会现实的作品集。例如，仅此书涉及的音乐家就有帕格尼尼、莫扎特、李斯特、门德尔松、柴可夫斯基、施特劳斯、萨拉萨蒂、肖邦等。在文章中，作者以小说为载体，以音乐与人、音乐与社会、音乐与故事情节的发展为线索贯通全书，可以说，这是欧漫郎音乐情结在文学作品中的体现。

（2）1930 年 11 月，欧漫郎翻译了荷兰著名剧作家海耶曼斯（Herman Heijermans，1864—1924）的数篇小说，包括《祖父的生日礼物》，发表在《世界短篇杰作集》。[①] 1933 年出版的《西洋音乐名家轶事》一书的广告页可以证实确实存在此书，遗憾的是笔者至今没有找到此书。

2．1933 年

（1）1933 年 1 月，广州神州国光社发行、乐风社出版了欧漫郎著述的《西洋音乐名家轶事》一书（见图5、图6）。此书的封面由陈超琼代书，欧漫郎将此书题名“献给忠实的音乐同志——蔡宗孟”。但目前为止，尚不知蔡宗孟为何许人。此书曾被萧友梅搜集并评为自民国 16 年后 10 年间，音乐界对社会最显著的贡献之一。[②]

图5　《西洋音乐名家轶事》封面

图6　《西洋音乐名家轶事》封二

① 凌彰：《荷兰文学在中国》，载《外国文学研究》，1983 年第 1 期，第 120 页。

② 萧友梅：《十年来音乐界之成绩》，参见陈聆群、洛秦：《萧友梅全集·第 1 卷》，上海音乐学院出版社 2004 年版，第 676 页。原文发表于 1937 年 12 月 1 日出版的《音乐乐刊》第 1 卷第 2 号。

此书介绍的音乐家有37位，相关故事104则，是作者花费四个多月的时间搜集整理完成的。书中涵盖了西方文艺复兴之后从巴洛克时期直到20世纪初期的37位音乐家的故事。既包括巴洛克时期的巴赫、亨德尔，又有古典主义时期的海顿、莫扎特，同时还包括浪漫主义时期的舒伯特、舒曼、肖邦等；既有世界音乐之父的贝多芬，也有音乐界著名的指挥大师托斯卡尼尼等。这些音乐家都是在西方音乐史上颇具影响的人物。

（2）1933年11月，在《广州音乐》第1卷第1期上发表文章《赴马——柯音乐会》。

该文属于音乐评论性文章，是欧漫郎在听了马思聪和夏理柯（Harry Ore）1933年9月9日晚的演奏会之后所作的评述。文章从音乐会的秩序、节目单、音乐家的演奏技巧、演奏水平及演出效果等方面作了十分专业和精到的评说。综观全文，既有对音乐会演出前广州乐坛寂寞冷清的描述，也有对会后期盼新的、更高水平的“音乐会”的诉求；既有对台上演出人员的评价，也有对台下不守秩序的听众的嘲讽。可以说，看似短短的一篇乐评，实则道出了欧漫郎试图创设的理想中的“音乐世界”。

（3）同年，欧漫郎在广州积极努力地搜集、整理有关音乐材料，试图编撰一本适合于中国人阅读的《音乐词书》，并计划一年之内面世。①

（4）1933年12月，在《广州音乐》第1卷第2期（此期为贝多芬专号，见图7）上发表文章3篇。分别为《托尔斯泰论贝多芬》、《贝多芬的一页情史》、《贝多芬的第三交响乐》。

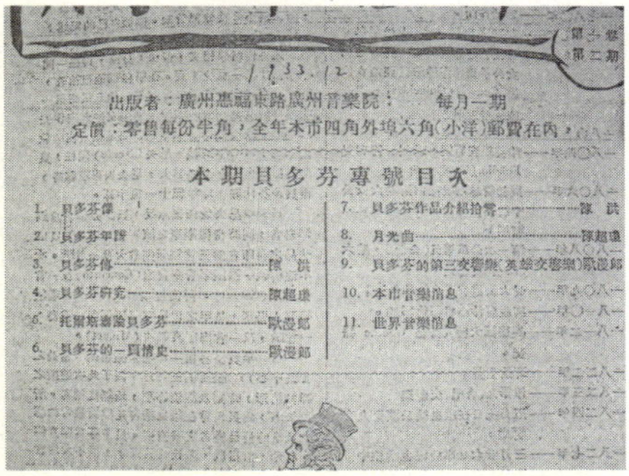
第一卷 第二期
1933.12
出版者：廣州惠福東路廣州音樂院；　每月一期
定價：零售每份半角，全年本市四角外埠六角(小洋)郵費在內，
本期貝多芬專號目次
1. 貝多芬像
2. 貝多芬年譜
3. 貝多芬傳——陳 洪
4. 貝多芬研究——陳超塵
5. 托爾斯泰論貝多芬——歐漫郎
6. 貝多芬的一頁情史——歐漫郎
7. 貝多芬作品介紹拾零——陳 洪
8. 月光曲——陳超塵
9. 貝多芬的第三交響樂(英雄交響樂)歐漫郎
10. 本市音樂消息
11. 世界音樂消息

图7　《广州音乐》第1卷第2期目录

《托尔斯泰论贝多芬》一文，就题目而言，似乎是托尔斯泰在论贝多芬，但文章其实是欧漫郎对托尔斯泰在《艺术论》中有关“谬评”所作的驳斥。从文中可以看出，欧漫郎反对把民歌和交响乐两种不同性质的音乐放在一个价值标准上去评判；欧漫郎认为，虽然反对为艺术而艺术的观点值得注意，但学校始终是“一个社会教育其份子的经济办法”②；教育的发达与否和社会有无隔膜，是普通民众对类似交响乐一类的高雅音乐欣赏与否的关键。所以欧漫郎对托尔斯泰反对开艺术学校的主张持反对意见，同时他还认为

① 《广州音乐》1933年第1卷第1期，第7页，“本市音乐消息”第5条：“《西洋音乐名家轶事》著者欧漫郎氏现搜集材料辑编《音乐词书》一册，限期一年脱稿云。”

② 欧漫郎：《托尔斯泰论贝多芬》，载《广州音乐》1933年第1卷第2期，第8页。

技术和内容同样重要，要双方并进。这样一篇短文，其实折射出欧漫郎对“人才聚集”的学校教育之重视，是欧漫郎提倡专业艺术教育的呼声，是他推崇“真艺术”的心性诉求。

《贝多芬的一页情史》一文可以说是贝多芬的生活散记，讲述的是贝多芬与勃伦恩斯威克（Brunswick）姊妹花之间的故事。这样的散记给后人研究贝多芬提供了历史素材，从中可以看出贝多芬人性的许多方面，其实这也是构成作曲家创作风格的一个重要因素。

《贝多芬的第三交响乐》是欧漫郎对贝多芬《英雄交响乐》的介绍。他把贝多芬的第三交响乐看做是贝多芬的“自传，自画像。自己向人家忠实的表白”[①]。并通过分析《英雄交响乐》四个乐章所表现的内容来证明自己的这一观点。

（5）同年，欧漫郎与陈洪合作，创作了歌曲《陨大星》和《秋日琴心》；与萧文合作，创作了歌曲《摇篮歌》。[②]

《陨大星》是一首带钢琴伴奏的抒情歌曲。歌词中既有欧漫郎对“陨落之星”的哀挽之情；又有对“英雄之死举世皆知，英雄之志无人知”的哀惜之情；还有对“零落山河，青秀之歌，其声将近唤奈何”[③] 之国势衰败、国人愚昧的哀痛之情。此歌发表在1934年2月《广州音乐》第2卷第2期，同时在第2卷第2期的《广州音乐》来信中可以看出，《陨大星》曾在私立广州音乐院1934年1月23日第五次音乐会上演唱过，白金对演出情况评价道：

《陨大星》这首曲给我的印象非常深，全曲真可以表现出作曲者的整个人格和他的热烈心情。霹雳一声乐曲开首了，像忽然天上起了一个极大的变化，降下一团火来，在不久的时间内把全世界溶化了！他热力所及的地方一切都静止了！默化了！过后又起了一个变化很像这个世界终于给他火的热力战胜了，燃亮了似的。(林声翕伴奏)。[④]

《秋日琴心》是一首带钢琴伴奏的四声部合唱歌曲，发表在1936年1月《音乐教育》第4卷第1期。歌词中欧漫郎借“白云悠悠，黄菊幽幽，一樽浊酒，难以忘忧”的自然之情，抒发了欧漫郎对新音乐运动的忧虑之情，并婉转地表述了

---

① 欧漫郎：《贝多芬的第三交响乐》，载《广州音乐》1933年第1卷第2期，第15页。

② 《广州音乐》1933年第1卷第2期，第15页，“本市音乐消息”第3条：“陈洪君近创作钢琴奏鸣曲一枝，抒情小曲两枝。由欧漫郎君撰辞。一名‘陨大星’，一名‘秋日琴心’，‘陨大星’苍凉悲壮加以辞意深刻为陈君得意之作。”第4条：“本市钢琴家萧文君近日创作小曲颇多，其一为《摇篮歌》，已由欧漫郎君撰辞。”

③ 《陨大星》的歌词。

④ 白金：《来信》，载《广州音乐》1934年第2卷第2期，第9页。

欧漫郎“冬来秋去，冬去春留，荒径深深，秋草独寻”① 的希望之情。

《摇篮歌》目前尚未找到发表出处。

（6）1933 年 11 月 27 日，参加私立广州音乐院第一届毕业生典礼，并合影留念（如图 8）。

图 8　欧漫郎与私立广州音乐院第一届毕业生合影，前排左起第 2 位为欧漫郎②

3．1934 年

（1）1934 年 1 月，在《广州音乐》第 2 卷第 1 期发表文章《萧邦的风月债》。

用作者的话说，这篇文章是“茶余饭后”的一点“谈资”。其实透过这些表面的“风月债”之描述，文章还透露给我们这样的信息：肖邦一生痴情和他早年离开自己的国家，是其愁思所在，所以只好借音乐来发泄自己的“一腔孤愤”。透析本文，可以看出肖邦的作品《再会》的创作背景；了解到肖邦于 1838 年在地中海的 Majorca 小岛上创作了《前奏曲》和《A 长调③波兰舞曲（op. 40）》等；另外文章还提供给读者肖邦的一些“行踪”，对了解肖邦的生平提供了资料。

（2）同年，欧漫郎认为俞寄凡所编和初大告所译的两本西洋音乐史，是当时乐界用中文书写的仅有的两本图书，但都不适合做教科书，所以决定将自己在

① 《秋日琴心》的歌词。

② 照片来自《广州音乐》1934 年第 2 卷第 1 期封面。

③ 长调是带有日本文化色彩的词汇，即今天我们所说的大调。参见陶亚兵：《中西音乐交流史稿》，中国大百科全书出版社 1994 年版，第 227 页。

私立广州音乐院所用的音乐史讲义整理复印，并列为私立广州音乐院丛书的第四种。[①]

（3）1934 年 2 月，在《广州音乐》第 2 卷第 2 期发表文章两篇，分别为《论匈牙利狂想曲》、《读音乐杂志第一卷第一期后》。

《论匈牙利狂想曲》一文，欧漫郎从介绍吉卜赛民族的来源及其民族精神到李斯特改编其民谣的用意，从对三种吉卜赛原有歌曲形式的介绍到对李斯特第 2、6、12 及 15《狂想曲》的介绍，都在说明通过歌曲、民谣及普通民众的嗜好、物质环境能够观察到这个国家、这个民族的歌曲趋向。正如作者在文章开头所说“燕赵多慷慨悲歌之士”，一句话道出一个浅显的道理：一方水土养一方人，一方人创一方文化，一方文化又孕育一方音乐。艺术的题材没有高低贵贱之分，种种艺术形式也都是为了表现人性，只要艺术家能准确地刻画出自己想要表现的内容，并认为值得做并符合艺术的宗旨就一样有价值。正如李斯特的 16 首狂想曲是和肖邦的序曲、贝多芬的交响乐一样有着同样价值。

《读音乐杂志第一卷第一期后》一文，主要表述的是作者阅读《音乐杂志》第 1 卷第 1 期后的感想，既有对《音乐杂志》所刊内容的评判，也有作者对利用音乐刊物推动中国新音乐运动的期望与决心。

（4）1934 年 4 月，在《广州音乐》第 2 卷第 4 期发表文章《论交响乐》。

这是一篇关于普及音乐知识的介绍性文章。作者在文中详细阐述了交响乐的起源、交响乐与组曲、交响乐与协奏曲以及交响乐与交响诗的区别，并且用具体的作品作为论据进行阐述。

（5）1934 年 5 月，在《广州音乐》第 2 卷第 5 期发表文章《论德必西 Debussy》。并于 1934 年 5 月 2 日、5 月 9 日、5 月 16 日、5 月 23 日、5 月 30 日的晚上 8 点，被聘请到广州青年会与陈洪一起主讲“音乐欣赏讲座”，[②] 讲座内容涉及小品音乐、朔拿大、室内乐、交响乐和歌剧五个方面。

《论德必西 Debussy》一文属于对音乐家的评论性文章，文中作者评介了当时备受争议的作曲家德必西（今译德彪西），认为在大部分人“沉迷于华格纳的规律”时，德必西敢于在音阶、和声上别立门户，运用古希腊全音阶与连续五度和声创作出旋律优美、技巧与形式完整的作品，其作品虽然在人生意义方面不及贝多芬的作品，但其作品是“超阶级性的”，“在美的方面”自有其价值，是 20 世

① 资料来自《广州音乐》1934 年第 2 卷第 1 期，第 8 页，“本市音乐消息”第 8 条，原文如下：“欧漫郎氏谈，用中文写的西洋音乐史只有两本，一本是俞寄凡所编，一本是初大告所译，二者皆不适宜为教科书，现欧氏决定将广州音乐院音乐史讲义整理付印，列为该院丛书第四种。”

② 资料来自《广州音乐》1934 年第 2 卷第 4 期，第 9 页，“本市音乐消息”第 5 条。

纪音乐界不可少的"开路先锋"。[①]

（6）1934年6月，在《广州音乐》第2卷第6期发表文章《近代西班牙作曲家》。

这是一篇关于普及音乐知识的介绍性文章，在文中作者介绍了西班牙民族乐派五位主要的作曲家——比特尔爱尔（Felipe Pedrell）[②]、亚尔贝尼兹（Issac Albeniz）[③]、法拉（Mamuel de Falla）[④]、格兰那度斯（Enrigue Granados）[⑤] 及杜林那（Joaquim Turina）[⑥] 的生平及其主要作品。如比特尔爱尔最著名的歌剧 *Quasimodo*，*Tasson a Fertava*，最著名的交响乐作品 *Cleopatre*，*Marcia Festival* 等；亚尔贝尼兹最著名的歌剧 *Pepita Jimenez Merlino*，著名组曲 *Catalonica* 及颇为人称道的钢琴集 *Iberia*；等等。文中欧漫郎只是引介了这些作品，没有作进一步的详细叙述。

（7）1934年7月日，在《广州音乐》第2卷第7期发表文章《七月上中旬的广州音乐》。

这是一篇乐评，是作者对广州音乐院7月4日举行的第7次音乐会、7月7日至9日由中国国乐社举办的中国古乐演奏会以及7月14日至15日由国立音专师生旅行团举办的音乐会所作的评论性报道。文中对音乐会演奏曲目、使用乐器、演出效果、与会人数等都有介绍和简单评论。

（8）1934年7月13日至15日，欧漫郎接待了国立音专师生旅行团，并参与了谈话。从中可知，上海国立音乐专科学校师生旅行团于7月13日早晨由香港到达广州，下榻长堤青年会。从欧漫郎与之交谈的过程中得知，该旅行团在香港曾开过一场音乐会，在广州演出两晚（14日、15日）后，会赴广西、南宁、桂林，接着再行返港，然后回上海。国立音专每月经费有5 000元，现有教授十余人，并且有一个16人组成的弦乐队；该团团员共有四人，分别为应尚能（教授，男中音）、丁善德（学生，钢琴）、戴粹伦（学生，小提琴）、满谦子（学

---

① 欧漫郎：《论德必西 Debussy》，《广州音乐》1934年第2卷第5期，第3、4页。

② 即菲里佩·佩德雷尔，号称"西班牙民族音乐之父"。他领导了西班牙民族音乐的复兴运动，是一名狂热的民族主义者，提倡"西班牙的作曲家应写出西班牙自己的音乐"，编辑了《西班牙民间音乐歌曲集》，影响和培养了三位著名的学生：亚尔贝尼兹、格兰那度斯、法雅。

③ 即阿尔贝尼兹，受佩德雷尔影响创作了很多舒伯特、肖邦以及勃拉姆斯风格的短小钢琴作品。最重要的作品是钢琴曲集《伊比利亚》（*Iberia*），这部作品把西班牙的舞曲节奏与钢琴技巧相结合，用西班牙音乐的特色获得世界的赞赏。

④ 即法雅，法雅在佩德雷尔、亚尔贝尼兹和格兰那度斯的基础上，将20世纪西班牙民族音乐推到了西班牙音乐史上的第二个高峰，西班牙音乐的第一个高峰是文艺复兴时期。

⑤ 即格拉纳多斯，素有"西班牙的肖邦"的美誉。他的音乐既带有肖邦式的热情和温柔，又有类似的精湛的作曲技法，是带有民族主义色彩的浪漫主义音乐。

⑥ 即屠林纳，钢琴演奏家、作曲家，师承丹第。创作有管弦乐《旅途的印象》、《交响狂想曲》等。

生，男中音）。[①]

（9）欧漫郎自1934年第2学期被聘为广州音乐院新设“音乐欣赏讲座”的主理。[②]

（10）1934年8月，在《广州音乐》第2卷第8期发表文章《斯托拉温斯基的成名》。

这是一篇关于普及音乐知识的介绍性文章，文中作者着重介绍了斯托拉温斯基的生平及其主要作品《火鸟》、《派脱欧卡》（今译《彼得鲁什卡》）与《祭春》（今译《春之祭》）；同时还简单回顾了俄国舞剧的发展历程。这些作品在当时是属于“先锋派”的作品。

（11）1934年8月9日晚，欧漫郎自携唱片多套在广州市无线电播音台作学术演讲，题目为“西洋音乐概说”。[③]

（12）1934年9月，在《广州音乐》第2卷第9期发表文章《论做音乐家》。

这是论述音乐家品格的一篇文章，文中作者认为，虽然技巧和表现是成为音乐家必不可少的条件，但更重要的应该是要有伟大艺术家的品格。而品格的养成有两个最重要的条件，即“为群”和“忠实”。

（13）1934年9月5日，欧漫郎与陈洪夫妇及黄金槐、黄国栋一起在广州当时的河南漪澜堂宴请由香港回粤的马思聪夫妇。[④]

（14）1934年10月，在《广州音乐》第2卷第10期发表文章《指挥术的演化》。

这是一篇关于普及音乐知识的文章。文章一开始就指挥术的概念及重要性作了阐释，接着对指挥术发展的三个阶段以及各时期指挥的方式作了讲述，并重点介绍了柏辽兹、李斯特、瓦格纳三人各自的指挥特点及在指挥方面的成就。

（15）1934年10月29日，欧漫郎在复旦中学发表演讲，题目为“西洋音乐特点”，历时“一句钟，听众达三百余人”。[⑤]

（16）1934年11月，在《广州音乐》第2卷第11期发表文章《萧邦叙事曲的来历》。

这是一篇介绍外国音乐名曲知识的文章，重点介绍了肖邦的三首叙事曲。文

---

① 参见《广州音乐》1934年第2卷第7期，第9页，“本市音乐消息”第7条。

② 参见《广州音乐》1934年第2卷第7期，第9页，“本市音乐消息”第4条。

③ 参见《广州音乐》1934年第2卷第8期，第9页，“本市音乐消息”第3条：“八月九日晚广州市无线电播音台聘请欧漫郎先生作学术演讲。题为‘西洋音乐概说’。欧君自携唱片多套随讲随播历时两句钟。”

④ 参见《广州音乐》1934年第2卷第9期，第8页，“本市音乐消息”第8条：“九月五日广州音乐院院长小提琴家马思氏夫妇由港抵粤，该院代院长陈洪氏夫妇在河南漪澜堂设宴为之洗尘，陪席有黄金槐欧漫郎黄国栋诸氏。查马氏本学期仍应南京中大之聘，刻已北上。”

⑤ 参见《广州音乐》1934年第2卷第11期，第10页，“本市音乐消息”第3条：“十月廿九日复旦中学请本刊欧漫郎君演讲，题为“西洋音乐特点”，历时一句钟，听众三百余人。”

章虽然侧重于描写乐曲表现的内容以及作者的感受，但除此之外，作者还在文中就长、短叙事诗作了简介；对肖邦的叙事曲作了评价，认为肖邦的四首钢琴独奏曲虽自命为叙事曲，但其性质属于短叙事诗，这些作品“不是回旋曲，不是奏鸣曲快板，不是自由的幻想曲，却相当地有三者的特点”；且作品“最富创作性，不拘形式旧规，风格新颖为诗人后世所模范，与肖邦同时的李斯特便是其中之一”。并把肖邦同舒伯特的作品作了比较，认为舒伯特不如肖邦的作品“有阔大的开展和精细而合逻辑的结构”①。

（17）1934 年 12 月，在《广州音乐》第 2 卷第 12 期发表译文《青年音乐家座右铭》。

这 33 条富有哲理、发人深省的座右铭出自舒曼之手，其中还谈到了如何鉴赏作品、演奏的注意事项以及对学习音乐应有的态度等问题。

（18）1934 年 12 月 11 日，欧漫郎前往日本考察音乐教育，并计划在考察日本之后考察华北各地音乐情形，然后回广州。② 在欧漫郎考察期间，其在私立广州音乐院所代课程——音乐史及音乐欣赏课，由陈超琼代理。③

4. 1935 年

（1）1935 年 1 月 8 日，在日本访问期间，撰写了《日本的音乐学校及其他》一文。此文发表于《广州音乐》第 3 卷第 2 期。

文中主要介绍了日本的音乐学校、乐队、乐器商店及音乐杂志。涉及的 10 所音乐学校分别为：东京音乐学校、武藏野音乐学校、东洋音乐学校、东京高等音乐学院、帝国音乐学校、日本音乐教授、中央音乐学校、东京女子音乐学校、大阪音乐学校、日本大学艺术科；三个交响乐团分别为：东京的新交响乐团、宝塚交响乐团、神户交响乐团；部分音乐杂志，如《音乐》、《音乐俱乐部》、《音乐世界》、《音乐新闻》、《音乐评论》、《教育音乐》等。并且文中对学校的属性、创办时间、所在地点、学制以及学费、教授人数、校长、乐队的编制、指挥等都有较详细的介绍。

（2）1935 年 2 月 13 日结束对日本音乐教育的考察回到广州，继续在私立广州音乐院任教。④

---

① 欧漫郎：《萧邦叙事曲的来历》，载《广州音乐》1934 年第 2 卷第 11 期，第 4、5 页。

② 参见《广州音乐》1934 年第 2 卷第 12 期，第 10 页，“本市音乐消息”第 2 条：“欧漫郎李擎天二君已于本月十一日首途赴日。李君拟留日求深造，欧君则为考察性质，赴日后并拟考察华北各地音乐情形，然后南旋云。”

③ 参见《广州音乐》1935 年第 3 卷第 1 期，第 12 页，“本市音乐消息”第 5 条。

④ 参见《广州音乐》1935 年第 3 卷第 2 期，第 10 页，“本市音乐消息”第 2 条：“本刊欧漫郎先生赴日考察音乐教育，已考察完毕回国，并于本月十三日抵广州，续在广州音乐院任教。”

(3) 1935年3月13日，在明远中学作题为“中国新音乐运动”的演讲，此次演讲词发表于《广州音乐》第3卷第3期。

欧漫郎认为，中国的新音乐运动已经成为事实，但中国人对于音乐有一种错误观念，即墨子的非乐观。欧漫郎认为在中国古代的孔墨两种音乐观中，孔子的把“‘乐’和‘礼’一起讲，算为修身之一‘育’”是正确的；而墨子非乐的观念是谬误，因为“墨子以为音乐是为快乐的”，这种观念的目的是为“奇技淫巧”，是“近世中国音乐生活不发达”的一大原因。另外，中国的乐器原始且音不纯不正、乐谱简陋、旋律无和声都是不争的事实，所以新音乐运动要重视音乐教育，要“假借外国音乐的成绩和工具改善中国的音乐，并志愿将来造就人才建立中国民族的音乐”①。另外，文章还就新音乐运动的步骤以及已有的成绩作了简介。

(4) 1935年4月，在《广州音乐》第3卷第4期发表文章《介绍几种英文的音乐杂志》、《孟德尔仲的姊姊》。

前一篇是介绍音乐杂志的文章。文中主要从创刊的年份、刊物的性质、内容、特点、价钱以及出版者等方面，由浅入深地介绍了作者平时经常阅读的五种英、美杂志。分别为：美国出版的《练习曲》(*The Etude*)、《音乐导报》(*Musical Courier*)、《音乐季报》(*The Musical Quarterly*)，英国出版的《音乐评论》(*Musical Opinion*)、《每月音乐记录》(*The Monthly Musical Record*)。

后一篇看似是人物传记的文章，但从文中我们可以了解到以下四点信息：①在中国文学史中有汉朝班家兄妹和宋朝的苏家兄妹同时享有盛名；在西方音乐史里也有两家兄妹同时享有才名，却被兄弟的盛名淹没，即莫扎特（Mozart）的姐姐安娜（Anna）和门德尔松（Mendelssohn）的姐姐范尼（Fanny），前者是个钢琴演奏家，后者是钢琴演奏与作曲的全才。②门德尔松的《无词歌》中第8作品中的第2、3、12和第9作品中的7、10、12都经证实是出自范尼之手。③有关门德尔松的家族史以及范尼的成长史。④门德尔松和姐姐曾随塞尔脱儿(Zelter)② 学作曲，此人是歌德的朋友。

(5) 1935年5月，在《广州音乐》第3卷第5期发表文章《论音乐会》。

此文是作者发表在“广州音乐院第9次音乐会专号”上的文章，文中作者提倡新音乐运动者要利用“音乐会”这一“永久存在的”形式普及音乐，“使大众有机会接近高尚的音乐，把本土固有的油喉滑腔和阿美利坚的爵士滥调抛出九霄

---

① 欧漫郎：《中国新音乐运动》，载《广州音乐》1935年第3卷第3期，第1、2页。

② 即卡尔·弗里德里希·策尔特（1758—1832），德国作曲家。1822年他创建了皇家圣乐研究院，他是歌德的音乐咨询人，一生中为200多首歌谱曲，其中部分歌词为歌德所写。

云外”,[①] 并对赴音乐会提出了六个戒条。

（6）1935年5月17日赴培英中学作演讲，题目为“中国青年需要什么音乐”，此次演讲词发表在《广州音乐》第3卷第6、7期合刊上。

常被后人引用的“中国新音乐的建立要‘全盘西化’”论就出自此文。作者在文中列举了音乐的四种好处，并明确指出：“中国青年目前需要的不是所谓‘国乐’而是世界普遍优美的音乐。”[②] 这种“优美的音乐”包括三种，即奋发雄壮的音乐、表达高尚情绪的作品及美丽富有诗意的小歌或器乐小品。所以，作者说：“中国新音乐的建立要‘全盘西化’，这是我大胆不怕人诮骂的话。和声学、乐器、谱表等应整个搬过来给我们用，使基础先立定了然后再创做新的中国音乐。”[③] 并呼吁从政府到学校、从教师到音乐家都应各尽其职，积极推动新音乐运动的发展，从而为中国青年创造高尚的音乐生活。

（7）1935年11月，在《广州音乐》第3卷第11期发表文章《爱特拉与音乐学》。

这是作者写在音乐学家爱特拉寿辰之前的一篇文章。文中欧漫郎就爱特拉在音乐学方面（包括刊物、教学、著作等）所做的一些工作作了概述。在欧漫郎看来，爱特拉是一位音乐学的“元勋”，在“爱氏以前，世界没有权威的音乐学著作——或者大胆说一句——没有伟大的音乐学者”[④]。文章的最后还提到了七位音乐学家。分别是：奥地利的Wellesz（爱氏弟子）[⑤]，法国的Emmaunel，德国的Riemann[⑥] 及Alfred Einstein[⑦]，意大利的Parodi，英国的Dent及Hadow。

（8）1935年11月，在《音乐教育》第3卷第11期“音乐教育栏”发表译文《小提琴录》。

此文出自英国小提琴评论家H. P. Morgan Browne之手，原文载于1933年1

---

① 欧漫郎：《论音乐会》，载《广州音乐》1935年第3卷第5期，第6页。

② 欧漫郎：《中国青年需要什么音乐》，载《广州音乐》1935年第3卷第6、7期合刊，第6页。

③ 欧漫郎：《中国青年需要什么音乐》，载《广州音乐》1935年第3卷第6、7期合刊，第6页。

④ 欧漫郎：《爱特拉与音乐学》，载《广州音乐》1935年第3卷第11期，第3页。

⑤ 即奥地利的作曲家、音乐学家埃贡·威勒斯（Egon Wellesz，1885—1974），被誉为拜占庭音乐的权威。

⑥ 即德国音乐学家、理论家里曼（Hugo Riemann，1849—1919），里曼的学识渊博，学术研究遍及音乐学科的各个领域。他建立了功能和声体系，主要著作有：《音乐辞典》（1882）、《九世纪至十九世纪的音乐理论史》（1898）、《作曲法大全》（3卷）以及各种关于音乐历史理论、体裁的手册与和声学著作等。

⑦ 即著名德裔美国音乐学家阿尔弗莱德·爱因斯坦（Alfred Einstein，1880—1952），是物理学家阿尔伯特·爱因斯坦的堂弟。1918年担任《音乐学杂志》（*Zeitschrift für Musikwissenschaft*）首任主编直到1933年。主要著述：《音乐简史》、《里曼音乐辞典》、《现代音乐与音乐家辞典》、《海因里希·许茨》、《格鲁克》、《莫扎特：他的个性、他的作品》、《浪漫主义时期的音乐》、《意大利牧歌》、《舒伯特：音乐肖像》、《音乐文选》、《牧歌的黄金时代》。

月份的英国杂志 *The Monthly Musical Record*。文中主要从小提琴演奏的发音方面对世界小提琴大家如约阿希姆（Joachim）①、萨拉萨蒂（Sarasate）②、威廉美（Wilhem）、伊萨伊（Ysaye）③、克莱斯勒（Kreisler）④、斯卡莱奥（Scalero）⑤、海菲兹（Heifetz）⑥、爱尔曼（Elman）⑦、西盖特（Szigeti）⑧、蒂博（Thibaud）⑨等一大批人作了简短的比较与评析。

（9）1935年12月，在《广州音乐》第3卷第12期发表文章《可怜的“爵士”》。

本文是作者批判爵士音乐的一篇文章。文章一开始就把爵士乐比喻为孙悟空，把纯正音乐比喻为如来佛，把乐界看做天宫，用形象的比喻暗示着：纯正的音乐代表一种神圣的力量，是正统。随后，作者又从爵士乐的兴起、发声特点、流行人群、没落原因等方面对爵士乐作了评论和批判。

5. 1936年

（1）1936年1月，在《音乐教育》第4卷第1期“传记·音乐家故事专栏”发表文章《勃拉姆斯的知音》。

此文可以说是有关音乐历史的文献资料。文中详细叙述了勃拉姆斯与其最早的知音匈牙利小提琴家瑞门意（Remenyi）从相识、相交、相知到相离的过程。

（2）1936年2月，在《音乐教育》第4卷第2期“论著栏”发表译文《勃拉姆斯私交琐谈》。

此文出自巴尔弗（Jeffrey Pulver）之手，由欧漫郎译介，并对原文作了勘误。文中在看似琐事的背后，记述了勃拉姆斯与瑞士音乐家菲得力克·黑格尔（Friedrich Hegar）之间的友谊。在文中还有三张勃拉姆斯寄给黑格尔的明信片以

---

① 约阿希姆（1831—1907），匈牙利小提琴家、作曲家。他奠定了小提琴演奏忠实于原作的现实主义原则，是第一个宣告“演奏家是为了音乐作品而存在的，而不是音乐作品为了演奏家而存在”的人，是20世纪最伟大的小提琴家之一。作品有5首序曲、3首小提琴协奏曲，以《匈牙利协奏曲》最为有名。此外，他还编订了大量古典作品。他培养了许多小提琴家，并与其学生A. 莫泽尔合编了《小提琴教程》。

② 萨拉萨蒂（1844—1908），西班牙著名小提琴家、作曲家。

③ 伊萨伊（1858—1931），比利时小提琴家、作曲家。他的演奏具有火一样的热力和辉煌的技巧，创作的小提琴曲也非常强调技巧。

④ 克莱斯勒（1875—1962），生于奥地利的美国小提琴家。

⑤ 斯卡莱奥，意大利小提琴家。

⑥ 海菲兹（1901—1987），美籍立陶宛小提琴家。他的演奏技巧和演奏速度是无与伦比的，他演奏的小提琴协奏曲常常把自己的技术发挥到了极致，是20世纪的帕格尼尼，也是20世纪的小提琴之王。

⑦ 爱尔曼，师承俄国小提琴宗师奥尔，虽与海菲兹同出一个师门，但与之相比，炫技并非他所长，他的魅力主要在于他的琴弦中所流淌出的深挚的情感和人性的光辉。

⑧ 西盖特（1892—1973），美籍匈牙利小提琴家，他的演奏精雕细刻，富于灵感，风格严谨，以善于阐释西欧古典音乐和热心宣扬现代音乐而享盛名。

⑨ 蒂博（1880—1953），法国小提琴家。他的演奏精致典雅，风格清新，音色温暖，富有诗意。曾于1936年到中国上海演出。

及1897年4月10日西门乐克寄给黑格尔的明信片，可以说是研究勃拉姆斯生平不可或缺的一份资料。

（3）1936年3月，在《音乐教育》第4卷第3期“论著栏”发表文章《近代作曲名家白尔格》。

此文是作者为纪念奥地利表现主义作曲家贝尔格所写。文中不仅对贝尔格的生平作了简介，而且就贝尔格作品风格的形成作了分期介绍，同时从文中可以看出欧漫郎对贝尔格一生“作曲重质而不重量”的“古儒治经风度”大加赞赏，并视其为“音乐学生的好模范”。①

（4）1936年9月，与何安东②合作，在《音乐教育》第4卷第9期“乐曲栏”发表歌曲《女英雄》。

这是一首带钢琴伴奏的五言叙事歌曲，曲趣悲壮，速度变化较多。歌词5字1短句，20字1长句，语句简洁明了，概括力强，表达了欧漫郎对张氏女英雄气概的颂扬。

（5）1936年9月，应《音乐教育》杂志编辑邀请，在第4卷第9期“论著栏”发表文章《私立广州音乐院概况》。

这是一篇介绍私立广州音乐院的文章，文中从校址、学科设置、学费、教职员助教、乐队、刊物、乐器设备、学生、结语九个方面对私立广州音乐院作了简介。另外在此文的开始，从一句“数月来精神不很好”③ 中可以看出当时欧漫郎的身体状况已经不是很好了。

（6）1936年10月至1936年12月，欧漫郎分三期将自己翻译的《音乐教学纲要》在《音乐教育》第4卷第10期至第12期“论著栏”中发表，并在译文前对原作者达姆罗什作了简介。

《音乐教学纲要》原作于1916年，由美国Schirwer公司刊行，作者为夫朗克·海诺·达姆罗什（Frank Heino Damrosch），原著分6章，分别为培育习乐官能初步、训练心耳、论解释、学习法、实行工作与理论工作的连带关系、教材，每章又分很多小节。

（7）1936年10月8日，欧漫郎写给《音乐教育》的编辑缪天瑞一封《关于翻译音乐名词的通信》。此信发表在《音乐教育》第5卷第4期“评论栏”，并附有缪天瑞先生的回信。

信中欧漫郎对当时翻译界一词多译的现象提出建议，建议在翻译音乐术语时

---

① 欧漫郎：《近代作曲名家白尔格》，载《音乐教育》1936年第4卷第3期，第24页。

② 何安东（1907—1994），中国广东人，著名作曲家、教育家。代表作有《奋起救国》、《全国总动员》、《大众的歌手》，小提琴曲《解放组曲》、《我是一个兵主题与发展》等。

③ 欧漫郎：《私立广州音乐院概况》，载《音乐教育》1936年第4卷第9期，第91页。

要准确、译音不如译意，而翻译专有名词时要通行、译意不如译音；同时呼吁，集中力量编写一本音乐辞典或标准汉译音乐名词表，以便查阅使用。

6. 1937 年

（1）1937 年 2 月，在《音乐教育》第 5 卷第 2 期“音乐教育栏”发表译文《舒曼语录》。

这是继《广州音乐》第 2 卷第 12 期刊出的《青年音乐家座右铭》之后，欧漫郎又翻译的 30 条舒曼语录。原文见英国威廉·利夫斯（William Reeves）书局出版、由利忒（F. R. Ritter）英译的《舒曼文集》。

（2）1937 年 4 月，在《音乐教育》第 5 卷第 4 期“音乐家评传栏”发表文章《格拉祖诺夫》。

这是一篇属于介绍并带评论性的文章，文中除去大篇幅介绍格拉祖诺夫的生平、创作经历、创作风格以及简略年谱外，还对格拉祖诺夫后半生在乐坛没落的原因作了评析，认为“这是格氏自己彷徨于国民乐派和欧洲大陆传统乐派之间的结果”，是“环境造成的”。在欧漫郎看来，格拉祖诺夫在交响乐创作方面“欠动向与生机”，且 8 首交响乐都“各无特点”，不过格氏有“小品之才”。①

（3）1937 年 4 月至 1937 年 12 月，欧漫郎分 6 期将自己翻译的《小学音乐教学法》在《音乐教育》第 5 卷第 4 期至第 11、12 期合刊（终刊号）“音乐教育栏”中发表。

《小学音乐教学法》的原著（1928 年）是美国的歧丁斯（T. P. Giddings），由欧漫郎翻译。原著共 17 章，分别为：效率、歌唱、信口歌唱、节奏、读谱、个人歌唱、开始视唱、练耳、乐理、喉音测验、喉音训练、教材、音乐会及游艺会、论指挥、管弦队及管乐队、器乐班、欣赏。欧漫郎计划分 6 期登完，但由于《音乐教育》的终刊，只刊登了前 10 章，剩下的 7 章内容目前还没有找到。

（4）1937 年 7 月，在《音乐教育》第 5 卷第 7 期（苏联音乐专号）“专号以外栏”发表《世界乐讯》，共计 14 条。其中不仅有胡培（Jeno Hubay）②、萨姆挨尔（Harold Samuel）③、西马诺夫斯基（Karol Szymannowski）④、哈道爵士（Sir W. H. Hadow）⑤、威多尔（Charles-Marie Widor）⑥ 去世的消息，也有巴斯塔波

① 欧漫郎：《格拉祖诺夫》，载《音乐教育》1937 年第 5 卷第 4 期，第 36 页。

② 胡培，著名匈牙利小提琴家。

③ 萨姆挨尔，英国钢琴名家。

④ 西马诺夫斯基，著名波兰作曲家。

⑤ 哈道爵士，英国音乐学家。

⑥ 威多尔（1844—1937），法国风琴家、作曲家。共作有 10 首管风琴交响曲，其中最著名者为第 5 号。

(Bustabo)[①]、托斯卡尼尼（Toscanini）、斯特拉文斯基（Stravinsky）、射恩柏克(Schoenberg)[②]、布罗和（E. Bloch)[③]、骚厄（Emil Sauer)[④] 的演出和创作新况，还有1937年6月28日至30日在巴黎举行的国际音乐教育会通信处地址以及法国音乐学家普鲁尼尔（Henri Prunieres）新作的《音乐新史》出版简讯和美国派拉蒙影片公司对《蝴蝶夫人》的改制通告。其中最后一条为《音乐教育》编辑处所加。

此后，欧漫郎去向不明，目前也没有查到其1937年以后发表的相关文论。

［本文据作者硕士学位论文《欧漫郎音乐文论研究》（中国音乐学院音乐学系，2011年5月答辩通过）第一章第一节改写而成，指导教师为余峰教授］

① 巴斯塔波，美国女小提琴家。

② 即勋伯格。

③ 即布洛克（1880—1959），美籍瑞士作曲家。早期受后期浪漫乐派的影响，在20世纪20年代的作品具有新古典主义特色；30年代的创作又回到早期的浪漫乐派的范畴；40年代的作品又反映出表现主义的特征。

④ 即埃米尔·冯·绍尔（1862—1942），德国钢琴名家，李斯特的学生。